Do Morals Matter?

미국외교는 도덕적인가

루스벨트부터 트럼프까지

Joseph S. Nye Jr. 지음
황재호 옮김

명인문화사

미국외교는 도덕적인가: 루스벨트부터 트럼프까지

제1쇄 펴낸 날 2021년 8월 17일

지은이 Joseph S. Nye Jr.
옮긴이 황재호
펴낸이 박선영
주 간 김계동
디자인 전수연
교 정 여선하

펴낸곳 명인문화사
등 록 제2005-77호(2005.11.10)
주 소 서울시 송파구 백제고분로 36가길 15 미주빌딩 202호
이메일 myunginbooks@hanmail.net
전 화 02)416-3059
팩 스 02)417-3095

ISBN 979-11-6193-043-5
가 격 20,000원

DO MORALS MATTER?: Presidents and Foreign Policy from FDR to Trump

간략목차

세부목차

도해목차

표

글상자

저자서문

친구들과의 저녁 식사 자리에서 한 친구가 내게 최근 어떻게 지내느냐고 물었다. 내가 대통령, 도덕 및 윤리, 외교정책에 관한 책을 쓴다고 하자 그녀는 "아주 짧은 책이 되겠군"이라며 무신경하게 대답했다. 또 한 친구는 좀 더 진지하게 "윤리가 크게 중요했을 것 같지는 않은데?"라고 거들었다. 이러한 통념은 우리의 저녁식사 자리에서의 토론뿐만 아니라 정치분석에도 동일하게 적용된다. 인터넷에서 검색해보면 대통령의 도덕적 시각이 어떻게 그들의 외교정책에 영향을 미치고, 또 어떻게 그것이 우리의 판단에 영향을 미쳤는지에 대한 책은 거의 없다.** 월저(Michael Waltzer)가 오랫동안 대학원 강의에서 가르쳤듯, "일부 학자

** 나는 옳고 그름의 판단을 언급하기 위해 '윤리'와 '도덕'을 번갈아 사용한다. 도덕은 보통 공식적인 윤리나 개인의 양심을 기반으로 한 개인적인 판단을 의미하는 반면, 윤리는 올바른 행위를 내포하는 보다 추상적인 원칙이다.

들이 이익을 새로운 도덕 원칙으로 바라보고 옹호할지라도 도덕적 논쟁은 일반적으로 통용되는 규율규칙에 어긋난다."[1] 국제관계 분야의 가장 저명한 상위 3개의 학술지들이 지난 15년간 발간한 논문들을 조사해 보면 겨우 4편만이 대통령과 도덕 및 윤리, 그리고 외교정책에 대한 이슈를 다루었다. 한 학자는 "국가적 행위를 할 때 도덕적 가치를 얼마나 고려하느냐에 대한 연구는 주요 연구자들 사이에서 거의 없다"라고 말했다.[2] 이러한 주제는 젊은 학자들의 연구경력에는 큰 도움이 되지 않겠지만, 미국외교정책 결정과정에 참여했던 한 사람으로서 또 오랫동안 이 분야를 연구한 학자로서 내게는 강한 흥미를 불러일으켰다.

많은 사람들이 회의주의에 빠지게 되는 원인은 분명하다. 역사학자들이 미국의 예외주의와 도덕주의에 관해 연구하는 동안, 케넌(George Kennan)과 같은 외교관들과 이론가들은 미국의 도덕주의자-법치주의자 전통이 가져다준 부정적인 결과에 대해 경고해왔다.[3] 국제관계는 국제질서를 제공하는 세계정부가 부재한 무정부 상태의 영역이다. 국가들은 자신을 보호할 수 있어야 하며, 생존이 위태로울 때, 목적은 모든 수단을 정당화한다. 의미 있는 선택이 이루어지지 않는 상황에서는 윤리도 존재할 수 없다. 철학자들의 말처럼 "당위는 가능을 함축한다." 아무도 당신이 불가능한 일을 하지 못했다고 해서 비판할 수는 없다. 이러한 이치로 윤리와 외교의 조합은 칼날이 잘 드는지가 아닌 칼에서 좋은 소리가 나는지, 빗자루가 잘 쓸리기보다는 빗자루 춤을 출 수 있는지 묻는 것과 같은 범주의 실수이다. 이러한 논리를 바탕으로 우리는 대통령의 외교정책을 판단하는 데 있어 그것이 도덕적이었는지 묻기보다는 그것의 효과가 있었는지를 물어야 한다.

이러한 시각은 몇 가지 장점들이 있지만, 이슈를 과도하게 단순화함으로써 까다로운 질문들을 회피하는 경향이 있다. 세계정부의 부재가 모든 질서의 부재를 의미하는 것은 아니다. 몇몇 외교 이슈는 우리의 생존과 직결되지만, 대부분의 이슈들은 그렇지 않다. 미국은 세계의 여러 전쟁에 개입해 왔지만 그러한 전쟁들은 실제로 미국의 생존과 직접적인 관련은 없었다.[4] 인권, 기후변화, 또는 인터넷 자유와 같은 많은 중요한 외교정책 선택들은 전쟁과 전혀 관련이 없다. 대부분의 외교 이슈들은 '국가이성'의 엄격한 공식을 적용하는 것이 아니라 선택을 요구하는 가치들 사이의 절충을 포함한다. 한 냉소적인 프랑스 관료는 내게 "나는 프랑스의 국익에 부합하는 것을 선(Good)으로 정의한다"고 말했다. 그는 자신의 발언 자체가 도덕적 판단에 근거하고 있음을 인식하지 못한 듯했다. 모든 국가가 자국의 국익을 위해 행동한다는 것은 중언부언이며 당연한 말을 하는 것이다. 가장 중요한 질문은 지도자들이 각자 다르게 주어진 환경에서 어떻게 국익을 정의하고 추구하는가이다.

더욱이 우리는 좋든 싫든 대통령과 외교정책에 대해 끊임없이 도덕적 판단을 내린다. 트럼프(Donald Trump) 행정부의 출범 이후 무엇이 도덕적인 외교정책인지에 대한 관심이 높아졌고, 이에 대한 이론적 질문과 이슈들은 신문의 1면을 장식했다. 예를 들어, 2018년 사우디아라비아의 반체제 언론인 카슈끄지(Jamal Khashoggi)가 터키 이스탄불 주재 사우디 총영사관 내에서 살해된 이후 트럼프 대통령은 사우디아라비아와 좋은 관계 유지를 위해 잔혹한 범죄의 명백한 증거를 묵인하였고, 이로 인해 큰 비판을 받았다. 자유주의자들은 트럼프의 카슈끄지 관련 발언이 "양심과 무관하게 지극히 사무적이며, 진실에 부합하지 않다"고 비판하였는데,[5] 반면 보수주의자들은 "우리는 닉슨(Richard Nixon)이나 존슨(Lyndon Johnson) 같은 무자비한 실용주의자들조차 미국의 가치와 원칙에 대한 일말의 품위도 없는 이런 내용의 대국민 담화를 작성하지는 않았을 것이며, 우리는 이러한 대통령을 본적이 없다"고 말했다.[6] 석유자원의 확보, 군사물자 거래, 지역의 안정도 국익에 해당되지만 다른 국가들에게 직간접적으로 영향을 끼치는 매력과 가치, 그리고 원칙도 국익에 포함된다. 우리는 이를 어떻게 결합할 수 있을 것인가?

안타깝게도 윤리와 외교정책에 대한 많은 판단들은 난해하거나 충분히 심사숙고 끝에 내려진 것이 아니며, 최근 발생한 도덕적 논란은 트럼프의 개인에게 초점이 맞춰져 있다. 오랜 기간 통찰력이 뛰어난 언론인으로 평가받는 하버만(Maggie Haberman)은 내게 "트럼프는 특수한 것이 아니라 극단적이다"라고 말했다. 제2차 세계대전 이후 우리들의 대통령의 정책들에서 살펴본 것처럼 트럼프의 일부 행동들이 전례가 없던 것은 아니다. 더욱 중요한 것은, 우리가 도덕적인 외교정책을 판단하는 과정에서 필요한 명확한 기준을 가지고 있지 못하다는 점이다. 우리는 도덕적 명확성을 강조하는 레이건(Ronald Reagan) 같은 대통령의 화려한 미사여구에 현혹되어 찬양한다. 그러나 윌슨(Woodrow Wilson)과 부시(George W. Bush)의 경우, 윌슨의 베르사유조약의 실패나 부시의 이라크 침공처럼 적절한 수단 없이 목표를 달성하려는 선한 의도는 윤리적으로 나쁜 결과를 가져올 수 있음을 잘 보여준다. 또는 우리는 단순히 대통령을 외교정책의 결과만 보고 판단하기도 한다. 몇몇 전문가들은 닉슨이 베트남전쟁을 종식시킨 것으로 평가하지만, 그는 패배로 귀결되는 과정을 잠시 늦춘 것일 뿐, 그 과정에서 '적당한 시간'을 벌기 위해 2만 1,000명의 미국인을 희생시켰다.

내가 이 책에서 주장하는 선의의 도덕적 추론은 대통령의 결정에 있어 의도, 수단, 결과 간 세 측면을 따져보고 균형을 맞추어야 한다는 것이다. 도덕적 외교정책은 의도 대 결과의 문제가 아니며, 둘 모두와 더불어 사용된 수단까지도 도덕적 외교정책의 영역에 포함시켜야 한다. 더욱이 선한 도덕적 추론은 다른 국가의 반체제 인권운동가나 집단을 지원하는 것 같은 특정한 뉴스거리를 만드는 것을 넘어 도덕적 이익을 장려하는 제도적 질서를 유지하기 위한 행위 전반이 가져오는 결과를 고려해야 한다. 그리고 트루먼(Harry Truman) 대통령이 맥아더(Douglas MacArthur) 사령관의 핵무기 사용 권고를 받아드리기보다는 한국전쟁 동안 교착상태와 당시 국내의 정치적 비난을 있는 그대로 받아들인 '무위(無爲)'의 윤리적 결과를 포함시키는 것 역시도 중요하다. 셜록 홈즈(Sherlock Homes)가 지적했듯 우리는 짖지 않는 개들로부터 배워야 한다.

이 책은 역사에 관한 것이 아니다. 나는 제2차 세계대전 이후 대통령들의 외교정책의 윤리적 측면을 설명하는 데 필요한 모든 역사적 자료를 참조하지는 못했다. 또한 이 책은 지난 세기 미국의 외교정책 전반을 분석하려 하지는 않았다. 이 책은 때로는 팍스 아메리카나(Pax Americana) 또는 자유주의 국제질서라고 불리는 1945년 이후의 시기에 대해 규범적으로 사고해볼 것을 제안한다. 많은 비평가들은 이러한 시기가 저물고 있으며, 이 책의 마지막 장에서 설명한 것처럼 새로운 도전에 대응하기 위한 새로운 외교정책이 필요하다고 주장한다. 우리가 이러한 정책들에 관하여 토론을 할 때, 윤리는 우리가 사용할 주장들의 일부분이 될 것이다. 윤리가 미국의 외교정책에서 어떠한 역할도 담당하지 못하는 것처럼 말하는 것은 내일 아침 해가 떠오르지 않는 것을 상상하는 것과 같다. 우리는 이 책에서 미국의 외교정책에 대한 도덕적 추론을 활용할 것이고, 우리는 이를 통해 더 나은 외교정책의 방향을 설정해야만 한다. 이 책에서 사용된 분석과 평가표는 이러한 방향으로 나아가기 위한 작은 한걸음이다.

주

1) Michael Walzer, *Arguing About War* (New Naven, CT: Yale University Press: 2004), 6.
2) Robert W. McElroy, *Morality and American Foreign Policy: The Role of Ethics in International Affairs* (Princeton, NJ: Princeton University Press, 1992), 3. 또한, Richard Price, "Moral Limit and Possibility in World Politics," *International Organization 62* (Spring 2008), 193을 참고할 것.
3) George Kennan, *American Diplomacy, 1900–1950* (Chicago: University of Chicago Press, 1951).
4) Richard Haass, *War of Necessity, War of Choice* (New York: Simon & Schuster, 2009).
5) Mark Ladler, "Trump Stands With Saudis Over Murder of Khashoggi," *New York Times*, November 21, 2018, A1.
6) "Trump's Crude Realpolitik; His Statement about the Saudis Had No Mention of America's Values," *Wall Street Journal*, November 21, 2018.

한국어판 저자서문

국제사회에서 한국의 발전은 가장 성공한 사례로 꼽힌다. 1960년 세계에서 가장 가난한 나라 중 하나였던 한국은 오늘날 가장 부유한 나라 중 하나가 되었으며 동시에 선거를 통해 권위주의 독재 정권으로부터 권력을 쟁취해 민주주의를 이룩한 국가이기도 하다. 한국은 강력한 주변국들 가운데 위치하는 지리적 약점에도 불구하고 이같은 성공을 거두었다. 영토적 패권 야욕이 없는 미국과의 동맹은 한국의 자유를 보호하는 데 도움이 되었던 것은 사실이나 이는 외교정책 선택의 어려움을 야기하기도 했다. 이러한 복합적 상황에서 과연 도덕적인 외교정책이 가능한가? 이 책은 1945년 이후 수십 년 동안 한국의 우방국이자 동맹국인 미국의 외교정책과 선택을 기술하고 있지만, 현실과 가치 사이에서 어떻게 균형을 맞출 것인가는 한국인들도 심도 있게 고민해 보아야 할 중요한 문제라고 생각한다.

일반적으로 도덕성과 외교정책에 대해서는 회의론적 시각이 지배적이다. 한 교수는 대학원 국제관계학 수업에서 “도덕적 논쟁은 외교정책에서 보편적으로 행해지는 규율에 어긋나는 것”이라고 설명했다. 이러한 회의론적 시각의 근거들은 명확하다. 국제관계는 자조(self-help)와 생존(survival)의 영역이다. 냉전 시대 봉쇄정책을 설계한 케넌(George Kennan)과 같은 현실주의 외교관들은 오랫동안 미국의 도덕주의 및 법치주의 전통이 가져오는 부정적인 결과들에 대해 경고해 왔다. 국제관계는 하나의 질서를 제공하고 관리하는 세계정부가 부재한 무정부 상태이다. 그리고 국가는 자신을 보호하기 위해 노력해야 하며 생존이 위태로울 때, 목적은 수단을 정당화한다. 유의미한 선택이 없는 곳에는 윤리가 존재할 수 없으며, 불가능한 일을 하지 않은 것에 대해 비판할 수는 없다. 이러한 논리에 따르면 윤리와 외교정책을 결부시키는 것은 옳지 않으며 우리가 외교정책을 판단할 때, 그것이 실질적인 효과를 가져왔는가에 대한 단편적인 물음밖에 할 수가 없다.

이러한 도덕성과 외교정책에 대한 회의적 견해를 가지고 있는 사람들은 문제를 지나치게 단순화함으로써 파생되는 까다로운 문제들에 대한 질문을 회피한다. 일부 외교정책 이슈들은 국가생존과 관련이 있지만, 대부분은 그렇지 않은 경우가 많다. 인권이나 기후변화, 인터넷상의 자유 등에 관한 다양하고 중요한 외교정책적 선택들은 전쟁이나 갈등을 수반하지 않는다. 대부분의 외교정책 이슈들은 가치들 사이에서 선택을 요구하는 절충적 성격이 강하다. 그리고 가치를 옹호하는 행위는 국가가 가지는 소프트파워를 강화할 수 있으며 이를 통해 강요나 경제적 요인이 없이도 상대방에게 영향을 끼칠 수 있다. 과거 냉소적인 성격을 가진 한 관료는 국제정치에서 이익을 추구하는 것은 모든 정책의 근본적인 목표이며 정치인들은 그것을 고상하게 보이도록 도덕적으로 포장하는 역할을 한다고 말했다. 그러나 모든 국가가 자국의 이익만을 위해 행동한다고 말하는 것은 오늘날 국제사회에서 벌어지는 현상들을 설명하기에 충분하지 않다. 중요한 도덕적 문제는 지도자들이 여러 상황 속에서 어떻게 국익을 정의하고 추구할 것인가에 달려있다.

우리는 어떤 외교정책이 더 좋은지 혹은 더 나쁜지에 대해 끊임없이 도덕적 판단을 내리지만, 윤리와 외교정책에 관한 대부분의 판단이 원하는 결과로 귀결되는 것은 아니다. 종종 우리가 생각하는 도덕적 외교정책의 판단 기준이 불분명할 때도 있다. 우리는 레이건(Ronald Reagan)과 같은 지도자가 도덕적인 명확성을 가지고 있었다고 평가하면서 수사학적으로 좋은 의도를 가지는 것이 윤리적인 판단을 내리는 데 충분한 기준이라고 믿는다. 그러나 윌슨(Woodrow Wilson)의 베르사유조약(Treaty of Versailles) 실패와 부시(George W. Bush)의 이라크 침공과 같은 사례는 도덕적인 외교정책이 성공을 거두기 위해서는 충분한 수단이 수반되어야 한다는 것을 잘 보여준다. 혹은 우리가 대통령을 단지 결과만 놓고 평가한다면, 닉슨(Richard Nixon)이 베트남을 종식시켰다고 볼 수 있지만, 그가 자신의 명성을 유지하기 위해 미군 2만 1,000명의 목숨을 희생시켰다는 사실을 간과하게 된다.

내가 이 책에서 주장하는 바는 훌륭한 도덕적 추론은 3차원적 특성을 가져야 하며, 대통령의 결정에 따른 의도, 수단, 결과 사이에서 균형 있는 판단을 해야만 한다는 것이다. 도덕적 외교정책은 의도 대 결과의 문제가 아니라 활용되는 수단들도 모두 포함해야 한다. 게다가 훌륭한 도덕적 추론은 도덕적 이익을 장려하는 제도적 질서를 유지하는 것과 같은 일반적인 행동의 결과뿐만 아니라, 특정 국가들의 반체제 인사들과

박해받고 있는 집단들의 인권을 보호하는 것과 같이 세계의 이목을 집중시키는 행동들도 고려해야 한다.

나는 이 책의 마지막 장에서 미국의 대통령들이 가진 의도, 사용 수단, 그리고 그것이 가져온 결과를 균형 있게 고려한 후에 1945년 이후 14명의 미국 대통령들의 도덕적 외교정책에 대한 '성적표'를 제시했다. 나는 이 책을 읽는 독자들이 내가 내린 점수에 모두 동의하기를 기대하지 않으며, 시간이 지나고 역사가들의 연구가 계속될수록 나 역시도 내가 내린 점수를 새롭게 바꾸길 원할지도 모른다. 헨리 키신저(Henry Kissinger)가 말했던 것처럼, 가장 어려운 외교정책결정은 종종 아슬아슬한 경우가 많다. 내가 이 책을 집필한 목적은 역대 미국 대통령들의 외교정책에 대한 평가에만 국한된 것이 아니다. 나의 목표는 독자들이 윤리와 외교정책에 대해 그들 자신의 신중한 판단을 내릴 수 있도록 돕는 것이다. 우리는 성공적인 도덕적 외교정책을 실행하고 평가하기 위해 도덕적 추론을 활용해야 하며, 이를 위해서는 도덕적 추론을 더 잘할 수 있는 방법을 배워야만 한다.

조셉 S. 나이
렉싱턴, 메사추세츠
2021년 3월

감사의 글

지난 수십 년 동안 가족, 스승, 친구, 학생, 동료 등 수천 명이 넘는 사람들이 나의 연구와 교육활동에 많은 영향을 미쳤다. 나는 고립되어 있지 않았다. 나를 둘러싼 많은 사람들은 실제로 내게는 축복이었다. 나는 이들로부터 다양한 아이디어를 제공 받았다. 나는 누구 하나 더 하고 덜 할 것 없이 마음의 빚을 지고 있어 나에게 도움을 준 모든 분들께 감사한 마음을 전하고자 한다. 그들 중 특히 몇 이름을 언급하고자 한다. 자유주의적 현실주의자이면서 이 분야 연구의 개척자이자 나의 오랜 동료였던 고(故) 호프만(Stanley Hoffman)과 역시 오랜 세월 학문을 함께 해온 코헨(Robert O. Keohane), 앨리슨(Graham T. Allison)에게 고마움을 전한다.

다른 많은 분들이 내가 책을 집필하는 과정에서 인내심을 가지고 기다려주었고, 논평을 하거나 그들의 경험을 나누는 등 크고 작은 조언들을 해주었다. 나는 알파벳 순서대로 그들에게 감사의 마음을 전하고자 한다. 아차리아(Amitiv Acharya), 번스(Nicolas Burns), 피버(Peter Feaver), 퍼거슨(Niall Ferguson), 게르겐(David Gergen), 헨릭슨(Allan Henrikson), 존슨(Seth Johnson), 카마르크(Elaine Kamarck), 카랄레카스(Anne Karalekas), 케인(Nancy Koehn), 코헛(Matt Kohut), 코건(Eugene Kogan), 크래스너(Stephen Krasner), 린존스(Sean Lynn-Jones), 로거볼(Fredrik Logevall), 밀러(Steven E. Miller), 나이(Molly Nye), 오설리반(Meghan O'sullivan), 포터(Roger Porter), 라이스(Susan Rice), 리스(Matthias Risse), 샌어(David Sanger), 사롯(Mary Sarotte), 셔먼(Wendy Sherman), 쉬프린슨(Joshua Shifrinson), 시킹크(Kathryn Sikkink), 스미스(Tony Smith), 스타인버그(James Steinberg), 설리번(Jake Sullivan), 부빙(Alex Vuving), 월튼(Calder Walton), 웰치(David Welch), 베스타(Arne Westad), 윈스톤(Kenneth Winston), 젤리코(Philip Zelikow), 졸릭(Robert Zoellick)과 이 책의 초기 구상을 함께 해준 하버드대학교 케네디 스쿨(Harvard Kennedy School)의 응용역사 연구그룹 동료들에게 감사의 마음을 전한다. 또한 본문에도 자주 등장하지만 최근 정부에 참여한 스코크로프트(Brent Scowcroft)와 익명을 요구한 몇몇 정부 인사들에게 감사를 표한다.

나는 하버드대학교 케네디 스쿨, 벨퍼 과학국제문제연구소센터(Belfer Center for Science and International Affairs), 공공리더십센터(Center for Public Leadership)와 이 책의 집필을 지원해준 스탠포드대학교 후버연구소(Hoover Institution at Stanford University)에도 감사를 표한다. 대믈(Rachel Damle)은 각주 작업을 도왔고, 맥피(Lisa MacPhee)는 유능한 조교였으며, 맥브리드(David McBride)는 뛰어난 편집자였다.

마지막으로 책을 집필하고 출판하는 과정 전반에서 내게 정서적으로 많은 도움을 주었던 나의 가족, 특히 내 인생의 중심을 잡아주는 나의 아내 몰리에게 감사의 마음을 전한다.

조셉 S. 나이

렉싱턴, 매사추세츠주

역자서문

지난 트럼프 대통령의 4년은 체코슬로바키아 소설가 밀란 쿤데라의 책 제목처럼 '참을 수 없는 존재의 가벼움'이었다. 우리가 일찍이 경험해보지 못했던 미국의 리더십이었다. 심지어 올해 1월 20일 조 바이든의 제46대 대통령 취임 전후 축제 분위기여야 할 미국이 저잣거리처럼 어수선했다. 친 트럼프 시위대가 미 의회의사당에 난입했고 미 하원은 내란 선동 혐의로 트럼프 대통령 탄핵 소추안을 가결했다. 미국 내 극심한 혼란상을 보면서 바이든 4년에 대한 우려도 사라지지 않았다.

향후 4년 바이든은 어떤 비전과 리더십을 보일까? 바이든 대통령은 미국이 돌아왔다고 선언했지만, 미국은 돌아왔을까, 돌아오고 있는가, 돌아올 수 있을까? 바이든 외교는 바이든일까, '바럼프'(바이든+트럼프)일까? 바이든 외교는 국제사회의 현실을 있는 그대로 관리하는 정원사일까, 아니면 글로벌 거버넌스와 메커니즘 혁신으로 정원의 구조까지 설계하는 조경사일까?

트럼프 대통령은 미국을 가장 많이 이용하는 게 오히려 동맹이라며 관계를 무역수지와 방위비 '돈'으로만 평가하였다. 한국은 유교주의 전통이 강해 국가 사이에도 의리와 신뢰를 중시한다. 그런데 트럼프식 물질주의 요소가 유입되면서 '숭고한 혈맹' 한미동맹 가치에 혼란을 가져왔다. 2021년 5월 한미정상회담이후 한미동맹은 원래의 자리로 돌아가는 것처럼 보이나, 굿맨 바이든은 '숭고한 혈맹'에 굿맨일 수 있을까?

미국의 리더십, 미중관계와 국제질서, 한반도와 한미동맹의 미래 등 수많은 질문들을 마주하며 『미국은 도덕적인가?(*Do Morals Matter? Presidents and Foreign Policy from FDR to Trump*)』(2020)를 꺼내들었다. 저자인 조셉 나이 하버드대 명예교수는 세계 최고 국제정치 석학 중 한 명이다. 그는 국제정치의 협력적 측면을 중시한다. 국가와 국가 사이 상호의존의 중요성과 필요성을 강조한다. 국제적 연계는 하드파워 뿐만 아니라 소프트파워를 통해서 더욱 견실해진다고 주장한다. 그리고 그의 사고와 접근법은 학문적 이론이 아니라 교수 개인의 다양한 정부 참여 경험에서 우러난 정책적 분석이라 더욱 설득력이 있다. 그의 많은 저서들 중에서도 어쩌면 이번 책은 그의 모든 학문적 열정이 더 많이 녹아 있는 듯하다. 그는 1945년 이후 미국외교정책의 변화를 국익과 도덕 측면에서 간결하면서도 통찰력 있게 분석하고 있다. 초강대국 지위 유지를 위해, 미래 신질서를 여전히 이끌어가기 위해, 미국이 새롭게 조직하고 구성해야 하는 리더십의 본질을 하드파워와 소프트파워 간 균형과 함께 국익과 도덕성 간 균형에서 찾고 있다.

책은 크게 아홉 개 챕터로 나뉜다. 제1장과 제2장에서 각각 1945년 제2차 세계대전 이후 리버럴 국제질서와 국제정치학계의 오랜 도덕적 외교 논쟁을 소개한다. 제3장부터 제8장까지는 14명 대통령의 외교를 특성별로 시기를 나눠 평가한다. 도덕적 외교의 기초를 다진 루즈벨트, 트루먼, 아이젠하워 시기, 베트남전 중에서 도덕적 외교의 딜레마를 보여준 케네디, 존슨, 닉슨 시기, 도덕적 외교의 한계를 드러낸 포드와 카터 시기, 냉전의 절정에서 종식의 과정 속 도덕적 외교가 축소된 레이건과 시니어 부시시기, 초강대국 미국의 단극체제 속 도덕적 외교의 실체를 알 수 있었던 클린턴과 주니어 부시시기, 21세기 들어 도덕적 외교의 위상과 향후 방향에 대한 고민을 여실히 보여준 오바마와 트럼프시기를 다룬다. 마지막 제9장에서는 새로운 대통령의 리더십 아래 향후 미국외교의 경쟁력과 나아갈 방향을 제시한다.

이 책은 적어도 세 가지 효과를 가진다. 첫째 교육적 효과이다. 미국외교사를 공부하고자 하는 학생들에게 좋은 교과서이자 최신 미국외교를 이해하고자 하는 독자층에게도 유익한 시사집이다. 트럼프 현상이 미국의 역사에서 처음이 아니며 트럼프가 왜 대통령이 될 수 있었는지를 국내정치적 흐름을 통해 알 수 있다. 둘째 리더십 효과이다. 이 책은 루스벨트부터 트럼프에 이르기까지 14명 대통령들의 외교정책을 의도, 수단, 결과의 세 가지 측면에서 평가하고 있다. 언제 어떤 결정을 내려야 지도자로서 성공할 수 있으며 역사적으로 평가받을 수 있는지 알 수 있다. 셋째 정책적 효과이다. 현 미국외교의 결정들이 어떻게 다뤄지는지를 알 수 있다. 공화당과 민주당 양당간 차별화된 정책 및 공유되는 정책을 비교할 수 있다. 양당을 넘어 향후 미국의 외교정책에 있어 필수적으로 고려되는 가치와 요소들을 파악할 수 있다. 안미경중(安美經中) 이슈를 포함한 외교정책 방향을 어떻게 수립해야 할지 우리 정책부처와 관련 연구자들에게도 전략적 함의를 찾을 수 있다.

결론적으로 이 책은 사마천 사기(史記)의 미국외교 버전이다. 이 책은 미국외교의 민낯을 그대로 보여준다. 있는 그대로 솔직한 나레이티브이다. 미국외교의 의도, 수단, 결과를 숨기지 않고 담담하게 설명한다. 의도치 않은 국면과 플레이어들로 인해 의외의 결과로 이어지는 당황스러운 상황도 그대로 내보인다. 그러면서도 저자는 균형감을 잃지 않는다. 도덕이 중요하다고 해서 인권만을 강조하지 않는다. 중국이 중요하다고 해서 위협만 부각하지 않고 오히려 오판을 경계한다.

이 책은 '역시, 조셉 나이!'라 할만한 수작(秀作)이자 역작(力作)이다. 번역자 개인능력의 부족함이 많지만 모든 것에는 타이밍이 있는 법이다. 급변하는 국제질서와 한반도의 긴장상태, 외교정책적으로 딜레마에 빠진 대한민국의 현 시점에 유용한 참고가 될 수 있도록 책 발간을 전폭적으로 지원해준 명인문화사의 박선영 대표께 감사의 말씀을 전한다.

2021년 6월 이문동 연구실에서

황재호

1장

서론: 미국식 도덕주의

2017년 취임 연설에서 트럼프(Donald J. Trump) 대통령은 "오늘부터 미국이 최우선이 될 것입니다. 미국의 이익이 최우선입니다. … 우리는 전 세계 국가들과 우의를 쌓고 선의를 추구할 것이지만, 자국의 이익을 우선시하는 것이 모든 국가의 권리임을 이해하고, 그렇게 실천할 것입니다"라고 선언했다.[1] 이는 분명한 의미를 가진다. 국가최고지도자들은 권한을 위임받은 수탁자이다. 우리는 자신의 이익을 지키기 위해 지도자들에게 투표한다. 그러나 그들은 어떤 방법으로 우리의 이익을 정의하고 대표하는가? 우리는 얼마만큼 우리의 대통령이 도덕적인 외교정책을 펼치기를 원하는가? 그리고 그것은 무엇을 의미하는가? 우리는 국경 너머 발생하는 일에 대한 의무가 있는가? 우리는 세상을 더 나은 곳으로 만들기 위해 노력해야 하는가?

미국식 예외주의

미국인들은 오랫동안 미국이라는 나라를 예외적인 도덕성을 가진 국가로 보았다. 이는 1세기 전, 시어도어 루스벨트(Theodore Roosevelt)의 "인류에 대한 우리의 가장 큰 가치는 권력(힘)과 이상을 결합하는 데 있다"[2]라는 언급에서도 잘 나타난다. 민족성 못지않은 사상을 바탕으로 미국은 오랫동안 이를 국가수립과 존립의 명분으로 여겨왔다. 자신들의 국가가 특별한 예외성을 가진다는 믿음은 민족주의적 자부심의 일반적인 형태이다. 일부 미국인들에게 예외주의는 맹목적 애국주의적 자부심과 도덕적 우월성을 나타내지만, 다른 미국인들에게 예외주의는 단순히 협력적 국제주의와 결합된 공동의 시민 이상에 기반한 애국심을 의미한다.[3] 2009년 오바마(Barack Obama)는 "나는 영국인들이 영국의 예외주의를, 그리스인들은 그리스의 예외주의를 믿는 것처럼 미국의 예외주의를 믿는다"[4]고 말하며 겸손한 도덕주의를 표현했었다. 그러나 일부 미국인들은 오바마의 주장이 지나치게 겸손하다고 비판했다.

하버드대학교의 정치학자이자 프랑스계 미국인인 호프만(Stanley Hoffmann)은 모든 국가들이 자신들을 예외적이며 특별하다고 여기지만 프랑스와 미국은 자신들의 가치가 보편적이라는 굳은 믿음을 가지고 있다고 지적했다. 그러나 프랑스는 유럽 내 세력균형으로 자신들의 야망이 부분적으로 제한되었기 때문에 자신들이 원하는 만큼 프랑스의 보편적인 가치를 추구하기 어려웠다.[5] 호프만의 주장에 따르면, 오직 미국만이 이러한 예외주의를 반영하는 외교정책을 수립하려 노력했고, 이를 실질적으로 수행할 능력을 가지고 있었다.

이는 미국인들이 다른 국가의 국민들보다 더 도덕적이었다는 것을 의미하는 것은 아니다. 멕시코인, 쿠바인, 또는 필리핀인들에게 19세기동안 미국이 자신들과 전쟁을 하고 고문을 한 것에 대해 어떻게 생각하는지 물어보면 답은 명확하다. 하지만 많은 미국인들은 자신들이 도덕적이고 세계를 위해 선한 힘을 사용하고 있다고 믿고 싶어 한다. 제2차 세계대전 직후, 유럽에 뿌리를 둔 현실주의 학자인 모겐소(Hans Morgenthau)는 미국의 외교정책에 나타나는 도덕주의에 대해 비판하는 글을 쓰기도 했다. 왜냐하면, 도덕주의는 권력(힘)에 대한 명확한 분석을 저해하는 요소였기 때문이다. 그는 그러한 도덕적 감상주의가 대중들에게만 국한된 것이 아니며 "미국이 전후 세계에서 초강대국의 역할을 맡았을 때 조차도 미국정부의 최고위층은 특정한 도덕적 가치의 발전에 대한 생각을 갖고 있었다"[6]고 말했다. 그럼에도 불구하고 미국이 자유주의적 정치문화를 형성했다는 사실은 제2차 세계대전 이후 확립된 국제질서의 본질과는 큰 차이를 나타냈다. 미국의 지배권력은 자신들의 정치적 가치를 증진시켰다. 만약 히틀러가 제2차 세계대전에서 승리했거나, 스탈린의 소련이 냉전에서 승리했다면 오늘날의 세계는 다른 양상으로 변모하였을 것이다. 20세기의 주요 세 가지 이념적 담론(파시즘, 공산주의, 자유주의) 중 자유주의만이 현재까지 영향력을 미치고 있다.

미국식 예외주의는 몇 가지 배경을 가지고 있다. 그중 주요한 것은 건국의 아버지들이 가지고 있던 자유주의적 계몽주의이며, 미국은 이러한 가치를 기반으로 건국되었다. 이에 대해 케네디(John F. Kennedy)는 "우리에게 있는 '마법의 힘'은 모든 사람이 자유를 갈망하고 모든 민족이 독립을 갈망한다는 것이다. … 우리들이 결국에는 성공할 것이라고 내가 믿는 것은 우리의 체제가 인간성의 기본원칙과 더 일치하고 있기 때문이다"[7]라고 언급하기도 하였다. 계몽주의적 자유주의는 개인의 자유와 권리를 소중하게 여기며, 그러한 권리가 미국에만 국한되지 않고 보편적이라고 여겼다. 그리고 일부 현대 정치학자들은 미국의 예외주의 근본 원인으로 미국의 강렬한 자유주의적 성격 — "정치, 경제, 사회 내에서 자유를 중심으로 한 생활 방식에 대한 이념적 사고"[8] 때문이라고 주장한다.

그러나 헌법에 노예제도의 불평등이 명기된 것을 고려할 때, 건국 초기부터 미국인들은 자유주의 사상의 가치를 이행하는 과정에서 이미 모순에 직면했다고 볼 수 있다. 미 의회가 1965년 투표권법을 통과시키기까지 남북전쟁 이후 100년이 넘는 시간이 소요되었고, 인종차별주의는 오늘날까지도 미국정치의 주요 요소로 남아있다. 또한, 미국은 외교정책에서 자유주의적 가치를 증진시키는 데 있어 다른 방법을 취했고, 인종차별주의는 멕시코, 아이티, 필리핀에 대한 미국의 개입에 중요한 영향을 미쳤다.[9] 자유주의적 도덕 에너지는 다양하게 이해될 수 있다. 자유주의적 도덕 에너지는 일부 미국인들에게는 다른 나라를 침략하고 민주주의를 이식하기 위한 명분이었던 반면, 다른 이들에게는 국제법과 국제기구체제의 창설로 국제사회의 무정부 상태를 완화함으로써 국내의 자유를 보호하는 것을 의미했다.[10]

미국식 예외주의의 또 다른 배경은 자신들이 성서 속에 기록된 선택받은 민족이라는 의식과 신세계에서 더욱 정제된 방식으로 하나님을 예배하기 위해 영국을 떠나온 사람들이 가지고 있던 청교도적 죄의식을 바탕으로 한 종교적 뿌리에서 기인한다. 그들의 고결한 염원은 달성하기 쉽지 않은 수준에 자신들이 과연 부응하며 살고 있는가에 대한 의문으로 이어졌다. 그러나 이는 내적인 불안감과 걱정에 비해서는 덜 고통스러운 것이었다. 또한, 건국의 아버지들조차도 새로운 공화국이 과거 로마공화국이 그랬던 것처럼 미덕의 가치를 상실하게 되지나 않을까 우려했다.[11] 토크빌(Alexis de Tocqueville)과 디킨스(Charles Dickens)와 같이 19세기 미국을 방문한 여러 유럽의 학자들도 미덕, 진보, 그리고 퇴보에 대한 미국의 강박관념에 주목했다. 그러나 이러한 도덕적 우려는 외부지향적인 것보다는 내부지향적인 것이었다.

마지막으로, 미국식 예외주의의 세 번째 배경은 미국의 영토 규모와 지정학적 위치에 기인한다. 토크빌은 19세기부터 미국의 특수한 지리적 상황에 주목했는데, 미국의 영토는 두 개의 대양에 둘러싸여 보호받고 있고 비교적 약소국들과 국경을 접하고 있었다. 그렇기 때문에 미국은 18세기에 서부로의 영토확장에 초점을 맞추었고, 유럽 중심 국제사회의 세력균형의 틀에서 벗어나려고 노력했다. 그러나 20세기 초 미국이 세계 최대의 경제대국으로 발돋움하면서, 과거와는 달리 강대국으로서 국제사회를 세력균형의 틀 차원에서 바라보게 되었다.[12] 즉, 미국은 자신들의 힘을 발휘할 수 있는 보다 큰 자유와 재량을 가지게 되었다. 또한, 이 경제대국은 모두가 이득을 취할 수 있는 선도적인 글로벌 공공재 생산력은 물론, 자국의 국익을 스스로 정의할 수 있는 동기와 능력을 모두 갖추고 있었다. 여기에는 개방적인 국제무역체제, 해양과 다른 공유지들에 대한 자유, 그리고 국제기구의 발전 등이 포함된다. 이러한 미국의 영토적 특징은 미국식 예외주의에 대한 현실주의자들의 주요 논리 기반을 제공한 반면, 청교도주의와 특히 자유주의는 미국식 예외주의에 대한 도덕적 에너지를 제공했다. 그리고 20세기 초 윌슨(Woodrow Wilson) 대통령은 미국이 가진 강대국으로서의 지위와 미국식 자유주의 가치를 결합하기 위해 많은 노력을 기울였다.

윌슨 자유주의

고립주의는 19세기 미국이 전 세계의 세력균형을 형성하기 위한 정책이었다. 미국은 상대적으로 약소국인 주변국들과의 관계에서 우위를 점할 수 있었지만, 유럽을 중심으로 한 전 세계의 세력균형에 대해서는 신중한 현실주의 정책을 펼쳐야 했다. 미국은 서반구의 유럽으로부터 독립을 주장하며 외교상의 불간섭주의를 표명한 먼로독트린(Monroe Doctrine)을 내세웠지만 이러한 먼로주의는 사실상 해군의 해상 통제 및 영국의 이익과도 맞물려 있었기 때문에 가능했다. 하지만 국력이 점차 증대되면서 미국의 선택권은 늘어났다. 미국은 1917년 윌슨 대통령이 미국식 고립주의의 전통을 깨고 200만 군대를 유럽으로 파병하면서 주요한 전환점을 맞이하였다. 20세기 초의 다른 미국 지도자들과 마찬가지로, 윌슨은 자신을 이상주의자라고 생각했다.** 평화를 위한 국제연맹 창설에 대한 그의 생각은 본래 유럽인의 사상에서 발현되었지만, 미국 내 저명한 교수이자 대학총장이었던 그는 이러한 유럽의 자유주의적 사상을 받아들여 이를 미국외교정책의 주요 요소로 채택하여 보다 도덕적인 미국식 접근법으로 통합시켰다.

윌슨은 세력균형의 개념을 이해하고 있었으나 18세기에 폴란드가 러시아, 프로이센, 오스트리아와 같은 강대국들의 편의에 의해 치즈처럼

** 윌슨은 자유주의적 이상주의자였지만 보편적 인권을 실천하지는 않았다. 미국 남부인으로서 그는 인종적 편견과 당시 지배적이었던 앵글로-색슨 우월주의를 공유했고, 미국의 자유주의적 전통은 오랫동안 최초의 노예제도와 그 이후 나타난 분리정책을 수용해 왔다. 게다가 윌슨은 열악한 정치체제를 가지고 있었던 멕시코와 카리브해 지역에 개입하는 것을 주저하지 않았다.

분할되어 가는 역사를 보면서 세력균형을 부도덕한 것으로 간주했다. 그는 침략자들에 대항하기 위해 집단안보조약에 근간을 둔 국제연맹의 창설이 세력균형상 필요한 동맹이란 냉혹한 현실보다 훨씬 더 평화롭고 정당할 것이라고 믿었다. 윌슨은 제1차 세계대전에서 미국의 사명을 국제사회에서의 경제적 권력 강화로 보는 것이 아닌 모든 국가들이 올바른 목적을 달성하기 위해 조직된 새로운 국제사회로 이끄는 것이라고 보았다.[13] 그는 미국을 전쟁에서 승리한 강대국들의 동맹이라기보다는 '연대(associate)'라고 불렀다. 윌슨은 이것이 단기적으로는 미국 국민들에게 그리고 장기적으로는 세계에서 통용되는 도덕적 견해로부터 받아들여질 수 있는 유일한 성격의 평화라고 주장했다.

윌슨이 지도자로서 성공한 영역은 외교정책에서가 아니라 오늘날 우리가 부르는 '사상적 지도자'의 영역이다. 그는 1919년 국내외에서 열렬한 지지를 받았고, 수십 년 후 새로운 도덕적 형태의 국제관계 상징이 되었다. 국제기구에 대한 윌슨의 구상은 20년이 넘는 시간 동안 시행되지 못하였다. 그럼에도 불구하고 윌슨은 루스벨트(Franklin D. Roosevelt)와 1945년 이후 지배적인 자유주의적 국제질서를 출범시킨 트루먼(Harry Truman)에게 지대한 영향을 미쳤다. 두 사람 모두 스스로를 윌슨주의자라고 간주했고, 윌슨의 국제연맹을 이어받은 국제연합(유엔, UN)은 개별 국가가 전쟁을 일으킬 수 있는 근거를 제한하는 기능을 가졌다.

윌슨의 자유주의적 국제주의 구상은 두 가지 주요 목표를 가지고 있었다. 첫 번째는 구속력 있는 국제법과 국제기구의 창설을 통해 국제사회의 무정부 상태를 제어하는 것이고, 두 번째는 다른 국가들을 헌법상 민주주의 체제로 변화시키는 것이었다. 그는 민주주의를 통한 안전한 세계를 추구했다.[14] 역사학자이자 전기 작가인 링크(Arthur Link)는 1930년대에 벌어진 재앙적인 사건들에 비추어 볼 때, 1919년 베르사유조약에서 나타난 윌슨의 도덕적 비전이 영토적 이득에 초점을 맞춘 유럽의 지도자 클레망소(Georges Clemenceau)나 조지(David Lloyd George)의 비전보다 선견지명을 가졌다고 주장했다. 링크는 이것을 '우드로 윌슨의 고등(higher) 현실주의'라고 불렀다. 1991년 현실주의 국제정치학자 케넌(George Kennan)은 윌슨에 대해 "나는 이 시점에서 내가 과거 윌슨에 대해 내렸던 많은 평가들을 바로잡거나 수정해야 한다. 국제사회가 필요로 하는 미래 요구에 대한 그의 비전을 살펴볼 때, 나는 이제 윌슨이 그 시대의 어떤 정치가보다 앞서 있다고 생각한다"[15]라고 평가했다.

몇몇 사람들은 윌슨이 남긴 도덕적 자유주의의 유산이 오히려 미국외교정책의 함정이 되어 왔다는 논리에 대해서 찬성과 반대의 입장을 보인다. 자유민주주의가 미국 국내에서는 최고의 정치제도이지만 국제정치의 영역에서 "모든 인간은 일련의 양도할 수 없는 권리를 가지고 있고, 이러한 권리를 보호하는 것이 다른 관심사들보다 우선해야 한다는 믿음은 자유주의 국가들이 개입할 강력한 동기를 부여한다"[16]라고 주장한다. 한편, 자유주의는 불안정과 갈등의 원천이 된다.[17] 물론 많은 것들이 자유주의에 대한 정의와 그것이 어떻게 실행되느냐에 따라 달라진다. 하지만 키신저(Henry Kissinger)가 언급한 바와 같이, 철저한 현실주의자 닉슨(Richard Nixon)조차도 윌슨의 영향을 받아 그의 사진을 백악관에 걸었다.[18] 키신저는 "윌슨의 궁극적인 위대함은 미국이 스스로 열망할만한 비전을 제시해 미국 예외주의의 전통을 회복한 것이다"라고 결론지었다.[19]

1945년 이후의 자유주의 국제질서

윌슨이 200만 병력을 유럽으로 보내 전쟁을 승리로 이끈 이후, 미국은 세계 최대의 경제대국일 뿐만 아니라 전 세계의 세력균형에 있어 중요한 국가로 자리 잡았다. 그러나 미 상원이 베르사유조약과 윌슨의 국제연맹 설립을 부결하면서 미국은 국제사회에서 새로운 역할을 담당하는 데 실패하였다. 대신 미국은 공공재 제공에 여력을 잃은 영국에 여전히 무임승차하였다. 세계정부가 부재한 상황에서 전 세계 국가들은 세계적으로 가장 큰 공공재 제공국에 의존하게 되며, 19세기 팍스 브리타니카(Pax Brittanica)는 안보, 경제적 안정, 해상의 자유와 같은 글로벌 공공재(Global Commons)의 보호 등에 기여했다. 제1차 세계대전 후, 미국은 영국을 대신하는 '필수불가결한 국가'가 되었지만 스스로를 그렇게 평가하지는 않았다.

대신에 미국은 전후 정상국가로 복귀했다. 미국이 1920년대에 몇 가지 유용한 계획들을 바탕으로 주도권을 잡게 되었지만, 국내 여론은 제1차 세계대전에 대한 개입과 세계질서를 창조하려는 노력을 커다란 실수로 보았다. 미국은 강력한 고립주의자가 되었고, 1930년대에는 미국이 주도하는 자유주의 질서가 사라지고 말았다. 그 결과는 극심한 10년간의 경제 불황과 대량학살의 서막이 열리는 것이었고, 결국 제2차 세계대전이 발발했다. 1930년대 미국의 고립주의정책은 이전보다 더욱 강경했지만, 그것은 19세기 외교정책의 전통으로의 회귀를 의미했다.

미국의 여론은 국제적 개입과 국내적 고립 사이에서 계속 오갔다.[20] 미국 고립주의의 실책을 1930년대에 목격한 루스벨트와 같은 지도자들은 1944년의 브레튼우즈(Bretton Woods) 국제경제와 1945년의 유엔

설립 계획을 시작했다. 제3장에서 다루겠지만 이러한 계획으로의 전환점은 제2차 세계대전 후 영구적인 동맹과 지속적인 해외 주둔을 가능하게 한 트루먼의 전후 결정이었다. 1947년 영국이 약화된 국력으로 인해 그리스와 터키를 지원할 수 없었을 때, 미국이 그 역할을 대신했다. 미국은 1948년 마셜플랜(Marshall Plan)을 통해 유럽에 막대한 투자를 했고 1949년 북대서양조약기구(NATO: North Atlantic Treaty Organization)를 창설했으며, 1950년 한국전쟁에 참전한 유엔연합군을 이끌었다. 1960년 아이젠하워(Dwight Eisenhower)는 일본과 신안보조약을 체결했다.

이러한 조치들은 소련의 힘을 봉쇄하기 위한 현실주의적 전략의 일부였지만, 여기서 봉쇄는 다양한 방식으로 해석되었다. 일부 외교정책의 선택은 공산주의를 봉쇄하는 차원에서 정당화되었고, 다른 선택은 소련을 봉쇄하는 차원에서 정당화되었는데, 이들은 트루먼이 공산국가 유고슬라비아를 지원한 정책에서 목격되었다. 과테말라, 이란, 그리고 일부 정부들이 전복에 개입했던 외교적 결정들은 윤리적 정당성에 의문을 남겼다. 윤리적 정당성에 가장 큰 오점은 미국의 베트남 개입이었다. 제4장에서 다루겠지만 여러 미국 대통령들은 공산주의로 전환하는 국가들에 대한 도미노 효과의 은유성과 양극화 세계에서의 세력균형에 대한 궁극적인 효과를 내세워 이를 정당화하였다.

미국인들은 1968년과 2006년 대선에 큰 영향을 준 베트남과 이라크전 개입을 놓고 격렬한 논쟁과 당파적 차이를 보였다. 그러나 국제적 개입에 대한 윤리적 논쟁의 여지가 많았지만, 자유주의 질서에 대해서는 훨씬 덜 논쟁적이었다. 신학자 니부어(Reinhold Niebuhr)는 “자유주의적 국제주의가 가진 모호함이 주는 행운”을 호평했고, 이는 이념적 경직으로부터의 자유를 제공했다. 냉전 시대를 거쳐 자유주의 이념의 사상적 승리를 통해 윌슨주의는 민주주의를 위한 세계평화가 아닌 민주주의를 통해 세계평화를 이루는 '냉철한' 이념으로 나아갈 위험을 각오했다. 미국의 과도한 권력을 통한 '단극 시기'는 자만심을 불러일으켰다. 미국정부의 경제 세계화, 강력한 민주주의의 촉진, 그리고 미국의 리더십[21]에 대한 지지는 경직된 이해관계를 이념적으로 정당화하였다. '고상한 목적'을 추구하는 것은 미국이 필요하다고 생각하는 수단과 방법을 동원할 수 있는 권한을 부여한다.[22]

자유주의 국제질서는 제2차 세계대전 이후 미국의 외교정책에서 폭넓은 지지를 받아왔지만, 2016년 대선에서 트럼프(Donald Trump)는 1945년 이후 국제질서에서의 동맹과 제도들을 통해 다른 국가들은 혜택을 받은 반면, 미국은 불이익을 받아왔다는 주장이 효과적임을 깨달았다. 포퓰리즘적 호소는 그의 외교정책에서 더 큰 비중을 차지했다. 세계화로 인한 경제적 혼란은 2008년 대공황으로 더욱 심화되었고 인종문제, 여성의 역할, 성 정체성과 관련한 문화적 변화는 미국 유권자들을 양극화시켰다. 트럼프는 경제문제를 "멕시코, 중국 같은 나라들과의 불공정한 무역거래와 미국인들이 일자리를 위협하는 이민자의 책임"[23]으로 돌리면서 인종갈등과 소수민족의 영향력 증대에 대한 백인의 분노를 성공적으로 외교정책과 연결시켰다.

미국이 자유주의적 외교정책에 대해 위와 같은 포퓰리즘적 반응을 겪었던 것은 지금이 처음은 아니다.[24] 1920년대와 1930년대에 선례가 있었다.[25] 20세기의 첫 20년 동안 1,500만 명의 이민자들이 미국으로 이주했고, "미국인들은 이민자들에 의해 내부로부터 압도당하는 것에 대한 막연한 불안감을 가지고 있었다." 1920년대 초, 쿠 클럭스 클랜(Ku

Klux Klan)이 부활했고, 1924년 "북유럽 인종이 몰락하는 것을 막고" "미국인들이 추구했던 오랜 단일 미국을 보존"하기 위해 이민제한법(National Origin Act)을 제정했다. 마찬가지로, 2016년 트럼프의 대통령 당선은 1960년대 이후 전개되어온 깊은 인종적, 이념적, 문화적 분열의 결과가 반영된 것이다.[26] 일부 분석가들은 트럼프의 외교 및 긴축정책이 1930년대와 유사한 국제 무질서를 초래할 수 있다고 우려했지만, 반대로 그의 지지자들은 미국의 강경한 입장은 해외에 더 큰 안정을 제공하고 국내에서의 더 큰 지지를 이끌어낼 수 있다고 주장했다. 양 주장을 모두 고려하더라도 트럼프의 당선은 확실하게 윌슨주의의 전통에서 벗어난 변화를 상징했다.

일부에서는 트럼프의 부상은 자유주의 엘리트들이 일반 대중의 외교정책 선호도를 제대로 반영하지 못한 결과로 보고 있다. 일례로 월트(Stephen Walt)는 대중보다 엘리트들이 진보적인 가치에 더 관심을 갖는 것으로 묘사한다.[27] 그러나 이는 지나친 단순화이다. 물론 미국 여론에는 서로 다른 의견을 가진 여러 집단들이 존재하고, 엘리트 집단은 대체로 대중보다 외교정책에 더 많은 관심을 가진다. 1974년 이래로 시카고 국제문제위원회는 일반 미국인들에게 미국이 국제사회의 문제에 적극적으로 참여하는 것과 국제사회의 문제에서 벗어나는 것 중 무엇이 나은 선택인지에 대해 물어왔다. 그 기간 동안 대중의 약 3분의 1이 19세기 전통에 따른 고립주의를 주장했다.[28] 그리고 이들의 수는 2014년에 40퍼센트에 달했고 2016년 트럼프의 대통령 당선으로 인해 이 수치는 1945년 이후 최고치를 기록할 것으로 예상되었지만, 실제는 오히려 그렇지 못했다. 2016년 선거 당시 미국 국민의 64퍼센트가 세계정세에 적극적 관여를 선호한다고 응답했고, 2018년 여론조사에서는 70퍼센

트로 증가해 2002년 이후 최고치를 기록했다.[29)]

대부분의 미국인들이 외교정책에 높은 우선순위를 두지 않기 때문에 그들은 안보와 경제적 번영을 강조하는 현실주의자 경향이 강하다.[30)] 일반 시민들은 주로 자신들의 일상과 안전에 대해 걱정한다. 그러나 동시에, 여론조사는 "외부의 공격으로부터의 방위문제와 국내의 안정이 최우선시되지만 … 대부분의 미국인들은 또한 세계국가들을 위한 정의 실현에 상당히 의미를 부여하며 미국이 국제적으로 이타적이고 인도주의적인 목표를 추구하기를 원한다"는 것을 보여주었다. 엘리트 집단은 일반 대중들보다 자유주의 성향이 더 강하지만 모든 사안들에 대해 그런 것은 아니다. 대중들은 일자리나 전투에 투입되는 군인들에게 영향을 미치는 경제문제에 대해서는 회의적인 시각을 갖고 있는 반면 국제기구, 제도, 협정 등에 대해서는 엘리트 집단보다 더 높게 지지하는 성향을 보인다.[31)] 2016년 대선의 경우 외교정책은 주요 쟁점이 아니었고, 트럼프가 성공적으로 선점한 포퓰리즘 여론은 외교정책에 영향을 미친 유일한 요인이 아니었다.

트럼프는 취임사에서 "우리는 우리의 삶의 방식을 누군가에게 강요하는 것이 아니라, 오히려 그것을 본보기로 빛나게 하려는 것"이라고 선언했다. 이러한 '언덕 위의 도시(City on the Hill)'## 접근은 긴 역사를 가지고 있다. 이는 제퍼슨식(Jeffersonian) 전통에만 국한되지 않으며, 행동주의를 피하는 경향이 있다.[32)] 미국의 힘은 '행동의 기둥'보다는 '영

역자 주) 언덕 위의 도시란 신의 선택을 받은 민족이 신과의 언약을 지켜 세상의 이목이 집중되어도 부끄럽지 않은 선민의 삶을 살아가는 기독교적 사회를 의미하며, 미국의 상징이자 국가정체성의 근간이 되는 용어이다.

감의 기둥'과 소프트파워(연성권력)##의 힘에 더 의존한다.[33] 성서에서 유래한 언덕 위 도시의 은유는 "모든 사람들의 시선이 우리에게 집중된다"고 선언한 17세기 청교도인 윈드로프(John Winthrop)가 처음 사용하였다. 1821년 아담스(John Quincy Adams)는 미국은 "파괴해야 할 악당을 찾아 해외로 나서지 않는다. 미국은 모든 사람들의 자유와 독립을 기원한다. 미국은 승리자이자 오직 자신을 위한 변호인이다"[34]라고 말한 것으로 유명하다. 트럼프는 2017년 12월 국가안보전략을 발표하면서 "원칙적 현실주의로의 복귀"를 선언하고, "우리는 누구에게도 우리의 삶의 방식을 강요하지 않고," "미국의 위대함을 빛나는 모범사례로 세계에 알릴 것"이라고 밝혔다.[35]

미국의 외교정책에는 개입주의란 오랜 전통이 존재한다. 아담스(John Quincy Adams) 국무장관은 오스만 제국의 압제에 반기를 든 그리스 애국자들을 위해 미국이 개입하기를 원하는 사람들의 정치적 압력에 대항하는 성명을 발표했었다. 20세기 초, 시어도어 루스벨트와 같은 자칭 현실주의자도 인권을 침해하는 극단적인 사건이 발생할 경우 개입은 "정당하고 적절한 것으로 간주할 수 있다"고 주장했다.[36] 19세기 중반 케네디(John F. Kennedy)는 미국인들에게 미국뿐만 아니라 세계를 위해 무엇을 할 수 있는지 물어볼 것을 요구했고, 그는 약 16,000명의 미국 군사 고문단을 베트남에 보냈다. 냉전이 종식된 이후에도 미국은 7차례의 전쟁과 군사개입에 관여해 왔으며, 그 어느 것도 강대국과의 경쟁과는

\## 역자 주) 소프트파워(혹은 연성권력)는 조셉 나이 하버드대 명예교수가 도입한 국제관계 개념으로, 물질과 권력이 아닌 매력과 설득으로 상대의 마음을 획득해야만 진정한 관계와 협력이 가능하다고 강조하였다.

직접적인 관련이 없었다. 2006년, 부시(George W. Bush)는 2016년의 트럼프와는 정반대로 전 세계의 자유 및 정의와 인간의 존엄성 증진이라는 두 개의 기둥을 바탕으로 성장하는 세계 민주주의 공동체를 촉진하기 위한 국가안보전략을 발표했다.[37] 미국의 역사는 도덕적 외교정책을 구성하는 요소와 방법들에 대해 상당히 다양한 답변들을 제공해왔으나 트럼프는 민주적 개입주의와 윌슨의 자유주의 유산을 기반으로 한 국제 제도주의 측면 모두를 거부했다.

비평가들은 1945년 이후 미국식 질서가 세계적이지도 않았고, 항상 자유로운 것은 아니었다고 지적한다.[38] 소위 미국식 헤게모니(패권)는 세계의 절반 이상(소련과 중국)을 배제시켰고, 다수의 비자유주의적 권위주의 국가들을 포함시켰다. 이를 옹호하는 사람들은 자유주의 국제질서가 불완전하기는 하지만 세계를 더 나은 사회로 만들었다고 주장한다. 이는 자유주의 국제질서가 수억 명의 사람들을 빈곤에서 벗어나도록 하고 자유와 민주주의의 확산을 가능하게 한 세계경제에서 유례없는 성장의 시대를 만들어낸 기반이 되었다고 생각하기 때문이다.[39] 어떠한 형태이든, 많은 분석가들은 중국의 부상과 많은 국가들에서 나타나는 국수주의적 민족주의와 포퓰리즘의 출현으로 자유주의적 국제질서가 그 수명을 다했다고 믿는다. 미래의 미국 대통령들은 1945년 이후의 팍스 아메리카나(Pax Americana)와 윌슨의 비전이 변화시킨 세계에서 기존 미국의 외교정책을 집행하는 데 있어 도덕적 선택을 해야만 한다. 그러한 도덕적 선택은 어떤 차이를 만들 것이며, 무엇이 도덕적인 외교정책을 만드는지 어떻게 판단해야 하는가? 우리는 대통령들을 세심하게 비교한 성적표를 만들 수 있을까? 나는 우리가 이것을 할 수 있다고 믿으며 위의 질문들에 대해 다음 장에서 다루고자 한다.

주

1) Donald J. Trump, Inaugural Address, January 20, 2017.
2) James Chace, *1912: Wilson, Roosevelt, Taft and Debs — the Election that Changed the Country* (New York: Simon and Schuster, 2004), 108.
3) Jake Sullivan, "What Donald Trump and Dick Cheney Got Wrong About America," *The Atlantic*, January/February 2019, https://www.theatlantic.com/magazine/archive/2019/01/yes-america-can-still-lead-the-world/576247/.
4) Ben Rhodes, *The World as It Is: A Memoir of the Obama White House* (New York: Random House, 2018), 41.
5) Stanley Hoffmann, *Chaos and Violence: What Globalization, Failed States, and Terrorism Mean for U.S. Foreign Policy* (Lanham, MD: Rowman & Littlefield, 2006), 115.
6) Morgenthau quoted in Robert W. McElroy, *Morality and American Foreign Policy: The Role of Ethics in International Affairs* (Princeton, NJ: Princeton University Press, 1992), 25.
7) Senator John F. Kennedy, quoted in Jonathan Rauch, "Real Is Not a Four-Letter Word," *National Journal*, June 9, 2006.
8) Daniel Deudney and Jeffrey W. Meiser, "American Exceptionalism," in *US Foreign Policy*, 3rd ed., ed. Michael Cox and Doug Stokes (Oxford: Oxford University Press, 2018), 23.
9) Constance G. Anthony, "American Democratic Interventionism: Romancing the Iconic Woodrow Wilson," *International Studies Perspectives* 9, no. 3 (August 2008), 249의 예를 참고할 것.
10) Deudney and Meiser, "American Exceptionalism," 23.
11) 또 다른 영향요인들도 있다. Walter A. McDougall, "America's Machiavellian Moment: Origins of the Atlantic Republican Tradition," *Orbis* 82 (Fall 2018), 505를 참고할 것.
12) Robert D. Kaplan, *Earning the Rockies: How Geography Shapes America's Role in the World* (New York: Random House, 2017), 142.
13) John Milton Cooper Jr., *Woodrow Wilson: A Biography* (New York: Knopf, 2009).
14) Deudney and Meiser, "American Exceptionalism," 34.
15) "The Higher Realism of Woodrow Wilson," in *Ethics and Statecraft: The Moral Dimension of International Affairs*, 2nd ed., ed. Cathal J. Nolan (Westport, CT: Praeger, 2008), 131에서 인용함.
16) John Mearsheimer, *The Great Delusion: Liberal Dreams and International Realities* (New Haven, CT: Yale University Press, 2018), 218–19.

17) Mearsheimer, *The Great Delusion*, 5.
18) Henry Kissinger, *Diplomacy* (New York: Simon and Schuster, 1994), 54.
19) Henry Kissinger, *World Order* (New York: Penguin, 2014), 268.
20) Stephen Sestanovich, *Maximalist: America in the World from Truman to Obama* (New York: Knopf, 2014).
21) Tony Smith, *Why Wilson Matters: The Origin of American Liberal Internationalism and Its Crisis Today* (Princeton, NJ: Princeton University Press, 2017), 4–5.
22) Andrew J. Bacevich, *Washington Rules: America's Path to Permanent War* (New York: Henry Holt, 2010), 143.
23) Alan I. Abramowitz, *The Great Alignment: Race, Party Transformation, and the Rise of Donald Trump* (New Haven, CT: Yale University Press, 2018), 156.
24) Robert Dallek, *The American Style of Foreign Policy: Cultural Politics and Foreign Affairs* (New York: Knopf, 1983), 110–12.
25) Jon Meacham, *The Soul of America* (New York: Random House, 2018)을 참고할 것.
26) Abramowitz, *The Great Alignment*, x.
27) Stephen Walt, *The Hell of Good Intentions: America's Foreign Policy Elite and the Decline of US Primacy* (New York: FSG, 2018).
28) Ivo H. Daalder and James M. Lindsay, *The Empty Throne: America's Abdication of Global Leadership* (New York: Public Affairs, 2018), 35
29) Chicago Council on Global Affairs, *America Engaged: American Public Opinion and US Foreign Policy* (Chicago, 2018). Pew Research Center, "Public Uncertain, Divided Over America's Place in the World," Washington, DC, May 5, 2016.
30) Daniel Drezner, "The Realist Tradition in American Public Opinion," *Perspectives on Politics* 6, no. 1 (March 2008), 63.
31) Benjamin Page with Marshall Bouton, *The Foreign Policy Dis-Connect: What Americans Want From Our Leaders but Don't Get* (Chicago: University of Chicago Press, 2006) 229, 231, 241–42.
32) 미드(Walter Russell Mead)는 트럼프의 지지자들이 제퍼슨주의 고립주의자들과 적극적 잭슨주의 포퓰리스트들의 모습을 동시에 가지고 있다고 주장한다. "Trump Is No Isolationist," *Wall Street Journal*, October 23, 2018, A13.
33) Frances Z. Brown and Thomas Carothers, "Is the New US National Security Strategy a Step Backward on Democracy and Human Rights?," Carnegie Endowment for International Peace, https://carnegieendowment.org/2018/01/30/is-new-u.s.-national-security-strategy-step-backward-on-democracy-and-human-rights-pub-75376
34) John Quincy Adams가 Gary Bass, *Freedom's Battle: The Origins of Humanitarian Intervention* (New York: Random House, 2009), 89에서 인용함.
35) Donald J. Trump, "Remarks by President Trump on the Administration's Na-

tional Security Strategy," The White House, December 17, 2018, https://www.whitehouse.gov/briefings-statements/remarks-president-trump-administrations-national-security-strategy/.

36) Gary J. Bass, *Freedom's Battle: The Origins of Humanitarian Intervention* (New York: Knopf, 2008), 3.

37) US National Security Strategy, March 2006.

38) Patrick Porter, "A World Imagined: Nostalgia and the Liberal Order," *Policy Analysis* Number 843, Cato Institute, Washington, June 5, 2018. 또한, Amitav Acharya, *The End of American World Order*, 2nd ed. (Cambridge: Polity Press, 2018)을 참고할 것.

39) Steven Pinker, *Enlightenment Now: The Case for Reason, Science, Humanism and Progress* (New York: Viking, 2018). The number of electoral democracies tripled; world economic output quadrupled, and the proportion of people in extreme poverty dropped in half. Francis Fukuyama, "Against Identity Politics," *Foreign Affairs* 97, no. 5 (September/October 2018), 90을 참고할 것.

2장

도덕적인 외교정책이란 무엇인가?

제1장에서 설명한 가치들과 외교정책에 대한 미국 내 논쟁은 서구사회가 도덕성과 외교정책에 대해 전통적으로 다루어온 광범위한 내용의 일부분이다. 투키디데스(Thucydides), 홉스(Thomas Hobbes), 그리고 마키아벨리(Niccolò Machiavelli)와 같은 사상가들에 지적 기반을 둔 현실주의자들은 무정부 상태의 세계에서 외교정책이 대체적으로 비도덕적라고 주장한다. 투키디데스는 고대 아테네인들이 멜로스 섬의 사람들을 학살하고 노예로 삼을 때 "강자들은 자신들의 할 일을 하고, 약자들은 그들이 당할 일을 겪는다"는 말로 자비를 구하는 이들의 요청을 무시했다는 유명한 이야기를 남겼다.[1] 대조적으로 계몽주의 철학자 칸트(Immanuel Kant)의 전통을 이어받은 유럽의 자유주의자들은 기본적인 가치들은 보편적인 것이며 외교정책을 포함한 모든 상황에 적용되어야 한다고 주장했다. 상기 두 견해는 모두 나름의 가치가 있지만, 두 견해 모두 외교정책에서의 도덕적 선택이 전부라거나 혹은 전무하다고 보는 것은 매우 단순한 분석이다.[2] 세계정부가 부재한 상황에서 국제사회는 약 200개 국가의 75억 인구를 아우르고 있다. 그리고 많은 이들은 서구사회의 도덕적 전통에 동의하지 않는다. 그러나 이러

한 복잡성을 인정하는 것은 우리가 실질적인 문제에 직면했을 때, 두 손을 놓고 도덕적 추론을 포기해야 한다는 의미는 아니다. 지금부터 이에 대해 알아보고자 한다.

어떻게 도덕적인 판단을 내리는가?

우리 모두는 항상 도덕적 판단을 한다. 우리가 종교적이든 아니든, 많은 연구들은 도덕성이 인간 본성의 일부라는 것을 보여주었다. 보수주의 정치학자 윌슨(James Q. Wilson)은 "사람들이 도덕성을 가지고 있다고 말하는 것이 선천적으로 그들이 선하다는 의미는 아니다"[3]라고 말했다. 우리는 사회적 동물이며, 이를 중심으로 인류는 진화하였다. 인간은 이기적이고 공격적이지만, 서로에 대한 관심과 갈등을 억제하는 자제력은 인간이 지구를 지배하는 데 중요한 요소로 작용했다. 사회심리학자 하이트(Jonathan Haidt)의 말에 따르면, 도덕규범은 인간들이 "친족이라는 유대감 없이도 협력하는 거대한 집단, 부족, 그리고 국가를 형성했다 ... 도덕적인 추론은 우리 인간이 사회적 안건들을 더욱 발전시켜 우리의 행동을 정당화하고 우리가 속한 집단을 보호하기 위해 인류가 발달시킨 기술이다." 우리는 도덕적인 충동과 자극을 위해 많은 노력을 하지만 그러한 충동의 내용은 매우 다양하다.

인간은 이기적이고, 공격적이며, 종종 잔인하지만, 도덕적 충동은 뇌의 일부에 손상이 있는 사람들을 제외하고 거의 보편적으로 나타나는 부분이다. 그러나 서로 다른 문화들은 이러한 도덕적 충동을 각각 다른 방식으로 표현했고, 어떤 규범들은 배려, 해악, 그리고 공정성을 강조하는 반면 다른 규범들은 권위와 충성심, 그리고 신성함을 더 강조하기도 한다.[4] 신경과학의 진보는 도덕적인 감각과 인간의 뇌 사이의 관계를 이해하는 것을 가능하게 했다. 심지어 우리의 생활 속에서 우리의 도덕적 판단 중 일부는 충동적인 것이며 이는 뇌의 한 부분에서 기인한 것일 수 있고, 어떤 것들은 뇌의 다른 부분과 연관되어 다양한 추론을 가능하게 한다. "어떻게 행동해야 하는가에 대한 결정은 도덕 철학자들이 일반적으로 가정해 온 한 종류의 단일적이고 이성적인 계산에 의한 것이 아니라, 감정의 과정과 공리주의의 과정 사이에서 발생하는 갈등을 통해 이뤄지며 때때로 감정의 과정이 공리주의적 과정을 우선할 수도 있다."[5] 도덕적 직관과 추론에 대해 반대하는 것은 실수이다. 직관과 이성 둘 다 모두 우리의 도덕적 대응의 일부이다.** 도덕성은 신념과 신중함 모두를 포함한다. 이러한 생물학적 도덕적 충동을 표현함에 있어서, 우리의 도덕적 의무감은 세 가지 주요한 사회적 근원에 기인하는데 첫 번째 요소는 종교적으로나 개별적으로 인식할 수 있는 양심, 두 번째 요소는 사회가 의무로 정의하는 공동의 도덕규칙, 마지막 세 번째는 우리의 사회적 역할과 관련된 의무를 정의하는 직업적 또는 개인적 행동규범이다.[6]

일부 사람들에게 종교는 삶을 지배하는 중요한 요소이지만 그것만으

** 도덕성의 두 가지 측면을 분석하는 고전적인 방법은 '트롤리 딜레마(trolley car problem)'이다. 폭주하는 트롤리가 언덕 아래로 떨어지고 있는 상황에서 스위치를 누르지 않으면 선로에 있는 다섯 명의 사람이 죽게 되며, 스위치를 눌러 선로를 변경하면 다른 선로에 있는 한 명의 사람이 죽게 된다. 많은 사람들은 스위치를 누르는 것이 공리주의적 사고에 입각하여 올바른 도덕적 대응이라고 생각할 것이다. 그러나 또 다른 예로, 한 사람을 선로에 밀어 넣어 트롤리가 탈선하게 함으로써 다섯 명을 구할 수 있는 상황에서 많은 사람들은 이에 대해 본능적으로 거부감을 느끼는데 자신이 구할 수 있는 생존자의 수가 이전과 동일하더라도 이전 상황에서 내렸던 공리주의적 선택을 포기하게 된다.

로는 도덕적 추론에 대한 명확한 지침을 제공하지 못한다. 종교적 근본주의자들은 지침에 대한 답변이 성경이나 코란 등의 경전에 쓰여 있기 때문에 도덕적 추론이 불필요하다고 주장한다. 그러나 심지어 성서와 경전들조차도 접근법에 따라 매우 다양하게 해석될 수 있다. 작가 윌스(Garry Wills)에 따르면, 남부지역 침례교 신자였던 카터(Jimmy Carter)는 미국에서 가장 종교적인 대통령이었고, 백악관 시절을 포함해 성인이 된 이후에도 계속해서 성경 수업을 했었다고 한다. 그럼에도 불구하고 윌스는 보수적 종파가 카터의 대통령 재임 동안 그를 지지하지 않았지만 2016년 트럼프(Donald Trump)의 대통령 당선에는 큰 도움을 주었으며, "대다수의 미국 국민들이 가장 반종교적인 후보를 위해 표를 던졌다"라고 지적했다.[7] 낙태 및 사법계의 보수적인 법관을 임명하는 문제는 여성에 대한 성추행 및 반복적인 불륜행위보다 더 중요한 도덕적 문제로 여겨졌다. 가장 종교적이었다고 평가받는 두 대통령인 카터와 부시(George W. Bush)는 임기 내내 윤리적 측면에서는 상당히 낮은 성적표를 받았다. 게다가 같은 성서 및 경전이 다른 정치적 해석으로 이어질 수 있고, 이는 때때로 시대에 매우 뒤떨어진 도덕적 조언을 제공하기도 한다. 예를 들어, 레위기 18장 22절에는 동성애가 혐오스러운 것으로 기록되어 있는 반면, 레위기 25장 44절에는 노예가 이웃 국가들로부터 들여오는 경우에 한하여 노예제도가 인정된다고 기록되어 있다. 성경은 캐나다인들이 미국인을 소유할 수 있다고 분명하게 말하고 있다. 또는 아니면 그 반대도 가능한가? 성경은 우리에게 캐나다인들과 협상하는 방법을 가르쳐 주지는 않는다.

3차원적 도덕적 추론

미국인들의 다양한 문화적 배경과 종교적 신념을 고려할 때, 외교정책에 대한 도덕적 추론은 종종 뜨거운 논쟁을 불러일으키고 여러 대중적 오해로 혼란이 가중되기도 한다. 서문에서 논의한 것처럼 그 중 하나는 외교정책에 있어 진정한 선택은 존재하지 않으며, 자국의 이익만이 중요하기 때문에 도덕성이 외교정책에 기여할 수 있는 것은 없다는 극단적인 현실주의자들의 관점이다. 또 다른 오해는 대통령의 도덕적 성격과 그의 도덕적 결과를 혼동하고, 결과보다는 도덕적 수사(rhetoric)에 근거하여 판단을 내린다는 것이다.

일상생활에서 대부분의 사람들은 의도, 수단, 그리고 결과라는 3차원적인 흐름을 따라 도덕적 판단을 한다. 의도는 단순한 목표 이상을 의미한다. 의도는 명시된 가치와 개인적인 동기 모두를 포함하며, "그녀의 동기는 선의에서 비롯되었다"로 이해될 수 있다. 대부분의 사람들은 고귀하고 가치있는 목표를 공개적으로 표현하지만, 자존심이나 사리사욕과 같은 개인적인 동기는 그러한 목표들이 가진 고귀한 가치를 미묘하게 손상시킬 수 있다. 게다가 좋은 목표들은 우리의 가치를 충족시켜야 할 뿐만 아니라 실현 가능한 것이어야 한다. 그렇지 않으면, 기존에 가졌던 선의는 비참한 도덕적 결과를 초래할 수 있다. 실현가능성이 낮은 선의는 지옥과 같은 결과를 이끌기도 한다. 존슨(Lyndon Johnson) 대통령이 미군 병력을 베트남에 파병했을 때, 그는 명확한 선의를 가지고 있었을지 모르지만 지도자의 선의는 종종 오해를 불러일으키며 '도덕적 명확성'을 해칠 수 있다. 선의에 근거한 판단은 단지 일차원적 윤리일 뿐이다. 예를 들어, 부시(43대) 대통령의 공보 담당 비서였던 플라

이셔(Ari Fleisher)는 대통령의 의도를 '도덕적 명확성'으로 칭송했지만, 2003년 이라크 침공에 대한 도덕적 평가를 내리기 위해서는 그 이상의 요소들이 필요하다.[8)]

도덕적 판단의 두 번째 중요한 차원은 수단이다. 우리는 우리의 목표가 달성되었을 때, 수단이 효과적이었다고 말하지만, 윤리적 수단들은 그 효과뿐만 아니라 수단 자체의 질적인 측면 또한 중요하다. 그들이 다른 사람들을 어떻게 대우하는가? 대통령이 매력을 이끌어내는 소프트파워와 다른 국가들과의 신뢰를 발전시키는 중요성을 인식하고 있는가? 수단을 선택함에 있어 지도자들은 유인책과 위협을 통한 하드파워 그리고 가치, 문화 및 사람들을 목표로 이끄는 정책을 통한 소프트파워를 결합하는 방법을 터득해야 한다.[9)] 매티스(James Mattis) 국방장관은 의회에서 국무부의 소프트파워 정책에 예산 지원이 어렵다면 군에게 더 많은 총알을 지급해야만 한다며 경고하기도 했다.[10)] 소프트파워를 사용하는 것이 가능한 상황에서 하드파워를 사용하거나, 하드파워를 통해 가치를 보호하는 상황에서 소프트파워만을 사용하는 것은 수단에 대한 심각한 윤리적 문제를 제기한다.

다음으로 고려해야할 차원은 결과이며, 결과에서는 효율성이 중요하고 자국의 이익과 목표를 달성하는 것이 포함되어야 하지만 윤리적 결과에서 효율성은 자국민 뿐만 아니라 다른 지역의 국민들에게도 적용되어야 한다. '미국 우선주의'에는 제퍼슨(Thomas Jefferson)이 "인류의 종합적 의견에 대한 적절한 고려"라고 말한 내용이 반영되어야 한다. 실제로 효율성과 윤리적 수단은 밀접한 관계가 있다. 부시(43대)는 이라크에 민주주의를 확립하기 위한 목표와 선의를 가지고 있었을지 모르지만, 실제로 이를 실행할 도덕적이며 효과적인 수단이 부족했기 때문에 그의 이라크 개입은 실패했다. 도덕적이지만 비현실적인 목표를 추구하거나 비효과적인 수단을 사용하는 지도자는 국내외에서 끔찍한 도덕적 결과를 초래할 수 있다. 우리가 많은 사례에서 알 수 있듯이, 선의를 가졌지만 상황인지 능력과 현실파악 능력이 부족한 대통령들은 형편없는 결과를 낳았고, 윤리적으로도 실패했다.[11] 훌륭한 도덕적 추론이란 대통령들이 언급한 말의 의도나 결과에 의해서만 그들의 선택을 판단하는 것이 아니라, 의도, 수단, 그리고 결과 모두를 종합적으로 고려해서 판단하는 것이다.

이중 잣대와 더러운 손

또 하나 고려해야 할 것은 우리가 일반 시민들과 같은 도덕적 기준으로 대통령을 평가해야 하는가의 여부다. 역사적으로, 지도자들은 종종 일반 시민들과 같은 도덕성을 갖추지 못한 경우가 있었다. 성경에서 다윗왕은 자신의 군대 지휘관 중 한 사람인 우리아의 아내인 밧세바를 빼앗기 위해 우리아를 격렬한 전쟁터로 보내 사망하게 한 뒤, 밧세바를 자신의 여자로 취했다. 다윗은 자신이 저지른 행동이 잘못되었다는 것을 이해하고 있었지만 왕으로서 그에게 적용되는 도덕적 제약에 대해서는 생각하지 않았다. 15세기에 보르자 가문의 교황 알렉산데르 6세는 부패한 바티칸을 이끌며 그의 사생아들에게 사적인 지원을 아끼지 않았음에도 부패의 원인을 이전 교황들의 탓으로 돌렸다. 마찬가지로 닉슨(Richard Nixon) 대통령도 자신이 연루된 워터게이트 사건을 두고 "대통령이 하면 불법이 아니다"[12]라고 주장했고, 트럼프 대통령도 대통령 스스로를

사면할 권리를 주장하며 사면권을 행사하였다.[13]

미국인들은 종종 대통령이 법 위에 있지 않다고 말한다. 합법성이나 상징성의 측면에서 미국인들은 대통령이 보통 사람들과 같은 도덕적 기준을 따라야 한다고 믿는다. 우리는 대통령의 개인행동과 공적행동을 별개로 구분하는 경향이 있지만, 그 구분은 시간이 지남에 따라 변하고 있다. 보시다시피, 케네디(John F. Kennedy)는 백악관에서 신중하지 못한 불륜행위를 저질렀고, 1960년대 언론은 그 행위들을 무시하기로 결정했다. 30년 후, 클린턴은 그러한 행동으로 거의 탄핵 직전까지 갔었다. 2016년 복음주의신자들은 트럼프의 배우자에 대한 부정행위 증거들에도 불구하고 트럼프를 지지했다.

하지만 때때로 지도자와 일반 시민들 사이의 도덕적 행위에 대해서 이중적인 잣대가 필요한 경우도 있다. "살인하지 말라"는 성경 계명을 삶에 적용해보자. 우리는 배우자나 룸메이트를 정할 때, 이 계명은 우리의 일상생활에서 필요로 하는 도덕적 가치의 목록에서 높은 순위를 차지 할 것이다. 동시에, 여론조사는 대부분의 사람들이 절대적 평화주의자에게는 투표하지 않을 것이라는 것을 잘 보여준다. 대통령들은 권력의 수탁자이다. 그들은 자신을 선출한 사람들을 보호해야 할 의무와 신념을 가지고 있으며, 그들이 살인을 혐오하더라도 특정 상황에서는 군대를 전투에 참가하도록 명령해야하며, 상대의 목숨을 빼앗으라고 명령해야만 한다. 또한 핵억지력은 필요시 대통령이 핵무기 발사 버튼을 누를 것이라는 신뢰를 바탕으로 의미를 가진다. 카터는 "우리나라를 전쟁에 끌어들인 대통령들은 평화를 지향하는 대통령들보다 더 강하고 능력있는 대통령으로 평가받는다. 하지만 난 그러한 평가에 대해 신경 쓰지 않는다"[14]고 말했다. 그는 대통령 임기 중 무력을 사용하지 않는 선에서 핵무기의 확산을 억제할 것이라고 선언했지만 결코 핵억지력을 포기하지는 않았다. 때때로 지도자들은 '더러운 손(dirty hands)'을 가져야 하는데, 이는 그들이 개인의 도덕규범의 측면에서 부도덕하다고 생각하는 행동을 취해야만 한다는 것을 의미한다.[15)]

독일의 이론가 베버(Max Weber)는 불의를 용인하지 않는 신념윤리와 책임윤리를 구분한 것으로 유명하다. 신념윤리일 경우, 좋은 결과를 위해 절대적인 도덕적 의무들을 어겨서는 안 된다. 그러나 책임윤리는 주로 결과에 집중한다. 종교개혁자 루터(Martin Luther)가 "나는 여기에 서 있다. 고로 나는 다른 어떠한 것도 할 수가 없다"라며 부패한 교회에 대해 반기를 들었을 때, 그는 신념윤리에 순종하고 있었다. 그러나 베버는 신앙의 핵심신념이 가지고 있는 역할을 존중하면서도 정치의 영역에서는 지나친 순수성을 경계했으며 "자신의 영혼을 구원하고 다른 이들의 영혼을 구원하기를 원하는 사람들은 정치적 수단을 통해 이를 추구하려 하지 않는다"고 말했다.[16)] 정치인들은 감성과 이성 사이에서 타협해야하며, 직관과 신중함을 겸비하고, 신념윤리와 책임윤리 사이에서 균형을 맞춰야 한다. 2015년 8월 시리아전쟁 당시, 수많은 난민이 유럽으로 유입된 가운데 루터교 목사의 딸인 메르켈(Angela Merkel) 독일 총리는 100만 명의 난민을 독일 내에 수용할 것을 원칙적으로 선언했지만 이는 독일과 유럽정계에 극우정당의 부상을 야기했다.[17)] 그녀의 개인적인 결정은 존경을 받아 마땅하였지만 정치와 외교정책은 결정하기 힘든 일들이 가득하고, 더러운 손, 그리고 3차원적 도덕원리가 고려되어야 하는 복잡한 영역이다.

일부 미국인들은 성서, 코란 또는 다른 경전에 기록된 규범과 규칙에 근거한 근본주의적 도덕윤리에 따라 생활한다. 그러나 건국의 아버지들을 탄생시켰고 오늘날에도 여전히 많은 미국인들에게 지배적인 전통인 18세기 자유주의 계몽주의의 철학적 전통에서, 윤리학자들은 칸트(Immanuel Kant)와 같은 규범중심의 접근법을 가진 사상가들과 벤담(Jeremy Bentham), 밀(John Stuart Mill)과 같은 결과주의적 접근법을 가진 공리주의자들을 분리한다. 이러한 차이를 파악하기 위해 사람들로 붐비는 도시 한가운데 시한폭탄을 설치한 테러리스트를 고문하여 폭탄의 위치를 공개하도록 만드는 것과 무고한 한 사람을 죽여 천 명의 생명을 구하는 것 중 무엇을 선택할 것인가 당신에게 물어본다고 가정해보자. 그 숫자가 수백만 명이라면 당신의 대답은 달라지는가?**

사람들은 때때로 아리스토텔레스와 고대 그리스의 전통 또는 유교사상에서 유래한 '덕 윤리(virtue ethics)'에 대한 믿음을 가지고 있다. 그것은 인성의 덕목 함양에 주의를 기울이고, 특정 결정의 도덕성보다 전반적으로 인물 개인이 가진 도덕성을 강조한다. 도덕적 규범은 도덕적으로 인정받을 만한 일을 하려고 하는 인간의 타고난 성향이다. 개인이 가진 성격은 성품을 넘어선 상위 개념이다. 개인의 성격은 본인 인생의

** 누군가는 어떤 결정이 미래의 규칙과 제도에 미치는 피해를 중요한 결과로 고려하면서 두 입장을 조화시키려 할 수 있다. 즉, 공리주의자가 자신의 행위가 기존의 규칙과 시스템을 위반했을 시 초래할 결과를 고려할 때, 동일인은 같은 행동을 반복 할 수 있다. 이러한 규칙 또는 제도에 대한 결과주의는 때때로 공리주의자를 규칙을 기반으로 하는 의무론자들이 주장하는 것과 같은 방향의 결정을 하도록 유도할 수는 있지만 그것이 항상 규칙을 따르거나 결과에 초점을 맞추는 것 사이에서 발생할 수 있는 기본적 차이를 해결할 수 없다. 두 접근법 사이에서 발생하는 근본적인 갈등을 해결하는 것은 불가능하지만 어느 누구도 모든 선택에서 발생하는 결과를 정확하게 계산할 수는 없기 때문에, 검증된 규칙은 중요하며 따라서 규율 공리주의는 최소한의 원칙과 결과를 통합하려는 시도라 할 수 있다.

결정을 특정한 방향으로 밀어붙일 수 있는 미덕의 총합이다. 행실이 바르지 못한 사람들도 때로는 훌륭한 결정을 내릴 수 있고, 행실이 바른 사람들이 항상 훌륭한 결정을 내린다는 보장도 없다. 누군가 부도덕한 결정을 내릴 때, 우리는 종종 그 사람이 "성격에 맞지 않는" 행동을 한다고 말한다. 훌륭한 지도자는 미덕을 기르고, 경험을 활용하여 판단력을 기른다. "윤리적 행동은 신중하고 힘든 계산과 숙고를 통한 결과가 되어서는 안 된다. 그것은 즉각적이고 자발적이며, 직관에 의해 지배되어야 한다."[18] 그러나 덕 윤리와 직관은 객관적인 판단을 하기 위해 참고할 만한 상위의 표준이 없다는 문제를 갖고 있다.

도덕적 범주를 의도, 수단, 결과라는 3개 차원에서 바라볼 때, 덕 윤리는 의도의 목표와 동기에 중점을 두고, 규칙을 기반으로 하는 접근법은 수단을 중시하며, 공리주의자들은 결과에 집중한다. 한 철학자가 이 세 가지 범주를 종합하여 다음과 같이 요약했다. "이러한 접근법들 중 한 가지만 받아들이는 것은 명확하지 않다. 밀, 칸트, 아리스토텔레스가 특정하는 도덕적 철학이 서로 다르고, 한 가지가 무시되는 반면 다른 한 가지가 매우 중요하게 선택되더라도, 이들을 종합하여 공통의 논제들과 공유된 결론들을 발견하는 것이 중요하다."[19] 많은 대통령들이 실제로 이와 같은 상호보완적인 요소들을 직관적으로 결합하려고 노력하지만 현대사회의 중요한 도덕적 논리는 특정한 경우에 서로 조화시키기 어려운 경우가 발생한다. 전쟁이론가 왈저(Michael Walzer)는 권리 이론과 공리주의 사이에서 발생하는 갈등은 결코 완전히 사라질 수 없으며, "철학적 갈등이 야기하는 혼란을 수습하고, 그 사이에서 타협안을 찾아내야만 한다"[20]고 설명했다.

제2차 세계대전을 끝내기 위한 노력으로 히로시마에 원자폭탄을 투하한 트루먼(Harry Truman)의 결정을 생각해보자. 이미 수백만 명의 목숨을 잃은 전쟁에서 트루먼은 일본 본토에 대한 미군의 상륙을 통해 발생할 피해를 줄임으로써 수십만 명의 미국인과 일본인을 구할 수 있는 방법을 찾아냈다.[21] 게다가 히로시마에서 희생된 숫자는 도쿄에서 재래식 폭격으로 죽은 사람들보다 적었고, 당시 핵무기의 실질적인 위험성에 대해서 제대로 인식되어 있지 않은 시기였다. 트루먼의 행동은 도덕적으로 정당화되었을까? 규범에 기반을 둔 이론가들은 두 차례 핵폭격이 정당하지 않았으며, 그렇게 많은 무고한 민간인들이 받은 피해는 결코 정당화될 수 없다고 대답할 것이다. 일부 결과론자들은 두 차례의 핵폭격이 수많은 무고한 생명을 희생시켰음에도 불구하고, 더 많은 생명을 구했다고 대답할 것이다. 그들은 이후 맥아더(Douglas McArthur) 장군과 다른 이들이 한국전쟁에서 또 다시 핵폭격의 필요성을 촉구했을 때, 트루먼이 핵무기 사용을 거부함으로써 자신의 도덕적 과오를 스스로 만회했다고 덧붙인다. 1945년 일본에서의 핵폭격이 가져온 효과를 인식하고 있음에도 트루먼은 자신의 손에 의해 세 번째 핵폭격이 발생하는 것을 원치 않았다. 이는 그가 "폭격을 통해 아이들을 모두 죽이는 것이 마음에 들지 않았기 때문이다."[22] 핵무기 사용을 경험하고 시간이 지난 후 트루먼은 다시 핵무기에 의지하는 것을 꺼려했다. 핵무기 사용에 대한 금기사항이나 혐오감은 거의 70년 동안 지속되어 왔고, 앞으로 우리가 다루게 될 대통령들에게도 역시 중요한 문제였다. 핵무기는 대통령에게 중대한 도덕적 문제를 제기하는 금기시 되는 이슈이고, 만약 이러한 금기가 지켜지지 않았다면 우리의 역사는 매우 다르게 변했을 것이다. 미국의 가톨릭 주교들이 레이건(Ronald Reagan) 행정부 시기 동안 핵억지력의 도덕성에 대해 토론했을 때, 그들은 우리 세대가 신의 창조물을 모두 파괴할 수 있는 가능성을 가진 최초의 세대라고 지적했고, 핵무기 사용은 일시적이고 조건적으로 받아들여질 수 있을 뿐이라고 주장했다.[23] 핵억지력의 의도와 수단, 그리고 결과에 대한 논쟁은 오늘날까지 지속되고 있다.

하지만 1945년으로 돌아가 보자. 만약 트루먼이 개인적인 도덕적 신념 때문에 핵폭탄을 투하하는 것을 거부했다면 결국 덜 양심적인 지도자들의 손에 의해 폭탄이 사용되는 것을 막을 수 있었을까? 그리고 지도자의 개인적 고결성에 대한 우려는 어느 정도 대가를 치러야 이기적으로 변하고 지지자들의 신뢰를 배신하게 될까? 핵폭탄에 의해 살상된 일본 국민들 또는 핵폭탄이 아닌 장기간의 전쟁에 의해 살상된 일본 국민들을 생각할 때, 일본의 침략으로 목숨을 잃은 미국 국민들에 대한 트루먼의 책무는 무엇이었을까?

왜 우리는 대답할 수 없는 그런 질문들을 하느라 애쓰는 것일까? 영국의 핵무기 관리 책임권한을 지녔던 두 고위관료의 말을 빌리자면, 그것은 "도덕적인 책임감이 인간에게 있어 핵심적인 부분이기 때문이다."[24] 이와 같은 문제에 대해서는 손쉬운 해답이 존재하지 않으며,[25] 다른 도덕적 의무의 근원은 자주 상호 갈등상태에 놓인다. 옥스퍼드대학교의 철학자 베를린(Isaiah Berlin)은 인간이 가지고 있는 도덕적 딜레마에 대해 "사람들은 다양한 목표를 가지고 있고, 그것들 모두가 원칙적으로 서로 양립할 수 있는 것은 아니기 때문에 갈등발생 가능성이 높으며 그로 인해 초래되는 비극은 개인적이든 사회적이든 인간의 삶에서 결코 완전히 제거될 수 없다"[26]라고 요약했다. 이것은 특히 문제가 발생하는 해외 거주민들의 이익뿐만 아니라 서로 다른 이해관계를 가진 미국 내 유권자들의 견해가 상충될 수밖에 없는 복잡한 외교정책 영역에서 잘 나타난다. 키신저(Henry Kissinger)는 선택하기 어려운 결정은 51대 49의 비율에서 발생하며 그래서 지도자에게 "가장 필요한 자질은 인격과 용기"[27]라고 말했다. 이 책에서 언급되는 다양한 사례를 살펴보면서 우리는 무엇이 훌륭한 외교정책 결정이며, 또 훌륭한 외교정책의 입안자가 되기 위해서는 어떠한 자질과 기술이 필요한지에 대해 관심을 가지게 될 것이다.**

제도의 도덕적 역할: 호혜성과 공정성

많은 사회들은 공평성을 강조하며, "당신이 다른 사람들로부터 대우받기를 원하는 만큼 다른 사람들을 똑같이 대하라"란 황금률과도 같은 공통의 윤리적 체계를 가지고 있나. 나 자신의 이익과 다른 사람의 이익은 똑같이 취급되어야 한다. 진보주의 철학자 롤스(John Rawls)는 정의를 공정성으로 설명하기 위해 어떠한 상황 및 선택이 자신에게 유리하고 불리한지를 알 수 없는 상대적인 상태를 일컬어 무지의 베일이라는 은유를 제시했다.[28] 이는 자신이 얼마나 잘 살고 있는지 모르는 것처럼 행동하라는 의미이다. 그렇다면 당신은 다른 사람들이 어떻게 대우받기를 원하는가? 그러나 당신이 대우받기 원하는 대로 다른 사람들을 대우하고, 자신이 좋아하는 것을 포기하고, 개인의 필요에 민감하게 대하는 등 직관적인 공정성에 호소한다고 해서 항상 문제가 해결되는 것은 아니

** 서문에서 언급된 의미론적 접근법으로 돌아가면, 리세(Mathias Risse)는 '윤리'라는 단어는 그리스어에서 인격을 뜻하는 단어에서 파생되었고, '도덕'은 관습과 규칙을 뜻하는 라틴어에서 유래되었다고 지적한다. 우리는 여기서 두 단어 모두가 외교정책에 어떻게 영향을 미치는가에 초점을 맞출 것이다.

다. 예를 들어, 노벨경제학상 수상자 센(Amatarya Sen)은 한 개의 플루트와 세 아이를 가진 부모의 이야기를 제시한다. 아이들은 각각 플루트를 원하고 있다. 첫째 아이는 "내가 플루트를 만들었다"고 말하고, 둘째는 "나만이 유일하게 플루트를 연주할 수 있다"고 말하고, 셋째는 "나에게는 플루트 말고는 다른 장난감이 없다"고 말한다.[29] 그렇다면 플루트를 누구에게 주어야 할까? 무지의 베일이 존재하는 상태에서 발생하는 상상 속 도덕적 판단에서조차도 공정성과 정의의 원칙으로 모든 상황을 해결하는 것은 불가능하다.

이것이 제도의 윤리적 중요성이 강조되는 이유이다. 위와 같은 경우에 부모 또는 지도자는 아이들이 서로 협상을 하거나 제비뽑기를 하는 것에 동의하거나 제3의 중립적인 인물의 결정을 통해 플루트를 사용하는 시간을 할당하거나 공유하는 방법을 판단하는 절차적 또는 제도적 해결책을 마련하는 것이 더 적절할 것이다. 부모들은 또한 아이들에게 나눔에 대해 가르치거나 조언할 수 있고, 이것은 단순한 명령이 아닌 설득과 교육을 의미하며 이는 도덕적 리더십의 다른 모습이다. 도덕적 담론을 넓히고 지지자들에게 과정과 제도에 대해 가르치는 것은 종종 대통령 및 부모가 수행할 수 있는 가장 중요한 도덕적 역할 중 하나이다.

미국이 세계를 더 나은 곳으로 만들 수 있는 정책을 생각할 때, 미국의 대통령들은 선한 가치를 표방하는 것과 함께 이를 성취할 수 있도록 도움을 주는 세계정치의 제도적 체계를 마련해야 한다. 1945년 이후 형성된 규범을 바탕으로 한 개방된 국제질서가 하나의 예이며, 이러한 국제질서는 오늘날 많은 위협에 둘러싸여 있다. 이러한 국제질서는 일부 측면에서 볼 때 불공정한 부분이 존재했던 것이 사실이지만 당시 제시되었던 다른 대안들보다는 훨씬 훌륭했다. 도덕의 영역에서 중요한 역할을 하기 위해 제도가 반드시 완벽할 필요는 없다. 행위에 대한 지속적인 기대 창출 및 규범 확립을 통해 제도는 협력, 상호주의, 그리고 도덕적 관심을 증진시킬 수 있다. 예를 들어, 제로섬 게임과 죄수의 딜레마 문제에서 두 명의 범죄자가 경범죄로 체포된다고 생각하지만 경찰은 그들을 중범죄자로 의심한다. 죄수들은 중범죄와 관련하여 다른 사람에게 불리한 증언을 하게 되면 보다 더 가벼운 형을 선고받게 되지만, 만약 둘 다 그러한 경찰의 유혹에 굴복한다면, 두 죄수 모두 긴 형량을 선고받게 된다. 단기적으로 보았을 때 각각의 죄수는 침묵 속에서 협조하기보다는 상대를 깎아내리는 방식으로 형을 줄이려는 강한 동기를 가지게 되지만 장기적인 관점에서 보면 최고의 전략은 조건부적 상호주의라고 정치학자 액셀로드(Robert Axelrod)는 말했다. 그가 말했듯이, '미래의 긴 그림자'가 있을 때 최적의 전략은 바뀐다. 제도들은 미래의 긴 그림자를 창조하는 것을 돕는다.[30)]

킹(Martin Luther King) 목사가 인종차별에 대항하여 싸우고, 링컨(Abraham Linclon)이 노예제도를 폐지한 것과 같이 역사 속에는 기존의 경직된 불공정한 제도들에 의해 피해를 입는 다수가 발생하고, 이를 해결하기 위한 노력들이 나타난다. 그러나 심지어 링컨조차도 기존 연방정부의 노예제도를 유지하기를 원하는 주들의 반발을 우려하여 노예해방 선언시기를 연기하기도 했었다. 지도자들이 결정을 내릴 때는 당면한 상황뿐만 아니라 제도들이 미치는 영향과 미래에 가져올 결과들(미래의 긴 그림자)까지도 고려해야 한다. 만약 우리가 지금 당장의 상황만을 생각한다면 상대를 속이고 싶은 유혹에 빠질 수도 있으나, 우리가 장기적인 미래 속에서 함께 살아갈 것을 고려한다면 상호주의와 공정성의 중요성을 발견하게 될 것이다. 대통령이 가져야 할 가장 중요한 도덕적 역량들 중 하나는 단순히 즉각적인 결정을 내리는 것이 아니라 시스템과 제도를 설계하고 유지하는 것이다. 그러나 대통령들은 그러한 정책이 장기적인 비전을 포함하고 있다는 사실을 인식하는 동시에 더 즉각적인 이익을 원하는 국민들에게 비판받을 것이라는 것도 알게 될 것이다.**

거짓말, 위험, 그리고 오도되는 수단들

지지자들이 단기간에 대통령에게 지지를 보내거나 더 즉각적인 만족을 원할 때 대통령은 무엇을 해야 하는가? 그는 대중들에게 거짓말을 할 수 있을까?*** 제도에 대한 신뢰를 향상시키기 위해서 진실은 매우 중요하다. 때때로 냉소적인 이들이 "모든 정치인들은 거짓말을 한다"고 말한다. 실제로 정치인들은 거짓말을 하며, 모든 인간은 때때로 거짓말을 한다. 하지만 거짓말의 양과 유형이 차이를 만든다. 거짓말의 양이 지나치게 많으면 신뢰는 떨어지기 마련이다. 예를 들어, 트럼프(Donald Trump)의 지지자들 중 다수는 모든 정치인은 거짓말을 한다는 핑계로 그의 거짓말을 정당화하지만, 거짓말의 양과 유형은 신뢰성, 믿음, 제도에 미치는 영향력 측면에서 차이가 난다.

• • • • • • •

** 마크롱(Emmanuel Macron) 프랑스 대통령이 세계 기후변화에 대응하기 위한 방안으로 탄소배출량을 줄이기 위해 휘발유세를 부과하자 프랑스의 시위대는 "당신은 세계의 종말을 생각하고 있지만 우리는 월말이 걱정된다"고 격렬히 반발했다.

*** 이 책에서 미국 정치사를 바탕으로 대통령을 언급할 때 성 중립적인 언어를 사용하지 않았으나, 향후 이것을 수정해야 하는 상황이 오기를 바란다.

모든 거짓말이 다 같지는 않다. 몇몇은 이기적인 것이지만 다른 거짓말들은 집단을 위한 것이다. 지도자들은 자신의 과오를 감추거나 경쟁자에게 해를 입히거나 편의상의 이유로 거짓말을 할 수 있다. 하지만 어떤 특정한 상황에서 지도자들은 지지자들이 얻게 될 더 큰 이익이나 미래의 이익을 위해 지지자들을 속일 수도 있다. 케네디(John F. Kennedy)는 1962년 쿠바 미사일 위기를 종식시킨 협상에서 터키 미사일의 역할에 대해 대중들을 속였고,[31] 루스벨트(Franklin D. Roosevelt)는 독일군의 미국 구축함 공격에 대해 국민들에게 거짓말을 했다. 처칠(Winston Churchill)은 특히 전시에는 진실이 "매우 소중하기 때문에 항상 거짓말이라는 경호원의 도움을 받아야 한다"고 주장한 바 있다.[32] 정치학자 미어샤이머(John Mearsheimer)는 부정적인 결과가 발생할 수 있다는 것을 인정하면서도 국제관계의 낮은 신뢰도를 감안할 때, "국제사회에서의 거짓말이 반드시 위법행위는 아니다"[33]라고 말했다. 반면 싱가포르 외교관인 고(Tommy Koh)는 신뢰를 유지하는 것이 중요하며, "진실성을 갖춘 정부와 외교관들은 더 많은 영향력과 위상을 누리는 경향이 있다"[34]고 주장한다.

예를 들어, 마키아벨리아적 속임수는 거래를 성사시키기 위한 협상이나 집단이 새로운 목표를 받아들이게 하는 현명한 전략의 일부이다. 하지만 순전히 자기 자신의 이익만을 추구하는 속임수는 계속해서 다른 사람들을 이기적으로 조종하게 되고 시간이 흐르면서 결국 다른 사람들은 이를 알아차린다. 또한 그 동기가 이기적인 것이 아니었을지라도 대통령들은 목표의 중요성, 그 목표를 달성하기 위한 대안적 수단의 유용성, 속임수가 과거의 예시들을 통해 방지되거나 확산될 가능성이 있는지를 확인해야 한다.[35] 다시 말하자면, 지도자들은 "규칙에 기반을 둔 공리주의자"처럼 생각해야 한다. 규칙을 어기는 것은 편리할지는 모르지만 장기적으로 비도덕적인 결과를 낳는다. 더 많은 지도자들이 그들의 지지자들에게 속임수를 사용할수록 그들은 더 많은 신뢰를 잃게 되고, 제도를 약화시키며, 부정적인 선례를 만들어낸다.[36] 1941년 미국 구축함이 독일군의 공격을 받았다는 루스벨트의 거짓말은 히틀러의 위협을 미국 국민들에게 일깨우기 위한 것이었지만, 또한 나쁜 선례를 남기기도 했다. 존슨(Lyndon Johnson)은 베트남전쟁이 본격화되는 데 지대한 영향을 끼친 통킹만 결의안##을 통과시키기 위해 거짓말을 했다. 이러한 거짓말의 위험성은 실제로 지도자들이 단지 정치적 또는 개인적 편의를 위해 거짓말을 하고 있을 때, 추종자들에게는 그들의 이익을 위해 거짓말을 하고 있다고 스스로 판단할 때 발생한다.

비록 결과가 때때로 수단을 정당화할 수 있다는 이유로 루스벨트처럼 거짓말에 대해 변명할지라도, 우리는 여전히 지도자들이 그들의 행동의 위험과 비용을 어떻게 분배하는지에 대해 도덕적 판단을 내릴 수 있다. 다른 사람들에게 높은 위험을 떠넘기고 현실을 부정하는 경솔한 판단은 효과성뿐만 아니라 도덕적인 이유로도 비난받을 수 있다. 산을 오르려고 하는 사람들은 어느 정도의 위험을 받아들이지만, 이를 이끄는 지도자는 사람들이 위험과 성취 사이에서 균형을 잡도록 이끌어야 한다. 사람들을 정상으로 이끌기 위해 비전을 제시하는 것은 산행에 무지한 사

\## 역자 주) 1964년 8월 2일 베트남 통킹만에서 초계 중이던 미 구축함 두 척이 북베트남 해군에 의해 공격을 받았다는 통킹만 사건이 일어났다. 이를 계기로 미 의회는 1964년 8월 7일 대통령에게 무력행사 전권을 부여하는 결의를 가결하였고 미국은 본격적으로 베트남전쟁에 개입하게 되었다. 그러나 이후 이 사건은 미국에 의해 조작되었음이 밝혀졌다.

람들을 절벽의 가장자리로 이끄는 것과는 또 다른 이야기이다.

대통령들은 지지자들을 위해 얼마나 많은 위험을 감수해야 하고 그것에 대해 얼마나 진실해야 하는가? 특정한 상황에서 국민들은 일련의 점진적인 정책전략보다는 큰 위험을 무릅쓰더라도 과감한 대통령의 선택을 통해 이익을 얻고, 이후에 발생할 수 있는 위험성에 대해서도 자신들을 위한 선택이었다고 대통령에게 정당성을 제공할 수도 있다. 예를 들어, 1938년 뮌헨 회담 이후, 루스벨트는 히틀러와 독일 파시즘의 팽창 의욕을 꺾었다고 생각했지만 그는 국민들에게 이 과정을 오도하는 모습을 보였다. 제2차 세계대전 이후 트루먼은 소련 공산주의를 억제하기 위해 트루먼독트린(Truman Doctrine)과 마샬플랜(Marshall Plan)을 계획하고, 북대서양조약기구(NATO)를 수립하는 데 힘썼다. 트루먼은 국민의 동의를 얻기 위해 "그들을 기겁하게 하라"는 반덴버그(Arthur Vandenberg) 미 상원의원의 조언을 받아들여 상기 내용들을 과장해서 공표했다. 반면 아이젠하워(Dwight Eisenhower)는 공개석상에서는 핵위협에 대해 대담한 반응을 보였지만 실제로는 매우 조심스러운 입장을 취했고, 냉전이 한창이던 8년 가까이 동안 평화와 번영을 이루기 위한 점진적인 모험을 계속했다. 그리고 부시(43대)는 이라크 침공과 이라크의 강제적인 민주화를 위해 막대한 비용이 들어가는 이라크의 강제 민주화에 모험을 걸었다.

대통령들은 또한 지나치게 신중한 입장을 유지할 때, 비판을 받을 수 있다. 예를 들어, 정치학자 브레진스키(Zbigniew Brzezinski)는 냉전 말기에 러시아에 대해 보다 강경한 정책을 추진하지 않는다는 이유로 부시(41대)를 비판했고,[37] 오바마(Barack Obama)는 2012년과 2013년에 시리아에서 발생한 난민위기에 대해 적극적인 노력을 취하지 않았다는 이유로 비판을 받았다. 클린턴(Bill Clinton)은 1994년 르완다에서 발생한 대량학살을 막기 위해 적극적인 개입행동을 하지 않은 것에 대해 유사한 비판을 받았다. 이러한 판단과 선택은 각 상황에 대한 세심한 분석과 가능한 결과의 확률 및 예상 가치에 의해 크게 좌우된다. 외교정책의 결정이 가져오는 도덕적 결과를 판단하는 데 있어서 지도자들은 이러한 결정을 내리는 데 부담을 가지고 있었다. 인과관계는 보다 즉각적이고 가시적이며 계산 가능한 것으로 보인다. 그러나 이로 인해 발생하는 작위(作爲)와 부작위(不作爲)는 더 많은 사람들에게 더 큰 도덕적 결과를 가져올 수 있다. 1930년대에 국제적인 제도를 마련하지 못했던 선택은 수백만 명의 삶에 영향을 미쳤다. 이는 오늘도 마찬가지일 것이다.

때때로 작위와 부작위를 구별하는 것은 도덕적으로 매우 중요하다. 쉽게 구할 수 있는 생명을 구하지 못하는 것은 도덕적으로 죽음을 초래하는 것과 별반 다르지 않지만, 상황에 따라 많은 비용이 소요되고 영웅적인 행동이 필요하며 이는 높은 실패위험을 가진다. 얕은 연못을 걷다가 물에 빠진 아이를 구하는 것을 신발이 물에 젖기 때문에 거부하는 것은 물살이 거센 파도 속으로 뛰어드는 것과는 다른 문제이다. 후자의 경우, 미국이 문제의 중요한 원인이 아니라면 국민들은 이러한 문제를 지나친 대통령을 용서할 수 있다. 파월(Colin Powell) 장군은 이것을 '포터리 반 법칙(Pottery Barn Principle)'##이라고 불렀다. 당사자가 아닌 다른 이에게 문제 해결을 맡기지 않도록 바로 잡는 것은 도덕적 차원에

역자 주) 포터리 반 법칙은 진열된 제품에 손해를 입히면 고객이 스스로 책임을 져야 한다는 유통업계의 정책을 말한다. 즉, 문제를 일으킨 당사자가 스스로 문제를 해결해야한다는 것으로 정치나 군사 분야에서도 적용되는 개념이다.

서 의미 있는 행위일 수 있다.

미국인들은 자신들의 대통령이 얼마나 신중하기를 원하는지에 대해 그들 내부에서도 시간이 지남에 따라 의견이 분분하다. 어떤 이들은 마키아벨리의 군주론에 등장하는 사자와 같은 모습을 원하고, 다른 이들은 여우와 같은 모습을 원한다. 사자는 강하고 거대한 계획을 가지고 있다. 여우는 작고 민첩하며 다양한 계획을 가지고 있다. 마키아벨리는 여우같은 지도자들이 늑대를 방어할 수 없다는 것을 잘 알고 있지만, 사자처럼 행동하는 지도자들은 덫에 빠질 위험이 높다고 지적했다. 때로는 지도자가 사자가 되는 것이, 다른 때는 여우가 되는 것이 더 낫고, 그것이 외교정책 논쟁의 원천이 된다. 도덕적인 행동은 상황에 대한 정확한 평가에 따라 달라지며 이것은 때때로 '판단' 또는 '상황 지능'이라고 불린다. 마키아벨리는 "단순히 사자에게만 의지하는 사람들은 그들이 어떤 상황에 처해 있는지 알지 못한다. 여우를 끌어들이는 방법을 가장 잘 알고 있는 사람이 가장 성공했다"고 경고했다.[38] 루스벨트는 결국 히틀러에게 사자처럼 행동한 여우였고, 존슨은 베트남에서 덫에 빠진 사자와 같았다.

국제정치 주요 사상과 도덕적 외교정책

그렇다면 대통령들은 어떻게 함정을 피해야 하는가? 세상은 어떻게 돌아가는가? 그들이 국경 밖의 문제를 다룰 때 도덕성을 져버려야 한다는 것이 그렇게 가혹한 일인가? 그들은 자국민이 아닌 국경 밖 사람들을 위한 의무가 있는가? 냉소적인 정치 컨설턴트들은 "외국인들이 투표를 하지 않기 때문에 신경 쓸 필요가 없다"고 말할지도 모른다. 극렬한 회의론자들은 '세계 공동체'라는 개념은 신화이며, 공동체가 존재하지 않는 곳에는 도덕적 권리와 의무 또한 존재하지 않는다고 덧붙일 것이다. 그러나 세계 정치에 대한 세 가지 주요 사상들은 이러한 질문에 대해 각기 다른 답을 제공한다.

- 현실주의

회의론자들과 달리 현실주의자들은 일부 도덕적 의무를 받아들이지만 이러한 도덕적 의무를 가혹한 본성의 세계정치에서 신중히 대해야할 미덕에 국한된 것으로 본다. 부시와 트럼프 행정부에서 고위직을 지낸 볼턴(John Bolton)은 "미국의 국익을 최대한 강력하게 옹호하고, 스스로를 세계의 수호자라기보다는 미국의 옹호자로 인식해야 한다"[39]고 조언했다. 모겐소(Hans Morgenthau)는 "국가는 도덕적 반감을 허용할 권리가 없고, 이는 성공적인 정치적 생존에 방해가 된다. 현실주의는 신중함을 정치에서 최고의 미덕으로 간주한다"고 말했다.[40] 미어샤이머는 "국가들은 자립적으로 세계를 살아간다. 이러한 세계에서 살아남기 위한 최선의 방법은 비록 그것이 무자비한 정책추구를 요구할지라도 국가가 가능한 한 강력해지는 것이다. 이 같은 이야기가 아름답게 들리지는 않겠지만 생존이 국가의 가장 중요한 목표라는 것은 명확하다"라고 말했다.[41] 현실주의자들은 세계를 무자비한 시선으로 바라본다.

생존을 위한 심각한 상황 속에서, 결과는 비도덕적인 행위로 비춰지는 것을 확실히 정당화시켜줄 수 있다. 캐플란(Robert D. Kaplan)은 "상황에 따라 도덕윤리를 위반해야 한다는 필요성을 인정하고, 그에 따라 행동하며, 자신들의 행동에 책임질 수 있는 소수의 사람들이 국가가 가장 필요로 하는 지도자"라고 주장한다.[42] 이를 설명하기 위해 자주 인용되는 예시는 1940년 처칠이 프랑스 함대를 공격하여 1,300명을 죽게 하고, 함대가 히틀러의 손에 넘어가는 것을 막았던 사건이다. 처칠은 영국이 처한 위기가 생존을 위한 '최고의 비상사태'라고 언급했고, 왈저(Michael Walzer)는 이와 같은 급박한 상황에서 "도덕적 규칙이 적용되지 않는 순간은 없다"[43]고 할지라도 도덕적 규칙은 무시될 수 있다고 주장한다.

예를 들어, 일부 윤리학자들은 처칠이 영국의 생존이 위태로운 상황이었던 제2차 세계대전 초기에 독일 민간인이 대상이 된 폭격에 대해서는 정당성을 제공했지만, 이미 연합군의 승리가 확실시되던 1945년 2월에 드레스덴에서 벌어진 폭격 지원에 대해서는 비난했다.[44] 전쟁 초기에 처칠은 더러운 손의 필요성을 내세워 도덕적 규칙을 무시한 채, 그의 도덕적 정당성을 주장할 수 있었지만 전쟁 후반에도 같은 행위를 반복한 것은 잘못된 것이었다. 일반적으로 위와 같은 심각한 국가 비상사태는 매우 드물고, 대부분의 지도자들은 외교정책을 수행하는 데 있어 다양한 사상을 종합적으로 고려한다. 종종 지도자들은 자신들의 행동을 정당화하기 위해 위험과 위협을 과장하려는 모습을 보인다. 예를 들어, 트럼프는 2018년 카슈끄지(Jamal Khasoggi)의 살해에 대해 "미국 우선주의! 세계는 매우 위험한 곳이다!"라고 반응했다.[45] 트럼프를 옹호하는 일부에서는 "트럼프가 미국이 오랜 동맹국들의 희생을 감수하더라도 소위 말하는 국제사회의 이익이 아니라 미국의 이익을 먼저 챙길 것이라는 메시지를 보냈다. 이 세계관은 본질적으로 매우 현실적이다"라고 말했다.[46] 그러나 도덕적 선택이 실제로는 존재하지 않는 것처럼 묘사하는 현실주의자들은 단지 그들의 선택방식을 숨기고 있는 것뿐이다.

국제사회에서 국가의 생존은 우선시되어야 하지만 생존이 모든 가치를 대변하지는 않는다. 대부분의 국제정치는 생존에 관한 것이 아니다.

영리한 현실주의자는 다른 종류의 권력에 대해서도 알고 있다. 권력 없는 대통령은 국가를 이끌 수 없으며, 권력은 폭탄, 총알, 자금 그 이상을 포함한 개념이다. 강압(몽둥이)과 보상(당근), 매력(소프트파워)을 통해 힘을 행사할 수 있고, 권력에 대해 완전히 이해하기 위해서는 위와 같은 세 가지 측면을 모두 고려해야 한다. 소프트파워는 그 자체로 충분치 않고, 효과를 달성하는 데 비교적 오랜 시간이 걸리기 때문에 지도자들은 강압을 통한 하드파워 또는 보상을 통해 권력을 행사하려는 경향이 있다. 그러나 하드파워만을 강조했을 경우에는 소프트파워와 결합되어 권력이 행사될 때보다 더 많은 비용이 소요된다. 로마 제국은 강력한 군대의 힘뿐만 아니라 로마 문화의 융성과 함께 강해졌다. 베를린 장벽은 포격을 받아 무너진 것이 아니라 공산주의에 대한 믿음을 잃은 사람들이 휘두른 망치와 불도저에 의해 무너졌다. 한 국가의 소프트파워는 그들의 문화, 가치, 그리고 정책의 영향을 받는다. 그리고 소프트파워는 대통령이 외교정책을 설명할 때 사용하는 화술을 통해 더욱 강화될 수 있다. 케네디, 레이건, 그리고 오바마는 국내외에서 지지를 받는 방식으로 자신들의 정책을 만들었다. 닉슨과 트럼프는 미국 밖의 사람들의 지지를 끌어내는 데 실패했다. 트럼프는 스스로를 민족주의자라고 선언했지만 타자를 포함한 애국심과 타자를 배제한 민족주의 사이에는 분명한 도덕적인 차이가 있다.

- 세계주의

보편적 인간성은 세계를 구성하는 또 하나의 중요한 사상적 개념이다.

비록 미약하지만 세계에는 어느 정도의 국제적인 인류공동체가 존재한다. 앞서 살펴본 것처럼, 보편적 인간성에 대한 우리의 생각은 진화를 통해 우리의 인식 속에 박혀 있다. 비록 일부 미국인들이 국경을 넘어 미국 내로 들어오는 모든 것들에 대해 반대하는 의견을 가지고 있더라도, 대부분의 미국인들은 굶주린 아이들의 사진을 보고 연민의 의식을 느낄 것이다. 세계주의자들은 기본 인권을 보편적인 것으로 바라보며 "세계 지도자들이 정치적인 경계를 존중하지 않으며, 비록 그것이 국가 주권의 벽을 허무는 것을 의미할지라도 전 세계적인 기본 인권을 실현하기 위해서는 보편주의 정치가 필요하다"고 주장한다.[47] 많은 미국인들은 국경을 초월한 일련의 확대된 동심원 집단 속에서 여러 지역사회에 대한 다양한 소속감을 동시에 느낀다. 즉, 누군가는 동시에 도시, 국가, 지역, 직업, 초국가적 민족, 그리고 거시적으로는 전 세계 인류에 대한 소속감을 느낀다. 그러나 그들이 속한 내부 동심원을 벗어나서 보게 되면 세계주의자들이 생각하는 것보다 더 미약한 도덕적 의무와의 연대가 나타난다는 것을 알 수 있다. 누군가는 강력한 포용적 민족주의자인 동시에 온건한 세계주의자가 될 수 있다. 모든 대규모 사회공동체들은 만들어진 것이지만, 오늘날의 세계에서 만들어진 공동체 사회를 대표하는 국적과 민족의 개념이 가장 강력한 소속감을 나타낸다. 철학자 아피아(Kwame Anthony Appiah)의 말에 따르면, "세계주의는 도덕적 상상력이 광범위하게 나타나는 행위이다. 그것은 인간을 가족, 이웃, 다수의 중복된 정체성 집단과 함께 모든 인류를 아우르는 둥지 안에서 삶을 형성하는 것으로 본다. 세계주의는 많은 것을 요구하는데 그것은 우리 모두가 다양하기 때문이다."[48]

나는 때때로 학생들에게 다음과 같은 도덕적 판단을 통해 세계주의의 존재와 한계에 대한 그들의 도덕적 인식을 시험해 보곤 했다. 만약 당신이 수영을 잘한다고 가정하고, 해변에서 책을 읽고 있다고 하자. 그리고 당신은 어린아이가 파도 속으로 빨려 들어가는 것을 발견했다. 당신은 책을 내려놓고 그 아이를 구하러 가겠는가? 대부분은 그렇다고 대답한다. 그 아이가 "도와주세요!" 라고 소리치거나 외국어로 울부짖는다 해도 차이가 있을까? 대부분의 사람들은 외국어와는 아무런 관련이 없을 거라고 대답한다. 만약 그 아이가 좀 더 멀리 떨어져 있고, 당신이 수영을 잘하지 못한다면 당신은 얼마나 많은 위험을 감수할 수 있겠는가? 이 경우에 대답은 다양하게 나타난다. 만약 두 아이가 물에 빠졌는데 한 명만 구할 수 있다면, 구하려는 아이가 당신의 자녀인 것이 중요한가? 대부분은 그렇다고 대답한다.

다시 말해서 부모로서의 역할은 일반적인 인도주의적인 구조의 의무를 넘어 추가적인 도덕적 권리와 의무를 발생시킨다. 국경은 임의적이고 때로는 불공정하게 정해진 것이지만 동시에 국가는 추가적인 권리와 책임을 발생시키는 공동체이다. 호프만(Stanley Hoffmann)이 말했듯이, "국가는 개인의 집합일 뿐이며 국경은 임의로 정해진 것이지만, 여기에는 도덕적 중요성이 부여된다."[49] 국경이 내포하고 있는 도덕적, 법적, 제도적 중요성을 인정하지 않는 세계주의자들은 모든 것을 국가의 생존으로만 귀결시키는 편협한 현실주의자들만큼이나 국제사회에서 권리의 균형을 잡는 정의로운 일을 할 수 없다. 다음 단락에서 더 자세히 논하게 될 자유주의자들은 구조를 해야 한다는 인도주의적 의무와 시민들을 더 앞서서 보호해야 한다는 것이 공존할 수 있다는 점을 받아들이면서도 국경이 가지는 도덕적 의미를 중요하게 여긴다.[50] 악마는 얼마나 멀리, 그리고 얼마나 많이라는 세부적인 것에 있다. 외교정책은 국내외에서 발생하는 의무에 대한 조정을 요구하기 때문에 두 배로 어려운 문제이다. 우호적인 외교정책을 추진하지만 국내에서 이러한 정책에 대한 지지를 받지 못하는 지도자들은 실패하게 된다. 동시에 국내 여론에만 치중하는 대통령들은 유권자들의 도덕적 담론을 포함해 보다 중요한 도덕적, 정치적 선택을 회피한다.

- 자유주의

우리가 살펴보았듯이, 국제정치는 종종 무정부주의라고 불리지만 무정부상태는 단순히 '정부가 부재한' 상황을 의미하는 것으로, 보안관이나 시장이란 존재가 만들어지기 이전 서부 개척지와 같은 혼란 상태를 의미하는 것은 아니다. 자유주의자들은 세력균형, 국제법 및 규범, 그리고 국제기구와 같은 기본적인 관습과 제도들을 바탕으로 국제사회에서 발생하는 대부분의 문제들을 충분히 해결할 수 있는 도덕적 선택을 위한 체제를 만들 수 있다고 주장한다.

전쟁이라는 극한의 환경에서도 법과 도덕은 그 기능을 다할 수 있다. 정의의 전쟁(just war) 원칙은 성 아우구스티누스와 다른 이들이 선악의 대결에서 선을 위해 악과 맞서 싸워야 한다는 초기 기독교 교회의 전통에서 비롯되었다. 정당방위의 원칙은 17세기 이후 세속화되었고, 오늘날 이는 세 가지 도덕적 차원을 모두 고려하는 광범위한 규범적 구조를 제공한다. 이 세 가지는 바로 정당한 이유로 대표되는 선의, 상황에 맞게 군인과 민간인을 구분하여 집행되는 강제적 수단, 성공 가능성에 기반한 신중함에서 나오는 선한 결과들이다. 정의의 전쟁 원칙은 이론 그 이상의 역할을 한다. 이 원칙은 국제인도주의법인 제네바 협약과 미국 군사법령 모두에 명시되어 있다. 무력 충돌법에 명시된 도덕적 원칙을 어긴 군인들은 과거 미국을 포함한 많은 나라에서 수감되었다.

세계의 다른 주요 사상적 개념들은 무정부 상태를 모두 다르게 묘사하며, 이는 지도자들의 도덕적 선택 방식에 영향을 미친다. 1651년 국왕이 참수된 피비린내 나는 영국 내전 후에 등장한 현실주의자인 홉스(Thomas Hobbes)는 정부가 부재한 자연상태는 냉철하고, 잔인하며, 삶이 오래가지 않은 전쟁과 같다고 보았다. 이와는 대조적으로 시간이 흘러 다소 평화로운 시기에 집필을 했던 자유주의자 로크(John Locke)는 생명, 자유, 재산의 성공적인 추구를 허용하는 사회적 계약을 포함하는 국제정치에서의 자연상태를 상상했다.** 자유주의자들은 오늘날 세계정부는 존재하지 않지만, 세계 통치를 위한 어느 정도의 세계 거버넌스 기반이 구축된 상태이나, 국제사회에서의 무정부 상태는 한계를 가지고 있다고 말한다. 자유주의자들은 오늘날 세계의 주권국가들 간의 협력을 증진시키는 데 있어서 국가 및 국제기구의 역할을 강조한다. 그들은 "자유주의자들에게 가장 중요한 변수는 상호의존성이다. 세계 최초로 인간의 기본적 이익을 실현하기 위한 국제제도가 필요하다"고 주장한다.[51]

세계주의자들은 자유주의자들보다 국가주권에 대해 더욱 회의적이며, 개인이 가진 공통된 인간성을 강조한다. 그러나 이러한 인식은 단순히 배타적이지는 않으며 실제로 대통령들은 외교정책을 수립할 때, 서로 다른 맥락에서 세계정치의 세 가지 인식 및 사상을 결합하여 사용해 왔다. 다음 사례에서 살펴보겠지만, 대부분의 대통령들은 '국제적 감각을 지닌 자유주의적 현실주의자'였다.

** 제퍼슨(Thomas Jefferson) 대통령은 이것을 미국 독립 선언서에서 "생명, 자유, 그리고 행복 추구"로 적용했다.

제2차 세계대전 이후 인권법의 등장으로 특히 대량학살의 공포에 대응하기 위한 대통령의 선택은 더욱 복잡해졌다. 미국 국민들은 어느 정도 대응과 개입을 원했지만 그 정도에 대해서는 의견이 분분하다. 예를 들어, 클린턴은 자신이 1994년 르완다의 대량학살 문제에 확실하게 대응하지 못한 것에 대해 스스로를 비판했었다.[52] 그러나 클린턴이 미군을 파병하려 했다면 행정부와 의회, 그리고 여론으로부터 거센 저항에 직면했을 것이다. 특히 1993년 소말리아에서의 초기 인도주의적 개입으로 미군 병사들이 사망한 후, 미국 국민들은 또 다른 군사적 개입을 받아들일 준비가 되어있지 않았다. 클린턴은 르완다에서 사망한 생명들을 구하기 위해 유엔과 다른 나라들을 도와서 할 일이 더 있었다는 데에 대해서 인정했지만 오늘날 훌륭한 지도자로 평가받는 이들마저도 종종 개인별 세계주의 성향과 지지자들에 대한 전통적인 의무감 사이 딜레마에 빠진다.

현실주의는 대다수의 대통령들이 외교정책에서 자신들의 방향을 결정하기 위해 참고하는 기본 사상이며, 주권국가로 이루어진 국제사회 내에서 현실주의는 참고하기 가장 좋다. 문제는 많은 현실주의자들이 세계주의와 자유주의가 기여하는 점을 파악하지 못하고 있다는 점이다. 국가의 생존이 위태로울 때, 현실주의는 도덕적인 외교정책의 필수적인 역할을 담당할 수 있다. 문제는 정도의 차이이다. 세상에 결코 완벽한 안보는 존재하지 않기 때문에 도덕적 문제는 복지, 정체성 또는 권리와 같은 다른 가치가 대통령의 외교정책의 일부가 되기 전에 어느 정도까지 안전을 보장해야 하는가에 달려있다. 대부분의 외교정책 선택은 권위주의 동맹국들에 대한 무기 판매나 다른 국가들의 인권 행위에 대한 비판과 같은 질문을 포함한다. 일부 현실주의자들이 그러한 절충안을 단순히 프랑스 함대를 공격하기로 한 처칠의 결정과 유사하게 취급한다면 그들은 단지 까다로운 도덕적 문제들을 회피하는 것에 지나지 않는다. 안보를 최우선으로 한다거나 정의가 어느 정도의 질서를 전제로 한다고 말하는 것만으로는 충분하지 않다. 대통령들은 직면하는 상황이 홉스와 로크의 사상적 전통과 얼마나 밀접하게 맞닿아 있는지, 어떤 행동이 안보와 다른 중요한 가치들 사이에서 더 중요한지에 대한 평가를 내려야 한다.

개입에 대한 문제

개입의 문제를 예시로 들어보자. 미국은 주권국가의 국경을 가로지르는 문제에 있어 어떤 조치를 취해야 하는가? 1945년 이후 유엔헌장은 미국을 포함한 5개의 상임이사국이 거부권을 가지고 있는 유엔 안전보장이사회에 의해 승인된 행동이나 정당방위를 이유로 무력사용을 제한했다. 현실주의자들은 세력균형에 혼란을 주는 상황을 해결하기 위한 개입은 정당화될 수 있다고 주장한다. 자유주의자들은 국가들이 유엔헌장에 명시되어 있는 것처럼 그들 자신의 운명을 결정할 주권을 가진 집단이라고 주장한다. 개입은 이전의 개입에 대항하거나 민족자결권을 압제하려는 대학살을 막을 경우에만 정당화될 수 있다.[53] 세계주의자들은 인도주의적 개입을 정당화하기 위해 정의와 개인의 인권을 우선시한다.

실제로, 이러한 원칙들은 종종 특이한 방식으로 결합된다. 베트남에서 케네디와 존슨은 미국이 북베트남의 남베트남 침략을 맞서 싸우기 위해서라고 주장했지만 베트남인들은 자신들을 현실주의적인 냉전구조 때문에 인위적으로 분열된 하나의 국가로 보았다. 역설적이게도 오늘날 미국은 북베트남이 무력 통일을 이뤄 1976년에 베트남사회주의공화국이 선포된 이후에도 우호적인 관계를 유지하고 있다. 제1차 걸프전에서 부시(41대)는 지역 내 세력균형 유지를 목적으로 쿠웨이트에서 주둔하고 있는 이라크 군대를 축출하기 위해 무력을 사용했지만, 그는 미국의 정당성과 소프트파워를 강화하기 위해 유엔 안전보장이사회의 결의를 바탕으로 한 광범위한 자유주의적 메커니즘을 활용했다. 부시(41대)는 자신을 현실주의자라고 여겨 사라예보에서 민간인에 대한 포격을 중단시키기 위해 개입하는 것을 거부했지만, 1992년 소말리아 내전의 참혹함이 언론과 방송을 통해 미국 전역으로 퍼지자 그는 미군을 소말리아의 수도인 모가디슈로 파병했고, 이후 미군과 소말리아 무장세력 간의 갈등은 큰 쟁점이 되기도 했다.** 그러나 인도주의적인 개입은 새롭거나 독특한 미국만의 외교정책 문제는 아니다. 빅토리아 시대 영국은 윌슨(Woodrow Wilson)이 미국 대통령이 되기 훨씬 이전 노예제도 종식을 위한 무력 행위, 콩고에서 벨기에의 잔학한 행위, 그리고 발칸 소수민족에 대한 오스만 제국의 탄압에 대한 문제에 대해 토론했었다.[54)]

여론은 또한 유사한 사상적 개념들의 혼재를 나타내고 있다. 외교정책은 보통 국내문제보다 우선순위가 낮기 때문에 미국 대중은 기본적으로 현실주의를 지지하는 경향이 있다. 제1장에서 살펴보았듯이 군사적 안보와 경제적 안보는 일반적으로 여론조사에서 가장 높은 순위를 차지하는 이슈이다.[55)] 엘리트들은 대중들보다 개입을 적극적으로 지지하며,

** 지금부터 제2장에서는 필요에 따라 41대 대통령인 조지 H. W. 부시(George H. W. Bush)를 부시(41대)로, 그의 아들 조지 W. 부시(George W. Bush)를 부시(43대)로 지칭한다.

이에 대해 일부 비평가들은 엘리트들이 대중보다 더 자유주의적이라고 주장한다.[56] 하지만 “대중들의 국제기구, 다자주의 협정 및 행동, 집단적인 국제적 의사결정에 대한 강한 믿음과 지지를 볼 때, 대다수의 미국인들은 ‘신자유주의자들’이라는 것이 잘 나타나고 있으며” 미국인들의 인도적 지원에 대한 지지는 세계주의의 한 갈래를 보여준다.[57] 대통령들의 속마음을 들여다보면 어느 누구도 모든 상황에 맞는 사상적 개념을 가지고 있지는 않을 것이다. 국민들은 이러한 이슈들에 대해 심도 있게 고민하지 않기 때문에 그들이 하나의 일관된 입장을 가질 것이라고 기대해서는 안된다. 더욱이 어떤 대통령들은 정치적 과정을 통해 오랫동안의 평가를 거쳐 대중들에게 친숙한 반면, 또 어떤 대통령들은 비(非)정치적 영역에서 활동하다가 독특한 성격과 행동을 통해 대중들에게 놀라움을 준다.[58]

제2차 걸프전에 개입한 미국은 다양한 동기를 가지고 있었다. 이론가들은 2003년 미국의 이라크 침공이 현실주의 관점을 통한 개입인지 혹은 자유주의 관점을 통한 개입인지를 놓고 논쟁을 벌였다.[59] 소위 딕 체니라고 불리는 체니(Richard Cheney), 럼스펠드(Donald Rumsfeld) 등 부시(43대)의 행정부 내 핵심 인사들은 후세인(Saddam Hussein)의 대량살상무기 보유를 지적하고, 국지적 세력균형을 우려하는 현실주의자들이었지만 과거 자유주의 인사들로 이루어진 행정부 내의 ‘신보수주의자들’은 미국의 패권뿐만 아니라 민주주의의 선전을 강조했다. 행정부 밖에서는 일부 진보주의자들이 후세인이 저지른 끔찍한 인권문제를 근거로 전쟁을 지지한 반면, 다른 진보주의자들은 제1차 걸프전에서 그의 아버지가 그랬던 것처럼 유엔 안전보장이사회의 제도적 지지를 얻지 못한 부시(43대)를 비판하며 전쟁에 반대했다.

가장 광범위하게 개입을 정의하자면, 개입은 다른 주권국가의 국내 문제에 영향을 미치는 일련의 외연적 행위들을 말하며, 이는 방송, 경제 원조, 그리고 야당에 대한 지원과 같은 낮은 수준의 개입에서부터 국토 봉쇄, 사이버 공격, 무인기 공격, 그리고 군사적 침입에 이르는 높은 수준의 강압적인 개입까지 다양하다. 도덕적 관점에서 볼 때, 강압과 강제력의 수준은 지역적 선택과 권리를 제한한다는 측면에서 매우 중요하다. 게다가 군사개입은 사용하기 어려운 위험한 수단이다. 군사적 개입은 매우 간단해 보이지만 실상은 그렇지 않다. 신중함은 의도하지 않은 결과를 초래하지 않도록 방지하는 수단이다.

월트(Stephen Walt)는 "지난 20년간 현실주의자들이 미국외교정책의 수장을 맡았더라면 엄청난 비용을 지출하는 파행을 피할 수 있었을 것"이라고 주장한다.[60] 그의 주장은 일변 옳을지도 모르지만 자유주의뿐만 아니라 현실주의에도 다양한 갈래가 있다. 현실주의 역시도 광범위한 경향을 지닌 개념이며, 실제 외교정책에 대한 분명한 함축적 의미를 제공하는 명확한 범주는 아니다. 확실한 것은 체니 부통령과 럼스펠드 국방장관은 그들 스스로를 현실주의자로 여겼다는 것이다. 2016년 대선 토론에서, 트럼프(Donald Trump)와 힐러리 클린턴(Hillary Clinton)은 모두 미국이 시리아에서 대규모 사상자를 예방할 책임이 있다고 말했지만, 실질적인 군사개입을 주장하지는 않았다. 그리고 일부 평론가들은 민주주의 증진 활동이 "미국을 특별한 국가로 성장하도록 만들었다"고 주장하지만, 강압적인 수단을 통한 민주주의 증진과 비강압적인 수단을 통한 민주주의 증진 사이에는 엄청난 차이가 존재한다.[61] 미국 최대 국제방송국인 미국의 소리(Voice of America)와 전미민주주의기금(National Endowment for Democracy)은 미국의 제82 공수사단과는 다른 방식으로 국경을 넘나들고 있다. 결과적인 측면에서, 수단은 목적만큼이나 중요하다. 세계의 어떤 사상과 이념도 대통령에게 보다 올바른 판단력과 상황 지능을 위해 쉬운 해결책이나 대안을 제공하지 않는다.

상황에 맞는 최선의 도덕적 선택: 성적표

그렇다면 우리는 외교정책에서 대통령의 도덕과 윤리를 어떻게 판단해야 할까? 대통령들은 자신의 가치와 신념을 가지고 있지만, 그들 또한 윤리적으로 완벽할 수 없는 베버(Max Weber)의 현실 세계에서 살고 있다. 스위스계 미국인 현실주의자 울퍼스(Arnold Wolfers)는 제2차 세계대전 후 "무엇이 국익에 중요한지, 국익을 위해 얼마나 많은 가치를 부여해야 하는지에 대한 해석은 도덕적인 질문이다. 국제정치에 내재된 도덕적 필요성만으로는 답변할 수 없다"고 주장했다. 또한 지도자들은 항상 단순한 도덕적 규칙을 따를 수는 없다. 울퍼스는 외교정책에서 지도자들의 윤리성의 정도를 판단하는 데 있어서 가장 좋은 근거는 "상황이 허용하는 선에서 최선의 도덕적 선택을 했는지에 관한 것"이라고 결론지었다.[62] 이것은 사실이지만 완벽하게 도움이 되는 것은 아니다. 그것은 필요한 기준이 되지만 또한 충분하지는 않다. 무정부 상태의 세계에서는 신중함이 미덕으로 작용하지만 그러한 광범위한 신중함은 쉽게 남용될 수 있다.

우리는 대통령들이 특정 상황에서 최선의 도덕적 선택을 했는지 여부를 어떻게 판단 할 수 있을까? 우리는 세 차원으로 구성된 도덕적 관점에서 평가를 해볼 수 있다. 그리고 현실주의, 자유주의, 그리고 세계주의라는 세 가지 사상을 평가 기준으로 삼을 수 있다. 우리가 대통령들이 추구하는 목표들을 살펴볼 때, 그들이 국내정책에서 실행했던 것과 유사한 수준에서 정의를 국제적 차원에서 추구할 것으로 기대하지 않는다. 1941년 8월, 자유주의 국제질서를 확립하는 주요 문서 중 하나인 대서양헌장에서 루스벨트와 처칠은 욕망과 두려움으로부터의 자유를 확보하기 위해 헌신할 것을 선언했다. 그러나 루스벨트는 그의 국내 뉴딜정책을 국제적인 수준으로 전환하는 노력은 하지 않았다. 결국, 롤스(John Rawls)와 같은 저명한 진보주의 철학자도 그의 정의론(Theory of Justice)은 국내에서만 적용되는 개념이라고 믿었다.[63)]

동시에, 롤스는 자유주의 사회를 건설하기 위해서는 국경을 초월한 의무가 존재하며, 이 의무 속에는 기본적인 인권에 대한 보장과 다양한 세계인들이 자신의 문제를 가능한 스스로 결정할 수 있도록하는 권리와 제도에 대한 상호지원 및 존중이 포함되어야 한다고 주장했다.[64)] 따라서 우리는 대통령의 목표가 국내외적으로 널리 지지받을 수 있는 가치를 포함하여 그러한 가치관이 균형 있고 신중하게 유지될 수 있는가에 대해 판단하면서 이에 따른 위험을 평가해 합리적인 전망을 제시할 수 있어야 한다. 이는 우리가 대통령의 성격과 의도뿐만 아니라 가치를 증진하는 데 있어 대통령이 가진 상황 지능을 판단한다는 것을 의미한다.

윤리적 수단과 관련하여 우리는 다른 사람들의 권리와 제도를 존중하기 위해 최소한의 개입에 대한 롤스의 자유주의적 관점뿐만 아니라, 균형적이고 차별적인 무력 사용에 대한 전쟁 기준을 통해 대통령들을 판단할 수 있다. 윤리적 결과에 대해서는 대통령이 국가의 장기적 국익 증진에 성공했는지, 외국인에 대한 극도의 배타성과 불필요한 피해를 피함으로써 국제적 가치를 존중했는지, 도덕적인 담론을 넓히고 진실과 신뢰를 증진시켜 지지자들을 교육했는지 등을 물을 수 있다. 이러한 기준은 현실주의, 자유주의, 세계주의로부터의 통찰에서 비롯된다. 성적표 결과는 결코 완전한 것은 아니지만, 그것은 우리에게 신중함에 대한 단순한 보편성을 능가하는 몇 가지 기본적인 지침을 제공한다.

이러한 3차원적 성적표를 통한 접근 방식은 모든 문제를 해결하지는 못하지만, 대통령의 행위를 모든 차원에서 살펴보고, 비교할 수 있도록 도와준다. 레이건과 부시 부자(41대, 43대)의 예를 들어보자. '레이건주의 외교정책'을 이야기할 때, 사람들은 레이건 특유의 복잡한 문제들을 단순화하는 방법과 가치를 표현할 때 효과적인 수사법을 사용하는 방법을 통해 도덕적 명확성을 제공한다고 생각한다. 하지만 앞서 설명한 이유 때문에 이러한 1차원적 도덕적 추론은 부적절할뿐만 아니라, 레이건이 정책을 추구할 때 보여준 협상력을 포함하는 도덕적 리더십의 성공을 설명하는 데도 오류가 발생한다. 그럼에도 불구하고 투명하고 명확하게 명시된 목표는 대중을 교육하고 동기를 부여할 수 있다. 중요한 것은 레이건이 그의 비전과 목표를 달성하는 과정에서 발생할 수 있는 위험에 대해 얼마나 균형을 잡는 데 신중했는가 하는 것이다. 일부 사람들은 레이건이 첫 번째 대통령 임기의 초기 발언이 미소관계에 긴장과 불신을 제공하여 전쟁으로 이어질 가능성을 높였다고 주장하지만 이후 레이건이 재집권했을 때 발언은 결과적으로 미국에게 협상의 동기를 만들어 주었고 미국 국익에 도움이 되었다. 냉전의 종식과 소련의 붕괴에는 대부분 고르바초프(Mikhail Gorbachev)의 영향력이 크게 작용했지만 결과적인 측면에서 레이건은 분명하게 미국의 국익을 증진시켰다. 어떠한 상황에서도 레이건은 단순히 미국 국익에만 국한되지 않는 방식으로 국제사회에서 발생하는 기회들을 잘 활용했다.

표 2.1 도덕적 외교정책 지도자는 누구인가? 3차원적 체크 리스트

의도: 목표와 동기

1. **도덕적 비전.** 지도자가 가치들을 명확하게 표현하고, 그 가치들이 지도자들의 동기를 결정했는가? 지도자는 개인적 욕구 때문에 가치관들과 모순되는 결정을 내리지 않기 위한 감성 지능을 가지고 있는가?
2. **신중함.** 지도자는 자신이 추구하는 가치와 타인에게 부과되는 위험 사이에서 현명하게 균형을 잡을 수 있도록 하는 상황 지능을 가지고 있었는가?

수단

3. **군사력 행사.** 지도자는 무력행사의 필요성, 민간인에 대한 차별, 이익과 손해의 비중을 고려하여 군사력을 사용하였는가?
4. **자유주의.** 지도자는 국내외 제도들을 존중하고 활용하려고 노력했는가? 타인의 권리는 어느 정도까지 고려되었는가?

결과

5. **수탁자.** 지도자는 훌륭하게 국민의 의견을 반영했는가? 국가의 장기적인 이익이 증가했는가?
6. **세계주의.** 지도자는 또한 타국의 이익을 고려하고 그들에게 불필요한 피해를 최소화했는가?
7. **교육.** 지도자는 진실을 존중하고 신뢰를 쌓았는가? 진실은 존중되었는가? 지도자는 국내외에서 도덕적 담론을 만들고 넓히려고 노력했는가?

부시(41대)는 혁신적인 비전을 가지고 있지는 않았지만 냉전 말기에 극적으로 변화하는 세계 속에서 위험을 피하는 것에 관심이 있었다. 그는 '새로운 세계질서'를 언급했지만, 한 번도 구체적으로 설명한 적은 없었다. 그와 그의 행정부는 주로 미국 밖에서 발생하는 있는 권력의 변동에 대응하였고, 그는 기회와 현실주의 사이에서 신중하게 균형을 맞추며 목표들과 목적들을 세웠다. 그는 장기적인 안정을 목표로 설정하고 단기적 목표들을 제한했다. 비평가들은 부시가 더 많은 변혁적 목표를 세우지 않았다고 비난했다.[65] 윤리적 관점에서 볼 때, 비록 부시가 강한 도덕적 비전을 표현하지는 않았지만, 그가 더욱 모험적이고 많은 위험을 감수했어야 했다고 주장하기는 어렵다. 결과적인 측면에서, 부시는 국가의 목표를 달성하는 데 있어 성공한 수탁자였고, 지나치게 배타적이지 않으며 외국인들이 최소한의 피해를 받을 수 있는 방식으로 정책을 시행하였다. 그는 고르바초프에게 굴욕감을 주지 않도록 조심했고, 소련이 옐친(Boris Yeltsin)의 러시아로 전환되는 과정 속에서 신중함을 보였다. 한편 부시는 이라크 북부의 쿠르드족이나 중국의 반체제 인사, 또는 구 유고슬라비아 내전에 휘말린 보스니아인들을 위해 개입하는 것에는 소극적이었다. 이러한 점에서 부시의 현실주의는 세계주의가 표방하는 가치에 의해 한계를 드러냈다. 부시가 더 나은 의사소통 능력을 가지고 있었더라면, 미국 국민들에게 냉전 이후 새로운 세계의 변화에 대해 보다 더 많은 것을 보여주었을지도 모른다. 그러나 역사의 불확실성과 잠재적인 재난의 위협의 가능성을 감안할 때, 부시의 외교정책은 20세기 미국 최고의 외교정책 중 하나였음은 분명하다. 그는 변화하는 국제사회 질서 속에서 미국의 국익을 가져왔고, 냉전종식 후 예상되었던 혼란에 잘 대처하였다.

반면 그의 아들 부시(43대)는 상대적으로 외교정책에 비중을 두지 않았던 현실주의자로 출발했지만, 2001년 9월 11일 미국을 향한 테러공격 이후 모든 것이 변화하였다. 윌슨, 루스벨트, 트루먼처럼 부시(43대)도 안보를 걱정하면서 위기 시 지지자들을 결집시키기 위해 민주주의 수호와 전파를 수사로 사용했다. 부시독트린(Bush Doctrine)으로 불리게 된 2002년 국가안보전략을 통해 부시는 미국이 "테러리스트들과 그들을 지원하는 정권은 어디에 있든지 찾아내 제거할 것"이라고 선언했지만 새로운 정책에는 기준이 없었다. 부시는 테러문제의 근원적 해결책으로 민주주의를 모든 곳에 전파하는 것을 채택했고, 자유에 대한 의제는 그의 2006년 국가안보전략의 기초가 되었다. 그러나 후세인의 제거 임무를 완수하지 못했고, 상황에 대한 불충분한 이해와 잘못된 정책 관리 때문에 부시의 큰 목표는 약화되었다.

부시는 정책적으로 그의 아버지와 닮지 않았다. 오히려 부시와 우드로 윌슨 사이에서 정책적으로 더 큰 유사점들이 존재한다. 두 사람 모두 처음에는 외교정책에 대한 어떠한 비전도 없이 국내문제에 집중했던 매우 종교적이고 도덕적인 사람들이었다. 둘 다 위기에 대해 대담한 비전으로 대응했으며, 세상을 회색보다는 흑백으로 명확하게 나눠 묘사하는 경향이 있었다. 둘 다 대중을 교육시키려고 노력했지만, 부시의 조급함이 이를 방해했다. 윌슨은 처음에 자신이 계획한 국제연맹에 대해 미국 국민들을 교육시키는 데 성공했지만, 이후 상원과의 타협이 거부되면서 실패로 돌아갔다. 장기적 관점에서 볼 때 윌슨의 비전은 유엔의 창설을 통해 부분적으로 정당화되긴 했지만, 그의 일생만을 바라본다면 윌슨은 국제연맹의 창설과 그에 필요한 리더십을 갖추지 못했다.

외교정책을 실행하는 과정에서 큰 문제 중 하나는 상황의 복잡성이며, 이것이 바로 상황 지능이 대통령의 윤리적 외교정책을 구성하는 데 있어 중요한 역량인 이유이다. 상황 지능은 변화하는 환경을 이해하고, 변화의 흐름을 활용할 수 있는 능력이다.[66] 때때로 신중함은 단순한 전략적 이기심으로 일축되고 도덕적 신념과 대비되기도 한다. 그러나 3차원적 도덕윤리에서는 신중함과 도덕적 신념은 둘 다 중요한 요소이다.

베버가 지적했듯이, 개인의 신념이 중요하지만, 외교정책과 같은 복잡한 정치적 환경에서 대통령은 책임의 윤리를 따라야 하는 수탁자이다. 이러한 맥락에서, 상황 지능이 부족하면 부주의한 평가와 무모한 위험 감수를 초래할 수 있다. 우리는 다양한 문화의 세계에 살고 있지만 사회공학과 국가를 건설하는 방법에 대해서는 거의 알지 못한다. 우리가 세상을 어떻게 개선할 것인지 확신할 수 없을 때 신중함은 책임윤리에서 중요한 미덕이 되며, 자만심은 심각한 피해를 가져올 수 있다. 신중함은 보통 감정을 관리하고, 감정을 건설적인 목적으로 변환하는 데 도움을 주는 감성 지능을 필요로 한다.[67] 신중함은 종종 자제력을 필요로 한다. 오바마(Barack Obama)는 이러한 기본 원칙을 "멍청한 행동을 하지 말 것"이라고 해석했다. 그는 적절한 비전을 제시하지 못해 비난을 받기도 했지만 신중함이 나쁜 것만은 아니다. 외교정책을 실행할 때, 의학에서와 같이 히포크라테스 선서를 기억하는 것이 중요하다. 첫째, 다른 이에게 해를 끼치지 마라.

이는 제도, 공공재의 역할, 그리고 대통령이 우리의 국익을 얼마나 폭넓게 정의하는지를 다시 한 번 보여준다. 특정 행위뿐만 아니라 그들의 행동양식이 세계정치 환경을 어떻게 형성하느냐에 따라 종합적인 평가가 이루어진다. 대통령은 광범위하고 장기적인 비전을 가지고 있을지 모르지만 1919년 윌슨과 마찬가지로 모든 대중을 설득할 수는 없다. 1930년대의 경제적 침체는 세계 공공재 제공을 담당하던 영국의 역할을 미국이 확실하게 대체하지 못하면서 야기되었다. 그 결과 세계는 대공황, 대량학살, 그리고 세계대전으로 붕괴되었다. 국내 정치에서 정부는 치안유지나 깨끗한 환경과 같은 공공재를 생산하는 데, 이로부터 모든 시민들은 혜택을 받을 수 있고, 그 누구도 배제되지 않는다. 단일한 정부가 부재한 국제사회에서 기후변화, 재정 안정성 또는 해상이동의 자유 등의 공공재는 최강대국이 주도하는 연합체에 의해 제공된다. 소국들은 이러한 세계적인 공공재를 구매하려는 지불의사를 거의 가지고 있지 않다. 그들의 작은 기여는 자신들이 기여를 함으로써 혜택을 받을지 못받을지에 별 영향을 미치지 않기 때문에, 그들이 세계적 공공재를 무임승차로 이용하는 것은 합리적으로 보인다. 그러나 가장 큰 강대국들은 자신들의 기여를 통해 효과를 볼 수 있고 혜택을 누릴 수 있다. 이러한 상황은 강대국들로 하여금 합리적이고 장기적인 국익으로 선택하게 한다. 이는 미국 우선주의와 일맥상통하지만 그것은 트럼프 대통령이 그 용어를 사용할 때 보여준 것보다 현재의 상황에 대한 더 넓은 역사적 이해가 수반되어야 한다.

인간은 모두 이야기꾼이고, 대통령들이 그들의 외교정책을 설명하기 위해 사용하는 화술은 국가의 정체성을 정의하며, 국내정치의 공간을 보다 국익에 맞게 외부로 확장할 수 있다. 또한 이러한 화술은 미국이 국제사회에서 소프트파워를 행사할 수 있는 환경을 마련해 준다. 그러나 다른 문화와 종교에 대한 존중이 부족한 대통령의 화술은 국내의 도덕적 담론의 공간을 축소시킬 뿐만 아니라, 해외에서 미국이 가진 소프트파워의 영역을 축소시켜 결과적으로 국익을 약화시키게 된다. 그렇기 때문에 도덕적 담론의 확대는 대통령의 외교정책을 평가하는 데 있어 중요한 요소이다. 레이건은 이러한 담론을 형성하는 데 타고난 재능이 있었다.

레이건의 국무장관 슐츠(George Shultz)는 외교정책을 “행위자, 이익, 목표 간 복합 배열을 지속적으로 양육하는” 정원가꾸기와 비교한 적이 있다. 이후 오바마 행정부에서 일했던 콜렛(Derek Chollet)은 슐츠의 후임자인 라이스(Condoleezza Rice)가 "세상을 있는 그대로 받아들이지 않고, 변화시키려는 혁신적인 외교정책을 시행하기 원했고, 그녀는 국제사회의 정원사에 머무르지 않고, 나아가 정원의 구조를 설계하고 관리하는 조경사가 되고 싶어 한다"라고 지적했다.[68] 상황과 맥락에 따라 정원사와 조경사는 모두 각자의 역할이 있지만, 우리는 혁신적인 조경사가 신중한 정원사보다 효과와 윤리적 측면에서 모두 더 나은 외교정책 지도자라고 무의식적으로 생각하는 실수를 피해야 한다. 키신저(Henry Kissinger)는 "세계질서의 두 가지 측면인 권력과 정당성 사이에서 균형을 맞추는 것이 경세지책의 본질이다. 도덕적 차원을 고려하지 않고 권력을 계산하게 되면 문제가 발생할 것이다. 반면에 균형에 대한 우려가 동반되지 않은 도덕적 처방은 십자군원정과 같은 무력한 정책으로 변질될 가능성이 높고, 국제질서 자체의 일관성을 없애는 극단적인 상태의 위험으로 빠뜨릴 것이다"라고 말했다.[69] 현실주의가 배제된 선의의 개입은 수백만 명의 삶을 더 악화시킬 수 있다. 셰익스피어는 대혼란을 불러일으키고 전쟁의 개들을 풀어놓는 위험성을 분명하게 경고했다.

대통령에게 신중함은 훌륭한 외교정책의 필수 덕목이지만 이것만으로는 충분하지 않다. 제1차 세계대전과 제2차 세계대전 사이에 미국의 대통령들은 보다 폭넓은 제도적 비전을 필요로 했기 때문에 매우 신중했다. 윌슨은 그러한 폭넓은 비전을 가졌음에도 이를 현실화할 감각이 부족했다. 루스벨트는 외교정책에 대한 비전 없이 대통령에 취임했지만 결과적으로 미국경제를 살리고 전쟁을 승리로 이끄는 큰 성과를 거두었다. 급속한 기술발전과 사회 변화에 대응하기 위해서 외교정책상 현재의 상황을 관리하는 정원사의 역할로는 충분하지 않다. 외교정책을 실행함에 있어 새로운 변화를 정확히 이해하고 이에 대응하는 비전과 전략을 세우는 감각 또한 중요하다. 미국을 더 안전하게 만들 뿐만 아니라 세계를 더 나은 곳으로 만드는 도덕적인 외교정책을 추구한 대통령의 성과를 판단할 때, 그들의 지도력이 미치는 모든 영향 범위, 행위와 제도, 작위와 부작위 모두를 종합적으로 살펴보고 3차원적인 도덕적 판단을 내리는 것이 중요하다. 그때도 우리는 종종 엇갈린 평가를 내리겠지만 그것은 우리가 항상 직면해야하는 외교정책의 본질이다.

주

1) Thucydides, *The Peloponnesian War*, translated by Rex Warner (London: Penguin Classics, 1954).
2) Owen Harries, "Power and Morals," *Prospect*, April 2005, 26.
3) James Q. Wilson, *The Moral Sense* (New York: Free Press, 1997), 15.
4) Jonathan Haidt, *The Righteous Mind: Why Good People Are Divided by Politics and Religion* (New York: Random House, 2012), xx.
5) "Philosophy and Neuroscience: Posing the Right Question," *The Economist*, March 24, 2007, 92.
6) Kenneth Winston, *Ethics in Public Life: Good Practitioners in a Rising Asia* (London: Palgrave, 2015), chapter 1을 참고할 것.
7) Garry Wills, "The Pious Presidency of Jimmy Carter," *New York Times Book Review*, April 26, 2018.
8) Ari Fleisher, "What I Will Miss About President Bush," *New York Times*, November 4, 2008.
9) Joseph Nye Jr., *Soft Power* (New York: Public Affairs, 2004).
10) General James Mattis, "Hearing to Receive Testimony on U.S. Central Command and U.S. Special Operations Command in Review of the Defense Authorization Request for Fiscal Year 2014 and the Future Years Defense Program," March 5, 2013, 16.

11) 상황 지능의 중요성에 대해서는 Joseph S. Nye Jr., *The Powers to Lead* (New York: Oxford University Press, 2008), chapter 4. 또한 Anthony J. Mayo and Nitin Nohria, *In Their Time: The Greatest Business Leaders of the Twentieth Century* (Boston: Harvard Business School Press, 2005)를 참고할 것.
12) Egil Krogh, "The Break – In That History Forgot," *New York Times*, June 30, 2007, 17.
13) 트럼프(Donald Trump)는 2018년 6월 4일 트위터를 통해 "수많은 법률학자들의 말처럼 나는 대통령으로서 스스로 용서할 수 있는 절대적인 권리를 가지고 있지만, 내가 아무 잘못도 하지 않았는데 왜 그렇게 하겠는가? 그 사이 13명의 분노한 민주당원들이 나의 임기 중반까지 이러한 끝없는 마녀사냥을 진행중이다"라고 말했다.
14) Interview with Dan Amira, *New York Times Magazine*, April 29, 2018, 54.
15) Michael Walzer, "Political Action: The Problem of Dirty Hands," *Philosophy & Public Affairs* 2, no. 2 (1973), 160–80와 Gerald F. Gaus, "Dirty Hands," in *A Companion to Applied Ethics*, ed. R. G. Frey and Christopher Heath Wellman (Malden, MA: Blackwell, 2003), 167–79를 참고할 것.
16) Max Weber, "Politics as a Vocation," in *Max Weber: Essays in Sociology*, ed. H. R. Gerth and C. Wright Mills (New York: Oxford University Press, 1958), 126.
17) Alexander Betts and Paul Collier, *Refuge: Rethinking Refugee Policy in a Changing World* (Oxford: Oxford University Press, 2017), 125.
18) Stuart Hampshire, quoted in Joseph L. Badaracco Jr., *Defining Moments: When Managers Must Choose Between Right and Right* (Boston: Harvard Business School Press, 1997), 52.
19) Tom Beauchamp, *Philosophical Ethics: An Introduction to Moral Philosophy* (New York: McGraw Hill, 1982), 179.
20) Walzer, *Arguing About War*, 35–36.
21) With hindsight, historians believe these estimated casualties were too high. J. Samuel Walker, "Recent Literature on Truman's Atomic Bomb Decision: A Search for Middle Ground," *Diplomatic History*, 29, no. 2 (April 2005), 311–34.
22) Nina Tannenwald, *The Nuclear Taboo: The United States and the Non – Use of Nuclear Weapons Since 1945* (Cambridge: Cambridge University Press, 2007), 88. See also, Alex Wellerstein, "Nagasaki: the Last Bomb," *The New Yorker*, August 7, 2015.
23) 보다 자세한 설명은 Joseph S. Nye Jr., *Nuclear Ethics* (New York: Free Press, 1986)을 참고할 것.
24) Charles Guthrie and Michael Quinlan, *Just War: The Just War Tradition: Ethics in Modern Warfare* (New York: Bloomsbury, 2007), 1.
25) Kenneth Winston, "Necessity and Choice in Political Ethics: Varieties of Dirty

Hands," in *Political Ethics and Social Responsibility*, ed. Daniel E. Wueste (Lanham, MD: Rowman and Littlefield, 1994), 37–66.
26) Isaiah Berlin, *Liberty: Incorporating Four Essays on Liberty* (New York: Oxford University Press, 2002), 214.
27) Winston Lord, *Kissinger on Kissinger: Reflections on Diplomacy, Grand Strategy and Leadership* (New York: St. Martins Press, 2019), 2.
28) John Rawls, "Distributive Justice," ed. Peter Laslett and W. G. Runciman, *Philosophy, Politics, and Society* (London: Blackwell, 1967), 58–82.
29) Amartya Sen, *The Idea of Justice* (Cambridge, MA: The Belknap Press of Harvard University Press, 2011), 12–13.
30) Robert Axelrod, *The Evolution of Cooperation* (New York: Basic Books, 1984), 128.
31) Graham T. Allison and Lance M. Liebman, "Lying in Office," in *Ethics and Politics: Cases and Comments*, 2nd ed., ed. Amy Gutman and Dennis Thompson (Chicago: Nelson-Hall, 1990), 40–45.
32) Cathal J. Nolan, "'Bodyguard of Lies': Franklin D. Roosevelt and Defensible Deceit in World War II," in *Ethics and Statecraft: The Moral Dimensions of International Affairs*, 2nd ed., ed. Cathal J. Nolan (Westport, CT: Praeger, 2004), 35–58.
33) John Mearsheimer, *Why Leaders Lie* (Oxford: Oxford University Press, 2011), viii.
34) Tommy Koh, "Can Any Country Afford a Moral Foreign Policy?" in *The Quest for World Order: Perspectives of a Pragmatic Idealist*, edited with an introduction by Amitav Acharya (Singapore: Times Academic Press, 1997), 2. 자신의 분석틀을 사용하게 해준 아차랴(Amitav Acharya)에게 감사를 표한다.
35) Allison and Liebman, "Lying in Office," 40.
36) the arguments in Sisella Bok, *Lying: Moral Choice in Public and Private Life* (New York: Vintage Books, 1999)를 참고할 것.
37) Zbigniew Brzezinski, *Second Chance: Three Presidents and the Crisis of American Superpower* (New York: Basic Books, 2007), 45.
38) Niccolo Machiavelli, *The Prince*, 142, cited in Badaracco, *Defining Moments*, 110.
39) Caroline Daniel, "Hard Man Who Sits at the Heart of US Foreign Policy," *Financial Times*, December 19, 2002, 14.
40) Hans J. Morgenthau, *Politics Among Nations* (New York: Knopf, 1955), 9.
41) John Mearsheimer, *The Great Delusion: Liberal Dreams and International Realities* (New Haven, CT: Yale University Press, 2018), 216.
42) Robert D. Kaplan, *The Return of Marco Polo's World* (New York: Random House, 2018), 146.
43) Walzer, *Arguing About War*, 33–34.

44) Stephen A. Garrett, "Political Leadership and Dirty Hands: Winston Churchill and the City Bombing of Germany," *Ethics and Statecraft*를 참고할 것.
45) The White House, "Statement From President Donald J. Trump on Standing With Saudi Arabia," November 20, 2018.
46) Randy Schweller, "Three Cheers for Trump's Foreign Policy," *Foreign Affairs* 97, no. 5 (September/October 2018), 134.
47) David Luban, "The Romance of the Nation State," *Philosophy and Public Affairs* 9 (Summer 1980), 392.
48) Kwame Anthony Appiah, "The Importance of Elsewhere," *Foreign Affairs* 98, no. 2 (March/April 2019), 20.
49) Stanley Hoffmann, *Duties Beyond Borders* (Syracuse, NY: Syracuse University Press, 1981), 155.
50) Betts and Collier, *Refuge*, chapter 8을 참고할 것.
51) Daniel Deudney and G. John Ikenberry, "Liberal World: The Resilient Order," *Foreign Affairs* 97, no. 4 (July/August 2018), 16.
52) Barbara Kellerman, *Bad Leadership* (Boston: Harvard Business School Press, 2004), chapter 9.
53) Michael Walzer, *Just and Unjust Wars* (New York: Basic Books, 1977), 101.
54) Gary J. Bass, *Freedom's Battle: The Origins of Humanitarian Intervention* (New York: Random House, 2008), 4.
55) Daniel Drezner, "The Realist Tradition in American Public Opinion," *Perspectives on Politics* 6 (March 2008), 63.
56) Stephen Walt, *The Hell of Good Intentions: America's Foreign Policy Elite and the Decline of US Primacy* (New York: FSG, 2018).
57) Page and Bouton, *The Foreign Policy Dis-Connect*, 241.
58) Gautam Makunda, *Indispensable: When Leaders Really Matter* (Boston: Harvard Business School Press, 2012)를 참고할 것.
59) Daniel Deudney and John Ikenberry, "Realism, Liberalism and the Iraq War," *Survival* 59, no. 4 (August–September 2017), 7–26.
60) Stephen Walt, "What Would a Realist World Have Looked Like?" *Foreign Policy*, January 8, 2016.
61) Max Fisher, "Syrian War Magnifies Tension in America's Global Mission," *New York Times*, October 9, 2016, 16에서 인용함. 또한 Sean Lynn-Jones, "Why the United States Should Spread Democracy," Discussion Paper 98–07, Center for Science and International Affairs, Harvard University, March 1998을 참고할 것.
62) Arnold Wolfers, *Discord and Collaboration: Essays on International Politics* (Baltimore: Johns Hopkins University Press, 1962), 47–65.
63) John Rawls, *A Theory of Justice* (Cambridge, MA: Harvard University Press, 1971).

64) John Rawls, *The Law of Peoples* (Cambridge, MA: Harvard University Press, 1999).
65) Brzezinski, *Second Chance*.
66) Anthony J. Mayo and Nitin Nohria, *In Their Time: The Greatest Business Leaders of the Twentieth Century* (Boston: Harvard Business School Press, 2005). 또한 Nye, *The Powers to Lead*, chapter 4를 참고할 것.
67) 감성 지능에 대한 보다 자세한 논의는 Nye, *The Powers to Lead*, 69-71을 참고할 것.
68) Derek Chollet, "Altered State: Rice Aims to Put Foggy Bottom Back on the Map," *Washington Post*, April 7, 2005.
69) Henry Kissinger, *World Order* (New York: Penguin, 2014), 367.

3장

확립자들

● ● ● ● 제2차 세계대전 이후 미국 주도의 국제질서를 확립했던 대통령들은 미국이나 자유주의 국제질서를 위한 대전략을 가지고 있지는 않았다. 루스벨트(Franklin D. Roosevelt)가 세계적인 대공황 시기에 미국 대통령으로 취임했을 때, 외교정책은 가장 중요성이 덜한 정책분야였다. 그는 1933년 통화체제를 안정시키기 위한 국제회의에 영국의 초청을 받아 참가했지만 깊은 관심을 보이지 않았고, 국무장관 헐(Cordell Hull)은 보다 더 개방적인 무역체제를 확립하기를 원했지만 당시 대부분의 국가들과 마찬가지로 미국 경제는 높은 관세율 때문에 고립되어 있었다. 1938년 이후에야 루스벨트는 히틀러와 나치독일에 의한 안보적 위협에 초점을 맞추기 시작했고, 전쟁 중에 루스벨트 행정부는 전후 세계를 위한 국제제도에 대해 고민하기 시작했다. 그들의 첫 번째 관심사는 또 다시 닥쳐올지 모르는 대공황을 피하는 것이었고, 44개의 동맹국들은 1944년 7월 뉴햄프셔 브레튼우즈(Bretton Woods)에서 국제통화기금(IMF: International Monetary Fund)과 국제부흥개발은행(IBRD: International Bank for Reconstruction and Development)의 설립을 위해 모임을 가졌다. 안보분야에서 루스벨트

는 침략자들에 대항하기 위한 집단안보체제를 이끌어갈 '경찰국가 4개국'(추후에 5개국으로 증가)을 포함한 안전보장이사회를 유엔 내에 구성하여 윌슨(Woodrow Wilson)의 자유주의적 국제연맹의 의지를 이어 나갔다. 그의 거대한 디자인은 소련과의 전시 협력이 지속될 것이라는 전제하에 이루어졌으나, 이러한 협력이 결렬되고 소련이 거부권을 행사하여 안보리가 마비되었을 때 다른 대안이 거의 없었다. 세력균형의 형태가 다극체제에서 양극체제로 전환되면서 전후 국제질서를 새롭게 확립하기 위한 루스벨트의 계획에는 차질이 생겼다. 그러나 중요한 것은 루스벨트가 생의 마지막에 "우리는 세계시민이며, 인류공동체에 일원이 되는 방법을 배웠다"는 내용을 자신의 비문에 새김으로써 미국이 고립주의에서 탈피했다는 것을 알 수 있었다.[1)]

1945년 트루먼(Harry Truman)은 소련과의 지속적인 협력을 바탕으로 루스벨트가 수립해놓은 경제제도와 유엔의 계획들을 이어받았지만, 이후 냉전체제에 돌입하면서 새로운 계획을 세워야 할 필요성을 느꼈다. 트루먼은 제1차 세계대전에서 프랑스에서 복무하는 동안 외교정책에 대한 경험이 전무했고, 루스벨트는 트루먼이 부통령으로 있던 몇 달 동안에도 그의 외교감각을 크게 신뢰하지 않았다. 또한 "1945년 가을에 실시된 여론조사에 따르면 대다수의 미국인들은 제2차 세계대전을 일으켰던 전체주의가 낳은 절망과 빈곤을 해소하기 위해 미국이 적극적으로 나서기를 원했지만," 그럼에도 미군들이 빠른 시일 내로 본국으로 돌아오기를 원했고, 정부가 국민의 생활 여건을 개선하는 데 더 주력해야 한다고 믿었다.[2)] 제2차 세계대전 이후 미국의 국력은 세계경제의 절반을 차지할 만큼 거대해졌지만, 미국의 헤게모니를 강화하기 위한 명확한 전략이나 계획은 없었다. 이렇듯 트루먼 대통령의 집권 첫 해의 외교정책은 불확실성이 상당히 컸다. 1947년 이후에야 마셜플랜과 NATO와 같은 미국을 중심으로 한 국제질서의 주요 제도들이 일련의 위기에 대한 대응으로 개발되었고, 그때까지도 소위 미국의 헤게모니는 세계 인구의 절반 이상을 포함하지 않았다.[3)]

아이젠하워(Dwight Eisenhower)는 제2차 세계대전 당시 유럽 연합군의 최고 사령관을 지냈으며, 트루먼은 그를 1951년 NATO의 최초 사령관으로 임명했으나 1952년 대선에서 아이젠하워는 소련을 격퇴하기보다는 격리시키는 선택을 했던 트루먼의 정책을 비판했다. 미국 공화당의 일부 당원들은 여전히 고립주의를 주장하고 있는 반면에 다른 당원들은 공산주의를 끌어내리기 위한 캠페인을 벌였다. 그럼에도 불구하고 대통령으로서의 아이젠하워의 행보는 전임자들의 정책을 공고히 유지하는 것이었다. 1953년 그는 유럽에서의 공산주의의 확산을 막고, 후퇴시키기 위해 기존의 소련 봉쇄전략과 두 가지 새로운 전략들을 구상했다. 1949년 소련이 핵무기를 개발한 후 핵전쟁의 위험과 비용을 감안할 때, 아이젠하워는 핵 폐기를 선택하는 대신에 여전히 고립주의의 전통을 이어갔다. 그는 1954년 "세계 자체가 파괴되는 것을 피하기 위해서는 소련과의 '공존'을 위해 일시적 타협(modus vivendi)##으로 나아가야 한다. 소련과 관련하여 어느 수준까지의 협력이 바람직하며 실질적으로 협력은 어떠한 의미를 가지고 있는가?"라고 말했다.[4)]

세 대통령 모두 제2차 세계대전에서 고위직에 있었던 경험과 1930년대의 대공황을 겪었던 지도자들이었다. 세 사람 모두 고립주의를 미국

역자 주) modus vivendi는 라틴어에서 유래했으며 의견 및 사상이 다른 사람·조직·국가들이 서로 다투지 않고 살아가기 위해 맺는 잠정협정을 의미한다.

의 발전을 저해하는 심각한 문제로 여겼다. 루스벨트는 윌슨의 밑에서 미 해군성 차관보로 일했고, 유엔의 설립에 있어 윌슨의 자유주의 사상을 적용시키기 위해 노력했다. 트루먼은 또한 자신을 윌슨주의자로 여겼고, 처음에는 유엔 중심의 세계에 대한 루스벨트의 계획을 이어가기 위해 노력했지만 냉전체제가 시작되면서 소련을 봉쇄하고, 해외에 군대를 영구적으로 배치시키는 것으로 정책노선을 변경하였다. 1952년 대선에서 아이젠하워는 다른 공화당원들과 함께 봉쇄 전략이 비겁한 정책이라고 비판하며 군대를 해외에 영구적으로 주둔시키는 것을 반대했지만 이후 트루먼의 정책을 다시 채택하게 되었다. 요약하면 당시 미국이 패권국으로서 자유주의 국제질서를 이끌어 나가려는 거대한 계획은 폐기되었지만 세 명의 확립자들은 1930년대의 실패에서 얻은 교훈을 공유하고 있었다.

프랭클린 루스벨트

만약 미국 대통령 4명의 거대한 두상이 새겨진 러쉬모아산을 재조형할 일이 있다면 루스벨트(Franklin D. Roosevelt) 대통령이 새로이 포함될 가능성이 높다. 보수파를 포함한 역사가들의 평가 순위에 있어서 루스벨트 대통령은 대체로 세 번째로 위대한 미국 대통령으로 꼽힌다 (워싱턴과 링컨에 이어).[5] 유럽 각지가 민주주의의 붕괴를 겪는 시기에도 루스벨트는 미국의 자유민주주의를 수호한 것으로 평가받는다. 물론 제2차 세계대전의 참전으로 미국을 이끌었고 세계 속 미국의 역할 수립에 있어서 핵심적인 역할을 한 부분도 간과할 수 없다.

본래 루스벨트의 외교정책은 매우 신중한 편이었다. 미국 내의 지배적인 고립주의 정서를 고려할 때, 루스벨트는 "민주주의 체제하의 외교정책은, 특히 고통스러운 희생이 따르는 외교정책의 경우에는, 국가적 동의 없이는 존속될 수 없음"을 이해하고 있었다.[6] 초기 루스벨트는 전통적인 서반구 전통을 유지했으며, 라틴아메리카 지역을 상대로 하는 무역과 선린정책에 치중하였다. 더욱 범세계적인 외교정책의 필요성은 이후에나 인지되었다.

히틀러와 루스벨트 두 사람 모두 1932년에 선출되었으나 루스벨트가 히틀러의 위협에 대해 파악하는 데는 시간이 필요했다. 1937년 스페인 내전 당시 루스벨트는 양측의 상호 격리를 주장했으나, 국내 여론이 악화됨에 따라 자기 주장을 빠르게 철회한 적이 있다. 루스벨트의 정책은 유럽의 전란에 휘말리는 것을 지연하는 것이었으며, 만에 하나 전쟁이 발발할 경우에는 미국이 이에 연루되지 않도록 피하는 것이었다.[7] 그러나 1938년 후반 뮌헨 협정과 유대인을 공격한 수정의 밤(Kristallnacht) 사건은 루스벨트의 외교정책에 대한 개인적 견해가 바뀌는 계기가 되었다. 공식적으로 미국정부는 체코슬로바키아의 분할을 선언한 뮌헨 협정에 동의했으나, 개인적으로 루스벨트는 히틀러와의 의미 있는 협력이 불가능할 것으로 판단했다.

루스벨트는 의회가 중립정책을 폐지하고 영국과 프랑스에 대해 지원을 제공하는 데 동의하기를 원했지만, 미국 내 여론은 이에 반대했다. 1936년과 1937년의 한 조사에 따르면 70퍼센트의 미국인들은 제1차 세계대전에 개입한 것을 부정적으로 평가했다. 1940년에는 미군의 해외파병에 대한 찬성 의견이 10퍼센트 이하에 불과했다. 1941년 참전 여론은 23퍼센트까지 올랐으나, 이에 반대하는 절대다수의 의견에 크게 못 미치는 수치였다.[8] 미국인들은 나치의 위협에 대한 루스벨트의 판단에 동의하지 않았다. 1938년 루스벨트가 자신의 연설원고 작성자에게 "끔찍한 것은 지도자의 입장에서 뒤를 돌아보았을 때 아무도 없는 것이다"라고 말했다.[9] 루스벨트의 상황 판단력은 미국 여론보다 한참 앞서 있었지만, 숙련된 민주주의 정치인으로서 그는 대중의 의견을 따르면서도 이들을 이끄는 시도를 해야만 했다.

공식적으로 비개입주의를 표방하면서도 루스벨트는 암암리에 동맹국을 지원하고 미국의 참전을 준비하기 시작했다. 중립 선언을 폐기하지 않으면서도 영국을 지원하기 위해 루스벨트는 카리브해 인근의 영국 기지들을 제공받는 조건으로 구축함을 판매하며 이를 국익에 부합하는 거래로 표현했다. 1940년 영국에 대한 무기를 대여할 것을 제안하면서, 이를 돌려받을 가능성이 없음에도 이웃집에 잠시 빌려주는 정원용 호스 상황에 비유했다. 더불어 유럽과 인접한 아이슬란드에 미군을 파병하면서는 이를 서반구 수호를 위한 목적인 것으로 포장하기도 했다.

루스벨트는 미국인들과 의회에 대해 설득을 시도했으나, 뛰어난 웅변술로도 중립주의에 대한 이들의 입장을 바꾸는 데 실패했다. 연설이나 로비를 통한 설득이 실패한 후로는 특정 사태들을 조장함으로서 여론의 변화를 꾀해야했다. 루스벨트는 미해군 구축함 USS 그리어호(Greer)에 대한 독일 잠수함의 공격 의혹에 대해 거짓 발표를 하는 등 해상에서의 각종 사태들을 조작하기 시작했으나, 이 역시도 큰 효과를 보지는 못했다. 1940년의 선거 유세에서는 "당신의 아들들은 전장에 가지 않을 것이다"라는 기만적인 슬로건을 내놓기도 했다. 소통에 능숙하다는 루스벨트의 명성에도 불구하고, 결국 그의 고민이 해소된 것은 일본의 진주만 공습과 이를 지지하는 독일의 미국에 대한 선전포고가 이루어지고 나서였다.

음모론자들은 진주만 공습이 루스벨트가 조작한 사태들 중 하나라고 생각하지만, 역사학자들 대부분은 이 주장에는 회의적이다.[10] 루스벨트는 유럽으로부터의 위협에 주목했으며, 그의 일본 외교는 전략적 구상에서건 그 실행에 있어서건 상당히 부적절한 것이었다. 루스벨트는 일본에 대한 석유 규제를 가끔 한 번씩 당겨주면 되는 목줄 정도로 표현했으나, 행정적 처리에 미흡했던 관계로 도쿄의 입장에서 이 규제가 치명적 위협으로 인지되는 것을 방지하지 못했다.[11] 동시에 그가 일본의 공격을 유도했다는 것 역시 가능성이 낮다. 1941년 루스벨트가 아이크스(Harold Ickes) 비서관에게 밝혔듯이, "대서양의 통제권을 유지하는 것이 태평양에서의 평화에 있어서 중요했다."[12] 루스벨트는 유럽과는 달리 아시아에 대해서는 지식이 부족했지만, 아이러니하게도 그가 히틀러와의 전쟁에 들어설 수 있게 해준 것은 아시아였다. 이러한 측면에서 볼 때, 진주만 공습은 처절한 희생이 뒤따랐지만 루스벨트에게 있어서 큰 행운으로 다가왔다. 덕분에 그는 미국의 외교정책을 뒤엎으면서도 미국 여론이 이러한 변화를 지지하도록 할 수 있었다.

부유하고 고압적인 어머니에 손에 자랐던 루스벨트는 어릴 적부터 독립적인 생활을 했다. 그의 정치 경력 내내 루스벨트는 아내, 친구, 대중을 상대로 한 속임수에 크게 의존했다. 그는 타고난 배우였고, 1921년 39세에 소아마비 불구가 된 이후 더욱 그러했다. 윌스(Garry Wills)는 "소아마비로 루스벨트는 다른 사람들이 자신을 바라보는 인식을 더욱 과도하게 의식하게 되었다. 이러한 그의 의식은 외부 요소를 통제하려는 그의 의지를 강화시켰다. 사람들은 그의 모습을 보고 불편해하자, 그는 더욱 그들의 주의를 딴 데로 돌리고, 그가 선호하는 주제로 그들의 관심을 돌리고자 했다. 그들을 계속 즐겁게 하고, 감동시킬 필요가 있었다. 그것은 그가 극심한 고통 속에서 기만적인 편안함, 즉 일상적인 모습을 완벽하게 보여주어야 한다는 것을 의미했다. 그는 완벽한 배우가 됐다." 그는 마비된 하체로부터 주의를 딴 데로 돌리기 위해 코안경, 권련용 파이프, 그리고 세심한 무대 관리와 같은 장치들을 사용했다. "이 속임수는 1944년 선거운동에서 절정에 달했는데, 불치병인 루스벨트는 빗속에서 뉴욕을 관통하는 오픈카에서 그의 힘을 보여주려 했다."[13] 다른 역사가의 말처럼, "루스벨트는 자신을 잘 꾸미는 사람이었고, 불편한 진실을 솔직하게 말하는 사람은 아니었다. 따라서 그는 진주만 이후 적국과 동맹국 모두에게 자신의 광범위한 외교정책 목표에 대해 계속해서 거짓정보를 전달했다."[14]

루스벨트는 또한 타협적인 사람이었고, 종종 자신의 입장을 바꾸었으며, 자신의 지지자들과 관찰자들에게 그가 진정으로 믿는 것이 무엇인지를 계속 궁금해 하도록 했다. 그는 자신의 직원들을 어둠 속에 가두는 것으로 악명이 높았고, 그의 지도력은 많은 공을 동시에 공중으로 띄우려는 저글링하는 사람의 모습과 같다고 표현되었다. 아이젠하워나 부시(41대)와 같은 대통령들과는 대조적으로 루스벨트는 직원들이 서로 경쟁하도록 하여 여러 가지 정보를 얻으면서도 자신이 궁극적인 통제력을 유지하기를 원했다. 케네디나 트럼프의 백악관 운영은 루스벨트의 이러한 면모를 닮았다고 할 수 있다.

루스벨트는 항상 언론 및 여론과 가까운 인물이었고 결코 그 자신이 너무 나서지 않으려 노력했다. 어떤 사람들은 이런 소심함을 그의 도덕적 실패라고 본다. 예를 들어, 만약 그가 미국 국민들 사이에서 반유대주의적인 반응을 무릅쓰고 전쟁 전에 이민 규제를 완화했다면 히틀러의 유럽에서 더 많은 유대인들을 구할 수 있었을 것이다. 이러한 소극적 태도는 전쟁 초에 수용소에 갇힌 일본계 미국 국민에 대한 인권 침해의 문제로 이어졌다. 그리고 동맹국 편에서 미국 국민이 전쟁에 참여할 수 있도록 독려하고 준비하고 있던 루스벨트의 목표를 고려했을 때 이러한 문제는 심각한 것이었다. 그는 이 문제가 심각하게 불거져 재판까지 가는 상황에서야 한 발 물러섰다. 대신, 그는 독립적인 위기와 사건들로 보이는 것을 자신이 원하는 방향으로 조종하여 여론을 자신의 뜻대로 활용하길 원했다. 하지만 대중을 교육하려고 하는 것과 대중을 비도덕적으로 조종하는 것 사이의 차이는 무엇인가? 민주주의에서 도덕적으로 어느 정도까지 속임수가 허용될 수 있는가?

제2장에서 살펴본 것처럼, 이기적인 속임수와 집단적인 속임수 사이에는 중요한 차이가 있다. 루스벨트는 자기 잇속만 차리는 거짓말은 잘하지 않았다. 이는 그의 '타고난 성격'이었다. 그러나 그의 주요 속임수는 대부분 그가 속이고 있는 대중의 이익과 관련된 것이었다. 합리적인 시험이란 자신의 목표를 공유한 공정한 관찰자가 그 행동을 어떻게 판단할 수 있는지, 그리고 그 행동이 신뢰와 제도에 얼마나 해를 끼쳤는지를 묻는 것이다. 이러한 점에서 루스벨트는 때때로 너무 지나쳤다. 1940년에 루스벨트는 전쟁이 없다는 약속을 하며 캠페인을 벌이거나 '기지구축함' 또는 '무기대여'와 같은 오해의 소지가 있는 라벨을 군사원조 프로그램을 위장하는 용도로 사용하곤 했다. 그러나 1941년 루스벨트가 미국 국민에게 USS 그리어호가 독일 잠수함으로부터 공격을 받았다고 의도적으로 말하는 것은 매우 다른 문제였다 (실제로는 그리어호가 먼저 공격을 했다).

루스벨트는 외교정책의 도덕성을 정당화하기 위해서 "때로는 법치주의를 구하기 위해 극단적으로는 법률조항을 어기는 것이 필요하다"는 결과론적인 주장을 믿고 의지했다. 제2차 세계대전이 시작되었을 때 히틀러로 인해 루스벨트는 대중을 속일 수밖에 없는 상황에 처했다. 루스벨트의 거짓말이 대중에 의해 받아들여지고 용서되는 동안 역사학자 놀란(Cathal Nolan)은 루스벨트가 거짓말을 하는 것이 전쟁 중에는 용인되었지만 전후 계획을 준비하고 지원하는 과정에서는 거짓말의 필요성이 낮아지고 변명의 여지가 약해질 것이라고 비판했다. 전쟁 막바지에 루스벨트는 소련의 내부 특성에 대해 의도적으로 거짓을 말해 미국 국민을 속였다. 적절한 비판은 루스벨트가 거짓말을 했다는 사실이 아니다. 진짜 문제는 루스벨트가 소련에 반대하는 미국 국민들에게 소련에 대한 대규모 물질적 원조가 미국의 직접적인 이익에 부합한다는 인식을 확산시키기 위해 관제 언론집단을 이용한 불필요한 거짓말을 지시했을 수 있다는 점이었다.[15] 일부 역사학자들은 루스벨트의 공개적인 속임수가 스탈린의 의도와 동기를 판단하는 동안 자기 기만으로 이어졌다고 주장한다.[16] 속임수가 초래한 영향으로 미국 국민들은 전쟁이 끝났을 때 정상적으로 소련을 상대할 준비가 되어있지 않았다.

제2장에서 제시한 도덕적 성적표의 관점에서 루스벨트는 그의 의도라는 첫 번째 차원의 측면을 잘 활용하였다. 루스벨트는 매력적인 가치들을 매우 유용하게 표현했고, 자신의 개인적인 동기들이 그 가치들과 일치하도록 하는 데 필요한 감성 지능을 보유하고 있었다. 전 연방대법원 대법관 홈즈 주니어(Oliver Wendell Holmes Jr)에 따르면 루스벨트는 '2급 지성'과 '1급 기질'을 가지고 있었다.[17] 루스벨트는 과장, 불안감, 또는 자아도취에 빠지지 않고 자신을 잘 관리했다. 또한 비록 그의 상황 지능이 유럽보다 아시아에서는 덜 명확했음에도 그는 외교정책에

서 위험과 현실주의 사이의 합리적인 균형을 유지했다. 그러나 그의 윤리적 목표는 어느 정도 배타성에 의해 제한되었고, 그의 지위를 보다 잘 활용했더라면 더 많은 유대인들을 구할 수 있었고 일본계 미국인들의 권리를 더욱 보장할 수도 있었다.

두 번째 수단의 차원에서, 루스벨트가 참전한 제2차 세계대전의 성격으로 볼 때, 도시에 대해서 무차별적인 폭격은 했지만 이는 필요한 것이었다. 그의 국내적 수단은 헌법을 통한 정당성이었지만 그가 사용한 속임수는 과도했고 장기적으로 제도에 심각한 피해를 끼쳤을 가능성이 있다. 동시에, 전후 유엔과 브레튼우즈체제에 대한 그의 새로운 계획, 그리고 탈식민지화를 위해 영국을 압박했던 것은 국제적 권리와 제도에 대한 자유주의적 관심사를 보여주는 것이었다. 1941년으로 거슬러 올라가 루스벨트가 처칠과 함께 대서양헌장을 발표했을 때, 루스벨트는 대서양헌장이 가지는 자유주의 성격의 목표를 지지했다.

루스벨트의 외교정책이 윤리적으로 가장 큰 중요성을 가지게 된 것은 결과의 세 번째 차원과 연관되어 있다. 그는 히틀러를 위협으로 인식하고, 고립주의적인 여론의 경향을 받아들이기보다 미국을 제2차 세계대전에 참전할 준비가 된 국가로 만든 그의 선택은 국가안보와 세계질서의 확립 모두에 막대한 결과를 가져다 준 중요한 결정이었다. 일본의 공격과 히틀러의 선전포고는 루스벨트에게는 행운이었지만 그는 영국을 지원하고 참전을 하기 위한 법률안을 통과시켜 해군을 재건하는 등 평화시기에 쉽게 결정할 수 없는 정치적 작업들을 수행해냈다. 또한 루스벨트는 1940년 전례 없는 3선 대통령이 되기 위해 출마를 결심했을 때, 상대 후보가 공화당의 린드버그(Charles Lindbergh)와 같은 미국 우선주의를 외치는 고립주의자가 아닌 온건한 국제주의자였던 윌키

(Wendell Willkie)였다는 점에서도 행운이 따랐다.[18]

또한 중요한 것은 진주만 사건 이후 루스벨트는 세계에서 지속가능한 역할을 위해 미국 국민을 교육하는 과정을 시작했다. 그는 제2장에서 논의된 제도들의 도덕적 중요성을 이해했다. 그는 1930년대에 있었던 미국의 무임승차로 인한 부도덕한 결과를 (그 또한) 경험했고, 세계를 더 나은 세상으로 만들기 위한 제도의 필요성을 느끼고 미국과 같은 강대국이 그러한 제도의 설립과 유지에 앞장서야 함을 깨달았다. 이러한 점에서 루스벨트의 도덕적 비전은 윌슨의 자유주의적 전통을 기반으로 현실주의를 결합하여 형성되었다. 윌슨의 국제연맹과 달리 루스벨트는 정당성 없는 무력행사를 제한하기 위한 실질적인 집단안보체제의 상징인 유엔 안전보장이사회를 고안했다.

이 거대한 제도적 틀이 효과를 발휘 하도록 하기 위해 미국과 소련은 전시 협력을 유지해야 했었고, 이러한 비전은 루스벨트의 마지막 노력에 필수적인 것이었다. 양국의 협력을 보존하기 위해 루스벨트는 소련에 대해 항상 미국 국민들과 같은 입장을 취하지는 않았다. 그러나 1945년 얄타에서 루스벨트와 스탈린이 마지막으로 만났을 때, 루스벨트는 전쟁에 지친 미국 국민들이 군대의 자국 복귀를 빠르게 추진하기 원한다는 것을 알고 있었고 그는 "소련에 의해 통제받는 동유럽의 진정한 정치적 독립을 허용하기 위해 스탈린을 설득하기 위해서는 무기보다는 좀 더 매력적인 다른 유인책에 의존해야 했다"[19]고 말했다. 루스벨트는 전후 자유주의 국제질서의 틀을 확립하는 데 도움을 주었고, 외교문제에 대한 미국의 도덕적 담론을 확장시켰다. 그러나 진실에 관해서 그의 거짓말 중 일부는 장기적으로 미국 국익이 되는 결과로도 정당화되지 못했다. 그리고 1945년 4월 그가 사망했을 때, 트루먼에게 충분히 외교정책 계승을 준비시키지 못했다. 다음은 루스벨트의 윤리적 성적표를 요약한 것이다.

루스벨트의 윤리적 성적표

의도와 동기	
도덕적 비전: 매력적 가치, 선한 동기	높음
신중함: 가치와 위험 사이의 균형	높음
수단	
군사적 수단: 균형, 차별, 필수	중간
자유민주주의 수단: 권리와 제도의 존중	중간
결과	
수탁자: 미국의 장기적 이익에 대한 성공	높음
세계적: 타인에 대한 최소한의 피해	중간
교육적: 진실성, 폭넓은 도덕적 담론	중간

해리 트루먼

트루먼(Harry S. Truman)은 대학을 나오지 않고 10년 동안 아버지의 농장에서 일했던 미주리 출신의 '안경 쓴 꼬마'였다. 그는 33세까지 실제로 농부였다. 그는 하버드에서 교육받은 전임 대통령과는 매우 달랐다. 그럼에도 역사가들은 트루먼을 미국 역대 대통령 평가 순위에서 10위 안에 포함시킨다. 그는 제1차 세계대전 당시 프랑스에서 포병장교로 국제적 경험을 쌓았고 1935년부터 1945년까지 상원의원으로 재직했다. 그는 루스벨트 대통령의 마지막 두 달 반 동안 부통령을 지냈으나 루스벨트는 원자폭탄, 얄타 회담과 같은 중요한 문제에 대해 그와 논의하지 않았다. 전기 작가 맥컬로프(David McCullough)는 트루먼을 '전형적인 19세기 인물'[20]로 평가했으나, 그는 20세기 미국외교정책의 가장 중요한 결정들 중 몇 가지를 실행한 대통령이었다. 만약 윌슨과 루스벨트가 미국의 고립주의 전통에서 탈피하여 대규모 군대를 해외로 파병했다면 트루먼은 그들을 그곳에 주둔시킴으로써 전후 질서 확립에 핵심적인 역할을 했을 것이다. 워싱턴(George Washington) 대통령은 "동맹에 얽매이지 않아야 한다"고 경고했었지만 트루먼의 NATO동맹은 70년 동안 지속되고 있다.

1945년 미국의 주된 정치적 우려는 국제질서가 아니라 국내고용과 전후 경제의 복구에 관한 것이었다. 이를 위해 트루먼은 신속하게 약 300만 명의 미군을 유럽에서 본국으로 데려왔다. 1945년 갤럽 여론조사에서 미국인들에게 내년에 미국이 직면하는 가장 중요한 문제가 무엇인지 물었을 때, 일자리와 파업문제가 1위를 차지했다.[21] 그러나 미국의 여론은 더 이상 1930년대와 같이 고립주의 전통에 빠져있지 않았다. 1945년 10월, 응답자의 71퍼센트가 미국이 미래에 발생할 세계문제에 적극적으로 참여하는 것이 필요하다고 답했고,[22] 1945년부터 1956년까지 미국이 세계에서 적극적인 역할을 수행해야 한다고 믿는 응답자의 비율은 70퍼센트 밑으로 떨어진 적이 없었다.[23]

트루먼은 대통령 취임 당시 외교정책에 대한 명확한 입장을 가지고 있지 않았다. 그는 윌슨을 존경했고, 미국이 유엔 안전보장이사회의 상임이사국으로 포함되면서 강대국들에 의해 집단안보체제를 강화하려는 자유주의적 발상에 바탕을 둔 루스벨트의 대계획을 이어나가기를 원했다. 1950년 6월 소련이 유엔 안전보장이사회의 파병 결정을 거부하지 않는 전략적 실수를 하였고, 북한군이 한반도의 38선을 넘어 남침한 후 유엔이 집단안보를 발동했을 때 역사가 메이(Ernest May)는 트루먼의 이러한 선택이 자신의 내면 깊은 곳의 신념을 '공리적'으로 발현시킨 것이라고 평가했다.[24] 그가 북한군의 한국 남침 소식을 접했을 때, 그는 자신의 정치자문단에게 무솔리니와 히틀러가 떠올랐고, 지금은 소련에 대해 생각하고 있으며 "맹세코 북한과 소련의 목적이 달성되지 않도록 할 것"이라고 덧붙였다.[25] 트루먼은 1930년대의 경험으로 많은 교훈을 얻었고, 다시는 침략이 되풀이 되지 않도록 하겠다고 맹세했다. 윌슨주의는 그의 도덕적 선택의 근간이었다.

트루먼이 대통령이 된 직후인 1945년 4월, 소련의 외무장관 몰로토프(Vyacheslav Molotov)가 백악관을 방문했을 때 트루먼은 특히 동유럽에 대한 약속을 위반한 것을 문제 삼아 그를 다그쳤다. 일부 비평가들은 이 만남이 트루먼의 냉전체제를 지향하는 것에 대한 증거라고 보고 있지만, 이 사건은 냉전체제 확립을 위한 계획이라기보다는 소련의 거짓말에 대한 트루먼의 순진한 반응으로 평가하는 것이 더 정확하다. 루스벨트와 마찬가지로 트루먼은 스탈린의 악의적인 의도를 과소평가했고, 한때 그를 캔자스시의 정치 실력자 프렌더거스트(Tom Prendergast)와 비교하는 잘못을 저지르기도 했다.[26] 1946년 초, 미국 외교관 케넌(George Kennan)은 모스크바에서 그의 유명한 '긴 전보'(The Long Telegram)를 워싱턴에 보내 소련의 의도에 대해 경고하고, 미국이 취해야할 봉쇄정책의 근간을 제시했지만 트루먼은 루스벨트의 소련과의 협력정책을 계속 유지하려고 노력했다. 1946년 여름, 트루먼은 그의 보좌관 클리포드(Clark Clifford)에게 행정부 인사들의 의견을 모아달라고 명했다. 클리포드는 대부분의 전문가들이 캐넌의 의견에 동의했다고 보고했으나 트루먼은 보고서를 10부로 제한하고 이를 공개하지 말도록 명령했다.[27] 그는 직접 소련과의 무력대결을 원하지 않았지만 사실 다른 대안도 없었다.

제2차 세계대전이 종식되고 트루먼독트린(Truman Doctrine)이 공표되었던 시기까지 1년 반은 "미국외교 역사상 가장 힘들고 혼란스러운 시기 중 하나였다. 당시 미국인들은 평화적인 협력에 대한 희망과 전면적인 싸움에 대한 두려움 사이에서 갈팡질팡했다."[28] 이에 대해 러시아 전문가 볼렌(Chip Bohlen)은 "미국은 자신들이 예측했던 정책적 상황과는 거리가 먼 현실을 직면하고 있다. 강대국들 간의 단결 대신 완전한 분열만이 존재한다"고 말했다.[29] 마침내 1947년 2월, 소련과 유고슬라비아는 그리스와 터키에 압력을 가했고, 영국이 동부 지중해에서 철수하는 상황이 벌어졌으며 이후 트루먼은 트루먼독트린을 선언하고 마샬플랜(Marshall Plan)을 시행하고 NATO를 창설했다.

트루먼은 카리스마 있는 지도자도 아니었고 훌륭한 소통자도 아니었다. 그는 역사책을 읽으면서 영웅적인 지도자를 꿈꿨지만 자신이 기대에 부합하지 못할까 두려워했다. 게다가 그의 곁에는 강력한 조언자들이 가득했다.[30] 애치슨(Dean Acheson) 국무장관과 반덴버그(Arthur Vandenberg) 미시간주 공화당 상원의원은 1947년 백악관 회의에서 이 문제를 쟁점화하였다. 마샬(George Marshall)은 하버드대에서 역사에 남는 졸업식 연설을 했고 그 연설로 나중에 그의 이름을 딴 마샬플랜이 수립되었으며, 트루먼은 마샬을 존경했다. 하지만 애치슨, 해리만(Averell Harriman), 러브트(Robert Lovett), 맥클로이(John McCloy), 케넌, 볼렌(Charles Bohlen)과 같은 유명한 현자들은 각각 맹점과 결점을 지니고 있었다. "그 누구도 혼자서 이 나라를 새로운 역할을 수행하는 세계 강대국으로 인도할 수는 없었을 것이다." 그러나 그들이 모여 집단을 이루자 "비전과 실용성, 공격성과 인내심의 적절한 조화를 통해 역사에 남을 과업을 달성했다."[31)]

일부 비평가들은 트루먼을 주변 조언자들의 의견을 반영하는 의사결정의 단순한 통로로 묘사한다. 그러나 이런 평가는 훌륭한 조직의 지도자로서 존경받고 이들을 지휘하는 그의 능력을 제대로 평가하지 못한 것이며, 그가 재임 중 상황 지능을 발전 시켜온 그의 능력을 과소평가하는 것이다. 또한 그와 함께 일한 전문가들은 어려운 결정들을 내리는 데 깊은 고민을 했던 트루먼의 의지를 그리워했다. 그는 이스라엘의 국가 창설에 반대했던 마샬 국무장관과 대립하기도 했고, 한국전쟁을 확대하기를 원했던 전쟁 영웅 맥아더를 해고했으며, 전쟁이 교착상태에 빠졌을 때 핵무기를 사용하는 것을 반대했다.[32)] 트루먼은 제2차 세계대전을 끝내기 위해 원자폭탄을 사용한 것에 대해 깊은 고민을 했고, 1950년 11월 중국이 한국전쟁에 개입한 후 국내에서 받은 정치적 압박에도 불구하고 더 이상의 핵무기를 사용하는 것을 단호하게 반대했다. 트루먼은 미국이 북한에 진입해 압록강에 접근한다면 중국이 전쟁에 참여할 것이라는 경고를 무시하는 신중하지 못한 면을 보여 비판을 받을 수는 있지만 그는 자신의 생각을 그의 조언자들과 공유했고, 특히 지휘를 맡고 있고 통제하기 어려운 맥아더 장군과도 정보를 나눴다.[33)]

트루먼을 꼭두각시 인형으로 묘사하는 것은 그가 국제사회에서 미국이 중요한 역할에 담당하도록 했던 그의 도덕적 비전의 중요성을 놓치는 것이다. 트루먼은 미국의 예외주의에 대해 윌슨주의의 관점을 가지고 있었고, 이는 그가 봉쇄주의를 형성하는 방식에 많은 변화를 주었다.[34)] 트루먼은 애치슨과 반덴버그가 봉쇄주의정책을 동지중해의 세력균형 문제로 국한시키지 않고 세계 전 지역의 시민들을 보호하고 "미국 국민들이 이를 두려워하도록 만들어야 한다"는 충고를 따랐다. 케넌은 그의 원래 제안과는 다른 미국의 군사력 강화와 이념적 확장정책에 실망했다. 일부 분석가들은 트루먼의 공개적인 보편적 책임이 결국 베트남전쟁의 재앙을 초래했다고 비판하지만, 그것은 지나치게 단순한 시각이다. 트루먼은 티토(Josip Broz Tito)가 스탈린과 결별한 뒤에 공산 유고슬라비아(그리스 내 공산주의자들이 티토의 주요 지지자임에도 불구하고)에 대한 원조를 제공했고, 아시아에서는 마샬의 정책적 조언을 따랐으며, 의회 내 공화당의 압력에도 불구하고 중국 내 장제스(蔣介石) 민족주의 정권을 지키기 위해 노력했다.

게다가 트루먼이 그의 정책과 마샬플랜에 내재된 가치를 강조한 것도 대서양 동맹의 제도화에 기여했다. 미국에게 있어 독일의 민주화는 매우 중요한 문제였고, 유럽에서 자유주의를 바탕으로 형성된 미국 우선주의의 성격은 전통적인 군사동맹보다 더 개방적이고 안정적인 외교관계를 확립할 수 있도록 도왔다. 한 노르웨이 학자의 말을 빌리자면 미국은 '초대받은 제국'이기 때문에 전후 유럽 국가들과 긴밀한 관계를 유지하는 데 성공했다.[35] 트루먼독트린과 마셜플랜의 실행, NATO의 창설 외에도 트루먼은 개발도상국의 근대화를 위한 기술 원조를 지원했다.

미국이 제2차 세계대전 이후 양극성을 가진 새로운 지정학적 구조에 긴밀하게 대응하면서 외교정책을 추진한 것은 봉쇄정책의 목표를 달성하기 위한 트루먼의 계획이었다. 봉쇄정책은 현실주의적 세력균형정책의 일환이었으나 트루먼의 지도 아래, 그것은 또한 자유로운 국제질서의 일부가 되었다. 그의 도덕적 관점은 중요했다. 동시에 그는 실용적이었고 미국의 안보적 이익을 위해 어느 정도 자유주의적 가치를 포기하기도 했다. 엘리너 루스벨트(Eleanor Roosevelt)는 트루먼에게 보내는 편지에서 "당신이 민주주의의 이름으로 근동 지역에 대한 처칠의 정책을 이어 받는 것"을 믿지 않았다고 말했다. 한 역사가가 말했듯이 "그리스와 터키 정권은 확고한 반공주의적 성격을 띠고 있을지는 모르지만, 그것이 그들 국가가 자유주의적이거나 민주적이라는 의미는 아니었다."[36] 이는 한국의 이승만 대통령에게도 똑같이 적용되는 것이었다.

트루먼은 루스벨트와는 매우 다른 성격을 가지고 있었다. "그는 카리스마를 가진 대통령이 아니었고, 그를 지켜본 많은 사람들이 생각했던 것보다 더 신중한 사람이었으며 다른 사람들에게 무언가를 강요하는 것에 대해 극도로 혐오감을 가지고 있었다. 그러나 그는 훌륭한 관리자였고, 그는 자신의 약점을 이해했을 뿐만 아니라 훌륭한 판단력을 가진 인물이었다. 그는 장점보다 단점이 뚜렷했기 때문에 동시대의 사람들은 그를 종종 '작은 사람'으로 깎아내리기도 했었지만 그는 실제로 20세기 미국 대통령들중 가장 중요한 역할을 했던 성공적인 대통령들 중 한 사람이었다."[37]

다른 전기 작가의 말에 따르면, 트루먼은 "항상 자신보다 더 나은 교육을 받고, 신장과 외모가 뛰어나고, 높은 수준의 교양을 가진, 강력한 힘을 가진 사람들에 둘러 싸여 있었으나 개의치 않았다. 그는 자신이 어떤 사람인지 잘 알고 있었다."[38] 이러한 평가는 트루먼이 겉보기와는 달리 자신만이 특유의 자신감을 가진 인물이었다는 것을 보여준다. 그는 자신을 비판하는 비평가들에게 끊임없이 편지를 쓸 만큼 예민하고 걱정이 많은 사람이었지만 작성한 편지를 보내는 대신 책상 서랍에 넣어둘 만큼 자신과 남을 배려하는 마음을 가지고 있었고, 또한 맥아더와 같은 호전적인 군 영웅을 해고할 수 있을 만큼의 용기를 가진 인물이었다. 트루먼은 자신의 개인적 욕구와 동기를 스스로 통제할 수 있는 훌륭한 감성 지능을 통해 많은 이점을 얻었고, 자신이 국제문제에 대한 지식이 제한적이라는 것을 알고 있었다. 그렇기 때문에 트루먼은 미 중앙정보국(CIA), 국방부, 국가안전보장회의(NSC)를 창설하여 외교정책의 제도화에 기여했고 전문가들에게 외교적 업무를 위임했다.

3차원적 도덕윤리의 측면에서 트루먼은 의도, 목표, 동기 중 의도와 관련된 부문에서 높은 점수를 받을 수 있다. 그는 루스벨트의 대전략을 구현하기 위해 취임했지만 또한 자신만의 명확한 도덕적 비전을 가지고 있었다. "그는 미국의 국제적 지도력을 깊이 믿는 윌슨주의 이상주의자였다. 당시 미국외교정책의 의무는 인류의 삶을 개선하는 것이었다. 그는 세계의 여타 지역에 대한 TVAs[##]의 설득력과 인간사의 진보에 대해 말할 수 있었다. 그는 아마도 이론적으로 전체주의를 논하려는 시도에 대응하면서 큰 충격을 받았을 것이다. 그러나 그는 자신이 직면하고 있는 나치 또는 소련의 위협에 대해 동시대의 누구보다 더 잘 이해하고 있었다."[39] 트루먼은 미국 중서부 지역의 기본 가치를 실천했던 인물이었고, 그의 감성 지능은 자신의 개인적인 요구와 동기를 자신이 공언한 목표와 일치시킬 수 있도록 했다. 그는 마샬플랜의 명칭을 이를 최초로 제안한 마샬 장군의 이름으로 지어야 "의회에서 훨씬 큰 지지를 받을 것"[40]이기 때문에 자신의 이름이 아닌 마샬 장군의 이름으로 지음으로써 상대방의 자존심을 높여주는 방법을 알고 있었다.

트루먼은 자신의 목표를 달성함에 있어서 위험과 현실주의의 균형 사이에서 신중하게 균형을 맞추는 합리적인 인물이었다. 그는 전쟁 초기에는 매우 조심스러웠으며, 자신의 경험을 바탕으로 훌륭한 조언자들과

역자 주) TVAs는 미국의 뉴딜정책의 하나로 1933년에 설립한 테네시강 유역개발공사로서 종합적 자원개발의 전형으로 유명하다.

논의한 후 자신의 변혁적인 목표를 발전시켰다. 트루먼은 신중한 성격을 가진 것으로도 유명했다. 1949년 취임 연설에서 그는 소련의 확장을 억제하기 위한 군사적, 경제적 조치들을 열거한 후에 “우리는 항상 우리가 원하는 대로 할 수 있다는 것에 대해 의심해봐야 한다”며 신중한 태도를 보였다.[41] 그는 자신의 원칙을 보편주의적인 용어로 표현하면서도 이를 미국이 가진 힘의 한계에도 적용함으로써 중국 내전의 결과를 뒤집으려는 압력에 저항했다. 애치슨이 말했듯이, 대중과 의회를 설득하기 위한 과정은 “진실보다도 더 명확해야” 했지만, 실제로 그 예산은 그리스와 터키에만 집행되었다. 한국전쟁 전까지 트루먼은 국방예산의 확대에 대해서도 매우 신중한 태도를 보였다.

트루먼은 미국이 예방전쟁을 성공적으로 수행하기 위해 핵무기를 독점적으로 사용해야한다는 제안을 거절했다. 트루먼은 “그런 전쟁은 미국처럼 자유롭고 민주적인 나라가 아니라 독재자들의 전쟁이다”라고 말했다.[42] 트루먼은 핵무기는 평범한 무기가 아니라고 주장했고, 군대가 핵무기를 추가로 개발하는 것에 대해서는 거부했으며 대신 이를 민간 원자력 위원회에 맡겼다. “미국이 핵무기를 독점하고 있는 상황에도 불구하고, 일본에 핵무기를 투하한 것에 대해서는 한 번도 의심을 표하지 않았던 트루먼은 그것을 다시 사용해야 할 가능성 때문에 고심했다.”[43] 트루먼이 베를린 공수작전을 지시한 것은 독일의 수도 주변에 주둔한 미군 병력을 철수시키려는 소련의 전략에 대응하기 위함이었고, 케네디는 1962년 쿠바 미사일 위기 때 역시 위험과 현실주의의 사이에서 균형을 맞춘 모델로서 모방하였다.

프랑스의 저명한 지식인인 아롱(Raymond Aron)은 20세기를 ‘총력전의 세기’로 묘사했다.[44] 핵무기의 위협 아래, 20세기는 제한된 전쟁이 지속되는 세기로 변했다. 그럼에도 불구하고, 역사는 그러한 전환의 시기를 이해하기 위해 주요한 역할을 했던 인물을 필요로 했고 트루먼이 바로 그 사람이다. 히로시마에서 핵무기를 투하해 전쟁을 끝냈던 트루먼은 베를린 공수작전에서도 핵무기 사용에 대한 요구를 받았지만 끝내 거절했다.[45] 1948년 마샬플랜이 시행되었던 당시 미국은 소련의 폴란드 및 체코슬로바키아 개입에 대해 적극적으로 나설 수 있었음에도 전쟁의 위험을 고려하여 신중하게 물러섰다.

한국전쟁 당시 트루먼은 1950년 11월 중국군이 압록강을 건너 미군을 후퇴시킨 상황에서 중국 내전에서 패한 장제스의 군대를 한국전쟁에 활용하자는 맥아더의 요청을 뿌리치고 전쟁의 확산을 막으려고 노력했다.[46] 1950년 6월 애치슨이 한반도를 미국의 방어망에서 제외시켰던 것과 한반도 지역에서 발생 가능한 위협에 대응하기 위한 미군 배치에 실패한 것은 그의 실책 중 하나이다. 트루먼은 유엔헌장에 구체화된 집단안보에 대한 윌슨의 비전을 이어 받아 실천하고 싶었지만 현실주의자들은 이와 관련된 위험에 대해 조심스러운 입장을 보였고 이후 애치슨이 언급한 것처럼 궁극적으로 "트루먼정부를 붕괴시킨 것은 한국전쟁"[47]이었다. 트루먼에게 1930년대의 도덕적인 교훈은 침략에 맞서야 한다는 것이었고, 그는 실제로 이를 실천했다. 그리고 그는 그 대가를 치렀다. 동시에, 그는 핵무기의 도덕적 불균형을 경험했고, 자신의 지위와 목적을 위해 핵무기를 사용하고자 하는 유혹을 단호하게 거부했다.

루스벨트와 달리 트루먼은 대중을 속이거나 거짓말을 하는 경우가 드물었다. 한국전쟁에 개입하는 것에 대해 그는 미국 국민이 전쟁에 적절히 대비할 만큼의 준비는 하지 못했지만 대체적으로 트루먼은 진실을 존중하고 국내 및 국제 제도에 대한 신뢰를 쌓았다. 단 트루먼이 수단

차원에서의 치명적인 실수는 전쟁을 끝내기 위해 일본에 핵무기를 사용함으로써 민간인을 무차별적으로 살상했다는 점이다. 맨해튼 프로젝트의 추진력을 감안할 때, 새 대통령이 이 프로그램을 중단시키기 위해서는 더욱 과감한 조치가 필요했고, 당시까지 핵무기에 대한 공포가 알려지지 않았다는 점을 고려할 때 트루먼은 핵무기 사용에 반대할 이유를 찾지를 못했다. 단 차별과 과잉금지의 원칙은 포격으로 파괴된 도시들로 인해 지켜지지 않았고, 미국 국민들은 하루 빨리 일본이 촉발한 제2차 세계대전이 끝나기를 바랐다. 트루먼이 대통령이 되었을 때는 이미 이러한 논의가 진전된 상황이었고, 결국 그는 핵무기를 사용할 수밖에 없었다. 베를린과 한국에서 핵무기 사용에 대한 문제가 제기되자 트루먼은 핵무기를 정상적으로 다루는 것을 거부했다. 1953년 고별연설에서 그는 "핵전쟁을 시작하는 것은 이성적인 사람들에게는 전혀 생각할 수 없는 일"이라고 경고했다.[48] 그는 그의 원칙을 고수함으로써, 핵무기 사용 금지를 지속적으로 주장했다.

도덕적 결과에 관련하여, 미군을 해외에 계속 주둔시키고 강력한 동맹 체제를 구축하기로 한 트루먼의 결정이 미국중심의 국제질서의 확립하는 데 결정적인 역할을 했다. 일부 공화당 고립주의자들은 해외지역에 대한 개입이 야기할 위험성에 대해 경고했고, 강경파들은 장세스와 동유럽을 전체주의적 공산주의의 침략에 방임한 트루먼을 부도덕하다고 비난했다. 맥아더와 마찬가지로 그들은 트루먼이 스탈린에게 보다 강경하게 대응하고 압력을 넣어야 했다고 주장했다. 아마도 트루먼은 미국이 핵무기를 독점하지 않도록 해 비용 측면에서는 일부 이익이었으나, 전반적으로 모든 면을 감안했을 때 그는 균형적으로 미국의 장기적인 이익을 위해 신중하게 행동하는 지도자였다. 게다가 그는 마샬플랜과 기술지원 같은 프로그램을 통해 다른 국가들을 지원했다.

트루먼은 훌륭한 연설가는 아니었지만, 그와 그의 행정부는 전후 세계의 재건과 안정에 있어 미국 지도력 유지의 중요성을 미국인들에게 알리려고 노력했다. 일부 비평가들은 트루먼이 케넌의 현실주의적 봉쇄원칙을 모든 지역에 적용하여 모든 사람들의 자유를 지나치게 옹호하는 보편적인 자유주의 정책으로 변경했던 것이 결국 베트남전쟁이 일어난 원인으로 보고 트루먼을 비판했다. 그러나 베트남전쟁 패배를 트루먼의 책임으로 돌리는 것에는 문제가 있으며, 그의 보편성이 없었다면 그 전략은 반덴버그 상원의원의 말처럼 미국 국민들에게 인정받지 못했을 것이다. 트루먼은 미국의 도덕주의에 몰입했던 것은 사실이나 그가 1945년 이후의 자유주의 국제질서를 확립하는 근거가 되는 윤리적인 외교정책을 수행했던 것도 사실이다. 이러한 판단은 아래 트루먼의 윤리적 성적표에 요약되어 있다.

트루먼의 윤리적 성적표

의도와 동기	
도덕적 비전: 매력적 가치, 선한 동기	높음
신중함: 가치와 위험 사이의 균형	높음
수단	
군사적 수단: 균형, 차별, 필수	중간
자유민주주의 수단: 권리와 제도의 존중	높음
결과	
수탁자: 미국의 장기적 이익에 대한 성공	높음
세계적: 타인에 대한 최소한의 피해	중간
교육적: 진실성, 폭넓은 도덕적 담론	높음

드와이트 아이젠하워

역사학자들이 트루먼을 미국의 위대한 대통령 여섯 명 중 한사람으로 꼽고 있지만, 그는 1953년 매우 낮은 지지율로 퇴임했고, 그의 외교정책은 정치적으로 격렬한 논쟁을 불러일으켰다. 민주당의 진보성향 의원 월리스(Henry Wallace)는 트루먼이 지나치게 소련과 타협하지 않으려 한다고 믿었고, 공화당은 "비겁한 봉쇄주의자들의 집합소"라고 비판받았던 그룹과 미국의 해외지역에 대한 공약을 줄이려 노력했던 태프트(Robert Taft)의 고립주의 그룹 둘로 양분되었다. 아이젠하워(Dwight D. Eisenhower)는 육군 원수로 제대한 후에 NATO의 첫 번째 총사령관으로 임명되기 전까지 컬럼비아대학교의 총장이었다. 그는 원래 대통령 출마의 의지가 없었으나 1952년 태프트가 공화당의 대통령 후보로 지명될 것을 우려하여 대통령에 출마했다.

트루먼처럼 아이젠하워도 미국 중서부 출신이지만 그는 1915년 웨스트포인트(West Point)에 다닐 수 있는 기회가 있었고, 제2차 세계대전에 참전한 경험을 통해 그는 이전의 어떤 대통령보다 국제문제에 대한 더 큰 상황 지능을 가지고 있었다. 트루먼과 달리 아이젠하워는 현장교육이 필요하지 않았다. 1953년 그의 대통령 임기가 시작될 때, 외교정책의 기본적인 선택들을 검토하기 위해 모였을 때, 아이젠하워는 그의 내각과 측근들을 통해 얻는 정보보다 자신이 교육하는 것이 더 많았다. 그는 정치적으로 자신을 곤란하게 만들었던 공화당의 양 축인 고립주의자들과 비고립주의자들 사이에서 중도적 입장을 고수했다. 공화당은 대소련 봉쇄정책의 제안자인 케넌(George Kennan)을 국무부에서 끌어내렸지만 아이젠하워는 공산주의를 밀어부치려는 일부 공화당원들이 케넌의 정책을 부도덕하고 비겁하다고 불렀음에 불구하고 그를 활용해 봉쇄주의 전략을 선택했다.

국무장관 덜레스(John Foster Dules)는 케넌에게 새로운 임무를 주는 것을 원하지 않았지만 아이젠하워는 덜레스에게 휘둘리지 않았다. 역사학자 가디스(John Gaddis)가 묘사한 바와 같이 덜레스의 과장은 아이젠하워를 불안하게 만들었지만, 여전히 고립주의자들과 극렬한 반공주의자들이 지배하고 있는 공화당에서 덜레스를 국가정책의 중심에 두는 것은 정치적으로 유용했다. 한편 아이젠하워의 군 경력에도 불구하고 부하들을 훈육하는 것은 그의 체질상 맞지 않았다. 그는 소프트파워의 위력을 이해하고 있었다. 그는 “사람을 들볶아서는 조직을 이끌 수 없다. 그것은 괴롭히는 것이지 리더십이 아니다”라고 말했다.[49] 대신에 그는 덜레스를 포함한 행정부 관료들에게 더 발생 가능한 위험, 비용, 그리고 공격적인 전략의 결과 등에 대해 교육하고자 했다. 가디스가 말했듯이, 아이젠하워는 “1952년 선거운동 동안 덜레스가 그에게 떠맡기려 했던 ‘해방’ 전략으로부터 벗어나기 하기 위해 케넌을 이용했다.”[50]

아이젠하워는 겸손한 목표를 가지고 대통령에 취임했고, 그의 스타일은 카리스마적이기보다는 단기성과를 강조하고 보상으로 부하의 동기를 유발하는 거래의 리더십에 가까웠다. 그는 봉쇄의 원칙을 공고히 하고, 나중에 그의 후계자들이 한국과 베트남에서의 지상전을 피할 수 있도록 하는 일련의 신중한 판단으로 봉쇄 원칙이 지속 가능하도록 했다. 아이젠하워는 국내경제를 지원하기 위해 해외 지출을 삭감하고 유럽 및 일본과의 새로운 동맹을 강화했다. 그는 소련과 협상할 의향이 있었으며, 1956년 소련이 헝가리에 개입했을 때, CIA로부터 헝가리에 무기를 지원하라는 건의를 받고도 매우 신중을 기했다.[51] 그는 유럽에서 소련의 재래식무기의 우월성을 상쇄하고 비용이 많이 드는 육군에 대한 지출을 줄이기 위해 핵 위협을 통한 대규모 보복을 내세웠지만 동시에 북한과 중국에 대한 실제적인 핵무기 사용에 대해서는 신중했다.

아이젠하워는 외교정책에 대한 대중의 폭넓은 합의를 유지하는 데 성공했다. 여론 전문가 홀스티(Ole R. Holsti)는 "'국제주의 외교정책의 합의(internationalist foreign policy consensus)'라는 용어가 미국외교정책의 국내기반에 근거한 것이라면, 그것은 한국전쟁과 베트남전쟁이라는 정신적 충격 사이의 기간에 가장 잘 적용될 수 있을 것이다"라고 주장한다. 1956년에는 전체 의원들 중 공화당의 59퍼센트, 민주당의 58퍼센트, 무소속 중 58퍼센트가 공산주의를 막기 위한 해외원조에 찬성했다.[52] 1954년 갤럽 여론조사에서는 국민의 62퍼센트가 스스로를 국제주의자라고 생각한 반면, 17퍼센트는 고립주의자라고 응답했다. 또한 응답자의 과반수(76퍼센트)가 유엔의 창설에 찬성했다.[53]

아이젠하워는 종종 명령보다는 부드러운 설득으로 '뒤에서 이끄는 지도력'을 가졌다. 대통령 전문가 그린스타인(Fred Greenstein)은 아이젠하워를 '숨겨진 대통령'이라고 불렀다. 이는 그가 눈에 띄는 군주제 스타일과 비교적 뒤로 물러나 있는 총리의 역할을 모두 맡았기 때문이다. 덜레스가 외교정책의 주요 행위자로 나서려는 노력을 했지만 아이젠하워는 여전히 스스로 외교정책을 통제했다. 아이젠하워는 뛰어난 조직력을 가지고 있었고, 정부를 매우 확고하게 통제했다.[54] 그는 국가안보회의와 같은 트루먼의 제도적 혁신을 개선하고 정보 및 정책흐름을 관리하는 동시에 최고 관리들을 교육하는 데도 노력을 기울였다. 그러나 그는 억제된 저자세 태도 때문에 민주당 비평가들이 여론화했던 시민권이나 미사일 보유량 차이 논쟁과 같은 문제에 대해 대중을 교육하는 데 실패했다는 비판을 받는다.

아이젠하워는 미국이 가진 권력의 한계를 이해하고 위기를 잘 헤쳐 나갔다. 비록 그가 동남아시아 지역에서 발생하는 위기를 도미노 현상이라는 잘못된 비유로 설명했음에도 그는 그러한 현상이 "분단에 의해 우리 군대를 삼켜버릴 것"이라면서 베트남 개입을 피했다. 그러나 정부 관료들이 인도차이나 반도를 반드시 확보해야 한다고 주장했고 아이젠하워는 신뢰의 상실을 무릅쓰고 쉽지 않은 결정을 내렸다.[55] 그는 공군력, 핵무기 또는 지상군의 개입까지도 고려했지만 결국 일방적으로 행동하는 것을 포기했다.[56] 하지만 아이젠하워는 자신의 감정과 신중함을 유지했고, 이후 존슨은 아이젠하워가 가지고 있던 정서적이고 상황적인 정보들이 부족했기 때문에 함정에 빠질 수밖에 없었다. 아이젠하워의 신중한 선택이 낳은 결과 중 하나가 바로 8년간의 평화와 번영이었다.

전기 작가 암브로즈(Stephen Ambrose)가 지적했듯이, 아이젠하워의 리더십은 "확실하고, 공정하고, 객관적이며 품위 있는" 것이었기 때문에 그는 대부분의 미국인들이 대통령으로서 원하는 인물상이었다. 그에 대한 반응을 묘사할 수 있는 한 단어가 있다면, 그것은 '신뢰할 수 있는 사람'이라는 것이었다.[57] 한때 닉슨은 결정을 내릴 때, 아이젠하워는 '세계에서 가장 감정적이지 않고 분석적인 사람'이라고 말했고, 그린스타인은 그의 지도력에 대해 놀라운 것은 "열정의 부족이 아니라, 외부적 감정으로부터 영향을 받지 않고 그 자신의 공적 행위를 한 것"이라고 주장했다.[58] 그는 자신의 동기를 관리하는 감성 지능을 가지고 있었다. 그가 매카시(Joseph McCarthy) 또는 동맹국이나 부통령 닉슨과 같은 상대들을 대할 때 마키아벨리식 정치와 같은 권모술수를 사용할 능력이 있었지만 아이젠하워는 일반적으로 진실을 우선시했다. 동시에 그는 강한 도덕적 신념도 가지고 있었다. 그는 자유시장경제를 지향하는 공화당원이었고, 확고한 반공주의자였으며, 세계에서 미국의 역할을 증진시키는 데 헌신했다.

그는 자신의 전쟁 회고록에 유럽의 십자군원정이라는 제목을 붙였지만, 아이젠하워는 도덕적인 십자군은 아니었다. 1952년 공화당의 대통령 후보 지명을 수락할 때, 그는 당이 워싱턴 인사들을 대거 교체하는 개혁운동에 동참을 요구했지만, 이것은 단순한 정치적 수사였다. 후일 비평가들은 "그가 말하는 개혁운동이 무엇을 목표로 하는지 알기 어려웠다는 점을 알게 되었다. 무장을 촉구하지 않았고, 위대한 도덕적 십자군 정신을 요구하지도 않았으며, 국가의 목표를 초월하는 이상주의적인 추구도 없었다"고 말했다. 1953년 아이젠하워는 "미국이 가진 영적 우월성을 통해 전 세계를 밝힐 도덕적 리더십을 공급하기를" 원했다.[59] 그러나 그는 미국의 소프트파워에 영향을 끼쳤던 시민권과 매카시즘과 같은 당시의 국내의 큰 도덕적 이슈에 대해 대중이 관심을 갖도록 하는 데 실패했다.

제3세계와 관련, 아이젠하워는 소련의 영향력을 억제하는 접근법에서 민주주의나 다른 사람들의 인권을 거의 존중하지 않았다. 선출된 정권을 타도하는 데 있어서 자유주의적 제약은 없었다.[60] 그는 베트남에 군대를 보내라는 제언을 거부했는데, 왜냐하면 "아시아 민족들이 볼 때 우리는 단지 프랑스 식민주의를 미국 식민주의로 대체하는 것"이기 때문이다.[61] 1956년 수에즈 사태에서 영국, 프랑스, 이스라엘이 이집트를 침공했을 때, 그는 누가 공격자이고 누가 희생자가 되든 간에 무력 공격을 용납하지 않을 것이라고 말했고, 영국을 철수시키기 위해 경제적 압력을 행사했다. 아이젠하워는 자유세계에 대한 자유주의적 수사를 사용하며 서방 민주주의 국가들이 단결하기를 희망했지만, 이란과 과테말라의 민선정부를 전복시켰고, 나세르, 카스트로, 콩고의 파트리스 루뭄바 등에 대한 적대감은 제3세계에서 미국에 대한 반감을 키우는 결과를 낳았다. 냉전의 양극성에서도 아이젠하워의 은밀한 개입이 적합하거나 필요한 것으로 보기는 어렵고, 그에게 호의적이었던 전기 작가도 아이젠하워의 CIA가 미국의 이익에 해를 끼쳤다고 결론을 내렸다.[62] 게다가, 그는 자신의 은밀한 행동이 비밀로 남을 것이라 예상했는데 그것은 잘못된 것이었다.[63]

아이젠하워는 1953년 한국, 1954년 디엔비엔푸(베트남), 1955년 진먼-마쭈섬(대만), 1956년 헝가리와 수에즈(이집트), 1957년 스푸트니크, 1959년 베를린에 개입했고, 1960년 소련의 U-2 정찰기를 격추하는 등 위기관리 측면에서 훌륭한 성과를 보였다. "아이젠하워는 과민 반응도, 참전도, 국방비 증액도, 사람들을 놀라게 하지 않고 모든 것을 관리했다. 그는 개별적 문제에 과잉반응을 하지 않았고 신중함과 종합적인 사고를 바탕으로 해결책을 찾을 수 있다고 주장했고 결국 해결책을 찾아냈다. 그것은 엄청난 성과였다."[64] 그의 전시 경험과 감정적 자제력은 재난을 피하기 위해 필요한 상황적, 감성적 지성을 제공했다.

윤리적 측면에서 아이젠하워의 비전과 목표는 겸손하고 균형이 잡혔으며, 그의 감성 지능은 동기와 공공 가치와 잘 일치된다. 그는 가치와 위험 사이에서 균형을 맞추는 데 신중했지만 수단에 대한 그의 선택은 상황마다 달랐다. 아이젠하워는 과테말라의 아르벤즈(Arbenz)와 이란의 모사데크(Mossadegh) 정권을 전복시키는 은밀한 행동을 실행했는데, 이는 지역 자치권을 침해하는 것이었으며 아이젠하워는 스스로 "중미와 카리브해 문제에 대한 미국의 개입이 라틴아메리카 전역에서 우리의 명예를 크게 손상시켰다는 것을 충분히 깨달았다"라고 실토했다.[65] 그는 CIA 국장 덜레스(Allan Dulles)가 여러 국가에서 암살 시도를 포함한 은밀한 행동에 참여하도록 허용했는데 이는 양극체계의 냉전에서 가능한 한 공산주의 진전을 막아야한다고 느꼈기 때문이다.[66] 그러나 이러한 좌파 민족주의 정권이 공산주의 국가로 이어졌을지, 그리고 장기적인 기억과 반향이 미국이나 현지 사람들에게 해를 끼치는지에 대해서는 의문을 가질 수 있다. 더욱이 그는 케네디에게 라오스와 베트남에서의 개입에 대한 좋지 못한 조언들과 1961년 대실패로 끝난 쿠바의 피그만(Bay of Pigs) 침공 계획들을 수립해 넘겼다. 전기 작가 히치콕(William Hitchcock)은 "아이젠하워가 왜 그렇게 잔인하고 궁극적으로 해를 끼치는 비밀작전을 명령했을까요?"라고 물었고 그 작전을 '도덕적 상상력의 실패'라고 말했다.[67]

은밀한 개입을 한 모호한 수단에도 불구하고, 아이젠하워는 한국전쟁에서 핵무기 사용에 대한 수많은 권고를 뿌리쳤고, 디엔비엔푸에서 프랑스군의 베트남 패배를 막거나, 중국 연안의 진먼-마쭈 섬들에서 공산주의 세력의 군대를 막아 낸 것에 대해 많은 도덕적 평가를 받았다. 그는 베트남에서 핵무기를 사용하려던 합동참모본부의 계획을 거절하며 "당신들은 제정신이 아닙니다. 우리는 10년도 안 되어 두 번째로 아시아인들을 상대로 그런 끔찍한 것들을 사용할 수 없습니다"라고 말했다. 1954년 또 다른 시간에 아이젠하워는 합동참모본부 의장 래드포드(Arthur Radford) 제독에게 말했다. "러시아를 파괴하는 것이 가능할 것이라고 가정해 봅시다. 저는 여러분이 이 질문을 가지고 집에 돌아가셨으면 합니다. 승리를 쟁취하고, 그것으로 무엇을 할 수 있을까요? 이곳은 엘베강에서부터 블라디보스토크까지 넓은 지역이 될 것입니다. 정부도 없고, 통신도 없고, 단지 기아와 재난의 지역일 뿐입니다. 문명세계가 그것에 대해 어떻게 하겠느냐고 묻겠습니다. 우리의 상상력을 통해서만 승리할 수 있다는 것을 거듭 강조합니다."[68] 아이젠하워는 미국의 배타적 이익에 대한 단순한 신중함을 넘어 핵무기를 사용하지 않는 것에 대한 그의 도덕적 추론에 국제적 요소를 포함시켰다.

역설적으로 이러한 사적인 도덕적 인식은 핵무기에 대한 그의 공개적인 발언과 강하게 배치되었다. 핵억지력은 사용 가능성에 대한 상대의 믿음을 필요로 한다. 아이젠하워는 고별사에서 '군산복합체'의 확대에 대해 경고를 할 정도로 재정적으로 보수주의자였으며, 1958년까지 국방부의 예산은 아이젠하워 취임 당시 국내총생산(GDP)의 14퍼센트였던 것이 10퍼센트까지 줄었다. 핵억지력은 '더 큰 대가를 치르는' 방어정책을 제공했다.[69] 트루먼과 달리 그는 핵무기가 '총탄'과 같이 무기고에서 관리되는 일반적인 무기로 인식되기를 원했고, 핵무기의 비합법화를 주장하는 세력의 목소리가 커지는 것을 두려워했다. 그의 방어 태세는 대규모 보복의 위협에 힘입어 전술핵무기를 보유함으로써 재래식 전력에 드는 비용을 절약하기 위한 것이었다. 동시에 그는 대통령의 핵무기 사용 통제권을 유지하기를 원했다.

아이젠하워의 핵무기 사용 거부는 그가 핵억지와 강압을 위해 핵무기를 사용하겠다고 위협하는 것과는 달랐다. 그는 교착상태에 빠진 한국전쟁에서 정전협정을 이루기 위해 핵무기 사용을 암시했고, 1954년과 1958년에 발생한 제1, 2차 대만 해협위기에서 핵무기를 사용하는 것에 대해서는 애매한 태도를 보였다. 과연 아이젠하워는 필요시 핵무기를 사용했을까? 그의 측근인 굿패스터(Andrew Goodpaster) 장군은 그렇지 않다고 생각했지만, 다른 사람들은 동의하지 않았고, 아이젠하워 역시 이 질문에 답하지 않았다. 그의 목표는 핵억지였고, 전기 작가 토마스(Evan Thomas)의 말을 빌리자면, 그는 "지혜, 방향성, 교묘함, 그리고 절대 사용할 수 없는 바로 그 무기들을 포용함으로써, 자신의 조국과 나머지 인류를 전멸로부터 보호하기 위해" 노력했다고 말한다.[70]

아이젠하워가 핵무기를 사용했을지도 모른다는 데 대해서 누구도 확신하기 어렵지만, 핵무기에 대한 그의 개인적인 결정은 언제나 "NO"였으며, 그의 공식 입장은 핵 위험을 방지하는 거대한 기구와 제도를 만들자는 것이었다.[71] 그가 두려워한 터부를 사적으로 더욱 강화시킨다면 그의 공적 선택권을 약화시킬 수 있었고, 그의 후임자들은 대량보복이라는 정교한 시스템이 대통령들에게 실질적인 선택권을 거의 주지 않을 것이라고 우려했다. 동시에 그는 소련과의 군비통제 협상을 진전시키려고 노력했다. 그러나 핵억지력의 본질을 알고 있는 아이젠하워는 핵무기에 대한 자신의 진정한 입장을 미국 국민들과 결코 타협할 수 없었다. 그가 언젠가 언론 비서에게 이렇게 말했다. "걱정하지 말게, 짐. 만약 그 질문이 나온다면, 내가 저들을 혼란스럽게 만들께."[72]

아이젠하워의 핵정책은 공개적으로는 선량한 군주처럼 위장하고 실제로는 뒤에서 총리처럼 조심스럽게 핵을 통제하는 것이었고 이는 그의 성격과 맞는 방법이었다. 그린스타인이 지적했듯이, "아이젠하워는 권모술수에 능숙한 마키아벨리적 지도자가 아니었다. 그는 사적인 숙고에서 정직과 지적 명료함의 중요성을 인식했으나, 공개적으로는 당면한 상황에 맞게 가능한 최선의 결과를 도출하기 위해 조정되어야 한다는 것을 당연하게 받아들였다."[73] 이러한 속임수에 대한 접근은 루스벨트의 거짓말이나 트럼프의 트윗에 의해 대중들에게 행해진 속임수와는 거리가 멀지만, 아이젠하워는 대중을 교육시키는 능력은 부족했었다. 그러나 아이젠하워의 외교정책 리더십은 위기를 신중히 회피하고 관리함으로써 미국인과 해외의 국민들에게 8년간의 평화와 번영을 가져다주었다. 그것들은 나름 인상적인 도덕적 결과이며, 그의 기록은 다음 성적표에 요약되어 있다.

아이젠하워의 윤리적 성적표

의도와 동기	
도덕적 비전: 매력적 가치, 선한 동기	높음
신중함: 가치와 위험 사이의 균형	높음
수단	
군사적 수단: 균형, 차별, 필수	높음(핵문제 한정)
자유민주주의 수단: 권리와 제도의 존중	낮음
결과	
수탁자: 미국의 장기적 이익에 대한 성공	높음
세계적: 타인에 대한 최소한의 피해	중간
교육적: 진실성, 폭넓은 도덕적 담론	중간

*****

미국식 자유주의 국제질서를 세운 세 대통령의 결정에 있어서 윤리의 역할과 관련한 몇 가지가 두드러진 특성이 있다. 세 사람 모두 사상과 인식론을 형성하는 데 두 가지 전통을 활용했던 자유주의적 현실주의자들이었다. 그들은 제도나 집단안보에 대한 견해에 있어 모두 윌슨주의적 관점을 가지고 있었고 미국의 예외주의에 대한 신봉자였으나 그들은 이념가나 십자군은 아니었다. 루이지애나주의 롱(Huey Long) 주지사나 위스콘신주의 상원의원 매카시(Joseph McCarthy)가 대표했던 포퓰리즘 민족주의 전통 역시 아무도 활용하지 않았다. 세 사람 모두 위험과 가치 사이에서 균형을 맞추는 데 꽤 신중했다. 세 사람 모두 자신들의 동기에서 좋은 감성 지능을 보였고 사상과 인식론에는 이에 맞는 훌륭한 상황 지능이 동반되었다. 트루먼의 원칙은 "어디에서나 자유로운 사람들"을 언급했지만, 그는 중국처럼 이러한 원칙이 적용되기 어려운 경우에서는 그것을 적용하지 않았다. 아이젠하워의 공화당은 봉쇄의 부도덕성을 비판하고 유럽의 공산주의를 후퇴시켰지만, 1956년 항쟁에서 헝가리인들을 포기할 준비가 충분히 되어 있었다.

동시에 미국식 예외주의의 가치와 의미는 외교정책을 형성하는 데 중요했다. 볼렌이 그의 친구 케넌의 제안들에 대해 언급한 것처럼, "추상적인 관점에서 볼 때 그것들은 매우 타당하다. 그러나 실제적인 제안으로 이루어지는 것은 완전히 불가능하다. 그런 종류의 외교정책은 민주주의 체제 하에서 만들어질 수 없다."[74] 그리고 사실상 유럽은 분열되었다. 트루먼과 애치슨은 고립주의자였다가 공화당의 핵심 국제주의자가 된 반덴버그 미시간주 상원의원의 발언에 주목했는데, 그는 의회가 트루먼독트린을 후원하도록 하기 위해서는 가치를 강조하고 "진실보다 더욱 더 명확한 것을 만들어 내야 한다"고 말했다. 도덕성에 대한 호소는 정책에 대한 지지를 모으는 데 매우 중요했다.

또 다른 주목할 점은 작위와 부작위가 가지는 도덕적 중요성이다. 제2차 세계대전이 끝날 무렵 미국은 전 세계 생산의 절반을 담당했고 핵무기 독점권을 가지고 있었다. 일부 정책 입안자들은 평화를 위한 예방전쟁과 공격성에 대한 생각에 경도되었다. 트루먼은 그러한 생각들을 부도덕한 일로 여겨 거부했다. 게다가, 1948년 베를린 봉쇄와 공수에서부터

1958년의 대만 해협위기까지 10년 동안 트루먼과 아이젠하워는 핵무기의 사용을 거부했다. 그 당시 핵무기는 많은 사람들이 잘 알지 못하는 새로운 무기였고, 트루먼이나 아이젠하워가 핵무기를 사용하기로 결정했다면 오늘날 뒤따라오는 세계는 매우 다르게 변했을 것이다. 아마 더 많은 핵무기 보유국들이 생겨나고 사용했을 가능성이 있다. 노벨상 수상자인 셸링(Thomas Schelling)은 핵을 금기시하는 것이 지난 70년 동안 가장 중요한 규범적 발전 중 하나였다고 주장했다. 짖지도 않고 물어뜯지도 않는 개가 바로 그 개였다. 아이젠하워는 대량보복을 통해 자신의 억지전략을 약화시키는 공식적인 핵 금기에는 반대했지만 결정적인 순간에 실제적인 핵무기의 전술적 사용에 대해서도 강하게 거부했다. 부분적으로 트루먼의 추론은 전략적인 신중함에 기반을 두었지만, 두 사람 모두 또한 직관적인, 도덕적인 관심사에 바탕을 두고 사적인 견해를 표출했다. 핵을 금기시하는 것에 대한 장점은 오늘날에도 여전히 토론이 되고 있으며 대중, 엘리트 및 대통령들은 이에 대해 각각 다른 도덕적 견해가 있지만 핵 금기 논쟁의 시작은 1950년대 대통령들의 결정으로 거슬러 올라간다.[75]

마지막으로, 제도적인 면에서 세 명의 대통령 모두 유엔을 높이 평가했지만 소련의 거부권에 직면했을 때 유엔이 가진 한계성을 금방 깨닫게 되었다. 그들은 제도에 얽매이지 않는 제도주의자들이었다. 그들은 기대치를 형성하는 데 있어서 소프트파워와 제도의 역할을 잘 이해했다. 마샬플랜은 유럽의 경제통합에 강한 역점을 두었고, 대통령들은 유럽 동맹국들과의 관계 속에서 많은 어려움을 겪었다. 그들은 또한 미국 안보구도가 유럽 경제통합을 발전시킬 수 있다는 것을 인식했고, 이는 NATO의 창설로 이어졌다. NATO의 창설자들은 이러한 목표를 잘 알고 있었고, 소프트파워와 하드파워는 서로 시너지를 발휘할 수 있음을 이해하였다. 그들의 대전략이 불완전하고 종종 그것들은 구현 과정에서 불확실성이 커졌으나 그럼에도 불구하고 창설자들은 미국 내외의 많은 사람들을 더 나은 세계로 이끌 수 있는 체제를 만들었다.

주

1) FDR가 Gideon Rose, "The Fourth Founding," *Foreign Affairs 98* (January/February 2019), 21에서 인용함.
2) Arne Westad, *The Cold War: A World History* (New York: Basic Books, 2017), 65.
3) 미국 헤게모니 개념의 한계와 이를 '반쪽 헤게모니'라고 부르는 이유에 대해서는 필자의 저서 *Is the American Century Over?* (Cambridge: Polity, 2015), chapter 1을 참고할 것.
4) "On This Day in History: A Memorable Headline from The New York Times. President Insists US-Soviet Amity Is Key to Peace," *New York Times,* November 17, 2018, A2.
5) C-SPAN 2017 Survey of Presidential Leadership, February 14, 2017, https://static.c-span.org/assets/documents/presidentSurvey/2017%20C-SPAN%20Presidential%20Survey%20Scores%20and%20Ranks%20FINAL.PDF. 또한 Brian Lamb, Susan Swain, Douglas Brinkley, and Richard Norton Smith, *The Presidents: Noted Historians Rank America's Best – and Worst – Chief Executives*. (New York, Public Affairs, 2019).
6) Robert Dallek, *Franklin Roosevelt and American Foreign Policy, 1932–1945* (Oxford: Oxford University Press, 1995), 548.
7) Barbara Farnham, *Roosevelt and the Munich Crisis: A Study of Political Decision – Making* (Princeton, NJ: Princeton University Press, 1997), 49.
8) David K. Adams, "The Concept of Parallel Action: FDR's Internationalism in a Decade of Isolationism," in *From Theodore Roosevelt to FDR: Internationalism and Isolationism in American Foreign Policy* (Staffordshire, UK: Keele University Press, 1995), 115; Steven Casey, *Cautious Crusade: Franklin D. Roosevelt, American Public Opinion, and the War Against Nazi Germany* (New

York: Oxford University Press, 2001), 23; Adam J. Berinksy, *In a Time of War* (Chicago: University of Chicago Press, 2009), 46.
9) Michael Fullilove, *Rendezvous With Destiny: How Franklin D. Roosevelt and Five Extraordinary Men Took America Into the War and Into the World* (New York: Penguin, 2013), 23에서 인용함.
10) Dallek, *Franklin Roosevelt*, 540.
11) Marc Trachtenberg, *The Craft of International History: A Guide to Method* (Princeton, NJ: Princeton University Press, 2006), chapter 4에서 토론을 참고할 것.
12) Christopher Darnton, "Archives and Inference: Documentary in Evidence in Case Study Research and the Debate Over US Entry Into World War II," *International Security 42,* no. 3 (Winter 2017/2018), 120.
13) Garry Wills, *Certain Trumpets: The Call of Leaders* (New York: Simon & Schuster, 1994), 27–30.
14) Nolan, "'Bodyguard of Lies,'" 37.
15) Nolan, "'Bodyguard of Lies,'" 37, 50, 53.
16) William Taubman, *Stalin's America Policy: From Entente to Detente to Cold War* (New York: Norton, 1982)를 참고할 것
17) 이러한 예시와 감성 지능의 중요성에 대해서는 Nye, *The Powers to Lead*, 69–71을 참고할 것.
18) 이러한 시나리오에 대한 소설가의 반사실적 탐구에 대해서는 Philip Roth, *The Plot Against America* (New York: Houghton Mifflin, 2004)를 참고할 것.
19) Benn Steil, *The Marshall Plan: Dawn of the Cold War* (New York: Simon & Schuster, 2018), 3
20) David McCullough, *Truman* (New York: Simon & Schuster, 1992), 141.
21) George H. Gallup, *The Gallup Poll: Public Opinion 1935–1971* (New York: Random House, 1972), 534–35.
22) Gallup, *The Gallup Poll*, 534.
23) Robert Shapiro, "The Legacy of the Marshall Plan: American Public Support for Foreign Aid," in *The Marshall Plan: Fifty Years After*, ed. Martin A. Schain (New York: Palgrave, 2001), 270.
24) Ernest May, "The Nature of Foreign Policy: The Calculated Versus the Axiomatic," *Daedalus* 91, no. 4 (1962): 653–57.
25) Walter Isaacson and Evan Thomas, *The Wise Men* (New York: Simon & Schuster, 1986), 508.
26) Taubman, *Stalin's America Policy*.
27) Issacson and Thomas, *The Wise Men*, 376.
28) Robert Dallek, *The American Style of Foreign Policy* (New York: Knopf, 1983), 157.
29) Benn Steil, "How to Win a Great Power Competition," *Foreign Affairs* 97

(February 9, 2018).
30) Alonzo Hamby, "Harry S. Truman: Insecurity and Responsibility," in Fred I. Greenstein, ed., *Leadership in the Modern Presidency* (Cambridge, MA: Harvard University Press, 1988)을 참고할 것.
31) Isaacson and Thomas, *The Wise Men*, 407.
32) Michael Beschloss, *Presidential Courage* (New York: Simon & Schuster, 2007), 196–234를 참고할 것.
33) H. W. Brands, *The General vs. the President: MacArthur and Truman at the Brink of Nuclear War* (New York: Doubleday, 2016).
34) Hamby, "Harry S. Truman," 35–36. 또한 John Lewis Gaddis, *Strategies of Containment* (New York: Oxford University Press, 1982)를 참고할 것.
35) Geir Lundstadt, "Empire by Invitation? The United States and Western Europe, 1945–1952," *Journal of Peace Research* 23, no. 3 (September 1986), 263–77.
36) Martin H. Folly, "Harry S. Truman," in *US Foreign Policy and Democracy Promotion*, ed. Michael Cox, Timothy Lynch, and Nicolas Bouchet (London: Routledge, 2013), 91.
37) Hamby, "Harry S. Truman," 42.
38) "Timeless Leadership: A Conversation With David McCullough," *Harvard Business Review*, March 2008, 3.
39) Hamby, "Harry S. Truman," 64.
40) Isaacson and Thomas, *The Wise Men*, 410.
41) Anne Pierce, *Woodrow Wilson and Harry Truman: Mission and Power in American Foreign Policy* (Westport, CT: Praeger, 2003), 126에서 인용함.
42) Nina Tannenwald, *The Nuclear Taboo: The United States and the Non-Use of Nuclear Weapons Since 1945* (Cambridge: Cambridge University Press, 2007), 107.
43) Tannenwald, *The Nuclear Taboo*, 110.
44) Raymond Aron, *The Century of Total War* (Garden City, NY: Doubleday, 1954); 또한 Morton Halperin, *Limited War in the Nuclear Age* (New York: Wiley, 1963)을 참고할 것.
45) Steil, *The Marshall Plan*, 291
46) Brands, *The General vs. the President*, chapter 13.
47) Dean Acheson, *Present at the Creation: My Years in the State Department* (New York: Norton, 1969), 526–28.
48) Truman은 Jonathan Schell, *The Unconquerable World: Power, Nonviolence, and the Will of the People* (New York: Metropolitan Books, 2003), 47 내용을 인용함.
49) Alan Axelrod, *Eisenhower on Leadership* (San Francisco: Jossey-Bass, 2006), 283.
50) John Lewis Gaddis, *George F. Kennan: An American Life* (New York: Penguin,

2012), 495.
51) Jean Edward Smith, *Eisenhower: In War and Peace* (New York: Random House, 2012), 701.
52) Ole R. Holsti, *Public Opinion and American Foreign Policy* (Ann Arbor: University of Michigan Press, 1996), 31, 132.
53) Gallup, *The Gallup Poll*, 1262, 1259.
54) William I. Hitchcock, *The Age of Eisenhower: America and the World in the 1950s* (New York: Simon & Schuster, 2018), xv.
55) Fredrik Logevall, *Embers of War: The Fall of an Empire and the Making of America's Vietnam* (New York: Random House, 2012), 508–9.
56) Fredrik Logevall, "We Might Give Them a Few: Did the US Offer to Drop Atom Bombs at Dien Bien Phu?" *Bulletin of the Atomic Scientists*, February 21, 2016. 이러한 부분에서 마크 트래치텐버그(Marc Trachtenberg)에게 감사를 표한다.
57) Stephen Ambrose, *Eisenhower: The President,* vol. II (New York: Simon & Schuster, 1984), 11, 17.
58) Fred I. Greenstein, *The Presidential Difference: Leadership Style from FDR to George W. Bush*, 2nd ed. (Princeton, NJ: Princeton University Press, 2004), 57.
59) Stephen Ambrose, *Eisenhower: Soldier and President* (New York: Simon & Schuster, 1991), 547, 542.
60) Stephen Kinzer, *The Brothers: John Foster Dulles, Allen Dulles, and Their Secret World War* (New York: Henry Holt, 2013)을 참고할 것.
61) Smith, *Eisenhower*, 614
62) Hitchcock, *The Age of Eisenhower*, 433.
63) Lindsey A. O'Rourke, *Covert Regime Change: America's Secret Cold War* (Ithaca, NY: Cornell University Press, 2018).
64) Ambrose, *Eisenhower: The President*, 626.
65) Dwight Eisenhower, *Mandate for Change, 1953–1956* (New York: New American Library, 1963), 510.
66) Kinzer, *The Brothers*를 참고할 것.
67) Hitchcock, *The Age of Eisenhower*, 434.
68) Ambrose, *Eisenhower: The President*, 206.
69) Sestanovich, *Maximalist*, 79.
70) Evan Thomas, *Ike's Bluff: President Eisenhower's Secret Battle to Save the World* (New York: Little Brown, 2012), 15.
71) H. W. Brands, "Gambling With the Fate of the World," *National Interest* (November/December 2012), 88–96.
72) Fred Greenstein, *The Hidden-Hand Presidency* (New York: Basic Books, 1982), 69.
73) Greenstein, *The Hidden-Hand Presidency*.

74) Isaacson and Thomas, *The Wise Men*, 246.

75) Nina Tannenwald, "How Strong Is the Nuclear Taboo Today?" *Washington Quarterly* 41, no. 3 (Fall 2018), 89–109; Scott Sagan and Benjamin Valentino, "Revisiting Hiroshima in Iran: What Americans Really Think About Using Nuclear Weapons and Killing Noncombatants," *International Security 42,* no. 1 (Summer 2017), 41–79; Reid B. C. Pauly, "Would U.S. Leaders Push the Button? Wargames and the Sources of Nuclear Restraint," *International Security* 43, no. 2 (Fall 2018), 151–92.

4장

베트남 시대

●●●● 1960년대에 들어서면서 냉전의 불안감은 절정에 이르렀다. 아이젠하워(Dwight D. Eisenhower)와 흐루시초프(Nikita Khrushchev)의 정상회담은 소련의 U2 정찰기 격추 사건 이후 취소됐다. 미국인들은 소련의 핵무장은 물론, 카스트로(Fidel Castro)의 쿠바 정권 장악 이후 소련의 영향력이 아프리카와 라틴 아메리카에서 확장되는 것을 우려했다. 유럽에서 소련은 동독 안에 고립된 서방세계 집단 거주지인 베를린의 상황 변화를 요구했다. 아시아에서는 공산주의의 반란이 미국의 지원을 받던 남베트남정부를 위협했고, 베트남 문제가 1960년대를 지배했다.

그러나 외교정책의 분위기와 현실 간에는 차이가 있었다. 1957년 10월 소련이 스푸트니크 인공위성을 발사한 사건은 미국이 기술적 우위에 있다고 생각했던 엘리트들과 대중들에게 큰 충격을 안겨줬다. 정보당국은 소련의 능력을 과대평가했고, 케네디(John F. Kennedy)를 포함한 민주당원들은 미소 간 미사일 격차문제로 아이젠하워를 비난했다. 아이젠하워는 미국이 기술적으로 앞서 있다는 것을 알았지만, 중요한 정보를 제공하는 U2 정찰기를 위태롭게 할 수도 있다는 우려 때문에 침묵했다. 미사일 격차는 사실이었지만, 당파적 과장 표현들과는 달리 실제로는 거의 6대1의 비율로 미국에게 유리했다. 1960년대 초 미국의 국내 분위기는 세대 변화와도 관련이 있었다. 케네디는 미국이 국제적인 추세를 따라가지 못하고 있으며, "공산주의자들이 전 세계 혁명의 선두에서 미국을 내쫓고 더 평화롭고, 더 민주적이며, 더 지역적으로 통제된 베트남 같은 개발도상국들에 대한 미래를 제시하고 있다"고 아이젠하워를 강하게 비판했다.[1)]

이와는 대조적으로 미국의 외교정책에서 1960년대는 하나의 트라우마였다. 베트남전쟁으로 5만 8,000명 이상의 미국인 사망자와 수백만 명의 베트남인 사망자, 미국 내 도시와 대학 캠퍼스 내에서의 폭동, 케네디 대통령의 사망과 닉슨 대통령의 사임 등 다양한 문제들이 발생했다. 전쟁은 패배로 끝났고, 정신적, 정치적 상처가 수십 년간 지속됐다. 미국의 베트남 개입은 트루먼과 아이젠하워 시대부터 시작됐지만, 본격적으로 개입한 대통령들은 케네디, 존슨, 닉슨이었다. 이 세 대통령은 모두 1950년대 초기, 즉 매카시즘이라는 광적인 편집증의 시기에 살았고, '중국을 공산주의에게 잃어버린' 사람들과 격렬한 정치적 논쟁을 벌였다. 그래서 모두 베트남을 '잃은' 대통령이 되는 정치적 책임을 두려워했다. 그럼에도 불구하고 그들 중 그 누구도 베트남을 진정으로 깊이 이해하지 못했다.

아이젠하워가 창시했지만 실제로 적용하지 않은 베트남에 대한 도미노이론은 후임 대통령들에게 함정으로 작용했다. 만약 북베트남의 공산주의자들이 남베트남을 장악한다면, 그것은 양극 세계에서 다른 아시아 국가들이 중·소 진영으로 넘어가는 연쇄반응을 촉발할 것이라는 생각이 당시 워싱턴에 만연했다. 몇몇 지도자들은 개인적으로 그 이론의 한계를 알았지만, 이미 그것을 대중적으로 사용했기 때문에 도미노 이론은 그들의 선택을 제한하는 함정이 됐다. 그리고 그 이론과 연결된 것은 냉전 속에서 국제사회에 한 약속을 지킬 수 있을 것인가 하는 광범위한 우려였다. 국방차관보 맥너튼(John McNaughton)이 1965년 3월에 언급했듯이, 미국이 베트남에 남아 있는 이유 중의 70퍼센트는 "후견국으로서 미국의 명성에 흠이 가는 것을 피하기 위해서"였고, 20퍼센트가 "남베트남과 인근의 영토를 중국으로부터 보호하기 위해서" 그리고 10퍼센트가 "남베트남 국민들이 더 자유롭고 나은 삶을 누리게 하기 위해서"였다.[2)]

소 잃고 외양간을 고치는 것이지만, 만약 미국 대통령들이 그들의 발언에서 공산주의 대신에 민족주의에 주의를 더 기울였다면, 그들은 아마도 더 나은 이론, 즉 체커게임(game of checkers: 빨간 정사각형과 검은 정사각형이 번갈아 나오는 보드게임) 이론을 사용할 수도 있었을 것이다. 도미노 이론은 모든 것이 붉게 변하는 이데올로기적 이론인 반면, 체커게임은 "내 적의 적은 내 친구"인 현실적 이론이다. 중국은 이미 소련의 간섭을 성가시게 여기기 시작했고, 베트남전쟁은 프랑스 식민주의에 대항하는 민족주의 투쟁으로 시작된 것이었다. 프랑스의 패배 후 1954년 제네바 휴전협정으로 베트남의 남과 북을 나누는 분단선이 그려졌지만, 그것은 일시적인 것이었다. 하지만 어느 쪽도 1956년 선거계획을 준수하지 않았고, 20년 전쟁이 일어났다. 당시 많은 베트남인들은 미국이 보여준 두 개의 국가보다는 하나의 국가라는 생각을 가지고 있었다. 미군이 마지막으로 철수하고 수년 후에 베트남이 1975년 공산주의자들의 통제 하에서 통일이 되었지만, 곧 이어 소련과 중국, 중국과 베트남, 그리고 베트남과 캄보디아 간의 무력충돌이 폭발하듯이 연달아 발발했다. 그런 점에서 정치적 조정과 갈등에 있어서 민족주의에 기반을 둔 현실적인 체커게임 이론이 도미노 이론보다 더 나은 예측 변수라고 할 수 있다. 그리고 오늘날 공산주의 베트남은 공산주의 중국으로부터의 압력에 균형을 맞추기 위해서 미국 해군의 항만사용 요청을 환영하고 있다.

존 F. 케네디

케네디(John F. Kennedy)가 1961년에 취임했을 때 그는 43세였다. 그는 미국 대통령 중 최초의 로마카톨릭 신자이자 가장 젊은 대통령이었다. 그의 언변은 젊음과 개혁의 이미지로 가득했다. 그는 아이젠하워보다 27살 젊었을 뿐만 아니라, 근본적으로 다른 스타일의 사람이었다. 그는 아이젠하워의 "약에 취하고 얕은 잠을 잤던 8년"에 대항하는 유세를 했고, '국가를 다시 움직이게' 하는 '새로운 개척자'를 약속했다. "당신이 국가를 위해서 무엇을 할 수 있는지 물어보라"는 그의 카리스마 넘치는 성격과 평화봉사단, 인류의 달 착륙 계획들은 많은 젊은 세대를 고취시켰다. 하지만 1963년 11월 그의 임기가 암살 사건으로 끝이 나면서 전 세계는 충격에 빠졌다.

그 비극적 결말과 그의 짧은 대통령 임기 때문에 그가 만약 더 오래 살았다면 무슨 일이 일어났을까 하는 수많은 이야기들이 만들어졌다. 그의 사망 50주년에는 케네디에 관한 책들이 약 4만 권이 나왔고, 그는 역사상의 인물에 그치지 않고 대중적인 유명인이 되었다.[3] 냉전 시기 라오스, 베를린, 쿠바, 그리고 베트남의 위기들이 그의 외교정책을 지배했다. 그가 잘 처리한 것도 있고, 잘못 처리한 것도 있지만, 세계는 핵전쟁의 가능성이 불거졌던 1962년 쿠바 미사일 위기에 대한 그의 단호하면서도 강경한 대응전략을 기억하고 있다. 그래서 전 영국 수상인 맥밀란(Harold Macmillan)은 "그는 이 하나의 행동으로 역사에 기록되었다"고 말했다.[4)]

그 사건 이후 케네디는 아메리칸대학교에서의 연설을 통해서 냉전의 경쟁구도 분위기를 바꾸려고 했다. 그리고 부분적 핵실험금지조약으로 핵군비통제 과정을 시작했다. 동시에 우리가 기억해야 할 것은 베를린에 대한 흐루시초프와의 협상, 그리고 쿠바에서의 비밀공작(피그만작전과 몽구스작전으로, 피그만작전은 아이젠하워에게서 물려받은 것이고, 몽구스작전은 케네디 행정부가 시작한 비밀공작)의 실패가 쿠바 미사일 위기 상황을 조성했다는 것이다. 또한, 그는 베트남에서 미국의 군사고문단 수를 685명에서 1만 6,000명 이상으로 늘리고, 디엠(Diem)정부에 대한 어설픈 쿠데타를 사주하기도 했다. 그래서 역사가 브링클리(Alan Brinkley)는 "그를 위대한 대통령이라고 부르기도, 실패자라고 부르기도 어렵다"고 요약했다.[5)]

케네디는 1917년 보스톤에서 부유한 아일랜드 가톨릭 집안에서 태어났다. 그는 사립학교를 다녔고, 하버드대학교를 졸업했다. 정치경력 초기에 그는 아버지의 재산과 인맥의 도움을 받았지만, 태평양전쟁 영웅으로서, 그리고 그의 질병(그는 자신의 질병을 조심스럽게 대중에게 숨겼다)과의 긴 투쟁에서 큰 용기를 보여줬다. 그는 확고한 반공주의자였지만, 융통성 없이 이데올로기에 집착하지는 않았다. 아이젠하워가 케네디에게 새로운 대통령은 공산주의자들의 라오스 장악을 막기 위해서 개입해야 할 수도 있다고 말했을 때, 케네디는 깔끔하게 그 위기를 피하면서 그것의 중립화에 동의했다. 냉전이 절정에 이르렀던 1963년 6월 10일 그는 아메리칸대학교에서의 연설에서 미국인들은 공산주의를 "개인의 자유와 존엄성을 부정하는 매우 불쾌한 것"으로 생각한다고 말하면서도, "어떤 정부나 사회체제가 그렇게 악하다고 해도 그 국민들을 악한 것으로 평가하지 말아야 한다"고 믿었다.[6] 1961년 시애틀에서의 연설을 다시 반복하면서, 케네디는 더 거대한 세계 비전을 호소했다. "만약 우리가 지금 우리의 다름을 끝내지 못한다고 해도, 적어도 우리는 이 세계에서 다양성을 안전하게 지킬 수 있다. 결국 우리의 가장 기본적인 공통점은 우리가 모두 이 작은 행성에 살고 있다는 것이다."

케네디는 민족주의와 반식민주의가 점차 강해지고 있다는 것을 알았다. 케네디는 라틴 아메리카에서의 '진보를 위한 동맹(Alliance for Progress)' 프로그램과 남베트남정부에 대한 지원을 통해서 제3세계의 민족주의가 공산주의에서 민주주의로 나아가기를 희망했다. 그는 MIT 경제학자인 로스토우(Walt Rostow)와 같은 근대화 이론가들에게 관심을 가졌고, 나중에 로스토우를 자신의 국가안전보장 고문으로 영입했다. 근대화 이론가들은 민주주의는 국가 건설뿐만 아니라 토착 게릴라 운동에 대한 대항 활동을 통해서도 증진될 수 있다고 생각했다. 그러나 그런 미국의 민주주의 확산 활동에 대해서 영국은 "대항 활동을 수용하는 케네디 행정부가 가진 오류는 … 국가 건설 과정에서 전략적 경제지원과 투자로 민주주의를 촉진하려는 노력을 약화시킨 것이다. 개발도상국들은 민주주의 제도들을 수립할 수 있는 정치문화가 결핍되어 있다"고 평가했다.[7] 미국은 베트남 내의 정치권력을 바꿀 수 있는 힘이 부족했다. 디엠(Ngo Dinh Diem) 대통령 타도 등과 같이 쿠데타를 통한 정권 교체는 역효과를 낳았다. 독일과 일본의 전후 민주화가 자유주의 국제질서의 형성에 매우 중요한 역할을 하였지만, 이 두 사례는 두 국가의 정부들이 제2차 세계대전에서 완전하게 패배하고 수년간 점령을 당했기 때문에 가능했다. 그런 점에서 케네디의 국가건설과 게릴라운동에 대한 대항 활동은 '저렴한' 민주화 노력이었다.

케네디의 스타일은 카리스마적이고 그의 언변은 사람들을 고취시켰다. 그는 또한 소통자로서 혁신적이었다. 시어도어 루스벨트(Theodore Roosevelt)가 대통령의 권위를 위해서 대중 연설을 이용하고, 루스벨트(Franklin Roosevelt)가 그의 노변한담을 위해서 라디오를 사용한 것(트럼프는 나중에 트위터를 사용한다)과 같이, 케네디는 선구적으로 텔레비전 생방송을 이용했다. 예를 들어, 그는 닉슨과의 1960년 대선 토론에서 텔레비전 생방송을 성공적으로 사용했다. 또한 백악관의 기자회견 생방송은 많은 사람의 주목과 찬사를 받았다.

케네디의 언변이 변형적(transformational)이라면, 그의 정책들은 대부분 점진적(incremental)이었다. 그가 공적 행동에서 약간의 위험을 감수하기는 했지만, 그는 대체로 신중했다. 미사일 위기 중에 케네디는 핵전쟁의 위험성을 1/3로 예측했다고 전해진다. 어떤 사람은 케네디가 미국 국민들에게 그 위험성을 강요한 것이 아니냐고 물을 수 있지만, 그는 쿠바에서 흐루시초프의 모험을 묵인하면 나중에 베를린 때문에 전쟁 발발의 위험성이 더 커질 것이라고 생각했다. 또한, 그는 미사일 위기에 대한 협상에서도 신중한 모습을 보였다.

그러나 그의 사적 행동은 정반대였다. 마피아 보스의 정부(情婦)나 동독 스파이로 의심을 받던 여자와의 관계 등은 그의 가까운 보좌관은 물론, FBI(두 번째 사건에 개입했다) 국장이었던 후버(J. Edgar Hoover)에게도 알려졌다. 이중적인 결혼 생활에 대한 그의 도덕적 판단이 무엇이든 간에, 그런 여성들을 백악관에 데려오는 정치적 위험을 감수했기 때문에 대통령의 사적 행동과 공적 행동 간의 구분선이 흐릿해졌다.

케네디의 관리방식은 아이젠하워보다는 루스벨트와 비슷했다. 그는 아이젠하워의 전문성을 갖춘 고문단과 국가안전보장회의 대신 작은 비공식 그룹으로 되돌아갔다. 케네디 임기 초기 아이젠하워가 백악관을 방문했었는데, 그는 나중에 한 친구에게 "듣도 보도 못한 소년 특공대들이 주위를 돌아다니는 것"에 대해서 불평했다.[8] 그 결과 케네디 행정부는 중요한 일들을 적절하게 처리하지 못했다. 케네디는 아이젠하워로부터 물려받은 쿠바에서의 비밀 침투계획을 제 때에 취소하지 못했고, 1963년 디엠정부를 제거하려는 쿠데타에 대해서도 세심한 관심을 보이지 않고 건성으로 승인했다. 이에 대해서 케네디는 "우리는 그것에 대해서 큰 책임감을 져야 한다고 생각한다"고 말했다.[9] 케네디가 CIA의 몽구스작전이나 카스트로 암살 계획의 구체적 내용을 승인했는지는 불분명하다. 그러나 CIA 국장 헴스(Richar Helms)는 당시 자신은 카스트로에 대해서 무언가를 해야 한다는 압박을 받았고, 그런 정황 증거가 강했다고 증언했다.[10]

피그만작전이 실패한 후에 케네디는 인상적인 조직력과 감정 조절 능력을 보여줬다. 예를 들어, 그는 쿠바 미사일 위기 속에서도 감정을 잘 통제하면서, 핵전쟁을 촉발할 수도 있는 군부의 선제 타격 요청을 반대했다.[11] 대신에 그는 소련과의 갈등을 야기할 부담이 있음에도 불구하고 해군을 사용해 쿠바를 봉쇄하기 시작했다. 당시 녹음테이프에서 케네디가 자제하는 모습을 발견할 수 있는데, 그것을 존슨 부통령의 발언과 비교하면 흥미롭다. 존슨은 "협상으로 타협점을 찾는 것과 군사력을 사용하는 것 사이에서" 망설이고 있었다.[12] 이것은 미국의 외교정책에서 대통령의 도덕적 특성이 크게 다른 결과를 야기하는 확실한 사례이다.**

쿠바 미사일 위기는 플로리다 해안에서 90마일 떨어진 쿠바에 대한 것이지만 동시에 베를린에 대한 것이기도 했다. 트루먼 행정부의 베를린 봉쇄와 공수 작전 이후 소련은 독일 베를린에 있는 그들의 영역에서 서방 세력을 쫓아냄으로써 동유럽에서 자신의 위치를 견고히 하려고 했다. 핵억지 위협에 의존하는 문제에 대해서 케네디와 그의 고문단은 아이젠하워보다 더 신중했다. 재래식 전력을 증강하고 '유연대응' 독트린을 개발함으로써 그들은 유럽에서 대통령의 선택지를 확대하려고 했다. 동시에 1960~1963년에 미국은 핵탄두를 2만 개에서 2만 9,000개로 확대했다 (소련의 비축량은 1,600개에서 4,200개로 늘었다).[13] 또한, 케네디는 서유럽에서의 군사협력을 권장했고, 아이젠하워와는 달리 그의 임기 3년 동안 국방예산을 17퍼센트 확대했다.

정치난민들이 동독을 탈출해 서베를린을 거쳐 유입되면서 유럽의 상황은 악화됐다. 1961년 6월 케네디가 흐루시초프를 만났을 때, 그 중심 의제는 베를린이었다. 케네디의 경고에도 불구하고 흐루시초프는 케네디를 협박했고, "케네디는 경험이 부족하고 미숙하다"면서 회의장을 떠났다.[14] 케네디는 한 기자와의 인터뷰에서 흐루시초프가 자신을 "맹렬하게 공격했다"고 말했다. 몇 개월 후 난민의 탈출을 막기 위해서 소련이 베를린 장벽을 세웠을 때 케네디는 조용히 그것을 수용했다.

흐루시초프가 미국의 핵능력을 과소평가할 것을 염려하여 케네디는

** 이것이 도덕의 문제냐, 신중함의 문제냐 하는 점이 있지만, 제2장에서 논했듯이, 예측할 수 없는 상황과 복잡한 외교정책을 고려할 때 신중함은 3차원 윤리(a three-dimensional ethics)에 있어서 합리적인 미덕이다.

국방부에 미국이 가지고 있는 전략적 우위에 대한 공개보고서를 만들게 했다. 흐루시초프가 쿠바에 미사일을 배치한 것은 부분적으로는 카스트로 정권을 방어하기 위한 것이지만, 또한 전략적 균형을 바로잡고 베를린 문제를 압박하기 위한 것이었다. 미사일 위기에 대한 마지막 합의에서 케네디는 비밀스럽게 그의 동생 로버트 케네디(Robert F. Kennedy)를 통해 소련의 미사일이 쿠바에서 철수하면 미국은 아이젠하워가 터키에 배치했던 중거리 핵미사일을 조용히 폐기할 것이라 제안했다. 케네디는 그것들을 '발사하기'보다는 조용히 그것들을 '거둬들인' 것이다. 케네디는 결과적 윤리 측면에서 타협의 미덕을 이해했던 신중한 지도자였다.

케네디의 외교정책에서 주로 알려지지 않은 것은 그가 베트남에 대해서 무엇을 했는가 하는 점이다. 1963년 10월 그는 대부분의 미군을 1965년 말까지 철수시키는 국가안전보장행동 제263호 각서를 공표했다. 어떤 지지자들은 그가 1964년 재선 후 철수하려는 의도가 있었다면서 풀브라이트(William Fulbright) 상원의원에게 했던 발언을 지적한다. 1990년대 맥나마라(Robert McNamara) 전 국방장관과 번디(McGeorge Bundy) 대통령 국가안보보좌관 등은 케네디가 철수하려 했다고 믿었다. 그러나 다른 관료들과 마찬가지로 그들도 역사가 그들의 역할을 어떻게 평가할 것인가를 염려했기 때문에, 이것이 위와 같은 발언들에 영향을 줬을 가능성이 있다.[15] 회고록은 역사가 아니고, 역사를 만드는 노력이다. 비평가들은 케네디가 그런 계획을 그의 동생이자 가장 가까웠던 로버트 케네디와 논의한 적이 없다는 사실에 주목한다. 로버트 케네디는 존슨 행정부 초기에도 전쟁을 계속 지지했다. 이 논쟁은 지금까지도 역사가들 사이에서 계속되고 있고, 그 해답은 여전히 불확실하다.[16]

케네디는 베트남에 대해서 상반된 감정을 가지고 있었다. 역사가 로게발(Fredrik Logevall)은 "케네디는 당시 대부분의 정치인들이 했던 것보다 더 강하게 베트남정책에 대한 전면적 검토를 명령했다"고 믿는다.[17] 1951년 베트남을 방문한 후에도, 그리고 프랑스가 디엔비엔푸에서 패배할 때에도, 그는 미국의 개입을 반대했다. 하지만 1956년 그는 베트남이 "동남아시아에서 자유 진영의 초석이고, 아치형 구조물의 쐐기돌이며, 둑을 막는 손가락"이라고 주장했다. 대통령으로서 그는 라오스에 개입하라는 아이젠하워의 조언을 완곡하게 거절하였고 또한 군사고문단의 수를 1만 6,000명까지 늘렸지만, 전투부대를 증파하라는 자문가들의 주장에는 분명하게 거부했다.

전기 작가인 달렉(Robert Dallek)은 케네디가 군사 고문단 이외의 부대 파병을 거부한 것을 "완전한 철수의 전조를 알리는 태도"로 본다. 달렉은 1963년 11월 디엠을 겨냥한 쿠데타가 그러한 방향으로 가도록 압박했고, "케네디가 수천 명의 미국인들을 베트남과 같은 비우호적인 곳으로 보내 싸우라고 하는 것은 상상하기 어렵다"고 믿는다.[18] 한편 도미노 이론이라는 수사를 사용함으로써 케네디는 딜레마에 빠졌는데, 어떻게 그가 이 딜레마를 해결했는지는 알려지지 않았다. 로게발은 "그가 죽었을 때 케네디는 베트남에 대한 대안을 열어놓고 기다리는 대기전술을 펼치고 있었다"고 평가한다. 그럼에도 불구하고 "케네디가 아마도 그 전쟁을 미국화하지 않으려고 했고, 전쟁에 참여하지 않는 어떤 방식을 선택하려 했다는 것이 더 나은 주장일 것이다."[19]

짧지만 사건으로 가득찬 케네디의 외교정책 도덕성을 우리는 어떻게 평가할 수 있을까? 목적과 동기의 측면에서 그의 외교 점수는 꽤 높다고 할 수 있다. 그의 도덕적 비전은 민주주의와 자유, 핵군비통제, 그리고 경제발전(라틴 아메리카에서의 '진보를 위한 동맹'에 명시되어 있다)을 추진하는 데에 매력적인 가치들을 표현하고 있다. 비록 국내정치적 압박에서 벗어나려는 동기가 베트남의 자유를 보호한다고 선포한 목적과 상충하기는 하지만, 그의 감성 지능을 보면 그의 동기가 대체로 자신이 표현한 가치에 맞춰서 조정되었음을 충분히 확신할 수 있다. 1963년 5월에 그가 맨스필드(Mike Mansfield) 상원의원에게 말한 것과 같이, 만약에 그가 1964년 선거 후까지 철수할 수 없더라도, "그의 재선을 위해서 청년들을 베트남에서 죽게 하는 것이 그의 의지라고 믿는 것은 어려운 일이다. 보다 그럴듯하게 보이는 것은 케네디가 정치와 정책결정이 가능성의 예술이라는 것을 결코 잊지 않았다는 것이다."[20] 비록 미군의 군사 고문들이 베트남에서 죽었지만, 그는 전투부대 파병을 거부함으로써, 베트남에서의 사상자를 낮게 유지했다. 케네디가 죽었을 때, 108명의 미군이 베트남에서 죽었다.[21] 보다 넓은 목표를 지향한다는 측면에서, 취임 연설에서 동료 미국인들에게뿐만 아니라 '인류의 자유'를 위해서 함께 협력하는 '세계의 동료 시민'들에게 호소하면서 케네디는 국가의 부름을 내세워 다른 사람들을 고취시켰다.

또한, 중요한 것은 항상 그런 것은 아니지만 그의 언변을 보면 케네디가 대체적으로 미국이 가진 힘의 한계를 실제로 이해하고 있었다는 점이다. 그는 위험성과 가치 사이에서 균형을 맞추는 데에 신중했다. 쿠바 미사일 위기 초반의 실수 후에, 그는 위기 속에서 전쟁을 피하기 위해 타협의 의지를 보였다. 그리고 이어진 1963년 아메리칸대학교에서의 연설은 냉전 경쟁구도에서 완전히 상반된 분위기를 만들었다. 그는 평화를 "합리적인 사람들에게 필수적인 합리적인 목표"라고 했다. 비록 반공주의자로 남았지만, 그는 인류라는 전 세계적인 시각을 수용했고, 핵군비통제 절차에 착수했다. 그는 윌슨의 '민주주의에 의한 안전한 세계'를 호소하지 않고, '다양성에 의한 안전한 세계'를 호소했다 (물론 이것은 베트남에서 한 그의 행동과는 일치하지 않는 것처럼 보인다).

두 번째 윤리 차원인 수단에서 케네디의 점수는 중간이다. 그는 해상 봉쇄에서 군사력을 사용하며 위협하려 했지만, 핵 문제에 대한 신중한 접근 혹은 쿠바와 베트남에 대한 대규모의 지상군 도입 거부에서 볼 수 있듯이, 케네디는 군사력의 실제 사용은 조심스럽고 균형이 잡힌 모습을 보였다. 그가 비난을 받는 점은 다른 이들의 권리와 제도를 존중하는 것에 대해서는 실패했다는 것이다. 세계를 안전하게 만들자는 그의 호소는 쿠바에서의 (암살을 포함하는) 비밀공작이나 베트남 디엠정부에 대한 쿠데타와는 맞지 않는다. 포레스탈(Michael Forrestal) 대통령 보좌관에 따르면, 디엠이 예상치 않게 쿠데타에 의해서 사망했기 때문에 "그는 도덕적으로, 종교적으로 고민스러워했다."[22] 케네디가 1961년에 해임한 볼스(Chester Bowles) 전 국무부 부장관은 "내가 걱정하는 문제는 이 새로운 행정부에 옳고 그름에 대한 진심 어린 신념이 결핍되어 있는가 하는 것이다"라고 했다.[23] 케네디는 에이전트오렌지 고엽제 살포를 승인했는데, 그것은 베트남의 생태계와 보건에 심각한 피해를 야기했다. 역사가 퍼거슨(Niall Ferguson)은 실패한 쿠바 침략, 카스트로 암살 시도, 베트남의 유혈 쿠데타를 냉혹하고 무모한 개입이라고 비난했다.[24]

윤리적 결과의 차원에서 케네디의 행동들은 또한 중간 정도 평가를 받을 만하다. 그는 미국의 국익 면에서 좋은 수탁자였는가? 맥밀란(Harold Macmillan)의 판단은 매우 정확한데, 케네디는 쿠바 미사일 위기를 능숙하게 처리하였기 때문에 역사에 기록되었다. 녹음된 그의 발언에서 우리는 존슨이 더 잘못했다고 의심할 수 있다. 그러나 이러한 높은 평가에 반해 회의론자들은 피그만에서부터 비엔나 정상회담, 몽구스작전에 이르는 케네디의 초기 행동들이 1962년 10월이라는 위험한 시기를 조성했다고 지적한다.** 하지만 이후 냉전 분위기의 변화와 1963년 최초의 핵군비경쟁 합의는 면책 사유가 될 수 있다. 베트남에서 케네디는 도미노 이론이라는 수사에 잠식되어 미국의 개입을 크게 확대했지만, 1964년 재선 이후 그가 스스로를 구원했을 것인지는 알 수 없다. 우리가 아는 것은 존슨이 심연으로 더욱 깊이 가라앉았다는 것이다.

윤리적 결과의 또 다른 측면에서, 케네디는 좋은 점수를 받는다. 그의 신중함은 완벽하지 않았고, 그의 비밀공작들이 피해를 야기했지만, 그는 다른 이들에 대한 위험을 최소화했다. 아마도 그의 가장 큰 강점은 교육적 결과라는 유산에 있을 것이다. 그는 때때로 거짓말을 하기는 했지만, 평화봉사단이나 달 탐사 프로그램 등과 같이 영감을 주는 그의 수사법은 국내외에서 도덕적 담론을 확대했다. 많은 젊은이들이 케네디의 비전을 따라 공익사업에 채용됐다. 또한, 그는 미국의 소프트파워에 기여하고 있다. 세계의 도시에는 그의 이름을 따서 명명된 거리들이 있고, 그의 이상은 여전히 그가 '세계의 동료 시민들'이라고 부른 사람들에게 영감을 주고 있다. 그에 대한 윤리적 성적표는 다음과 같다.

** 1987년 10월, 필자는 쿠바 미사일 위기 25주년이 되어 소련 정책결정자들과 케네디 행정부 관료들과의 토론회에서 사회를 맡았다. 번디와 맥나마라는 케네디가 쿠바를 재침공하려는 의도가 없었다고 주장했지만, 맥나마라는 "만약 내가 당신 편에 있었다면, 나는 다르게 생각했을 것이다. 침공이 임박했다고 예측했을 것이고, 그것을 아주 쉽게 상상할 수 있다"고 시인했다. James G Blight and Janet M. Lang, The Fog of War. (Lanham, Rowman, and Littlefield, 2005), pp. 40-41.

케네디의 윤리적 성적표	
의도와 동기	
도덕적 비전: 매력적 가치, 선한 동기	높음
신중함: 가치와 위험 사이의 균형	중간
수단	
군사적 수단: 균형, 차별, 필수	높음/중간
자유민주주의 수단: 권리와 제도의 존중	중간/낮음
결과	
수탁자: 미국의 장기적 이익에 대한 성공	중간
세계적: 타인에 대한 최소한의 피해	중간
교육적: 진실성, 폭넓은 도덕적 담론	높음/중간

린든 존슨

존슨(Lyndon Baines Johnson)은 케네디 암살 직후인 1963년 11월에 대통령이 됐다. 존슨과 케네디는 가까운 사이는 아니었지만, 케네디는 동생 로버트의 조언에도 불구하고 순수하게 전술적인 이유로 그를 부통령으로 선택했다. 이 두 사람의 배경은 매우 다르다. 케네디가 보스턴에서 은수저를 입에 물고 태어났다면, 존슨의 가족은 남서 텍사스에서 가난과 싸웠다. 케네디는 하버드를 졸업했지만, 존슨은 샌 마르코스에 있는 남서 텍사스 주립 사범대학을 졸업했다. 한번은 존슨이 기자에게 "그것이 얼마나 성공적이든지 간에 나는 외교문제에서 어떤 공적을 인정받을 것이라고 믿지 않는다. 왜냐하면, 나는 하버드를 나오지 않았기 때문"[25]이라며 불평하기도 했다. 존슨이 커툴라의 격리지역에서 가난한 멕시코계 미국인 아이들을 가르친 경험은 그에게 강한 인상을 남겨주었고, 나중에 그가 '위대한 사회(Great Society)'라고 불렀던 빈곤퇴치 프로그램과 투표권에 대한 대통령 정책에 영향을 주었다.

존슨은 케네디보다 10살이 많았는데, 1931년에 의회 보좌관으로 처음 워싱턴에 갔다. 그는 수도에서 주로 보좌관, 하원의원, 상원의원으로 생활을 했고, 루스벨트, 트루먼, 아이젠하워와 함께 효율적으로 일을 했다. 1948년 논란이 많았던 상원의원 선거 후에 존슨은 소수당의 지도자에서 다수당의 지도자로 부상했다. 케네디가 하원의원과 상원의원으로 평범한 기록을 남긴 반면, 존슨은 정치력으로 의회를 탈바꿈시켰다. 그의 전기 작가 카로(Robert Caro)가 언급했듯이 그는 '상원의 마스터(master of the Senate)'였다.[26)]

케네디가 좋은 소통자이며 텔레비전의 달인이었다면, 존슨은 TV에서 좋은 모습을 보여주지 못했다. 오히려 그는 규모가 작은 정치무대에서 협박에서부터 개인적 매력에 이르기까지 업무상으로 놀라운 정치력을 가졌다. 존슨은 190cm가 넘는 신장과 '존슨식 처리(Johnson treatment)'라고 알려진 방식을 사용해서 다른 사람들을 압도했다. 그는 자주 자신의 권력을 사용해서 그의 아내와 참모들을 포함한 다른 사람들을 속이거나 그들에게 수치심 주는 것을 즐겼다. 그와 함께 일한 사람들은 "용감하고 잔혹한, 연민이 많고 잔인한, 의욕적인, 포악한, 상스러운, 둔감한, 옹졸한, 공감적인, 수줍은, 교양 있는, 유머 있는, 너그러운" 등의 형용사를 사용해 그를 묘사했다. 대통령 역사가 그린스테인(Fred Greenstein)은 존슨을 "훌륭한 막후 정치가이면서 복잡하고 흠이 많은 인간"으로 요약했다.[27)] 그의 가까운 보좌관인 모이어스(Bill Moyers)는 "나는 그를 사랑하면서 동시에 혐오했다"고 했다.[28)] 카로는 존슨의 '무서운 실용주의'와 그의 "기만, 사기, 배신의 끝이 없는 능력"을 언급했다.[29)]

존슨의 전 언론비서 리디(George Reedy)에 의하면, “인간으로서 그는 폭력배, 가학 성애자, 너저분한 자기 중심주의자”였다. 존슨은 언론을 믿지 않았다. 심지어 거짓말을 했다면서 언론사를 고소하거나 그의 인기 없음을 언론 탓으로 돌렸다. 그가 여러 개의 TV 방송을 동시에 볼 수는 있었지만, 그 어디에서도 자신이 열망했던 이미지를 볼 수는 없었다. 그럼에도 불구하고 자기 중심주의자 존슨은 새벽 5시에 “베트남에서의 사상자를 체크하기 위해서” 백악관 운영본부에 나타났는데, 사상자 한 명 한 명이 그를 점차 지쳐가게 했다.[30)]

존슨은 전형적인 반공주의자였지만, 이데올로기 신봉자는 아니었다. 그는 1954년에 용감하게도 매카시 상원의원에 저항하기도 했다. 수십 년간의 상원 생활 속에서 뉴딜 지지자였던 그는 보수적인 남부연합의 구성원이었지만, 1957년에는 남부의 동료들을 저버리고 아이젠하워 행정부와 협력해 민권법을 통과시켰다. 카로는 존슨을 “철학이나 이데올로기 때문에 방해를 받지 않았다”고 묘사했다.[31)] 그가 민권법을 옹호한 것은 그의 대통령 야심과도 큰 관련이 있지만, 1965년 투표권을 획기적으로 추진할 때, 그가 “어린이의 희망스러운 얼굴에 난 상처들을 볼 때, 당신은 가난이나 혐오가 무엇을 할 수 있는지 결코 잊기 어렵다”고 말한 것과 같이,[32)] 남부 텍사스의 어린 시절, 즉 불공정한 차별과 가난에 대한 경험이 그의 야심과 실용주의의 기저에 깔려있었다.

케네디 암살 이후 대중의 동정심이 분출되는 분위기가 존슨에게 일정 부분 유리하게 작용하기도 했지만, 그는 케네디가 제기한 민권법을 통과시킬 능력과 의지를 가지고 있었다. 물론 그는 “앞으로 오랫동안 남부를 공화당으로” 넘겨줄 위험성을 완전히 인식하고 있었다.[33)] 그래서 많은 역사가들은 시민권에 대해서는 링컨 이후 어느 대통령보다 존슨이 더 많은 일을 했다고 믿고 있고, 이것이 존슨을 역대 미국 대통령 10위 안에 들게 했다.

그러나 그의 베트남정책(너무 인기가 없어서 1968년 재선 중에 철회됐다)이 그의 업적을 망쳤다. 굿윈(Doris Kearns Goodwin)이 썼듯이, "'만약 그것이 베트남을 위한 것이 아니었다면'이라는 구절이 역사에서 존슨을 평가하는 대화에서 얼마나 많이 사용되었는가?" 그녀는 1970년 존슨이 그녀에게 한 발언을 다음과 같이 자세하게 쓰고 있다. 1965년 초에 "나는 처음부터 내가 어느 쪽으로 가든지 십자가에 못 박힐 것을 알았다. 만약에 내가 이 세계의 반대편에서 벌어지고 있는 그따위 전쟁에 개입하기 위해서 내가 진정으로 사랑하는 여인, 위대한 사회를 떠난다면, 나는 국내에서 모든 것을 잃을 것이다. 그러나 만약 내가 공산주의자들이 남베트남을 장악하게 둔다면, 나는 겁쟁이로, 미국은 힘에 굴복하여 타협하는 국가로 보일 것이다. 그리고 우리는 전 세계의 어디에서나 누구를 위해서 무엇을 하는 것은 불가능하다는 것을 알게 될 것이다."[34)]

존슨의 정치력은 백악관이라는 전국적인 무대보다는 상원의 작은 회의실에 더 적합했다. 그의 상황 지능은 외교정책이 아니라 국내정치를 위해서 날카롭게 연마된 것이었다. 그의 외교정책 중 어떤 것들은 성공적이었다. 예를 들어서 그는 드골(Charles de Gaulle) 대통령이 1966년 NATO에서 프랑스 부대를 철수시킨 문제나 1968년 푸에블로호 납북 사건을 신중하게 처리했다. 논란이 되는 것은 도미니카 공화국에서의 쿠데타 이후 좌익정부가 쿠바와 협력관계를 맺을 수도 있다는 두려움 때문에 1965년 도미니카 공화국에 2만 2,000명의 부대를 보낸 것이다. 한편, 그는 케네디가 시작했던 소련과의 군비통제 구상을 계속 추진했고, 상원을 설득해서 1967년 우주조약을 비준하고, 1968년에 핵확산금지조약을 협상했다. 그러나 베트남전쟁은 이 모든 것을 무색하게 했다. 존슨은 케네디의 근대화 이론에 동의했으며, 해외의 민주주의 확산을 위한 "행정부의 야심 찬 시도를 지지했는데, 존슨의 지지는 특별하면서도 본능적이었고, 진실하면서도 개인적이었다."[35)]

처음에 존슨은 베트남전쟁의 확대를 주저했다. 그는 11월의 선거운동을 위태롭게 할 어떤 것도 하고 싶지 않았다. 1964년 5월 존슨은 번디에게 "나는 싸울 가치가 있다고 생각하지 않는다. 또, 우리가 철수할 수 있다고 생각하지 않는다. 그것은 저주받은 하나의 거대한 난장판일 뿐이다"[36)]라고 말했다. 그러나 8월에 미국 구축함 두 척이 북베트남의 연안에서 순찰함의 공격을 받은 일이 드러나자, 존슨은 보복 공격을 명령했고, 의회를 설득해서 '모든 가능한 수단'을 승인하는 통킹만 결의안을 통과시켰다. 나중에 그는 한 보좌관에게 "그 멍청한 선원들은 그냥 날치에게 총을 쏘고 있었다"라고 고백했다. 그러나 8월 4일 연설에서 그는 '거짓말하기로 결정'했고, 그 공격이 정당하지 않았다고 말했다.[37)] 그는 이 사건을 이용해서 의회로부터 백지수표를 얻음으로써 자신의 선택지를 늘렸다.

1965년 1월 케네디 행정부에서 유임한 두 명의 관료, 번디와 맥나마라는 존슨에게 점진적인 확전을 권했다. 2월 6일 쁠래이꾸에서 베트콩 게릴라들에 의해서 9명의 미국 군사고문들이 피살되었을 때, 존슨은 확전에 대한 논의를 시작했다. 그 논의는 6월에 극적으로 확대되었고, 결국 53만 6,000명의 미군을 그의 임기 동안 베트남에 보냈다. 그러나 베트남전쟁이 수렁에 빠져들면서 존슨의 딜레마는 더 깊어졌다. "분명한 것은 그의 말들은 기존의 사실을 감추거나 변경시킬 수 있었다. 자신에 대한 지지를 유지하기 위해 존슨은 왜곡이나 명백한 허위사실을 더 아무렇지도 않게 이용했다. 그는 지속적으로 베트남의 상황을 자신이 원하는 방식대로 설명했다."[38] 동시에 그는 일부 이견을 허용하면서도 동시 겁박하면서 정책자문단의 역할을 제한하였고 스스로 '자신의 프로파간다(선전) 포로'가 되었다. 마치 이데올로기가 전체주의 사회에서 작동하듯이 선택지와 사실, 그리고 이상들을 차단하는 과정에서 존슨의 성격이 진실을 왜곡하는 데에 영향을 줬다.[39] 아이젠하워와 존슨의 고문들을 비교하면, 존슨의 것은 비공식적이고 개인화되었고 그 과정 속에 의견 교환이 없었다.[40] 존슨은 스스로 도미노 이론에 점점 매몰됐다. "물론, 공산주의의 다양성에 대한 당신의 주장과 민족주의가 공산주의만큼 강하다는 주장을 잘 알고 있다. 그러나 문제는 무엇이 더 강한가? … 나는 남베트남에서 공산주의자들의 공격이 성공한다면, 그들은 동남아가 그들의 손에 떨어질 때까지 계속할 것이라는 것을 알았다."[41]

존슨이 그 문제를 개인화했기 때문에 상황이 두 배로 복잡해졌다. 그는 감성 지능이 부족했고, 개인적 요구가 공공의 목표와 심각하게 얽혀있었다. 위협적인 태도를 보였지만, 그는 불안정했고 겁쟁이로 비춰지는 것을 극도로 두려워했다. "존슨에게 용감하게 보이는 것보다 더 중요한 것은 없었다."[42] 그는 케네디가 베트남을 포기할 계획이 없었다는 것을 증명하는 데에 집착하기 시작했고, 1967년 로스토우에게 케네디가 '어떤 희생을 치르더라도'라는 시각으로 당시 상황을 보았다는 것이 드러나도록 케네디의 발언들을 편집하라고 지시했다.[43] 트럼프 대통령의 국가안보 담당보좌관인 맥매스터(H. R. McMaster)는 1997년 철저한 연구 끝에 "단기적 정치성과에 대한 대통령의 집착이 그의 성격뿐만 아니라 그의 민간인 군사 고문들의 개성들과 뒤섞였고, 결국 그의 행정부는 베트남의 복잡한 상황에 적절하게 대응하지 못했다"[44]라고 단정했다.

존슨은 '위대한 사회'의 법제화가 자신의 유산의 핵심이라고 믿었다. 이것 때문에 존슨은 의도적으로 국민들을 기만하고, 전쟁에 대해서 제대로 알리지 않았다. 그의 국가안보 부보좌관인 바토르(Francis Bator)에 의하면, 존슨이 1965년 7월에 군대 증원에 동의한 이유는, '대포 대 버터(guns vs. butter)' 이슈의 부상 때문에 의회가 '위대한 사회' 법제화를 무산시킬 것을 두려워했기 때문이다. 물론 그는 그것에 대해서 "정책상 변화가 없다"고 하며 세금 인상 요구를 거절했다. "만약에 그가 공산주의자들과의 타협하는 자로 보인다면, 존슨은 매파인 딕시크랫(Dixiecrats)과 작은 정부를 주장하는 공화당원들이 그를 거부할 가능성이 높다고 생각했다."[45]

그러나 로게발은 존슨이 더 많은 대안을 가지고 있었다고 주장한다. 1965년에 대중은 베트남에 대해서 그렇게 관심을 두지 않았고, 상원의원들은 확전에 회의적이었다. 게다가, 존슨은 1964년 선거에서 매파인 골드워터(Barry Goldwater)를 크게 이겼다. 존슨이 그해 5월 의회에서 자신과 가장 친했던 러셀(Richard Russell) 조지아주 상원의원과 이 문제를 논의할 때, 러셀은 "그것이 우리에게 빠져나올 좋은 구실을 줄 것이다. … 베트남은 정신적인 면을 제외하고는 우리에게 조금도 중요하지 않다"면서 "우리가 철수하기를 원한다고 말해줄 몇몇 친구를 그곳에서 얻기 위한" 쿠데타를 추천했다.[46]

번디는 만약 존슨이 우리의 손실을 줄이기로 결정했다면, "그는 위대한 사회에 손상을 주지 않는 방식으로 그것을 할 정도로 충분히 창의적이었다"[47]고 회고한다. 그러면 의문이 생긴다. 험프리(Hubert Humphrey) 부통령과 같은 상식 있는 정치인들이 1968년에 국내에서 일어날 정치적 내홍의 가능성에 대해서 그에게 경고했음에도 불구하고, 존슨은 왜

전쟁을 확대하고 미국화했는가? 로게발에 의하면 "그 문제는 국가적 차원에서도 그렇지만, 국내 당파적 차원이나 개인적 차원에서도 신뢰성의 문제였다. 즉, 신뢰성의 문제였다." 존슨의 개인적 동기가 이 공식을 복잡하게 했다. "존슨은 개인적 수치심이 필연적으로 패배를 수반하는 것을 두려워했다."[48] 번디는 베트남 문제에 있어서 케네디와 존슨의 결정적 차이를 "케네디는 멍청이가 되고 싶지 않았고, 존슨은 겁쟁이가 되고 싶지 않았다는 것"이라고 한다.[49]

존슨의 외교정책에 있어 윤리를 어떻게 봐야 하는가? 공개된 목표라는 측면에서, 그리고 추상적인 차원에서 남베트남을 공산주의 독재에서 지키려는 존슨의 도덕적 비전은 케네디의 그것과 비슷하다. 그러나 그것은 존슨의 성격 때문에 더 복잡해졌다. 그의 동기는 자신의 이미지를 용감한 자로 유지하는 것이었기 때문에, 그의 도덕적 의도에는 결함이 있다. 신중함에 관해서 말하면, 존슨은 현실주의와 낙관주의 사이에서 머뭇거렸다. 1968년 협상을 시작하겠다는 그의 결정은 신중한 접근이었지만, 그 이전에 그가 보인 불완전한 판단은 많은 사상자를 야기했다. 하지만 소련 및 유럽과 관련된 외교정책 측면에서 존슨은 신중함에서 좋은 점수를 받을 만하다.

수단이라는 측면에서 보면, 그가 군사력을 차별적으로 심지어 균형적으로 사용했다는 것을 반박하기는 어렵다. 소모전은 잔혹한 궤멸작전이었다. 호치민 통로에서의 고엽제 살포는 의도하지 않았지만, 예측 가능한 결과를 초래했다. 너무나 많은 민간인들이 죽임을 당했다. 굿윈이 주장하듯이, "그의 수단은 그의 목적에 종속되어 있었다."[50] 동시에 폭격 대상을 확대하라는 군부나 의회 매파들의 압력에도 불구하고, 존슨은 전쟁이 중국이나 소련으로 확대되는 것을 막기 위해 많은 노력을 기울였다. 또한, 그는 전술핵의 사용을 고려하라는 아이젠하워의 제안도 거절했다. 베트남에서 핵무기를 사용하려는 군부의 비상계획에 대한 경고를 받았을 때, 그는 그 계획을 즉각적으로 중단할 것을 명령했다.[51] 인권과 제도에 대한 자유민주주의적 존중이라는 측면에서는 베트남에서도 그렇고, 1965년 도미니카 공화국에 2만 2,000명 군대를 파병하는 것도 그렇고, 존슨의 정책 평가는 중간 정도이거나 좋지 않다.

윤리적 결과와 관련해서 보면, 외교정책의 여러 측면을 고려할 때 그는 미국 국익의 좋은 수탁자였다. 그러나 그것을 베트남 사례와 연결하기는 불가능하다. 그는 미국이 베트남으로 전격 진격하지는 않았지만, 1965년의 확전 결정은 미국에게 거대하고 장기적인 비용을 부과했다. 다른 사람들에게 대한 피해를 최소화한 것에 관련해서도, 수백만 명의 베트남인들의 죽음에 대한 책임을 비록 호치민이나 레주언(Le Duan)과 같은 베트남 정치인들과 같이 짊어져야 한다고 해도, 존슨은 낮은 평가를 받을 수밖에 없다. 국내외 외교정책 담론에 유익한 교육적 효과가 있는가 하는 문제도 그렇다. 존슨은 반복적으로 미국 국민들(1968년까지 전쟁을 지지했던 대다수의 사람들)에게 거짓말을 했고, 그 갈등에 대한 전반적인 평가를 방해했다.

번디는 군사보복으로 정의되는 사건들을 "시내 전차와 같다"고 말한다. 만약 당신이 하나를 놓치면, 당신은 언제나 다른 하나를 탈 수 있기 때문이다. 아이러니하게도, 1964년에 미군이 여러 번 공격을 받았을 때, 존슨은 8월 4일 통킹만 사건을 극대화하기를 선택했는데, 그것은 사실이 아니었다. 그것이 나중에 '유령의 시내 전차(phantom streetcar)'로 폭로되면서 존슨은 대통령에게 필수적인 대중의 신뢰를 잃었다.[52] 카로(Robert Caro)가 말했듯이, "대통령직과 대중의 신뢰성 간의 간극은 국가의 역사에 상당한 영향을 미치는데, 이것에 대한 합법적 규제가 약화되면서 이 한 사람의 성격이 상당히 넓게 작동하였다."[53]

트루먼은 한국에서의 확전을 거부함으로써 전면전으로 얼룩진 한 세기를 끝냈다. 국지전이 가진 도덕적 이익 중 하나는 확전에 의한 피해를 줄일 수 있다는 것이다. 그러한 전쟁들은 과장이라는 요소를 포함한다. 협상 테이블에서 신뢰성을 유지하기 위해서 대통령은 대중들을 오도(誤導)하는 낙관주의를 끊임없이 유지해야 한다. 그러나 존슨의 경우, 그는 자신의 개인적 필요 때문에 이 전술을 강화했다. 로게발은 셰익스피어에서 "비극은 주인공의 선택 안에 있다. 맥베스는 단순히 피해자가 아니다. 그의 죽음의 원인은 곧 그 자신이다. 존슨에게도 똑같이 말할 수 있다"고 주장한다.[54]

존슨의 윤리적 성적표는 다음과 같다.

존슨의 윤리적 성적표

의도와 동기	
도덕적 비전: 매력적 가치, 선한 동기	높음
신중함: 가치와 위험 사이의 균형	높음
수단	
군사적 수단: 균형, 차별, 필수	중간
자유민주주의 수단: 권리와 제도의 존중	중간/낮음
결과	
수탁자: 미국의 장기적 이익에 대한 성공	높음
세계적: 타인에 대한 최소한의 피해	중간
교육적: 진실성, 폭넓은 도덕적 담론	중간

리처드 닉슨

베트남 시기의 세 대통령은 매우 복잡한 성격과 혼합된 결과를 가지고 있다. 그중에 닉슨(Richard M. Nixon)이 가장 혼란스럽다. 자신의 윤리적 실수 때문에 그는 탄핵을 피하기 위해 1974년에 사임했다. 그러나 그는 세 대통령 중에서 가장 독창적이고 전략적인 외교정책 전문가였다. 수줍음이 많던 그는 가끔 자신을 외향적 직업을 가진 내향적 사람으로 묘사했다. 이러한 한계에도 불구하고, 그는 두 번의 대선에서 승리했다. 1960년 선거에서 케네디에게 아슬아슬하게 패했지만, 그는 『타임』지 표지를 56번이나 장식한 성공한 정치가였다. 닉슨은 위대한 능력을 소유했지만, 그러나 그것은 "타고난 것이 아니었다. 그것은 힘들고 외로운 노력의 결과였다."** 그는 자신을 이상주의자로 생각했지만, 그는 "거의 아무도 믿지 않았다. 그는 그들 중에서 최악의 경우를 추정했다. … 그는 '강인한' 어휘나 생각들을 고수했다. 그는 그것을 통해서 위대함의 끝자락에 도달하게 될 것이라고 생각했다."[55]

어느 대통령 역사가는 "닉슨은 그의 가까운 동료들에게조차 신비의 근원이었다. 그러한 미스터리는 그가 가진 고도의 개인적 특성에서뿐만 아니라, 공격적 냉소주의와 건설적인 업적을 이루려는 욕망이 그의 정치적 개성에서 공존한다는 점, 그리고 많은 능력을 가진 정치인은 자기 파괴적인 행동을 할 수 있다는 역설에서부터 나온 것이다"라고 설명

** 1980년대 초기에 필자는 우연한 기회에 닉슨 전 대통령에게 아무런 메모 없이 소련의 행위를 분석하는 한 시간 분량의 연설을 어떻게 많은 대중에게 전달할 수 있었는가를 물었는데, 그는 "나는 그것을 다 쓰고, 외운 후, 연습했다"고 답했다. 그것이 노력이다.

한다.[56] 어떤 전문가들은 '두 명의 닉슨'을 말하면서 이러한 미스터리를 해결하려고 했다. 그러나 전기 작가 토마스(Evan Thomas)에 의하면, "오직 한 명의 닉슨밖에 없다. 닉슨 안에 밝은 기질과 어두운 기질이 불가분의 관계로 뒤얽혀 있어서 그것들을 구분하는 것은 불가능하다. 그것들은 상호작용을 한다. 닉슨의 강점이 그의 약점이고, 또 그의 약점이 강점이었다. 그를 행동하게 하는 욕구가 그를 불구로 만들었고, 그의 시야를 넓힌 약자의 감성이 또한 그의 눈을 멀게 했다. 그는 연약했기 때문에 자신이 강하다는 것을 보여주고 싶었다. 그는 거절을 당해봤기 때문에 대중에게 어떻게 하면 인기 있는지를 배웠다."[57]

거겐(David Gergen) 전 보좌관은 닉슨을 부지런하고, 애국심이 있으며, 퀘이커(Quaker)교의 전통 안에서 성장했다고 한다. "닉슨은 진지하게 모범적인 대통령이 되고 싶어했다. 백악관에서 그가 스스로를 위해서 기록한 사적인 메모에서 그는 이렇게 썼다. "나는 나의 핵심적 역할을 도덕적 리더십으로 결정했다." 그러나 거겐은 이어서 "비록 닉슨이 도덕이라는 용어를 말할 수는 있지만 … 그는 도덕적 프레임을 정치에 가져오지 않았다. 그는 자신의 역할을 사람들에게 '헌법의 정신'을 가르치거나 '미덕이나 선행을 하도록 격려하는 것'으로 보지 않았다. 그는 권력 그 자체에 너무 매료되었기 때문에 민주주의 제도를 보존하는 일은 다른 사람에게 남겨뒀다"고 언급한다.[58]

닉슨은 1913년 캘리포니아주 요바린다의 작은 마을에서 태어났다. 닉슨은 존슨에 비해서 6살 어리고, 케네디보다는 4살이 많다. 존슨과 비슷하지만 케네디와는 다르게, 그의 가족의 재정 상황은 검소했다. 그는 근처의 휘티어대학교를 졸업했다. 세 명의 대통령 모두 종교적인 어머니와 덜 도덕적인 아버지가 있었는데, 아버지와 어머니 각각의 도덕적 열망 사이에서 흐르는 긴장감이 그들의 집에 존재했다. 세 명은 모두 제2차 세계대전에서 해군으로 근무했고, 전쟁 후에는 의회에서 일했다. 모두 이른 나이에 정치에 입문했는데, 닉슨은 40세에 아이젠하워의 부통령이 되었다. 셋 모두 전형적인 반공주의자였지만, 이데올로기 신봉자라기보다는 실용주의자들이었다. 그의 초기 캠페인에서 닉슨은 공산주의를 색출하는 반공주의자라는 명성을 얻었지만, 나중에 그는 매카시(Joseph McCarthy)를 관리하기 위해서 아이젠하워와 협력하기도 했다. 존슨과는 달리 케네디와 닉슨은 국내정책보다 외교정책을 선호했다. 하지만 닉슨은 미국환경보호청 창설, 근로소득공제와 같은 국내정치적 업적도 많다.

닉슨은 역사책을 즐겨 읽었다. 그의 롤 모델은 국내 정치 분야에서는 실용적 보수주의자인 디즈레일리(Benjamin Disraeli) 영국 수상이고, 외교정책에서는 드골 프랑스 대통령이었다. 닉슨은 드골이 고고한 지위를 갖고 외교정책을 행정부의 특권으로 처리하는 것을 존경했다. 닉슨의 관리방식은 백악관의 작은 참모진 뒤로 자신을 격리시키는 것이었다. 외교정책에서 그는 하버드대 교수이자, 록펠러(Nelson Rockefeller)의 전 고문인 키신저(Henry Kissinger)에 의지했다. 그는 키신저로 하여금 외교정책을 백악관에 집중시켜서 로저스(William Rogers) 하의 국무부를 고립시키고자 했다. 그는 국무부에 알리지 않고 키신저가 소련 대사 도브리닌(Anatoly Dobrynin)과 비공식적으로 대화하도록 했고, 이와 비슷한 방식으로 키신저가 중국으로 비밀 여행을 가도록 권고했다. 그러나 키신저가 닉슨을 조종했다고 생각하는 사람들은 잘못 판단하고 있는 것이다. 예를 들어, 중국에 대한 생각은 닉슨이 오히려 키신저보다 앞서 있었는데, 중국의 고립이 끝날 것을 예상한 그의 논문은 1967년에 이미 출

판되었다.[59)]

닉슨의 외교정책에서 세 개의 성공사례가 그의 업적으로 평가받고 있다. 그 유명한 미중화해, 소련과의 데탕트 및 군비통제에 기반을 둔 냉전관리, 그리고 (비록 너무 느리게 진행되었지만) 베트남전쟁의 종식이 그것들이다. 미중화해는 중국과 소련 간에 점증되는 마찰을 이용하여 협력구도로 전환한 것이었고, 그것은 베트남에서 미국의 패배, 그리고 아프리카에서 소련과 쿠바의 영향력 확대에 대한 관심을 약화시켰다. 닉슨은 1967년에 이미 그 가능성을 내다보았고, 또한 국내외 정치를 교묘하게 관리하였기 때문에 여기에서 좋은 점수를 받을 만하다. 이 유산 때문에 '닉슨의 중국 책략(a Nixon to China maneuver)'이라는 외교용어가 만들어진 것은 놀라운 일이 아니다.[60)]

이 세 개의 업적은 모두 중요하다. 하지만 사람들은 닉슨의 외교정책에서 손실을 입은 부분이 있음을 자주 잊는다. 닉슨은 스스로 자신의 장기적 안목을 자랑스러워했음에도 불구하고 그는 놀랍게도 대외경제정책에 대해서는 무관심했고 근시안적이었다. 이는 키신저도 그렇다. 이탈리아에서의 통화 불안정에 대한 경고와 관련하여 닉슨의 대답은 유명하다. "나는 리라(이탈리아의 화폐 단위)에 아무런 관심이 없어!"[61)] 1971년까지 세계경제에서 차지하는 미국의 비정상적인 지분은 전쟁 전의 25퍼센트로까지 회복되면서 달러 우세를 조정할 필요가 있었다. 닉슨은 세금을 올리고 국내에서의 수요를 삭감함으로써 달러에 대한 압박을 억제할 수 있었지만, 그는 1972년 선거에 그런 정치적 대가를 지불하고 싶지 않았다. 대신에 그는 코널리(John Connally) 재무장관이 브레튼우즈체제의 틀을 일방적으로 깨고 협의 없이 동맹국들에게 관세를 부과함으로써 미국 국내의 경제문제를 다른 나라로 밀어내도록 했다. 코

널리는 동맹국들에게 "달러는 우리의 통화이지만, 곧 너희의 문제"라는 유명한 발언을 했다.[62] 이 결정은 캠프 데이비드 회의에서 이뤄졌는데, 이것이 외교정책에서 중요했음에도 불구하고 키신저나 로저스 국무장관은 그 회의에 초청받지 못했다.[63] 그것은 엄청난 결과를 초래했다. 닉슨의 결정은 미국을 약화시켰던 인플레이션 문제를 후대에 물려주었고, 그의 후임자인 포드(Gerald Ford)와 카터(Jimmy Carter) 대통령들을 괴롭혔다.

비평가들은 닉슨이 해외의 인권문제에 충분한 관심을 두지 않았다고 비판한다. 칠레 쿠데타에 대해서 그가 암묵적으로 지원한 것이나 1973년에 민주적으로 선출된 아옌데(Salvador Allende) 대통령을 피노체트(Augusto Pinochet) 군사정권으로 대체한 사례가 자주 인용된다. 또 다른 사례는 방글라데시의 분리운동을 냉혹하게 진압한 파키스탄 군사정권을 지지한 사건이다. 닉슨과 키신저는 그들의 중국 구상에 도움을 받기 위해서 칸(Yahya Khan)정부를 의지하고 있었지만, 그들은 "냉정한 현실정치에 의해서 자극을 받았을" 뿐만 아니라, 인도의 좌파 정권을 경멸했다. "백악관의 녹음파일은 그들의 감정적 분노를 잘 담아내고 있다."[64] 그들이 소련의 유대인들을 구원하기 위해서 소련을 압박하기보다는 데탕트에 우선순위에 두자, 잭슨(Henry Jackson)과 같은 상원의원들이 이를 비난하면서 신보수주의 운동을 촉발했다. 이 신보수주의자들은 닉슨이 소련과의 협상이나 1972년의 강대국 간 최초의 양자 군비통제조약인 전략무기제한협정에서 단호한 모습을 보이지 않았다고 비난했다.

베트남문제를 보면 닉슨은 존슨으로부터 어려운 상황을 물려받았다. 또한, 닉슨은 남베트남인들에게 존슨이 시작했던 파리평화협상##을 연기하라고 권고한 점에 책임이 있다.** 닉슨은 그러한 방해 행위를 부인하지만, 역사가 패럴(Henry Farrell)은 닉슨이 거짓말을 했고, 1968년 10월에 그의 보좌관 홀드먼(H. R. Haldeman)에게 존슨의 구상을 방해하라는 명령을 내렸다고 단정한다.[65] 1969년에 취임했을 때, 닉슨은 베트남에서의 급작스러운 철수는 동남아에서 도미노 현상을 야기하고 전 세계에서 미국의 신뢰도를 약화시킬 것이라고 생각했다. 그는 전쟁을 서서히 멈춰야 한다는 것을 알았다. 그래서 그는 그 안건을 폐기함으로써 협상 테이블에 올라온 몇 개의 국내적 압박을 없앴다. 그리고 국제적으로 그는 역내 국가들이 자국 안보에 더 큰 책임을 져야 한다는 '닉슨 독트린'을 선언함으로써 '베트남화'의 방식을 준비했다.

1968년 61퍼센트의 미국인들이 미국은 베트남에서 퇴각하거나 멈춰야 한다고 믿었다.[66] 닉슨은 국내 여론이 미국의 승리를 원하며 장기간의 지상전을 해야 할 정도는 아니라고 해석했다. 그는 오랜 시간에 걸쳐 미국 사상자의 비율을 줄였다. 처음에 그는 핵무기의 사용까지 포함해서 어떤 것이라도 할 수 있다고 북베트남을 설득함으로써 빠른 승리를 얻을 수 있는 소위 '미치광이 이론'을 생각했다.[67] 하지만 베트남과 군비통제 문제까지 연결하려 했지만, 하노이에 대한 소련의 압박이 충분하지 않았다. 그의 희망이 환상으로 끝났을 때 그와 키신저는 미국의 철수

역자 주) 베트남에서의 전쟁종결과 평화회복을 위한 협정 체결을 위한 협상으로, 지연되다 1973년 1월 27일 베트남민주공화국, 베트남공화국, 미합중국 정부 간에 조인되며 파리평화협정이 체결되었다. 그리고 베트남은 '파리협정'을 체결한 지 2년 만에 공산화됐다.

** 남베트남이 다른 정보출처를 가지고 있었기 때문에 그 사건은 장기적으로 인과관계가 중요하다는 것을 증명하기보다는 닉슨이 비윤리적으로 수단을 선택했다는 것을 가리키고 있다.

와 베트남 티우(Thieu)정부의 몰락 사이의 '적절한 시간'을 벌기 위해서 점진적인 '베트남화'와 협상에 의한 해결방안을 수용했다.

해결책을 모색하는 가운데 닉슨은 1971년 5월 전쟁을 캄보디아로까지 확대했다. 이것은 캄보디아 내 혼돈을 야기했을 뿐만 아니라 켄트 주립대학 총격사건을 포함해서 미국 캠퍼스 내 폭동을 초래했다. 그해 말에 행해진 '크리스마스 폭격' 작전으로 마침내 1972년 1월 초에 파리에서 평화협상이 열렸지만, 그 내용은 남베트남에서 군대를 철수하기 위해 정전을 한다는 것으로 10월에 북베트남이 동의했던 내용과 크게 다르지 않았다. 키신저는 남베트남정부가 얼마나 더 살아남을 것인가에 대한 질문을 개인적으로 받았을 때, "그들이 운이 좋다면, 1년 반을 버틸 수 있을 것"이라고 대답했다.[68] 1972년 8월, 키신저는 닉슨에게 "1년이나 2년 동안 그 문제를 봉합할 어떤 방식을 찾아야 한다"고 말했다.[69] 결국, 그 기간은 28개월이 됐다.

닉슨은 도덕적 비용을 비싸게 지불하고 베트남전쟁을 끝냈다. 그는 계속해서 미군 사상자의 수를 줄였지만, 그가 책임졌던 3년 동안 2만 1,194명의 미국인이 죽었다. 존슨 시기에는 3만 6,756명이, 케네디 시기에는 108명이 죽었다. 하지만 닉슨의 대통령 임기 내에 발생한 미국 사상자의 60퍼센트가 1969년에 있었기 때문에 이 죽음의 일부는 존슨에게도 책임이 있다.[70] 신뢰가 국제문제에서 중요한 자산이지만, '어느 정도의 간격'을 가지고 인간의 목숨이 사라져야 하는가? (그리고 수백만 명의 베트남인들과 캄보디아인들의 목숨을 헤아릴 수 있는가?)

닉슨은 혼자서 이런 딜레마를 고민하지 않았다. 앞에서 존슨 행정부의 국방차관보였던 맥노튼 하버드대 법학과 교수가 말했듯이 베트남전쟁이 계속된 원인의 70퍼센트는 "후견국으로서 미국의 명성에 흠이 가는 것을 피하기 위함"이었다. 우리가 제2장에서 보았듯이, '더러운 손' 문제는 옳고 그름의 문제가 아니다. 도덕적 선택은 차악의 문제이다. 신뢰는 베트남 뿐만 아니라 동남아와, 심지어 베를린과도 연결된다. 만약에 닉슨(혹은 그 이전의 존슨)이 풀브라이트나 에이킨과 같은 상원의원들의 조언을 받아들여서 일찍부터 패배라는 현실을 받아들였다면, 1975년 미국이 패배한 후 회복하는 데 들어간 비용을 고려할 때, 미국이라는 강대국에 얼마나 심각한 손상을 줄 것인가? 그렇다면 베트남에서 많은 생명을 희생하는 것 외에 신뢰를 세우는 다른 방법이 있었는가? 1971년 미중화해를 통해서 닉슨은 이 질문에 대한 해답을 어느 정도 제공했다. 전쟁을 끝내는 것은 언제나 어렵다. 닉슨의 베트남화 정책은 미국 사상자의 비율을 줄였다. 패배를 수용하고 1969년에 철수를 선언하는 것은 용감하지만 상당한 정치적 비용을 지불하는 행위일 것이다. 중국 사례를 통해서 닉슨은 그런 움직임이 가능하다는 것을 보여줬지만, 베트남에 대해서 그렇게 하지는 않았다. 대신에 점진주의적인 정책과 기만은 비록 그것이 최종적인 결과를 바꾸지는 않았지만, 생명과 신뢰에서 비싼 희생을 치러야 한다는 것을 증명했다.

단순하게 패배를 연기했던 '적절한 시간'이 초래한 비용을 수만 명의 사상자만을 가지고 계산할 수 없다. 거겐이 언급했듯이, "존슨 행정부가 이미 베트남에 대해서 거짓말을 많이 했지만, 그것이 닉슨 시기에 계속된 기만을 정당화하지는 않는다. … 누군가는 베트남에서 워터게이트 사건까지 직접적인 연결선을 그릴 수 있을 것이다. 비밀과 그 비밀의 누출 차단에 대한 강박감이 처음에는 기자들과 행정부 관료들에 대한 도청으로, 나중에는 '배관공(백악관 내 비밀조사팀 – 역자 주)'을 운영했다."[71] 닉슨이 그의 '적절한 시간'을 창출하기 위해서 사용한 방식은 미국에 대한 신뢰에 대해서 국내외적으로 비싼 비용을 지불했다.

닉슨의 외교정책에 있어 도덕성을 어떻게 평가할 것인가? 닉슨이 공표한 목적은 좋다. 키신저에 의하면, 닉슨의 현실주의 사고 밑바탕에는 미국을 세계의 도덕적 리더로 보는 윌슨식의 관점이 깔려있다.[72] 그러나 불행하게도, 닉슨은 국제문제에 대해서 고도의 상황 지능을 가지고 있었지만, 개인적 복수심과 불안정 때문에 감성 지능이 결핍되었고 결국 그의 공적 목표가 변질되는 것을 막지 못했다. 그는 기자와 참모진을 포함하는 정적 명단을 만들었고, 아옌데나 인디라 간디(Indira Gandhi)와 같이 민주적으로 선출된 좌파 지도자들에 대해서도 부정적으로 반응했다. 일반적으로 그는 가치와 위험 간 균형을 맞추는 것에는 신중했지만, 방글라데시나 캄보디아 폭격과 같은 경우에는 그렇지 못했다.

도덕적 수단의 측면에서 닉슨은 제한적이기는 하지만 균형적이고 차별적으로 군사력을 사용했다. 그는 육군이 생물학무기를 개발하는 것을 제한했고, 생물학무기협정에도 서명했다. 그의 미치광이 이론에도 불구하고 그는 베트남에 핵무기를 사용하지 않았다. 베트남 사태가 캄보디아로 확대가 되었지만, 그것이 중국으로 확대되는 것은 피했다. 그러나 베트남 내에서의 군사력 사용은 균형적이고 차별적이라고 보기가 어렵다. 그리고 칠레와 벵골에서의 행위는 인권과 제도화라는 자유민주주의적 시험에서 그가 실패했음을 의미한다.

윤리적 결과 측면에서 중동을 포함해서 소련과의 냉전 경쟁을 관리하고 미중화해를 이끌었다는 점에서 닉슨은 미국 국민의 이익에 대해서 좋은 수탁자였다. 하지만 대외경제정책에서 그는 부주의했고, 베트남전쟁 말에 그가 사용한 시간과 그가 초래한 비용은 논쟁의 여지가 있다. 다른 이들의 피해를 최소화하려는 그의 전 세계적 노력은 베트남에서, 그리고 방글라데시와 칠레에서 모두 낮은 점수를 받을 수밖에 없다. 어떤 현실주의자들은 닉슨을 높게 평가한다. 그것은 그들이 미중화해에만 초점을 맞추고 다른 모든 것을 용서하기 때문이다. 그들은 인플레이션이나 인권에 대한 그의 실패한 유산에는 관심이 없다. 하지만 다른 사람들은 이런 것들에 비중을 두고 닉슨이 자신의 명성을 위한 '적절한 시간'을 벌기 위해서 2만 1,000 명의 미국인의 생명(과 셀 수 없이 많은 다른 생명들)을 희생했다는 점을 용서하지 못한다. 특히 그 적절한 시간이 결국 매우 짧은 것으로 드러났기 때문이다.

닉슨은 진실, 신뢰, 그리고 도덕 담론의 확대에 대한 교육적 효과도 낮은 점수를 받는다. 정부에 대한 신뢰 감소에 대해서 닉슨이 전적으로 책임을 져야 하는 것은 아니지만, 거겐의 시각에서 보면, "두 행정부가 보여준 베트남에서의 거짓말과 기만은 워터게이트 사건과 함께 정부에 대한 대중의 신뢰를 심각하게 약화시켰고, 이후 대통령들에게 불리한

닉슨의 윤리적 성적표

의도와 동기	
도덕적 비전: 매력적 가치, 선한 동기	중간
신중함: 가치와 위험 사이의 균형	중간
수단	
군사적 수단: 균형, 차별, 필수	낮음
자유민주주의 수단: 권리와 제도의 존중	낮음
결과	
수탁자: 미국의 장기적 이익에 대한 성공	중간
세계적: 타인에 대한 최소한의 피해	낮음
교육적: 진실성, 폭넓은 도덕적 담론	낮음

조건을 만들었다."[73] 1960년대 초 실시된 미국 내 설문조사에서 3/4의 응답자들이 그들은 자신의 제도에 많은 신뢰를 가지고 있다고 대답했지만, 10년 후에 그 비율은 1/4로 감소했다. 그러한 변화의 원인은 복잡하다. 그 모든 원인이 1960년대의 지도자들이나 베트남전쟁에서 기인한 것은 아니지만, 닉슨은 그 비용에 큰 책임이 있다.[74]

*****

베트남 시대의 세 명의 대통령 중 누구도 제2차 세계대전 이후 미국외교의 확립자들만큼 좋은 점수를 받지 못했다. 어떤 사람들은 세계정세가 더 악화되었기 때문에 시험이 더 어려웠다고 말할 수도 있다. 베트남 시대 대통령들은 미국의 국력을 과대평가하고 오도하는 '정신적인 세계지도'를 공유했고, 민족주의와 지역 문화의 힘을 과소평가했다. 그들은 도미노 이론에 대해서 개인적으로 의구심을 가졌음에도 불구하고, 그것을 자신의 대중 수사에 사용하면서 스스로를 매몰시켰다. 시험을 비유로 해서 말하자면, 그들은 핵심 질문을 잘못 읽었을 뿐만 아니라, 답안을 작성할 때 부정행위를 한 것이다.

도덕적 측면에서 보면, 대통령들은 세계에서 그리고 베트남에서 공산주의와의 전쟁을 그 목적으로 여겼지만, 그들 각각의 개인적 동기들이 그들의 의도가 가진 도덕적 상황을 복잡하게 했다. 모두 '베트남을 잃은' 대통령이 되는 것에 대한 국내정치적 비난을 두려워했고, 그러한 개인적 비용을 피하기 위해서 기꺼이 수많은 생명을 희생시켰다. 하지만 비록 그들이 잘못 판단하기는 했지만, 양극 세계에서 미국의 신뢰를 유지한다는 선의를 가지고 생명과 물질을 희생했다. 또한 그들은 국내정치적 이익을 위해서, 특히 존슨이나 닉슨의 경우에는 강인함이라는 개인적 이미지를 위해서 너무 많은 생명을 희생시켰다. 아칸소 주의 풀브라이트나 버몬트 주의 에이킨과 같은 상원의원들의 당시 주장들은 만족스럽지 않은 것이었지만, 그것들은 정치적 대안이자 차악의 선택이었다. 그런 점에서 양극이라는 냉전이나 국내정치가 베트남 난국을 피할 수 없게 만든 것이 아니다. 그 비극은 도덕적으로 나쁜 선택으로 인한 것이다.

아마도 케네디는 그 전쟁의 미국화를 피했을 수도 있다. 그러나 우리는 결코 확신할 수 없다. 그는 베트남에서 미군의 역할을 전투가 아닌 군사 고문으로 제한함으로써 후임자들이 야기한 수많은 사상자들을 피할 수 있었다. 그러나 1963년 11월까지 승리할 확률이 오직 1퍼센트였다고 생각했음에도 불구하고 그는 결국 그러한 상황을 조성하는 데에 일조했다. 번디에 의하면, 두 번째 임기 때 케네디는 정치 이슈로서 '그것을 씻어낼' 의도가 있었다. 베트남에서 어떻게 철수할 것인가에 대한 질문을 받았을 때, 그는 자문단에게 "그것은 쉽다. 우리가 떠나도록 요청할 정부를 그곳에 심는 것이다"라고 답했다. 그는 그것을 세력균형의 큰 시험이라고 생각하지 않고, 미국의 정치적 선택이라고 생각했다.[75]

몇몇 전문가들은 존슨과 닉슨이 폭격, 화학 고엽제, 소모전, 전략촌 등의 군사력을 사용했기 때문에 동남아가 공산주의에서 구원을 받았다고 생각한다. 그러나 이것은 사실이 아니다. 가장 큰 도미노인 인도네시아는 존슨이 베트남전쟁의 확전을 결정한 1965년 이전에 군사 쿠데타가 일어나 수카르노(Sukarno) 대통령을 실각시켰고, 이후에 반공주의의 방향으로 나아갔다. 그들의 편에서 말할 수 있는 점은 세 대통령 중에 그 누구도 핵무기의 사용을 심각하게 고려하지 않았고, 모두 중국이

나 소련과의 갈등으로 확대되는 것을 막기 위해 노력했다는 것이다. 누군가는 그것에 대해서 감사할 수도 있지만, 희생된 생명들과 국가가 부담한 비용을 생각할 때, 베트남 시대의 대통령들은 윤리적으로 실패했다고 판단할 수밖에 없다.

주

1) Sestanovich, *Maximalist*, 88–89.
2) Gordon M. Goldstein, *Lessons in Disaster: McGeorge Bundy and the Path to War in Vietnam* (New York: Henry Holt, 2008), 168.
3) Jill Abramson, "Kennedy, the Elusive President," *International New York Times*, October 26–27, 2013, 20.
4) Alan Brinkley, *John F. Kennedy* (New York: Henry Holt, 2012), 124에서 인용함.
5) Brinkley, *John F. Kennedy*, 3.
6) Andrew Cohen, *Two Days in June: John F. Kennedy and the 48 Hours That Made History* (Toronto: Signal, McClelland & Stewart, 2014), 41.
7) Jon Roper, "John F. Kennedy and Lyndon Johnson," in *US Foreign Policy and Democracy Promotion*, ed. Cox, Lynch, and Bouchet, 111.
8) Sestanovich, *Maximalist*, 88.
9) Robert Dallek, *An Unfinished Life* (New York: Little Brown, 2003), 683.
10) Michael O'Brien, *Rethinking Kennedy: An Interpretive Biography* (Chicago: Ivan Dee, 2009), 168.
11) Michael A. Roberto, *Why Great Leaders Don't Take Yes for an Answer* (Upper Saddle River, NJ: Wharton School Publishing, 2005), 29–33.
12) Sheldon M. Stern, *The Cuban Missile Crisis in American Memory* (Stanford, CA: Stanford University Press, 2012), 149.
13) Cohen, *Two Days in June,* 24.
14) Khrushchev는 Brinkley, *John F. Kennedy*, 80의 내용을 인용함.
15) Goldstein, *Lessons in Disaster*, 245, 248.
16) James Blight, Janet Lang, and David Welch, *Vietnam If Kennedy Had Lived*

(Lanham, MD: Rowman & Littlefield, 2009)를 보라.
17) Logevall, *Embers of War*, 703.
18) Dallek, *An Unfinished Life*, 684. 또한, Dallek, "What Made Kennedy Great?" *New York Times,* November 22, 2013, 25를 참고할 것.
19) Fredrik Logevall, "Kennedy and What Might Have Been," in *The Vietnam War: An Intimate History*, ed. Geoffrey Ward and Ken Burns (New York: Knopf, 2017), 5–6.
20) Dallek, *An Unfinished Life*, 668.
21) Goldstein, *Lessons in Disaster*, 93.
22) Goldstein, *Lessons in Disaster*, 88.
23) Brinkley, *John F. Kennedy*, 84에서 인용함.
24) Niall Ferguson, "Kremlin Back Channels Worked Just Fine for JFK," *Sunday Times* (London), July 16, 2017.
25) Larry Berman, "Lyndon B. Johnson: Paths Chosen and Opportunities Lost," in *Leadership in the Modern Presidency*, ed. Greenstein, 145.
26) Robert Caro, *Master of the Senate: The Years of Lyndon Johnson* (New York: Vintage Books, 2003).
27) Greenstein, *The Presidential Difference*, 79.
28) Charles Peters, *Lyndon B. Johnson* (New York: Henry Holt, 2010), 140에서 인용함.
29) Robert Caro, *The Path to Power: The Years of Lyndon Johnson, Volume I* (New York: Vintage, 1982), 96, 32.
30) Berman, "Lyndon B. Johnson," 139, 144.
31) Caro, *The Path to Power*, xvii.
32) Peters, *Lyndon B. Johnson*, 8.
33) Peters, *Lyndon B. Johnson*, 82에서 인용함.
34) Doris Kearns Goodwin, *Lyndon Johnson and the American Dream* (New York: St. Martin's, 1991), 251–52.
35) Roper, "John F. Kennedy and Lyndon Johnson," 114.
36) Frederik Logevall, "Why Lyndon Johnson Dropped Out," *New York Times*, March 25, 2018, 7.
37) Peters, *Lyndon B. Johnson*, 94.
38) Goodwin, *Lyndon Johnson and the American Dream*, 311.
39) Goodwin, *Lyndon Johnson and the American Dream*, 322.
40) John P. Burke and Fred I. Greenstein, *How Presidents Test Reality: Decisions on Vietnam, 1954 and 1965* (New York: Russell Sage, 1989), 275.
41) Goodwin, *Lyndon Johnson and the American Dream*, 330.
42) Peters, *Lyndon B. Johnson*, 128.
43) Berman, "Lyndon B. Johnson," 147.
44) H. R. McMaster, *Dereliction of Duty: Lyndon Johnson, Robert McNamara,*

the Joint Chiefs of Staff, and the Lies That Led to Vietnam (New York: Harper Collins, 1997), 325.

45) Francis M. Bator, No Good Choices: *LBJ and the Vietnam/Great Society Connection* (Cambridge, MA: American Academy of Arts and Sciences, 2007), 16.
46) Michael Beschloss, *Presidents of War*, 503.
47) "Fredrik Logevall Comment on Francis M. Bator's 'No Good Choices: LBJ and the Vietnam/Great Society Connection,'" *Diplomatic History* 32, no. 3 (June 2008), 365.
48) Logevall, "Comment on Francis Bator," 366–67.
49) Goldstein, *Lessons in Disater*, 3.
50) Goodwin, *Lyndon Johnson and the American Dream*, 392.
51) David Sanger, "US Commander Moved to Place Nuclear Arms in South Vietnam," *New York Times*, October 7, 2018, A1. 또한, Goldstein, *Lessons in Disaster*, 161을 참고할 것.
52) Edwin E. Moise, *Tonkin Gulf and the Escalation of the Vietnam War* (Chapel Hill: University of North Carolina Press, 1996), 253–55.
53) Caro, *The Path to Power*, xvii.
54) Logevall, "Why Lyndon Johnson Dropped Out."
55) Richard Reeves, *President Nixon* (New York: Simon & Schuster, 2001), 12–13. 또한, Bob Woodward, *The Last of the President's Men* (New York: Simon & Schuster, 2015), 94에서 버터필드(Alexander Butterfield)의 설명을 참고할 것.
56) Greenstein, *The Presidential Difference*, 93.
57) Evan Thomas, *Being Nixon: A Man Divided* (New York: Random House, 2015), 529.
58) David Gergen, *Eyewitness to Power: The Essence of Leadership* (New York: Simon & Schuster 2000), 77, 85.
59) Niall Ferguson, *Kissinger: 1923–1968: The Idealist* (New York: Penguin, 2015), 802.
60) Margaret McMillan, *Nixon and Mao: The Week That Changed the World* (New York: Random House, 2007)을 참고할 것.
61) Nigel Bowles, *Nixon's Business* (College Station: Texas A&M Press, 2005), 184.
62) Niall Ferguson, "Our Currency, Your Problem," *New York Times*, March 13, 2005.
63) Bowles, *Nixon's Business*, 179.
64) Gary J. Bass, "Nixon and Kissinger's Forgotten Shame," *New York Times*, September 30, 2013. 또한, 그의 저서 *The Blood Telegram: Nixon, Kissinger, and a Forgotten Genocide* (New York: Knopf, 2013), 6–7을 참고할 것.
65) John A. Farrell, "Tricky Dick's Treachery," *New York Times*, January 1, 2017. 또한, Peter Baker, "Nixon Sought 'Monkey Wrench' in Vietnam Talks," *New*

York Times, January 3, 2017, 1을 참고할 것.

66) Richard Sobel, *The Impact of Public Opinion on U.S. Foreign Policy Since Vietnam* (New York: Oxford University Press, 2001), 37, 81.

67) Thomas, *Being Nixon*, 218–19.

68) Thomas, *Being Nixon*, 429.

69) Ken Hughes, *Chasing Shadows: The Nixon Tapes, the Chennault Affair, and the Origins of Watergate* (Charlottesville: University of Virginia Press, 2014), 102.

70) 필자에게 관련 통계수치를 제공하고, 날카로운 비판을 해준 퍼거슨에게 감사를 표한다.

71) Gergen, *Eyewitness to Power*, 61–62.

72) Henry Kissinger, *Diplomacy* (New York: Simon & Schuster, 1994), chapter 2.

73) Gergen, *Eyewitness to Power*, 61.

74) Joseph Nye, Philip Zelikow, and David King, eds., *Why People Don't Trust Government* (Cambridge, MA: Harvard University Press, 1997), 80.

75) Goldstein, *Lessons in Disaster*, 231, 238, 239.

5장

포스트 베트남: 긴축의 시대

● ● ● ● 닉슨이 1974년 8월에 불명예스럽게 사임한 후, 그의 후임자인 포드(Gerald Ford)는 국민들에게 "우리의 오랜 국가적 악몽이 끝났다"고 말했다. 하지만 베트남전쟁과 워터게이트 사건의 결과를 극복하는 것은 쉽지 않았다. 제도에 대한 신뢰도가 하락했고, 미국의 외교정책도 회복과 긴축의 단계에 들어갔다.[1)]

닉슨은 1972년도 대선에서 압도적으로 승리했지만, 1974년도 의회 중간 선거에서는 반대로 크게 패배했다. 그리고 '워터게이트 베이비'로 알려진 민주당 정치인들이 대거 의회에 진입했다. 암살 시도 등과 같은 냉전 시기 CIA가 했던 많은 비밀 작전들이 아이다호 주의 처치(Frank Church)가 의장이었던 상원위원회, 언론 누출, 공식조사단 등을 통해서 폭로됐다. 인플레이션과 '스태그플레이션(stagflation, 경기침체와 물가 상승이 동시에 나타나는 현상)'이라고 불리는 저성장 때문에 경제는 정체됐다. 포드와 카터를 괴롭혔던 문제는 위대한 사회 프로그램과 베트남전쟁 간 양자택일을 거부했던 존슨의 '대포와 버터'정책의 결과였다. 닉슨은 임금과 물가를 통제함으로써 그 문제를 악화시켰고, 결국 폭발적인 인플레이션을 초래했다.

인종, 성별, 동성애, 인권, 낙태, 그리고 환경 이슈들과 관련된 사회·문화적 규범들이 1960년대 말부터 1970년대를 거치면서 극적으로 변화하기 시작했다. 존슨이 민권법과 선거권법에 사인을 하면서 예견한 것과 같이, 인종 문제에서 '견고한 남부'가 견고한 민주당에서 견고한 공화당으로 바뀌는 긴 과정이 시작됐다. 문화적 변화들은 닉슨이 '침묵하는 다수'라고 불렀던 보수주의적 반작용을 야기했고, 1976년 공화당 후보 지명대회에서 포드 대통령에게 패했던 레이건(Ronald Reagan)이 4년 후에 카터에게 승리를 거뒀다. 어떤 전문가가 언급했듯이, 1970년대는 "미국의 정치지형이 변화하는 대서사시와 같은 시대였다. 전후 시기에 대한 중도파들의 정치적 공감대는 베트남전쟁의 패배와 10년간 스태그플레이션의 복합적 압박 속에서 흐트러지기 시작했다."[2)]

국제체제는 여전히 양극에 머물렀다. 세계경제에서 미국의 비중은 1945년의 비정상적인 정점에서 1970년에는 세계 생산의 1/4, 즉 전전(戰前)의 비중으로까지 하락했다. 그럼에도 미국은 다른 어느 경제보다 더 거대했다. 그러나 더 작은 경제를 가졌음에도 불구하고 소련은 군사분야투자를 통해서 핵탄두의 수에서 앞서고 있었다. 많은 분석가들이 '핵의 과잉살상력'은 상대적 국력의 측면에서 좋은 수단이 아니라고 주장하지만, '현존 위협 대응 위원회'와 같은 새로운 단체들은 소련이 핵에서 우위를 가졌고, 그 이슈에 대한 상당한 불안감이 있었다고 주장했다. 또한, 소련은 아프리카에서 혁명 정권들에게 더 많은 지원을 보내기 시작했다. 비평가들은 베트남에서의 패배와 함께 이런 사건들을 미국이 하강하는 증거라고 말하면서 소련과의 군비통제와 데탕트에 대한 노력을 비난했다. 포드와 카터는 신뢰를 회복하고 외교정책을 주도해야 했지만, 그들의 앞에는 거친 바다가 놓여있었다.

제럴드 포드

포드(Gerald Ford)는 독특한 대통령이다. 그는 현대에서 가장 짧은 대통령 임기(895일)를 보냈다. 그는 대통령이나 부통령으로 선출된 적이 없는 유일한 대통령이었다. 닉슨은 애그뉴(Spiro Agnew) 부통령의 대체 인물로 미시간주의 중도 공화당 의원이었던 포드를 선택했다. 애그뉴가 메리랜드 주지사 때의 부패 스캔들로 사임하면서, 1973년 포드는 수정헌법 25조에 의해서 상원의 승인을 받고 부통령이 되었다.

포드는 닉슨과 나이가 같았다. 그는 또한 제2차 세계대전에서 해군으로 근무했고 전쟁 후에 의회로 진출했다. 그는 미시간대학교(포드는 당시 미식축구 스타였다)를 졸업하고 이후 예일 로스쿨을 졸업했다. 그는 하원 선거에서 12번 선출되었고, 하원의 소수당 리더를 역임했다. 그는 동료들에게 인기가 많았는데, "그는 진실성, 품위, 끈기와 같은 미덕을 가진 복잡하지 않은 인물로 여겨졌다. 그는 감정적으로 복잡한 존슨이나 닉슨과는 대조적이었다."[3)]

국민들이 71퍼센트의 비율로 포드를 승인하였고, 그는 처음에 큰 무리 없이 받아들여졌다. 그러나 취임 후 한 달이 지난 시점에서 그가 아무런 경고나 정치적 준비 없이 닉슨에 대한 완전 사면을 공표했을 때 이 비율은 49퍼센트로 곤두박질했다. 많은 비평가들이 부정 거래를 의심했지만, 거겐 전 보좌관은 포드가 거추장스러운 것을 치우고 앞으로 나가려 했고, 다만 그 공표에 필요한 절차를 제대로 준비하지 못했다고 주장한다. 그의 말을 빌리면, "현대사의 우리 대통령들 중에서 한 명 이상은 타고난 거짓말쟁이이다. 포드는 선천적으로 진실을 말하는 사람이었다."[4)] 그는 위대한 대통령이 되기보다는 좋은 대통령이 되기를 열망했다. 백악관에 걸어둘 초상화를 선택할 때 닉슨은 아이젠하워, 시어도어 루스벨트, 그리고 윌슨을 선택했었는데, 포드는 루스벨트와 윌슨의 초상화를 링컨과 트루먼으로 교체했다.[5)]

트루먼과 같이 포드는 위대한 소통자이기보다는 실용주의적인 입법자였고, 그의 말은 광범위한 공적 비전을 담지 않았다. 한편, 그는 좋은 감성 지능을 가지고 있었고, 일류의 대통령 고문단을 구성하고, 자유로운 생각의 흐름을 권장하는 아주 조직화된 백악관 절차(process)를 개발했다.[6)] 포드는 외교정책에 안정성이 필요하다고 염려했다. 그는 계속 키신저가 국무장관으로서의 역할을 하게 했지만, 1975년도에는 키신저가 겸직하고 있던 국가안보보좌관의 자리를 그의 유능한 부보좌관이었던 스카우크로프트(Brent Scowcroft)에게 넘겨줄 것을 요구했다. 포드의 짧은 임기 동안에 있었던 주요 외교정책 이슈들은 남베트남의 붕괴, 소련과의 관계 관리, 마야게스 사건이나 판문점에서의 군사력 사용 문제, 그리고 1973년도 석유수출국기구(OPEC: Organization of Petroleum Exporting Countries)가 야기한 오일쇼크로 부각된 경제적 상호의존성의 중요성 문제 등이었다.

1975년 초기에 6,000명의 미군이 여전히 사이공 안팎에 주둔했지만, 공산주의자들의 공격에 그 기반을 잃었다. 닉슨이 1973년도 파리 협상 때에 약속했던 것과 같이, 포드는 티우(Thieu)정부를 강화하기 위해서 7억 2,200만 달러에 달하는 군사지원을 의회에 요청했다. 의회는 이것을 큰 표차로 거부했다. 4월 21일 티에우치가 사임했고, 4월 30일 사이공이 함락됐다. 미국은 미국인들과 일부 베트남인들의 철수에서 제한적 역할을 할 수밖에 없었다. 사람들을 연안의 해군 함정으로 나르기 위해서 헬리콥터들이 옥상에서 이륙하는 수치스러운 사진이 찍혔다. 포드가 다른 무언가를 할 수 있었는지, 혹은 약속했던 미국의 지원이 남베트남 정권을 지킬 수 있었는지는 불확실했다. 그러나 그 결과 미국의 약속이 깨졌다. 하지만 동시에 포드 행정부는 중요한 인도주의적 대응방식을 보여줬다. 1975년도 난민지원법은 인도네시아 난민을 위해서 4억 5,500만 달러를 승인했고, 13만 명의 베트남인들이 1975년에 미국에 도착했고, 그다음 해에 수천 명이 더 들어왔다.

포드는 소련과의 관계를 성공적으로 관리했다. 그는 소련과 중국을 방문하면서 닉슨의 데탕트정책을 계속 추진했다. 그러나 그가 소련과 무역협정을 맺으려 노력했지만, 의회의 반대로 무산됐다. 1974년도 전략무기제한협정의 결과도 잭슨(Henry Jackson) 상원의원과 키신저의 데탕트정책을 비판하는 다른 의원들에 의해서 의회에서 지체됐다. 1975년 7월 포드는 헬싱키에서 열린 유럽안보협력회의(CSCE: Conference on Security and Cooperation in Europe)에서 다시 소련의 지도자였던 브레즈네프(Leonid Brezhnev)와 만났다. 그 회의에서 대부분의 유럽 국가들은 유럽에서 인권과 주권적인 경계선들을 유지하자는 데에 동의했다. 그래서 포드는 동유럽에 소련의 지배권을 수용했다는 이유로 비판을 받았다. 그러나 장기적으로 인권에 대한 헬싱키 성명은 소련의 통제를 약화시키는 데에 기여했다. 아이러니하게도 수년 후에 한 보좌관이 그 회담에서 브레즈네프가 1976년 대선에서 포드를 돕겠다는 제안을 했다고 폭로했다. 하지만 포드는 그 제안을 거절했다.[7] 브레즈네프의 대외적 지원을 받아들이는 것은 포드의 도덕심과 맞지 않았을 것이다.

1975년과 1976년도에 포드는 미국의 신뢰성을 보여주기 위해서 아시아에서 벌어진 두 사건에서 군사력을 사용했다. 첫 번째 사례는 사이공이 함락된 지 얼마 되지 않은 1975년 5월에 캄보디아의 크메르루주

(Khmer Rouge)가 공해에서 미국 상선 마야게스호를 나포한 사건이다. 당시 포드는 선원들을 구하기 위해서 해병대를 파병했다. 그 작전에서 총 41명의 미군이 사망했고, 이 숫자는 구출하려던 선원의 수보다 훨씬 많은 수치였다. 그러나 그 행위는 상징적 가치가 있었다. 마야게스호의 나포는 미숙한 크메르정부의 행동일 뿐이고 인내하는 것이 타당하다는 경고를 받았음에도 불구하고, 그는 사이공에서의 수치스러운 철수 이후에 미국의 신뢰성을 확고히 세우기 위해서 행동했다. 그의 말을 빌리면, 비록 그는 인명손실에 대해서 끔찍하게 느꼈지만, "결단력 있는 행동으로 미국이 무력한 거인이 아니라는 것을 보여주면서 우리의 동맹들을 안심시키고, 우리의 적들에게 노골적인 경고를 보냈다."[8] 이것이 신뢰성의 도덕적 대가였다.

1976년 8월 판문점 근처 마을에서 나뭇가지를 자르던 두 명의 미군 병사들이 북한 군인들에게 살해당한 후에, 포드는 군사력을 확실하게 보여주고자 많은 지상군을 보내 나무를 절단했다. 여기에 대해 북한은 반응하지 않았다. 군사력과 관련된 세 번째 이슈는 베트남의 맹우인 수하르토(Suharto) 대통령이 동티모르라는 새롭게 독립된 영토(동티모르는 1975년에 포르투갈로부터 독립했다)를 침략한 후에도 인도네시아를 군사적으로 계속 지원한 것이었다. 인도네시아 군대가 비록 인권침해로 비난을 받았지만, 포드 행정부에서 인권은 우선순위가 아니었다. 그는 자신의 회고록에서 카터가 했던 인권운동의 '아마추어 정신'과 쿠바와 베트남에 대한 관계정상화 노력을 비판했다.[9] 하지만 1975년에 35개국이 모인 정상회담에서 그가 서명했던 헬싱키 최종의정서 때문에 인권이 처음으로 유럽 내 동서 간 관계에서 핵심 이슈로 부상했다.

포드는 국제제도의 중요성에 관심이 많았다. 일본과 유럽이 빠르게 발전하면서 경제적 상호의존성이 증대하였고, 1973년에 석유수출국기구(OPEC)는 석유 가격을 네 배로 인상하면서 경기침체를 초래했다. 포드는 그 분열 상황을 주도했던 이란과 사우디아라비아를 회유하고, 이어서 석유 소비국들의 기구 창설을 제안했는데, 그것이 파리에서 국제에너지기구(IEA)가 되었다. 1975년 그는 프랑스 랑부예에서 열린 제1회 서방선진국 정상회담에서 이 회담을 주요 7개국(G-7)의 연례회담으로 만들자고 제안했다. 또한, 유엔에서 '신국제경제질서(New International Economic Order)'에 대한 마르크스주의자들의 요구를 방지하기 위해 그는 아프리카에 대한 개발지원을 증대하고, 유엔 세계식량프로그램을 지지하면서 IMF를 강화했다.[10)]

포드의 전체적인 윤리 점수는 좋지만, 그의 외교정책의 결과는 짧은 임기 때문에 그리 대단하지는 않다. 하지만 그는 자신에게 주어진 어려운 상황 속에서도 좋은 점수를 받았다. 그의 목적과 도덕적 비전은 선했고, 당시 상황에서 전형적이었다. 그의 선임자들과는 달리, 그의 감성 지능과 선한 성격 때문에 그는 자신의 동기를 그가 공표한 목적과 가치에 맞게 유지할 수 있었다. 그는 냉전 경쟁을 완화하기 위해서 지속적으로 소련과의 협상과 군비통제를 유지하려고 했다. 하지만 비평가들은 그가 소련에 대해서 강하게 나가지 않았다고 불평한다. 그는 베트남에서 패배했다는 냉엄한 현실을 수용했고 신중하게 가치와 위험 간의 균형을 맞췄다.

수단과 관련해서 보면, 포드가 마야게스호 사건과 판문점 사건에서 군사력을 사용한 것은 균형적이고 차별적이다. 어떤 사람은 신뢰성을 회복하기 위해서 그가 군사력을 사용하고 인명손실을 초래한 것에 대해서 문제를 제기할지도 모른다. 그러나 그것은 닉슨이 덧없는 '적절한 시간'으로 신뢰성을 만들기 위해서 희생한 생명보다 훨씬 더 균형적이다. 권리와 제도에 대한 포드의 자유민주적 존중은 비록 그의 당내 보수주의자들의 반대에도 불구하고 그가 헬싱키 협정에 참여한 사실에서 잘 나타난다. 그의 정치고문들이 유권자들에게 줄 영향을 걱정했음에도 불구하고 포드가 헬싱키 협정을 추진하고 서명했던 것은 그가 도덕적으로 옳다고 여기는 것을 실행하는 용기를 지니고 있었음을 보여준다.

윤리적 결과와 관련해서, 포드는 미국 국익의 좋은 수탁자였다. 또한, 베트남 난민들에 대한 대우에서 나타나듯이, 다른 사람들에 대한 피해를 최소화하는 데에도 그는 국제적인 관심을 보여줬다. 대외경제정책 이슈에서 포드는 자신이 물려받은 경기침체에 대응하는 과정에서 보호주의자들의 상당한 압력에 직면했음에도 불구하고 놀라울 정도로 세계무역체제를 유지하고 강화하는 일관성을 보여줬다. 한 정치고문에 따르면, 이것은 부분적으로는 포드가 그것을 인플레이션에 대처하는 지혜로운 경제정책으로 생각했기 때문이고, 또한 개방된 무역체제를 개발도상

포드의 윤리적 성적표

의도와 동기	
도덕적 비전: 매력적 가치, 선한 동기	높음
신중함: 가치와 위험 사이의 균형	높음
수단	
군사적 수단: 균형, 차별, 필수	높음/중간
자유민주주의 수단: 권리와 제도의 존중	중간
결과	
수탁자: 미국의 장기적 이익에 대한 성공	높음
세계적: 타인에 대한 최소한의 피해	높음/중간
교육적: 진실성, 폭넓은 도덕적 담론	높음

국들이 그들의 경제발전을 도와주는 강력한 도구로 여겼기 때문이다.[11] 그는 점차 확대되는 경제적 상호의존성에 대해 제도적 대응이 중요하다고 생각했다. 아마도 그의 가장 중요한 윤리적 결과는 국내외에서 진실성과 넓은 도덕적 담론을 회복한 교육적 효과에 있을 것이다.

제임스 카터

1924년 조지아주 플레인스의 작은 마을에서 태어난 카터(James Earl Carter)는 이전의 전후 대통령들보다 10살이나 어렸다. 그는 1946년 아나폴리스에 있는 해군사관학교를 졸업했는데, 820명의 장교 후보생 중에서 60등이었다. 이어서 그는 엄격한 군기로 유명한 리커버(Hyman Rickover) 제독의 핵잠수함에서 근무했다. 그의 전임자들과는 달리, 카터는 의회에서 일한 적이 없는 워싱턴의 아웃사이더였다. 그는 성공적인 조지아 주지사로 한 번의 임기를 역임했지만, 1974년 대통령 출마를 선언했을 때 그는 거의 알려지지 않았고, 당내 정치구조 속에서도 입지가 좁았던 상태였다. 사람들은 "지미 누구?"라고 물었다. 민주당 예비선거에서 끈질긴 활동가의 모습을 보이고 1976년 총선거에서 승리한 것은 개혁에 대한 그의 약속 때문이었다. 그의 캠페인 슬로건은 "나는 결코 당신에게 거짓말을 하지 않을 것이다"였다. 수년 후에 연구자들은 카터가 그의 슬로건대로 살았고, 그의 공적 발언은 그의 기록과 일치했음을 발견했다. 역사가 브링클리(Douglas Brinkley)는 카터는 그의 도덕적 품위와 온전한 진실성을 유지한 채 워싱턴에서 플레인스로 돌아갈 수 있었다고 단정했다.[12]

카터는 사회적으로 진보적이었지만, 재정적으로는 보수적이었다. 또한, 그는 자신의 당과 의회에 있는 까다로운 세력들을 통합하면서 힘든 시기를 보냈다. 비록 그가 재능 있는 활동가였지만, 타협과 합종연횡의 측면에서는 타고난 정치인이 아니었다. 그의 태도는 도덕주의자, 혹은 나무보다 숲을 보는 기술자에 더 가까웠다. 카터는 타협을 정치의 본질로 보기보다는 옳지 않은 행동을 해야만 하는 것으로 보는 경향이 있었다.[13] 수석보좌관의 말에 의하면, 카터는 효율적인 정치연합체를 만들지 않았다. "실제로는 정치를 무시하면서도 그는 계속 되풀이해서 '정치는 나에게 맡겨라'라고 말했을 것이다. 그는 만약 그의 눈에 '옳은 것'만을 행한다면, 대중들이 그것을 분명히 알아줄 것이고 재선이라는 보상을 줄 것이라고 믿었다. 그러나 정치는 선거철에만 꺼내기 위해서 대통령 집무실의 문에 놓아둘 수는 없는 것이다."[14] 정치 지도자로서 카터는 나중에 그의 뒤를 이을 사교적인 젊은 남부 출신이던 클린턴(Bill Clinton)과 같은 타고난 정치인이라기보다는 닉슨의 정직한 버전이다.

어느 전기 작가는 카터를 "강렬한 정치적 비전을 분명하게 드러내지 못하고, 자신의 당을 단결시키지 못한 대통령으로 계속 기억될 것이다. … 그의 대통령직에 대한 이런 기억은 틀리지 않는다. 만약 루스벨트와 레이건이 통제가 어려운 관계들 사이를 단결시키는 법을 보여줬다면, 카터의 유산은 그 반대이다"라고 말하고 있다.[15] 또 다른 전기 작가는 카터가 과소평가되었고, 그가 비록 위대한 대통령은 아니지만, 정치적 결과를 무시하고 그의 원칙을 바꾸거나 그의 개인적 충성심을 포기하는 행위를 거부하면서 아주 다루기 힘든 문제들을 포괄적인 해법으로 감당한 선하고 생산적인 사람이었다고 말한다. 역사가들은 그에게 중간 정도의 순위를 매긴다.[16]

이러한 성격 때문에 카터는 윤리와 외교정책에 관한 이 책에서 매우 흥미로운 사례이다. 카터는 국가들 간의 관계 속에서 미국을 도덕성의 증인으로 보는 윌슨주의자였다. 그는 특히 인권에 대해서 깊이 생각했다.[17] 카터 또한 자신이 살아있는 동안 보았던 대통령들 중에서 트루먼을 가장 존경한다고 말했고, 다른 누구보다 그의 이력을 공부했다. 왜냐하면, 트루먼은 단도직입적이고 정직하고 다소 전통적인 사고방식을 가졌기 때문이다.[18]

카터는 남부 침례교도였다. 그러나 존슨과 닉슨이 그래함(Billy Graham) 목사에게 했던 것과 같은 광적인 종교행사와는 거리를 두었다. 카터는 그러한 쇼맨십을 거짓 신앙으로 인식했다. 대신에 그는 자신의 삶을 인도하는 종교적 원칙들을 따랐다. 그는 대통령일 때에도 묵묵히 성경수업을 했다. 그러나 사람이 착하다고 좋은 대통령이 될 수 있을까? 연설 초고의 집필을 담당했던 허츠버그(Hendrik Hertzberg)는 "레이건은 정리된 정치 이데올로기를 가지고 있었지만, 카터는 그렇지 않았다. 적어도 카터는 어떤 식의 정치 이데올로기를 거의 가지고 있지 않았다. 정치 이데올로기는 매우 도움이 된다. 그것은 당신이 알지 못하는 것들에 대해서 당신이 어떻게 생각해야 할지를 말해주기 때문에 시간을 절약해준다"라고 했다. 카터는 정책들을 실행하는 정치 세일즈맨이 아니라 정치 문제들에 대한 올바른 대답을 찾으려는 도덕적 수완가였다. 역사가 글래드(Betty Glad)는 "그는 '언덕 위의 밝은 도시' 전통을 추구하고 있고, 그것의 미덕뿐만 아니라 단점들도 공유하고 있다"고 설명했다. 그러나 그의 윌슨의 도덕주의는 맹목적인 신념으로 이어지지는 않았다.[19]

카터는 옳고 그름에 대한 강한 의식을 야기하는 도덕적 이데올로기를 가지고 있었다. 허츠버그에 따르면, "정치적 이익이나 정치적 두려움에 지나지 않는 이유 때문에 사람들을 죽이는 것은 잘못된 것이다. 존슨과 닉슨이 그랬다. 그들은 베트남전쟁을 확대하고 계속했다. … 나중에 그 전쟁은 이길 수 없음이 분명해졌다. 그들은 그들의 행동이 미국을 안전하게 하거나 베트남을 자유롭게 할 것을 진지하게 믿었기 때문이 아니라, 자신들이 약하게 보일 것을 두려워했기 때문에 그렇게 했다. … 마야게스 사건에서는 심지어 온순한 포드도 불필요하게 수많은 사람들을 죽게 했다. 하지만 카터는 결코 그렇게 하지 않았다."[20] 비록 1979년 주이란 미국대사관 인질사건##에서 몇 명을 잃었지만(그래서 그는 인질들을 구조하기 위한 조치를 중단했다), 카터는 자신의 임기 중에 전투로 사망한 미국인이 없다는 것을 자랑스러워했다.

다른 사건들은 카터의 도덕심에 더욱 가혹했다. 예를 들어, 외교정책 집필자인 캐플란(Robert Kaplan)은 "닉슨, 포드, 그리고 키신저가 했던 단호한 결정이 없었다면, 미국은 도덕적인 카터의 능력 부족으로 야기된 피해를 견디지 못했을 것이다"고 주장한다.[21] 캐플란은 인권침해 때문에 카터가 에티오피아에 대한 무기 전달을 1977년에 감축했다고 언급한다. 그는 카터가 아프리카의 뿔이라 불리는 에티오피아를 포함한 아프리카의 북동부 10개국 지역에서 무력 외교를 하지 않은 결정과 에티오피아에 일어난 수많은 죽음을 연결짓는 것은 닉슨이 캄보디아의 시골 지역을 급작스럽게 침공한 것과 6년 후의 크메르루주의 잔혹 행위를 연결짓는 것보다 더 직접적이라고 한다. 그러나 아프리카에서 미국의

역자 주) 주이란 미대사관 인질사건은 1979년 11월부터 1981년 1월까지 미국인 50여 명이 주이란 미 대사관에 억류되었던 사건이다. 이슬람 혁명 이후 독재자 팔레비 이란 국왕을 지원하던 미국에 대해 분노한 시위대에 의해 촉발되었다.

행위에 대한 사후 가정은 증명하기 어렵다. 소련과 소련의 꼭두각시 쿠바가 아프리카 대륙에서의 수많은 혁명에 개입하였지만, 미국이 에티오피아에서의 사건들을 얼마나 잘 통제할 수 있었는가, 혹은 닉슨이나 포드가 앙골라나 모잠비크에서 교사된 죽음들을 얼마나 막을 수 있었는가 하는 문제들은 불명확한 상태로 남아있다.

일반적으로 1970년대는 미국의 외교정책에서 긴축의 시기로 보여진다. 군사적 패배는 국가 이미지뿐만 아니라 국가의 신뢰성을 손상시켰다. 소련은 자신의 핵 무력을 건설하고 있었고 제3세계에서 좌파 혁명을 지원하고 있었다. 1973년 아랍의 석유 금수조치는 에너지 위기를 초래하고 휘발유의 가격을 인상했다. 제2차 세계대전 이후 세계경제의 높은 경제성장률이 하락하기 시작했다. 유럽과 일본에서의 테러공격은 민주주의의 안정성에 대한 우려를 확대했다. 1970년대 말 이슬람혁명이 이란의 샤 왕조를 전복시켰고, 소련이 아프가니스탄을 침공했다.

이러한 문제들에도 불구하고, 카터는 라틴 아메리카 내의 관계를 진전시킨 파나마 운하의 평화로운 반환, 이집트와 이스라엘 간의 캠프 데이비드 협상, 케네디가 빠르게 가속화될 것으로 예상했던 핵확산의 감속, 미국외교에서 인권문제에 대한 인지도 제고, 중국과의 완전한 외교 정상화, 소련과의 군비통제 협상 등 수많은 외교정책을 성공시켰다. 1979년 말 소련이 아프가니스탄을 침공한 후에 카터는 베트남전쟁 후 줄어든 국방예산을 다시 증가시켰고, 새로운 무기체계를 개발했고, 카터독트린을 공표했다. 카터독트린을 통해서 그는 군사력을 포함하여 모든 필요한 수단을 사용해서 페르시안 걸프 지역에서의 공격을 격퇴시킬 것을 공표했다.

파나마 운하가 파나마로 반환된 사건은 카터식 접근법을 잘 설명해준다. 파나마운하는 루스벨트 이후로 국력의 상징이었고 보수 정치에서 민감한 문제였다. 하야카와(S. I. Hayakawa) 캘리포니아 공화당 상원위원이 "우리는 그것을 공정하고 공평하게 팔았다"고 빈정댄 것은 유명하다. 그러나 독자적인 위원단들과 미국의 정보당국은 파나마에서 민족주의적 분노가 제고되면 테러나 게릴라전쟁이 일어날 수 있다고 경고했고, 포드는 그 문제의 해결을 시도했지만 실패했다. 카터의 정치고문들은 그에게 재선을 위해서 파나마 문제를 단념하라고 말했지만, 카터는 그것이 옳은 일이라고 생각했고 그것을 자신의 대통령 검토서의 첫 번째 주제로 삼았다. 카터는 1978년 4월 비준에 필요한 상원들의 표를 얻기 위해서 상당한 정치적 자산을 사용했다. 결과적으로 그의 행동은 파나마뿐만 아니라 라틴 아메리카 대부분과의 관계개선을 가져왔다.[22] 파나마 운하 협정이 없었다면, 반미 테러리스트들은 라틴 아메리카에서 더 많은 기회를 찾을 수 있었을 것이다.

중동 평화협상이 난항에 빠지고, 이집트와 이스라엘 간의 협상이 1978년에 교착상태에 빠졌을 때, 카터는 이집트의 사다트(Anwar Sadat) 대통령과 이스라엘 베긴(Menachem Begin) 총리를 캠프 데이비드로 초청했고, 그들을 집중적으로 중재했다. 많은 전문가들은 카터의 고집과 세부 사항에 대한 관심이 없었다면 합의가 어려웠을 것이라고 믿고 있다. 그는 13일 동안 20개의 초안에 깊게 개입했고, 그의 협상은 성공적이었다. 다시 한번 정치고문들은 카터가 짊어져야 할 위험성을 경고했지만, 카터는 그런 조언을 거절했다. 그와 유사하게 카터는 중국과의 완전한 국교 정상화를 추진했다. 대만이 이전 행정부부터 중국과의 외교관계를 막기 위해서 계속 로비를 했던 점을 고려할 때, 이것은 대만으로 인한 정치적 비용을 감수하는 것이었다.

카터는 또한 핵무기 확산을 늦춰야 하는 것을 강하게 주장했다. 1963년 핵실험금지조약(Test Ban Treaty) 당시 케네디는 10년 후에 25개의 핵 국가가 있을 수도 있다고 우려했다. 분리된 플루토늄이 무기로 사용 가능한 물질로 국제거래되더라도, 1974년 OPEC의 석유 금수조치와 석유 가격 파동 후에 플루토늄과 증식로가 에너지 안보의 핵심이라는 사회적 통념이 생겨났다. 1974년 5월 인도는 '평화적 핵장치'를 선언하며 핵무기 보유를 선언했고 세계에서 7번째로 핵무기를 보유한 국가가 되었다. 동시에 프랑스와 독일이 무기 수준의 물질을 생산할 수 있는 재처리 농축시설을 파키스탄과 브라질로 수출하고 있었다. 이런 상황 속에서 케네디의 예측이 현실화되는 것처럼 보였다. 핵무기 기술에 대한 이해를 가지고 있던 카터는 상황의 위험성을 이해했다. 그의 말을 빌리면, "첨단기술을 공급하는 회사들의 반대에도 불구하고 나는 이 능력이 다른 국가로 더 확산되는 것을 막기 위해서 가능한 모든 것을 하고 싶다."[23] 그는 미국의 재처리 시설과 증식로를 취소하면서 에너지 기업들의 의견일치에 대항했다. 그리고 상당한 외교적 비용을 들여서 프랑스와 독일의 판매 중단을 요구했다. 그는 또한 성공적으로 핵공급국협정을 맺었는데, 공급국들은 민감한 핵시설의 수출 제한에 동의했다.[24]**

또 다른 카터의 혁신은 미국의 외교정책에서 인권의 우선순위를 높인 것이다. 그것은 세력균형을 세계질서 구성의 원칙으로 보는 닉슨-포드-키신저 개념에서의 변화를 의미했다. 비록 포드 행정부가 1975년에 인권을 포함하는 헬싱키원칙에 동의를 했지만, 키신저의 우선순위는 소

** 내가 이 정책에 책임이 있었기 때문에 아마도 선입견을 갖고 있는지도 모른다. 하지만, 민감한 핵시설의 수출은 카터 행정부시기에 분명하게 감소했다.

련과의 데탕트였다. 1973년 그는 닉슨에게 유대인들에 대한 소련의 대우와 그들의 이주는 "우리가 상관할 일이 아니다"라고 언급했다. 여기에 닉슨은 "우리는 그것 때문에 전 세계를 날려버릴 수 없다"고 대답했다.[25] 내재된 갈등에도 불구하고 카터는 데탕트와 인권을 동시에 추구하기로 결정했다.

카터의 인권정책은 지속적인 추진이 어려운 정책이었다. 카터는 몇몇 권위주의적인 동맹국들은 예외로 두었지만, 남아공의 아파르트헤이트 체제와 아르헨티나, 칠레 등의 군사정부에 대해서 조치를 취했고, 소련의 인권문제를 공개적으로 비난했다. 비평가들은 그가 이란 왕조, 니카라과의 소모사(Anastasio Somoza) 등과 같은 냉전의 동맹들을 약화시켰다고 공격했지만, 장기적으로 인권이라는 소프트파워를 강조함으로써 카터는 미국에 상당한 국익을 가져왔다.

인권정책은 카터의 외교정책이 직면하고 있는 여러 문제들 중 하나였다. 즉, 어떻게 소련을 관리할 것인가 하는 문제이다. 정보 소식통들은 소련이 본질적으로 매우 심각한 경제 침체에 있다고 예측하였지만, 그럼에도 불구하고 소련은 군사투자, 특히 핵무기에 대한 투자와 쿠바를 내세운 아프리카에서의 좌익 혁명지원 등을 통해 강대국으로 부상했다. 카터는 밴스(Cyrus Vance) 국무장관의 데탕트 지향정책과 브레진스키(Zbigniew Brzezinski) 국가안보보좌관의 강경정책 사이에서 자주 망설였던 것으로 보인다. 카터는 이 두 참모들로부터 상반된 관점을 듣는 것이 유익하다고 주장했지만, 그들의 입장이 불완전하게 통합되었다. "그는 너무 많은 것을 스스로 결정하려고 했다. 그래서 밴스와 브레진스키 사이의 의견 충돌은 카터에게 괴로운 일이 아니었다. 왜냐하면, 그가 직접 결정을 내릴 것이기 때문이다. 미소관계의 중요한 이슈에 대해서 외교정책을 결정하는 것은 즉각적이면서도 연속적인 특징을 갖고 있었다."[26] 그러나 그 두 명의 참모들 간의 의견 차이는 가끔 미국 국민들에게 혼란스러운 인상을 주었고, 실제로 그러했다.

1977년 카터는 포드의 거의 완성된 블라디보스토크 조약을 그대로 수용하지 않고 핵무기 감축을 고집스럽게 추진했다. 그리고 소련의 인권에 대한 그의 비난 때문에 전략무기제한협상(Strategic Arms Limitation Talks) II가 지연됐다. 비평가들은 그가 최선을 추구했기 때문에, 좋은 정책이 실현되기 어려웠다고 주장한다. 결과적으로 카터는 1979년 6월에 핵무기제한협정인 SALT II에 서명했지만, 소련이 12월에 아프가니스탄을 침공하며 데탕트에 대한 정치적 분위기를 파괴했기 때문에 그것은 너무 늦은 것으로 판명됐다. 몇몇 비평가들은 카터의 인권정책이 그의 군비통제정책을 방해했다고 믿지만, 다른 이들은 "카터의 인권정책이 세계에서 미국의 도덕적 신뢰성을 주면서 모스크바를 국내적으로 방어적 위치에 놓이게 했기 때문에 상당한 공적"이라고 주장한다.[27]

1979년 소련의 아프가니스탄 침공 후에, 카터는 소련에 대해서 금수조치를 실시하고 모스크바 올림픽을 보이콧했다. 이어서 카터독트린을 공표하며 소련이 석유 자원이 풍부한 페르시아만으로 진출하는 데 대해서 경고했다. 비평가들은 그 침략이 카터의 순진함을 증명했다고 불평하지만, 카터가 아프가니스탄 이전부터 매년 3퍼센트씩 국방예산을 증가해 왔고, 또 유능한 브라운(Harold Brown) 국방장관을 통해서 스텔스와 정밀유도무기 등과 같은 신세대 기술에 투자해왔다는 것에 주목하는 사람은 거의 없었다. 그 기술들은 1991년의 걸프전쟁 시기에 재래식 무기의 결정적인 우위를 미국에게 부여했다. 어떤 이들은 카터의 강경한 태도가 폴란드 태생의 국가안보보좌관의 영향을 받은 것이라고 주장한다. 그러나 패스터(Robert Pastor) 보좌관이 말하듯이, "냉전으로의 귀환은 브레진스키의 전술 때문이 아니라 소련의 적극성 때문이었다."[28)]

이러한 성공에도 불구하고 카터의 외교정책은 자주 유약하다는 평가를 받는다. 브레진스키는 자신의 회고록에서 카터는 "강하고, 침착하며, 결단력이 있다. … 그러나 무력에 의존하는 것은 그의 본능이 아니었다. 그리고 그것이 드러났다. 카터가 보여주었던 망설임은 대중들에게 유약함으로 인식되었다"[29)]고 말한다. 2010년 미드(Walter Meade)는 '카터 신드롬'은 지나치게 제퍼슨의 전통 안에 있는 것이라고 언급하면서, 카터가 국내 민주주의와 해외 문제 관리의 귀감을 보임으로써 평화에 대한 지원과 대외적 행위들을 최소화했다고 지적한다.[30)] 그러나 그런 평가와는 다르게 프랑스의 외교관인 베스(Justin Vaisse)는 카터는 진정어린 성공을 거두었지만, 그것들은 그의 리더십 스타일과 "행정부의 결정과 업적을 설명하고 홍보하는 능력의 부재" 때문에 모호해졌다고 주장했다.[31)]

상술한 네 개의 외교정책에서의 주요 업적이 소련문제의 관리와 관련해서 복합적 성과를 거두었음에도 불구하고, 카터의 대통령 임기는 이란에서 일어난 호메이니(Ayatollah Khomeini)의 이슬람혁명에 의해서 마침내 끝이 났다. 브레진스키의 관점에서 카터의 "단 하나의 치명적 실수는 이란과 관련된 것"이었다. 왕조의 붕괴는 카터에게 정치적 재앙이었을 뿐만 아니라, 이란의 이슬람혁명은 지금까지 미국의 중동정책에 영향을 주고 있다. 브레진스키는 카터에게 이란의 군사 쿠데타를 지원할 것을 주장했지만, 카터(와 밴스 국무장관)는 그것을 "역사적으로, 또한 도덕적으로 틀린" 것으로 생각했다. 브레진스키의 관점에서, "내가 생각하기에 그들의 가장 설득력 있는 주장은 도덕적 주장이었다. 그들은 대체로 대통령 자신은 미국이 다른 나라를 잔혹한 대립으로 끌어들이는 책임을 져서는 안 된다고 생각했다."[32]

비평가들은 이란 왕조의 약화에 대해서 카터의 인권정책을 비난하지만, 카터가 이란 혁명의 주요한 원인인지는 불명확하다. 밴스의 발언에 의하면, "1978년 11~12월과 1979년 1월 초 사이에 미국이 이란 혁명의 방향성에 어떤 영향을 줄 수 있었는가 하는 것은 어려운 문제이다. 내 생각은 아마도 그럴 수 있었다. … 그러나 혁명을 촉발한 군대들은 뿌리 깊고 오랫동안 준비를 했기 때문에 미국이 무엇을 하든 이미 늦었을 것이다."[33] 오합지졸의 군대가 단결하여 그 혁명을 막을 수 있는지도 분명하지 않았다. 게다가, 샤 국왕은 치명적인 암 때문에 이미 물리적으로, 그리고 정신적으로 약해져 있었다.

아이러니하게도 샤 국왕이 망명길에 오르자, 카터는 그 상황을 악화시키는 또 다른 도덕적 결정을 했다. 브레진스키가 그에게 "우리는 우리의 친구였던 그들을 지지했어야 했다"고 말했고, 카터는 "샤 왕조를 배제하는 정책으로 인해 도덕적인 죄책감"을 느꼈다. 밴스의 반대와 테헤란에서의 시위 가능성에 대한 정보당국의 경고에도 불구하고 카터는 (헨리 키신저와 다른 공화당원들의 요청에 따라) 브레진스키의 의견에 동의했고, 치료의 명목으로 샤 국왕의 미국행을 허가했다.[34] 이어서 테헤란에서 급진적인 학생들이 미국 대사관 직원들을 인질로 잡았고, 불운하게도 인질을 구출하려는 카터의 노력은 우발적 충돌로 인해서 물거품이 됐다.

카터는 인질에게 집착하기 시작했다. "인질들이 나에게 주는 의미를 말로 표현하는 것은 불가능하다." 수완가로서 카터는 인질 사건 후에 국내정치와 자신의 이미지를 관리하는 정치적 임무에 치중하기보다는 그

문제를 해결하기 위한 여러 계획의 수립에 초점을 맞췄다.[35] 그리고 그는 용감하게도 볼커(Paul Volcker)를 연방준비제도 이사회 의장으로 임명하고 불경기라는 희생을 치루더라도 두 자릿수의 인플레이션을 해결하라고 지시했다. 이러한 사건들 때문에 카터는 좌파 측에서는 케네디(Edward Kennedy) 상원의원, 우파 측에서는 레이건으로부터 도전을 받았고, 결정적으로 1980년 선거에서 패배했다.

카터의 외교정책 윤리를 요약하는 것은 포드보다 더 복잡하다. 의도와 도덕적 비전이라는 측면에서 카터의 인권 강조는 보편적인 호소력을 지녔고 베트남전쟁으로 훼손된 미국의 소프트파워를 제고했다. "카터는 높은 가치를 지닌 소위 윌슨식 세계관을 대통령의 자리에 가져왔고, 인권을 확보하고 평화를 이루기 위해서 국제협력에 치중했다. … 그는 또한 파나마 운하나 중동 충돌 등과 같이 오랫동안 해결되지 않았던 문제들에 대처하기 위해서 개인적인 결단력을 보였다."[36] 도덕적 이데올로기 외에 더 많은 정치 이데올로기와 마키아벨리적인 기술들을 사용했다면, 그는 아마도 자신의 비전을 더 효과적으로 결합할 수 있었을 것이다. 카터가 공개적으로 표현한 가치들은 그의 개인적 동기가 전체적으로 그렇듯 매력적이다. 그러나 그는 지나치게 손이 더러워지는 것을 피하려고 했다. 정치에 대한 웨버의 조언에 큰 관심을 보였다면, 그의 목적은 더 많이 실현됐을 것이다. 그럼에도 불구하고 카터는 신중함을 이해했고, 그의 윌슨주의가 십자군이 되도록 내버려 두지 않았다. 중동과 동남아시아에서 인권정책을 조절한 점에서 알 수 있듯이 그는 가치와 위험 사이 균형을 맞췄다. 그리고 그는 소련을 관리하는 데에 대규모의 위험을 유발하지 않았다. 동시에 그는 파나마와 캠프 데이비드의 사례에서 상당한 정치적 위험을 개인적으로 감수하면서 자신의 의지를 보여주었고, 이것은 다른 정책적 평가들에서 면죄부를 제공하게 만들만큼 큰 성공을 거두게 되었다.

수단을 선택할 때, 카터는 분명하게 무력보다는 외교를 선호했다. 그는 전투에 미군을 보내지 않았다는 것에 스스로 자부심을 느꼈다. 그러나 국방예산의 증가와 새로운 무기체계의 개발을 고려하면 그를 평화주의자라고 보는 시각은 과장된 것이다. 비록 주한미군의 철수 캠페인을 했었지만, 취임 후 보좌관들이 한반도의 복잡한 상황을 설명했을 때, 그는 자신의 입장을 바꿨다. 비평가들은 카터가 무력사용을 망설였던 것을 심각한 도덕적 태만으로 말하지만, 에티오피아, 앙골라, 이란, 혹은 니카라과의 권위주의 정권에 대한 군사적 지원이 더 나은 결과를 가져왔을지는 논쟁의 여지가 있다. 권리와 제도의 존중이라는 자유민주주의적 수단에서 카터는 매우 높은 점수를 받는다.

윤리적 결과의 측면에서, 카터가 미 국익에 최선이었는가에 대해서는 여러 논쟁이 있다. 그의 성공들은 실제적이었다. 브레즈네프가 통치하는 소련에 대해서 순수한 브레진스키식의 접근 혹은 순수한 밴스식의 접근이 크게 다른 결과를 가져왔을 것이라는 점은 논쟁의 여지가 있다. 이어진 소련의 붕괴는 소련의 경제 속에서 이미 무르익은 것이었지만, 카터의 인권정책이란 소프트파워는 1989년 베를린 장벽의 철거로 마무리되는 그 변화에 기여했다. 다른 이들의 이익에 불필요한 피해를 주지 않으려는 세계적인 관심에 대해서도 카터는 또한 높은 점수를 받는다. 그러나 아마도 가장 인상적인 것은 교육적 효과일 것이다. 카터가 진리를 존중하고 인권에 관심을 보이면서 도덕적 담론이 확대되었다. 파벌 정치의 분쟁 속에서 카터의 외교정책을 과소평가하는 것이 하나의 유행이 되었지만, 인식되는 것보다 더 중요한 본질이 있음을 역사는 보여준다.

카터의 윤리적 성적표	
의도와 동기	
도덕적 비전: 매력적 가치, 선한 동기	높음
신중함: 가치와 위험 사이의 균형	높음/중간
수단	
군사적 수단: 균형, 차별, 필수	높음/중간
자유민주주의 수단: 권리와 제도의 존중	높음
결과	
수탁자: 미국의 장기적 이익에 대한 성공	중간
세계적: 타인에 대한 최소한의 피해	높음
교육적: 진실성, 폭넓은 도덕적 담론	높음

*****

아이러니하게도 포드와 카터 모두가 외교정책 윤리에서 비교적 높은 점수를 받은 좋은 인격을 가진 사람들이지만, 많은 사람들은 외교정책에서 1970년대를 약했던 시기로 판단한다. 그러나 판단은 전후 사정을 고려하고 비교 대상을 분명히 한 후에 이뤄져야 한다. 베트남전쟁 이후 워터게이트 사건, 경제적 스태그플레이션, 그리고 문화적 혁명 등을 감안할 때, 문제는 지도자가 아니라 당시 상황에 있었을지도 모른다. 대통령들의 기만이 대중의 신뢰를 훼손한 1960년대를 보낸 후에, 포드와 카터가 거짓이 아닌 사실을 말하는 것으로 명성을 쌓았다는 점이 흥미롭다. 국내의 신뢰성과 대외적인 소프트파워의 중요성은 과소평가돼서는 안 된다.

어떤 이들은 다음 10년 동안 레이건이 더 잘했다고 주장할 수도 있다. 그러나 우리가 보듯이 그도 초반에 여러 어려움을 겪었고, 1985년 고르바초프가 우연히 소련의 새 지도자가 된 후에 많은 성과를 거뒀다. 영국의 철학자 윌리엄스(Bernard Williams)가 지적했듯이, '도덕적 운'이라는 것이 있다.[37] 노쇠한 브레즈네프 세대가 10년 더 일찍 물러나고 소련 경제의 약점이 더 빨리 드러났다면, 1970년대는 베트남전쟁으로부터의 회복이 아니라 냉전의 종식으로 기억되었을 것이다. 역사가 스트롱(Robert Strong)이 분석하듯이, "카터와 고르바초프의 결합이 얼마나 더 많은 것을 이룩할 수 있었는가? 이 두 명의 '아웃사이더'들이 미소관계와 세계의 형태를 바꿀 기회가 있었다면 무엇을 했었을까?"[38]

주

1) Sestanovich, *Maximalist*, chapter 8.
2) Stuart E. Eizenstat, *President Carter: The White House Years* (New York: St. Martin's Press, 2018), 5.
3) Greenstein, *The Presidential Difference*, 112.
4) Gergen, *Eyewitness to Power*, 140.
5) Gergen, *Eyewitness to Power*, 147.
6) Roger B. Porter, "Gerald R. Ford: A Healing Presidency," in *Leadership in the Modern Presidency*, ed. Greenstein, 199–227.
7) Jan Lodal, "Brezhnev's Secret Pledge to 'Do Everything We Can' to Reelect Gerald Ford," *The Atlantic*, July 26, 2017.
8) Gerald R. Ford, *A Time to Heal* (New York: Harper and Row, 1979), 274–75.
9) Ford, *A Time to Heal*, xvii.
10) Peter Rodman, *Presidential Command: Power, Leadership and the Making of Foreign Policy from Richard Nixon to George W. Bush* (New York: Knopf, 2009), 107–8.

11) 내 동료 로저 포터(Roger Porter)의 통찰력에 감사를 표한다.
12) Douglas Brinkley, "The Rising Stock of Jimmy Carter," *Diplomatic History* 20, no. 4 (Fall 1996), 526.
13) Greenstein, *The Presidential Difference*, 141.
14) Eizenstat, *President Carter*, 2.
15) Julian E. Zelizer, *Jimmy Carter* (New York: Henry Holt, 2010), 147.
16) Eizenstat, *President Carter*, 2. 또한, Lamb, *The Presidents*, where the 2017 CSPAN poll ranked him #26을 참고할 것.
17) Erwin Hargrove, "Jimmy Carter: The Politics of Public Goods," in *Leadership in the Modern Presidency*, ed. Greenstein, 233.
18) Jimmy Carter, *Keeping Faith* (New York: Bantam Books, 1982), 65.
19) Betty Glad, *An Outsider in the White House: Jimmy Carter, His Advisors, and the Making of American Foreign Policy* (Ithaca, NY: Cornell University Press, 2009), 285–86.
20) Hendrik Hertzberg, "Jimmy Carter," in *Character Above All*, ed. Robert A. Wilson (New York: Simon & Schuster, 1995), 189.
21) Robert D. Kaplan, "The Statesman: In Defense of Henry Kissinger," *The Atlantic*, May 2013, 78.
22) Eizenstat, *President Carter*, 555–74.
23) Carter, *Keeping Faith*, 245.
24) Joseph S. Nye, "Maintaining a Nonproliferation Regime," *International Organization* 35, no. 1 (Winter 1981), 15–38.
25) Eizenstat, *President Carter*, 587–88.
26) Hargrove, "Jimmy Carter," 235, 249.
27) Brinkley, "The Rising Stock of Jimmy Carter," 522.
28) Robert A. Pastor, "Review of Betty Glad," *H-Diplo Roundtable Review* XII, no. 6 (2011), 20.
29) Zbigniew Brzezinski, *Power and Principle: Memoirs of the National Security Advisor, 1977–81* (New York: FSG, 1983), 321.
30) Walter Russell Mead, "The Carter Syndrome," *Foreign Policy*, January–February 2010.
31) Justin Vaisse, "Thank You, Jimmy Carter: Restoring the Reputation of America's Most Underrated Foreign-Policy President," *Foreign Policy*, July 2018, 17.
32) Brzezinski, *Power and Principle*, 522, 397.
33) Cyrus Vance, *Hard Choices: Critical Years in America's Foreign Policy* (New York: Simon & Schuster, 1982), 346.
34) Brzezinski, *Power and Principle*, 473.
35) Erwin C. Hargrove, *Jimmy Carter as President: Leadership and the Politics of the Public Good* (Baton Rouge: Louisiana State University Press, 1988),

181.
36) Hargrove, *Jimmy Carter as President*, 245.
37) Bernard Williams, *Moral Luck* (Cambridge: Cambridge University Press, 1981).
38) Strong, "Review of Betty Glad," *H-Diplo*, 24.

6장

냉전의 종식

1980년대 초 미국의 분위기는 절망적이었다. 1979년 지미 카터는 미국의 '사회 및 정치 구조'를 위협하고 있는 '신뢰성의 위기'에 대해 말했었다. 전문가들은 미국의 쇠퇴에 대해서 글을 썼고, 어느 유명 잡지는 눈물을 흘리는 자유의 여신상을 그 표지에 담았다. 인질 사건 외에도 이란 혁명이 에너지 가격을 더 악화시켰고, 경제 침체는 계속됐다. 존경받던 커틀러(Lloyd Cutler) 워싱턴 변호사는 미국은 대통령 제도보다 의회 제도로의 전환을 고려해야 한다고 제안했다. 소련은 아프리카와 중앙아메리카에서의 좌익혁명과 핵무기로 더 강해지는 것처럼 보였다.

하지만 10년이 지난 후에 이것들은 사실이 아니었음이 드러났다. 미국은 냉전을 끝내며 단극 시기로 들어가고 있었다. 이러한 업적은 부분적으로 1980년대 대통령이었던 레이건과 부시(41대)에게 있다. 그러나 한편으로는 1980년대 초 소련에 대한 오판으로 설명할 수도 있다. 실제로, 소련은 심각한 경제 하락으로 어려움을 겪었다.

1950년대 스탈린의 중앙계획경제체제는 중공업 재건에 초점을 맞췄고, 소련의 성장률은 미국보다 높았다. 흐루시초프가 1959년 미국을 방문했을 때, 그는 경기가 좋다는 수치들을 공공연히 사용하면서 소련의 승리를 자랑했다. 그러나 소련의 중앙계획경제체제는 정보경제라는 세계경제의 변화에 제대로 대응하지 못했다. 그것은 느리고 유연하지 않았다. 경제학자 슘페터(Joseph Schumpeter)에 의하면, 자본주의는 창의적인 파괴, 즉 기술 변화의 주요 흐름에 유연하게 대처할 수 있는 방식을 가지고 있다. 20세기의 말에 발생한 소위 '제3차 산업혁명'이라고 하는 중요한 기술적 변화에 따라 정보가 경제성장을 촉진하는 엔진으로서의 역할을 하기 시작했다.

소련의 중앙계획경제체제는 제2차 산업혁명, 즉 중공업의 느린 속도에 맞춰 계획된 것이었다. 매 2년마다 컴퓨터 칩의 능력이 2배로 늘어난다는 무어의 법칙을 고려하면, 새로운 중앙계획경제체제는 목적을 이루기도 전에 이미 시대에 뒤떨어진 것이었다. 소련은 정보 처리에 서툴렀다. 그 정치체제 밑에 깔려 있는 비밀 유지는 정보의 흐름을 느리고 번거롭게 만들었다. 소련의 셰바르드나제(Eduard Shevardnadze) 외무장관은 관료들에게 "우리의 위대한 국가는 지난 15년간 선진 공업국으로서의 주도적 지위를 조금씩 잃어왔다"고 말했다.[1] 소련의 국방예산이 GDP의 24퍼센트(그 시기 미국은 5.9퍼센트였다)를 차지하고 있다고 여겨졌는데, 소련 경제는 그 군사력을 더 이상 유지할 수 없었다. 유명한 영국 역사가 폴 케네디(Paul Kennedy)는 미국은 '과잉의 제국확장'으로 고통을 겪어왔지만, 미국이 아니라 소련이 과잉의 제국확장을 경험하고 있었다는 것이 드러났다고 지적했다.[2] 레이건과 부시는 좋은 지도자들이기도 했지만, 실제로 그들은 순풍을 타는 행운을 누렸다.

로널드 레이건

레이건(Ronald Reagan)은 1911년 일리노이주의 작은 도시 템피코에서 태어났다. 그는 존슨을 제외하고 1960년대 대통령들보다도 나이가 많았다. 그의 가족의 재력은 평범했다. 그의 아버지는 음주 문제가 있었고, 그의 어머니는 엄격하게 종교적이었다. 그는 그저 그런 학생으로 작은 개신교계 문과대학인 유레카대학을 다녔다. 카터와 비슷하게 그는 의회에서 근무한 경험이 없지만, 캘리포니아 주지사직을 거쳐 대통령이 됐다. 제2차 세계대전 중에 그는 군대 영화와 관련된 일에 종사하며 군생활을 했다. 정치인이 되기 전에 그는 할리우드에서 경력을 쌓았는데, 1937년에서 1964년까지 53편의 영화에 출연했다. 정치생활 초기에 그는 루스벨트를 존경하는 활동적인 민주당원이었고, 효율적인 리더십을 보이며 미국 영화배우협회장으로 단체교섭을 진행하기도 했다. 하지만 그는 1962년에 민주당을 탈당하고 공화당원이 되었고, 다양한 산업 단체들 앞에서 연설하며 보수적 이데올로기를 연마했다.

레이건은 자신의 이데올로기에 따라 직면한 문제들을 단순화했지만, 그것 때문에 반대편과 협력하거나 실용적인 합의점을 도출하는 것을 주저하지는 않았다. 레이건은 "우리의 많은 문제들은 간단한 해답이 있다. 그것은 어려운 도덕적 이슈들에 직면하지 않기 때문에 복잡하면서도 쉽다"고 믿었다.[3] 1983년에 그는 소련을 '악의 제국'이라고 불렀지만, 실용적인 그는 1985년 제네바에서 고르바초프를 만났을 때 협상을 준비했다. 1988년 모스크바에서 열린 그들의 마지막 정상회담에서 그는 지난 몇 년을 언급하면서 "나는 다른 시간, 다른 시대를 말하고 있었다"고 말했다.

레이건은 단순하지 않았지만, 그는 그렇게 보이려고 했다. 그는 인기가 많은 사람이면서도, 자신의 동료들, 대도시에 살면서 작은 도시들을 대변하는 사람들, 첫 아내와 이혼하고 자녀들과의 관계가 좋지 않지만, 가족의 가치를 지지하는 사람들을 선호했다. 그는 "성격상의 결함이 없는 진정한 신자였고, 세계교회주의자 스타일의 종파주의자였다."[4] 루스벨트와 같이 레이건은 최고 수준의 지적능력은 없었지만, 그것을 위대한 감성 지능으로 보완했다. 낙관주의를 퍼뜨리고 유머 사용에 능숙했던 그는 사실과 환상을 섞은 우화 말하기의 달인이었다.

레이건은 미국인들이 자신들을 생각하는 방식을 바꾸게 했다. 그러나 한 보좌관이 썼듯이, 그는 지나치게 공상적이고 세부 사항에 관심을 두지 않아서 극적인 실수들을 하기도 했다. 그럼에도 불구하고 거겐은 그를 루스벨트 이후의 최고 지도자로 여겼다.[5] 어떤 비평가들은 레이건을 '단순한 배우'로 일축했지만, 그는 배우가 아니더라도 누가 그 일을 어떻게 잘할 수 있느냐면서 재치있게 대답했다. 카터는 아니겠지만, 루스벨트는 분명히 이런 감상에 동의했을 것이다.

어떤 사회 지도층들은 이 나라가 통치 가능한가 하는 의문을 제기했지만, 레이건 스타일은 미국의 자신감을 회복시켰다. 그의 가장 위대한 지도자 자질 중의 하나는 선 대 악이라는 '도덕적 투명성'을 강조함으로써 미국 지지자들에게 매력적인 비전을 제시하는 능력이었다. 레이건이 연설문 작성자인 누난(Peggy Noonan)에게 말했듯이, "내가 이상주의자라는 것은 분명하다. 그것은 내가 미국인이라는 것을 말하는 또 다른 방식이다."[6] 그는 '언덕 위의 도시' 비유를 사용했고, 미국인들을 선택받은 사람들로 보았다. 그러나 거겐이 지적했듯이, 그의 전임자들처럼 레이건은 미국의 사상과 문화를 다른 나라에 전해야 한다는 선지자적 욕구를 가지고 있지 않았다. 그러나 그는 미국이 본을 보여야 하고 이것이 다른 국가의 민주주의와 자유를 발전시킬 것이라고 생각했다.[7] 그는 루스벨트 이후 그 어느 대통령보다 대중과의 소통능력이 뛰어났다. 『이코노미스트(*The Economist*)』지는 레이건의 인지적 약점을 인식하면서도 회고록 요약본에서 "이 단순한 투사를 이해하는 것이 놀라울 정도로 어렵지만," 그를 20세기 가장 중요한 대통령들 중의 하나라고 불렀다.[8]

인지능력뿐만 아니라 레이건은 조직능력에서도 약점을 가지고 있었다. 그가 참모진의 포로는 아니었지만, 그는 그가 지명한 사람들에게 심각하게 의존했다. 그러나 그들은 나중에 거의 무책임할 정도로 부주의했다. 레이건은 아이젠하워와 유사한 방식으로 통치했지만, 그는 아이젠하워식 막후 정치력이 없었다. 그와 함께 일한 사람들은 레이건이 좋은 주장에는 관심을 기울였지만, "만약 주제가 그에게 흥미를 주지 않으면(많은 것이 그러했다), 그는 그 주제를 쉽게 처리해 버렸다. … 세부 사항에 대한 무관심과 개입하지 않는 태도는 그의 리더십에 위험할 수도 있었다"고 말한다.[9] 1985년 레이건은 유능하고 실용적인 베이커(James Baker) 수석보좌관을 재무장관으로 자리를 이동시켰는데 이는 그로 인해 유지되던 백악관 내 미묘한 힘의 균형추가 무너짐을 이해하지 못한 것이었으며, 레이건의 대통령직 수행을 어렵게 한 스캔들의 시작이 되었다. 8년 동안 6명의 NSC 고문이 있었음에도 불구하고, 레이건은 슐츠(George Shultz) 국무장관과 와인버거(Caspar Weinberger) 국방장관 간의 내부 알력 싸움을 관리하지 못했다.

케이시(William Casey) CIA 국장, 포인덱스터(John Poindexter) 국가안보보좌관, 노스(Oliver North) 해병대 중령 등 지속적으로 감독이 필요한 자들을 제대로 통제하지 못했고, 결국 인질 석방을 위한 이란과의 무기 거래, 그리고 니카라과 마르크스주의 정권에 대항하는 콘트라

반란군들의 비밀 작전에 대한 불법적인 재정 지원과 관련된 이란-콘트라 스캔들이 발생했다. 이 스캔들 때문에 그는 대통령직 수행에 있어 큰 위기를 맞았다. 레이건은 가치라는 단순화된 관점에서 큰 그림을 보았지만, 그 세부 사항을 이해할 수는 없었다.[10] 1987년 이란-콘트라사건의 뒤처리를 담당했던 앱샤이어(David Abshire) 대사에 의하면, 처음에 레이건은 스캔들을 부인하고 그것을 덮어두려는 의향을 보였지만, 마침내 그는 완전한 공개에 동의했다. 앱샤이어는 “레이건 시기에 미국은 아마도 변혁적 리더십에는 위대한 재능을 가지면서도 업무적 리더십에 거의 흥미가 없는 이런 대통령을 가져본 적이 없다”고 단정했다.[11]

레이건은 자주 냉전을 끝낸 업적으로 인정을 받지만, 그 이야기는 더 복잡하다. 초기에 그가 가졌던 목적들이 소련에 대한 강경정책(rollback)이나 정권교체를 포함하고 있지는 않았지만, 그는 닉슨 이후 소련을 봉쇄하는 방식이었던 데탕트를 파기하고, 소련에게 더 단호하게 대하는 것을 목적으로 삼았다.[12] 레이건은 냉전의 현상유지를 좋아하지 않았다. 그의 공격적인 언변과 군비증강은 소련을 압박하기 위해 계획된 조합이었다. 그러나 미사일에 대한 방어망인 전략방위구상(SDI: Strategic Defense Initiative)[##]의 사례에서 우리는 직관과 지식 간의 간극을 볼 수 있다. 그의 국무장관이 “우리는 이것을 실행할 기술을 가지고 있지 않다”고 경고하고 합동참모장도 “정책에 필수적인 기반이 아직 준비되지 않았다”고 말했음에도 불구하고, 그는 NSC 참모들로 하여금 그 내용을 1983년

역자 주) 전략방위구상(SDI)는 1983년 미국 레이건 대통령에 의해 수립된 계획으로 소련의 핵 미사일 위협에 대해 첨단 우주장비를 배치하여 소련의 핵 미사일을 우주공간에서 격파하려는 구상이다.

연설에 넣도록 했다. 그러나 이런 미국 내 정책결정자들의 혼선에도 불구하고, 재정적으로 어려웠던 소련은 그들이 이길 수 없는 군비경쟁에 뛰어드는 것을 우려했다.[13] 즉, SDI는 군사무기로서가 아니라 외교적으로 더 성공했다.

레이건이 말한 목표 중의 하나는 세계에서 핵무기를 없애는 것이었다. 그는 그것을 도덕적 의무로 여겼다. 참모들이 협상에서 신중함을 요구했을 때, 그는 "나는 성경을 읽어왔고, 많은 도시를 파괴하는 아마겟돈에 대한 이야기도 읽었다. 우리는 그것을 반드시 피해야 하고, 우리는 새로운 어떤 것을 해야만 한다"면서 도덕적인 대답을 했다.[14] 1986년 레이캬비크 정상회담에서 핵 문제에 대한 진전을 이뤘지만, SDI 실험을 연구소로 제한하라는 고르바초프의 요청을 거절하면서 그것은 결국 실패했다. 아이러니하게도 그의 실패는 부분적으로 그의 인지적 오해 때문이었다. 레이건 행정부의 많은 사람들이 SDI를 협상카드로 생각한 반면, 레이건은 정말로 그것이 방어망으로 제대로 작동하리라 믿었고, 개발과정의 심각한 한계들을 인정하지 않았다. 그리고 핵무기 확산이 감소추세에 접어들기 시작했을 때 레이건 행정부는 아프가니스탄 내 소련의 존재에 대항하기 위해서 파키스탄을 우선적으로 지원해야 한다고 생각했기 때문에, 카터 행정부가 시행했던 파키스탄에 대한 압박을 완화했다.

레이건이 정말로 냉전을 끝냈는가? 그의 언변과 소련을 압박한 군비증강은 부분적으로 그 결과에 기여했지만, 레이건의 진정한 기술은 공격적인 수사를 실제적인 협상으로 전환한 것이었다. 그는 행정부의 그 누구보다 빨리 고르바초프의 협상 의지를 간파했고, 원만한 업무 관계를 수립할 수 있었다.

그러나 냉전의 종식을 야기한 레이건의 행위는 고르바초프만큼 결정적이지는 않았다. 고르바초프가 비록 그의 목적을 이루지는 못했지만, 실제적으로 그는 변혁적 결과를 가져왔다. 고르바초프의 목적은 소련을 파괴하는 것이 아니라 개혁하는 것이었다. 그가 없었다면 소련은 10년 혹은 그 이상 더 오래 버틸 수도 있었다. 그러나 궁극적으로 소련이 붕괴된 가장 결정적 원인은 공산주의 이데올로기의 쇠퇴와 소련 경제의 실패라는 구조적 원인들이었다. 이것은 고르바초프나 레이건이 없었어도 결국 일어날 일이었다. 레이건은 고르바초프를 협상 상대로 볼 수 있는 직관과 정치력을 가지고 있었고, 그것이 냉전종식의 중요 원인은 아닐지라도 그 타이밍에 대해서는 어느 정도 설명해줄 수 있다. 만약에 잘 알려진 소련의 강경론자 안드로포프(Yuri Andropov)가 신장 질환으로 죽지 않았다면, 혹은 만약 고르바초프가 5년 더 일찍, 즉 카터가 대통령일 때 권력을 잡았다면, 레이건의 전략과 인과적 역할은 중요하지 않았을 것이다. 레이건은 고르바초프가 그가 받은 카드 중에서 '킹'이었다는 도덕적 운을 즐겼고, 또한 그 카드들을 잘 활용해 게임을 했다. 그러나 소련 붕괴의 근본적 원인은 구조적이었고, 주된 요인은 고르바초프의 페레스트로이카·글라스노스트정책, 그리고 신사고 외교정책이었다. 그는 마치 역사의 무대에서 자기 스웨터에서 실 하나가 풀린 것을 보고 스웨터가 다 없어질 때까지 그것을 계속 잡아당기는 사람과 같았다. 고르바초프는 소련을 없앨 의도가 없었지만, 결과적으로 그렇게 했다.

레이건은 외교정책에서 도덕적 지도자의 탁월한 사례로 자주 언급된다. 행동하는 보수주의자로서 그는 도덕적 투명성을 강하게 요구했던 연설들로 유명하다. 1982년 영국 국회 의사당에서 자유의 확산은 "마르크스-레닌주의를 역사의 잿더미에 남겨둘 것"이라고 예측했고, 1987년 베를린에서 그는 "고르바초프 서기장, 이 벽을 허무시오"라고 요구했다. "중요한 결정에 있어서 단지 이유를 아는 것은, 그것이 본질적임에도 불구하고, 그 결정의 절반일 뿐이다. 굳건한 본능, 감정 등 다른 절반에 대한 단어가 무엇이든지, 당신은 그것이 필요하다. 레이건은 자신이 말해야 할 것과 해야 할 것을 결정할 때마다, '나에겐 직감이 있다'고 반복해서 말했다." '레이건주의 외교정책'을 말할 때, 그것은 일반적으로 복잡한 문제들을 단순화한 레이건의 도덕적 투명성이나 그의 가치들을 대변했던 효과적인 수사를 주로 의미한다. 그러나 이런 일차원적인 평가는 레이건의 수단, 즉 그가 정책을 추구할 때 보여줬던 협상과 타협의 중요성을 간과하고 있다. 역사가 레플러(Melvyn Leffler)는 "레이건의 감성 지능은 그의 군비증강보다 중요하고, 대내적인 정치적 신뢰성이 대외적인 이데올로기적 공격보다 중요하며, 그의 공감, 온화함 그리고 배움이 그가 받은 비판보다 중요하다. 그는 고르바초프의 보조자였지만, 그 누구도 예측하지 못했던 극적인 변화의 프레임을 짜는 데에서 반드시 필요한 파트너였다."[15]

그럼에도 불구하고, 가치와 비전의 표현이라는 측면에서 보면, 레이건은 명확하고도 분명하게 목적들을 말함으로써 사람들을 고무시켰다. 여기서 핵심적 질문은 그가 열망과 위험성의 균형을 신중하게 맞추면서 목적과 목표를 정했는가 하는 것이다. 어떤 사람들은 첫 임기에서 그가 보여준 언변이 오판 혹은 전쟁을 야기하는 우발적 사건의 위험성을 증가시키면서 미소관계의 긴장과 불신을 위험할 정도까지 확대했다고 주장한다. 어떤 전문가들은 1980년대 초반에 있었던 몇 번의 핵 위기는 위기일발의 상황이었을 뿐, 당시에 실제로 발생할 성격의 사건은 아니었다고 믿지만, 레이건이 그가 만든 그 위험성을 완전히 알고 있었는가 하는 것은 불분명하다.[16] 검증되지 않은 위험들을 강요했다는 측면에서, 그에게 도적적인 결함이 있을 수도 있다. 그러나 레이건의 강경한 정책은 협상을 촉진했고, 그의 두 번째 임기에서 고르바초프가 권력을 잡았을 때 그것을 유리하게 사용했다. 그러나 만약에 두 번째 임기가 없었다면 어떻게 되었을까?

'세계적 비전 대 편협성'의 문제에 대해서, 레이건은 소련의 인권침해는 강조하면서도 미국에게 우호적이었던 수많은 정권들이 저지른 문제들은 무시하는 위선적인 모습을 보였기 때문에 가끔 비난을 받는다. 하지만, 그는 보편적인 용어들을 사용해서 가치를 표현했다. 그는 카리브해 지역에서 발생한 그레나다 사건에 개입했고, 남아공의 아파르트헤이트정책을 수용했다. 그는 중앙아메리카에서 자살 특공대를 사용하는 정권들을 지원했다. 그는 반대 시위가 시작되고 2년이 지나서야 필리핀의 마르코스(Ferdinand Marcos) 정권에 대한 지원을 줄였다. 그는 인권을 중시했지만, 그것을 냉전의 무기로 교묘하게 사용했다.

수단과 관련해서 레이건은 중간 점수를 받는다. 이란-콘트라사건에서 합법적 수단을 교묘하게 사용한 것은 국제적 규범과 제도뿐만 아니라 국내적으로도 나쁜 선례를 남겼다. 그리고 중앙아메리카의 좌파 정권들과 전쟁을 벌이는 비밀공작을 추진했기 때문에, 레이건독트린은 의회에서 법적인 문제를 야기했을 뿐만 아니라, 미국과 공식적으로 평화관계에 있던 니카라과의 항구들이 폭파되는 결과를 초래했다. 국제사법재판소가 미국의 행위를 국제법 위반으로 판결했을 때, 레이건은 그 판결을 무시했다. 현실적인 필요 때문에 자주성과 제도적 통제를 위반해도 되는가 하는 문제는 논쟁의 여지가 있지만, 그 피해는 실제로 존재했다.

윤리적 결과 측면에서는, 우리가 앞에서 보았듯이 냉전과 소련을 끝낸 업적 대부분이 고르바초프에게 있지만, 레이건은 의심할 바 없이 미국의 국익을 발전시켰다. 어떤 사건이든지 간에, 레이건은 미국의 편협한 이익만을 추구하지 않고 그 기회를 잘 활용했다. 하지만 어떤 전문가들은 레바논에 배치된 해병대의 철수문제나 인질 반환 협상 등과 같은 문제 및 대테러 대응에 있어서 나쁜 선례를 남기면서 장기적으로 불운한 결과를 야기했다고 주장한다.

레이건의 비유와 꾸며낸 이야기들은 자주 진실을 왜곡했다. 비평가들은 그가 계획적으로 진실을 왜곡했는지, 아니면 자신이 믿기 원했던 가치들을 강조하기 위한 것인지 논쟁을 한다. 일반적으로 그의 과장된 말은 국내에서의 도덕적 담론을 확장했지만, 그의 교육적 효과는 남아공의 아파르트헤이트정책에 대한 지지와 같이 자신의 말과는 상반된 행동을 보였기 때문에 그의 교육적 효과는 가끔 반감된다. 그는 자유와 인권을 얘기했지만, 중앙아메리카와 아프리카에 있는 잔혹한 권위주의 정권들을 지원했다. 이란 사건과 같은 경우에서 카터는 자신의 인권정책을 절충해야 했지만, 레이건은 비공산주의 정권들을 용납하면서도 인권

레이건의 윤리적 성적표

의도와 동기	
도덕적 비전: 매력적 가치, 선한 동기	높음
신중함: 가치와 위험 사이의 균형	중간
수단	
군사적 수단: 균형, 차별, 필수	중간
자유민주주의 수단: 권리와 제도의 존중	중간
결과	
수탁자: 미국의 장기적 이익에 대한 성공	높음
세계적: 타인에 대한 최소한의 피해	중간
교육적: 진실성, 폭넓은 도덕적 담론	높음

을 좌파에 대항하는 하나의 무기로 사용했다. 그런 점에서 레이건이 국가를 위해서 선언한 가치들은 외국인들에게 위선적으로 보였다. 그러나 그가 정한 목표와 동기, 그리고 그가 기여한 결과들을 고려할 때 그는 대체로 윤리적인 외교정책을 시행했다. 그가 스스로 부족하다고 느낀 것은 그가 사용한 수단에 있었다. 이러한 판단들을 요약하면 앞의 성적표와 같다.

조지 H. W. 부시

부시(George H. W. Bush)가 대통령이었던 1991년 12월에 소련이 해체됐다. 그리고 미국은 세계 유일의 초강대국이 됐다. 부시는 NATO 하의 통일 독일로 냉전의 종식을 성사시켰고, 동서 간에는 한 발의 총알도 발사되지 않았다. 케네디가 쿠바 미사일 위기 속에서 재앙을 피한 것 때문에 역사에 기록되었듯이, 이것 하나만으로도 부시의 유산은 확고해졌다.

코네티컷주의 공화당 상원의원의 아들로서 부시는 고귀한 배경, 행복한 가정을 가지고 있었다. 그는 앤도버와 예일에서 아이비리그 교육을 받았다. 그곳에서 그는 스타 운동선수였다. 그는 소위 은수저를 입에 물고 태어났고, 그것을 잘 활용했다. 그는 제2차 세계대전에서 수훈을 세웠을 뿐만 아니라, 그의 비행기가 추락했음에도 살아남았다. 그의 어머니는 미국 북부의 겸손함과 노블레스 오블리주라는 앵글로색슨계 백인의 가치로 그를 양육했다. 전쟁 후에 그는 동부지역을 떠나 텍사스에 있는 석유회사에 들어갔다. 나중에 부시는 하원에서 두 번의 임기를 보냈고, 유엔대사, 주중외교관, CIA 국장으로 근무했다. 그는 1980년 경선에서 레이건과 맞붙었지만 패배했다. 이후 레이건이 부시를 중도층을 대변하는 부통령으로 지명했다. 부시는 "내가 할 수 있는 한 가장 큰 선을 행하고, 해는 가장 적게 끼치고 싶었다"라는 말로 대통령직에 대한 자신의 생각을 요약했다.[17)]

레이건과 부시는 대조적인 성격을 가지고 있었다. 레이건이 장기적인 비전은 가졌지만, 세부적인 집행에서 약점을 보였다면, 부시는 집행에서는 탁월했지만, 비전이 부족했다. 그는 '비전이라는 것'을 공공연하게 무시했다. 부시는 좋은 소통자도 아니었고 뛰어난 배우도 아니었지만, 그렇기 때문에 그는 대부분의 문제에서 매우 업무적인 스타일을 보였다. 부시는 뛰어난 참전용사였지만, 레이건은 영화 속에서 군 생활을 했다. 비록 부시가 텍사스에서 하원의원으로 당선이 되었지만, 그는 워싱턴에 익숙했다. 그의 가족은 중도적인 동부 공화당 기득권층이었지만, 레이건은 캘리포니아에서 경력을 쌓고 당내에서 신보수주의적 도전을 개척했다. 그럼에도 불구하고, 부시는 레이건에게 충성했다.

아이젠하워와 같이 부시는 대통령직에 있을 때에 국제문제에 가장 경험이 많은 사람들과 같이 일했다. 그 때문에 그는 비범한 상황 지능을 개발할 수 있었다. 그는 아이젠하워와 같이 능력 있는 참모들을 선택하고 효과적인 국가안보 절차를 조직하는 중요한 능력을 가지고 있었다. 이러한 기술들과 감성 지능을 가졌기 때문에 부시는 능숙하게 냉전의 해체를 관리하고 1991년 걸프전쟁에서 다국적군을 형성하여 유엔의 집단안보 기능을 1950년 이후 처음으로 부활시켰다. 감성 지능 때문에 그는 미국 내에서 일반적으로 진행됐던 업적 홍보에 대한 유혹에 저항할 수 있었지만, 그것은 고르바초프와의 협력에서 역효과를 냈다. 한편으로 이러한 성격으로 부시는 대중을 교육하는 데에 있어서 백악관을 제대로 활용하지 못했다. 케네디나 레이건과는 달리, 그는 영감을 주는 스타일은 아니었다. 그가 새로운 국제질서나 민주적 평화를 말했지만, 그는 이러한 개념들을 여론을 사로잡을 수 있는 비전으로 제대로 표현하지 못했다.

부시 행정부가 갓 출범했을 때, 부시 행정부는 레이건이 고르바초프에게 가지고 있었던 호감에 대해 회의적이었다. 그래서 처음에 부시는 신중하게 레이건의 유산들을 정리했다. 특히, 부시는 레이건의 핵 폐기에 공감하지 않았다. 그러나 1989년 몰타 정상회담 후에 부시는 그가 고르바초프와 일할 수 있다는 점을 발견했다. 베이커(James Baker) 국무장관과 스코크로프트(Brent Scowcroft) 국가안보보좌관으로 구성된 유능한 보좌팀에 힘입어 부시는 (많은 참모들과 동맹국들의 반대에도 불구하고) NATO 내 독일의 통일을 관리하는 점에서, 또한 1991년 소련의 평화로운 해체를 관리하는 점에서 탁월한 능력을 보여줬다. 나중에 러시아는 부시가 NATO가 확장하지 않을 것이라고 자신들을 오도했다며 불평했지만, 1990년에 구두 협상 시 오해하거나 모호한 부분들은 있었음에도 서면으로 된 합의나 공식적 약속의 폐기는 없었다.[18]

1989년에 두 개의 독일이 1년 안에 통일이 될 것이라고 예측한 사람은 거의 없었다. 특히 NATO 회원국들 안에서는 더욱 그러했다. 그러나 1989년에서 1990년까지의 시기는 국내정치적 변화로 인해 국제정치에서 보기 드문 유동성이 형성된 시기였다. 두 명의 변혁적인 지도자, 고르바초프와 독일 콜(Helmut Kohl) 총리는 비록 다른 목적을 가지고 있었지만, 그러한 유동성을 이용해 세계를 바꿨다. 부시는 고르바초프와의 관계를 능숙하게 다루는 동시에, 그의 친구 콜을 지지했다.

어떤 역사가들은 나중에 러시아의 이간을 피할 수도 있는 더 큰 거래를 하지 않았다면서 부시를 비난한다. 예를 들어, "부시는 미국 유권자들에게 자신은 위대한 비전을 좋아하지 않는다고 했는데, 그는 그 말에 줄곧 충실했다. 그의 외교정책 리더십이 야기한 결과는 결코 잘못된 것은 없지만 그렇다고 아주 이상적인 것도 아니었다. 그는 미국 국익을 잘 지켰지만, 냉전해체의 기회를 러시아까지 포함하지 않고 동유럽으로만 확대한 결정은 이전 냉전 시기로 돌아가는 것처럼 보였다."[19]

지미 카터의 국가안보보좌관 브레진스키는 비록 부시의 능숙한 대처는 인정했지만, 그가 외교정책에서 더 많은 변혁적인 목적을 세우지 못한 것을 비판했다. 부시는 러시아의 애매모호한 목적들이나 수사적인 스타일의 수용을 꺼려했다. 새로운 세계질서에 대한 부시의 비전은 '온건한 현실주의자(modest realist)'에 가까웠다. 그는 1990~1991년 이라크의 쿠웨이트 침공을 뒤집기 위한 연합군을 조직할 때에 유엔 집단안전보장이라는 자유주의 윌슨주의자들의 용어를 차용했다. 그러나 그는 새로운 목적들을 세우는 데에서 광범위한 새로운 비전을 개발하지 않았다. 브레진스키는 러시아의 민주주의를 촉진할 수 있었던 비전의 잠재력을 보지 못한 것, 중동과 이슬람 세계를 혼란스럽게 하는 이스라엘-팔레스타인 분쟁의 해결을 더 강하게 추진하지 않은 것, 그리고 북한과 남아시아에서의 핵 확산에 대해서 강한 입장을 취한 것에 대해 부시를 비판한다.[20]

부시의 옹호자들은 누가 이러한 문제들을 풀 수 있느냐는 의문을 제기한다. 그들은 부시가 1992년 마드리드 회담에서 이스라엘과 팔레스타인 문제에 대한 이니셔티브를 제기한 것에 주목하면서, 그는 재선에서 승리할 정도로 많은 일을 했다고 말한다. 비평가들은 국제정치에서 희귀한 유동성이 발생한 시기에 지나치게 신중한 것이 도덕적 태만이 되었다고 불평한다. 당시에는 냉전 때문에 얼어붙어있던 것들이 다시

가능케 되었다. 베를린 장벽의 붕괴, 핵문제, 이라크의 쿠웨이트 침공, 중국의 톈안먼 사건, 유고슬라비아의 내전 등의 문제가 발생했다. 부시에게 그것은 마치 많은 공들을 공중에서 저글링하는 것과 같았고, 부시는 그것들 중 하나라도 떨어질까 봐 노심초사했다.

부시는 자신의 목표들을 신중하게 접근하였다. 부시 행정부는 소련의 쇠퇴와 유럽의 부상으로 유고슬라비아의 몰락을 지켜보면서 미국은 "그 전쟁과 무관하다"는 결론을 내렸다. 많은 고위 행정부 관료들이 유고슬라비아에 대해서 잘 알았던 점을 고려할 때, 이러한 입장은 상황 지능의 결핍에 의한 것이 아니었다. 행정부 관료 중에는 스코크로프트나 엥겔버거(Lawrence Eagleburger) 국무차관도 있었다. 정보 당국은 내전의 발발을 정확하게 내다보았지만, 부시의 우선순위는 어떤 공도 떨어뜨리지 않은 채 이례적이면서도 유리한 외부변화를 주도하는 것이었다. 그는 유럽인들이 전 유고슬로비아의 상황을 주도하도록 결정했지만, 그들은 그 임무를 맡지 않았다. 한편, 미국이 더 적극적인 역할을 하는 것이 그후 보스니아에서 발생한 인도주의적 위기와 집단 학살을 방지할 수 있었는가 하는 문제는 불확실하다. 비록 클린턴 행정부가 결과적으로 그 대학살을 제한할 수 있었지만 말이다.

그의 참모진에 의하면, 부시의 리더십 스타일은 "안절부절 못하면서도 주제를 넘지 않았다. 어떤 때는 느긋하면서 내성적이었다. … 외국 지도자와 함께 있을 때 그의 스타일은 간접적인 방식에 가까웠지만, 얼마 지나지 않아 그는 자신의 주장을 분명하게 밝혔다. 그의 경영 방식은 동등하게 규율을 따르는 것이었다. 그는 자신이 신경을 쓰는 원칙들을 분명하게 전달하면서 부하들과 개인적으로 문제들을 논의했다. 그러나 결코 자문위원회나 동급에서의 정책 논의를 눈에 띌 정도로 간섭하지 않았다." "절제된 수사와 세부사항에 대한 신중한 관심이라는 면에서 그와 같은 성향을 가진 사람들이 부시를 둘러싸고 있었다. … 그들은 부시와 사이좋게 지낼 수 있고, 자기 생각들을 억제할 수 있는 사람들"이었고, 그가 지속적으로 소식에 정통할 수 있게 해주었다.[21] 그의 정치적 조직 능력은 인상적이었고, 포드 행정부의 베테랑이었던 스코크로프트 국가안보보좌관이나 게이츠(Robert Gates) 부보좌관이 공정하고 신중한 절차를 실행하면서 명성을 얻었다.

부시는 변혁적인 목적을 가지고 있지 않았지만, 양극 세계에서 단극 세계로 가는 구조적 변화를 성공적으로 주도했다. 만약 앞에서 얘기한 문제들 중 하나라도 잘못되었다면, 그 결과는 세계에 재앙을 가져왔을 수도 있었다. 어떤 비평가들은 부시가 그 변화를 주도했지만, 그 변화를 충분하게 증진시키지 못했다고 불평하는데, 부시의 옹호자들은 그들에게 도덕적으로 아무것도 하지 않는 신중한 지도자가 좋은지, 아니면 색다른 비전과 의지를 가지고 큰 위험을 무릅쓰는 변혁적인 지도자가 좋은지 묻는다. 고귀한 비전은 가졌지만, 세부사항에 무관심하고 외교정책의 절차가 체계적이지 않았던 레이건이 더 잘했을까?

비록 역사가들이 부시를 역사에서 중간 정도의 대통령으로 평가하지만, 그는 외교정책에서 우수한 성과를 거뒀다. 해외근무 장교였던 번스(Nicholas Burns)는 "냉전의 종식, 독일 통일, 후세인을 패배시킨 걸프전 연합체 결성, 그리고 마드리드에서 시작된 이스라엘-팔레스타인 협상 등과 같은 업적들을 볼 때, 그는 틀림없이 지난 50년 간 외교정책에서 가장 성공한 대통령이 됐다"고 주장한다.[22] 부시와 스코크로프트가 공동으로 집필한 1998년 회고록에 의하면, "트루먼의 봉쇄정책과 이후 행정부들이 쌓아온 것들에서 우리는 마침내 마지막 결실을 맺을 수 있었다. 우리가 취임할 때 무슨 일이 발생할지 알았을까? 아니다, 우리는 알지 못했고, 계획할 수도 없었다. … 부시 외교정책의 장기적인 프레임은 심사숙고한 것이었다. 즉, 반발이나 탄압을 도발하지 않고 변화를 추진하고 주도하며 관리하는 것이었다. 단기적으로 보면, 실제적으로 노력하는 과정에서 어느 정도의 직감적인 계획과 외교를 포함했다. … 우리는 베르사유의 또 다른 그림자를 피할 수 있었다."[23]

독일 통일에서 부시는 큰 위험을 감수했다. 당시 많은 전문가들과 외국 지도자들은 독일의 분단이 전후 유럽에서 굳어졌기 때문에, 독일의 통일에 대해서 회의적이었다. 비스마르크가 많은 독일 국가들을 통합한 이후로 한 세기 동안 유럽인들은 다음과 같은 의문을 가졌다. 독일이 몇 개의 국가로 나눠지는 것이 유럽 내의 안정적 세력균형과 조화를 이룰 수 있는가? 비스마르크의 대답은 둘이었다 (그는 오스트리아를 독립국으로 유지시켰다). 히틀러의 대답은 하나였는데, 그것은 재앙임이 증명됐다. 1945년 이후 그 대답은 셋이었고, 냉전에 의해서 그런 생각이 고정되었다.

그러나 부시는 대처, 미테랑, 스코크로프트, 그리고 다른 사람들의 조언에도 불구하고, 그의 친구 헬무트 콜이 보여준 공정성과 정책적 대응력을 높게 평가하였기 때문에 동독과 서독의 통일을 지원했다. 1983년 콜을 만난 이후에 부시 부통령은 "독일은 자신이 저지른 죄에 대해서 속죄를 해온 견고한 민주주의 국가이다. 어느 순간이 되면 독일을 일으켜 세워야만 한다"는 판단을 내렸다.[24] 1989년 10월 베를린 장벽이 열리기도 전에, 부시는 콜의 전화를 받고 공식적으로 "나는 통일된 독일에 대한 유럽 국가들의 우려에 공감하지 않는다"고 대답했다. 동시에 신중하게도 그는 콜과 다른 사람들이 그것을 주도하도록 했다. 1989년 11

월 베를린 장벽이 (동독의 실수에 의해서) 열렸을 때, 부시는 절제된 반응 때문에 비판을 받았지만, 그는 소련에게 굴욕감을 주지 않는 섬세한 선택을 했다. 그는 "나는 장벽 위에서 내 가슴을 치며 춤을 추지 않을 것이다"라고 반응했는데, 그것은 감성 지능과 자기 절제의 모범이었다. 그러면서 부시는 한 달 후 고르바초프와의 성공적인 몰타 회담을 위한 무대를 준비할 수 있었다.[25)]

부시는 극적으로 변화하는 세계 속에서 어떻게 재앙을 피할 것인가를 걱정했다. 그와 참모들의 팀은 주로 그의 통제 밖에 있었던 군사력에 대응하면서 신중한 태도로 기회들과 현실성 사이에서 균형적인 목표와 목적들을 세웠다. 예를 들어, 어떤 비평가들은 부시가 1990년의 우크라이나와 같은 소비에트 공화국들의 국가적인 열망을 도덕적으로 지지하는 선언을 더 적극적으로 하지 않았고, 걸프전쟁에서 후세인을 몰아내기 위해서 과감하게 바그다드에 진출하지 않았으며, 1989년 톈안먼 학살 사건 이후에도 중국과의 관계를 유지하기 위해서 스코크로프트를 베이징에 보냈다고 비난한다. 그러나 각각의 사례에서 부시는 장기적인 안정이라는 목적을 추구하기 위해서 단기적인 목표들을 제한하고 있었다.

그의 임기 마지막 해에 체니(Richard Cheney)의 국방부는 장기적인 국방기획지침서를 발간했는데, 그것은 변화의 시기에서 미국의 우위를 유지한다는 목적을 가지고 있었다.[26)] 대중이 오만한 지침서라며 비난하자 백악관은 발언의 수위를 낮췄지만 그 목적은 변하지 않았고, 새로운 세계질서에 대한 부시의 수사는 더 구체화되었다. 부시는 여전히 새로운 비전보다 안정의 문제에 초점을 맞추었다. 윤리적인 측면에서 부시가 강한 도덕적 비전을 분명하게 밝히지는 않았지만, 자유주의적 현실주의자가 신중하지 못한 모습을 보이며 더 많은 위험을 부담하는 것은 어려운 일이다. 그러나 그의 임기 말에 그의 신중한 현실주의가 예외적인 사건을 야기했다. 당시 그가 전쟁으로 피폐해진 소말리아인들의 식량 원조를 위해 미군을 파견했다. 그는 이를 "수천 명의 무고한 사람들을 구원하는 일에 미국의 힘을 사용할 기회"로 보았다.[27)] 아이러니하게도 그답지 않은 해결방식은 클린턴이 최초의 외교위기를 맞게 되는 상황을 조성했다.

수단이라는 측면에서 보면, 부시는 대내외적으로 제도와 규범을 존중했다. 그는 걸프전쟁 승인을 받기 위해서 의회로 갔고, 유엔헌장 제7장에 있는 결의안을 위해서 유엔에 갔다. 그의 아들 부시는 2003년에 이런 모습을 보이지 못했다. 비록 현실주의자의 사고방식을 가지고 있었지만, 부시는 전술 면에서 윌슨주의자가 되기도 했다. 균형적이고 차별적인 군사력의 사용이라는 측면에서 보면, 부시가 사흘 후 이라크에서의 지상전을 종료시킨 것은 이라크가 그의 이웃인 이란의 위협적인 힘에 균형을 맞추지 못할 정도로 약하지 않다는 우려도 있었지만 이라크군의 학살에 대해서 인도주의적으로 반응했기 때문이다. 그는 또한 바그다드로의 진출은 그가 만든 연합군이 해체되고 상황을 더욱 어렵게 만들 수 있다고 걱정했다. 신보수주의적인 비평가들은 그가 그 위험을 감수하더라도 후세인을 제거했어야 한다고 생각한다.

부시는 노리에가(Manuel Noriega)를 생포하기 위해서(나중에 재판에 회부됐다) 파나마에 개입했다. 이 군사력의 사용은 파나마의 주권을 침해한 것이었지만, 마약 밀매 및 인권 침해와 관련된 노리에가의 악명을 생각할 때, 그것은 사실상 합법적이었다. 걸프전쟁을 수행할 연합군을 조직하는 과정에서 그는 유엔과 협력했을 뿐만 아니라, 수많은 아랍 국가들을 포함시켰는데, 그것은 군사적 목적 때문이 아니라 연합군에 합법성이라는 소프트파워를 부여하기 위함이었다. 그는 제도에 관심을 기울였다. 그는 하드파워와 소프트파워를 신중하게 조합하면서, 대내외적으로 도덕적 기준을 높였을 뿐만 아니라, 미래에도 지속가능한 정책을 수립했다.

윤리적 결과의 측면에서 부시는 다른 나라들의 국익에 대한 피해를 최소화하면서도 미국의 국익을 발전시킨 좋은 수탁자였다. 그는 신중한 태도로 고르바초프에게 굴욕감을 주지 않았고, 옐친(Boris Yeltsin)으로의 과도기를 관리했다. 그러나 모든 외국인들이 적절하게 보호받지는 않았다. 부시는 이라크의 쿠르드인들이나, 시아파 교도들, 중국의 반체제 인사들, 혹은 전 유고슬라비아의 내전에 휘말린 보스니아 사람들에게 낮은 우선순위를 배정했다. 그러나 이러한 도덕적 태만은 그의 도덕적 책무보다 크지 않다. 세계 공공재 문제에서 그는 레이건 행정부의 환경정책을 번복하고, 유엔의 기후변화협약에 서명했다. 이 협약은 결과적으로 2015년 파리기후협정으로 발전했다.

부시가 더 많은 일을 할 수 있었을까? 그가 의도와 비전에서 태만이라는 중요한 죄를 저질렀는가? 그럴 수도 있다. 혹은 그는 그의 두 번째 임기에서 더 많은 것을 할 수도 있었다. 그 기회를 잃은 것은 단지 도덕적 운이 나빴기 때문이었다. 더 나은 소통 기술을 가지고 있었기 때문에, 부시는 냉전 이후 미국인들이 직면하고 있는 변화하고 있는 세계의 특징을 미국 대중에게 알려주며 더 많은 일을 할 수도 있었다. 그러나 역사의 불확실성을 고려하면, 신중함이야말로 격변의 시기에서 가장 중요한 외교정책의 미덕일 것이다. 더 큰 야망은 아마도 재난을 자초했을 것이다. 전체적으로 부시의 외교정책 점수는 거의 최고점에 가깝다.

부시(41대)의 윤리적 성적표

의도와 동기	
도덕적 비전: 매력적 가치, 선한 동기	높음/중간
신중함: 가치와 위험 사이의 균형	높음
수단	
군사적 수단: 균형, 차별, 필수	높음
자유민주주의 수단: 권리와 제도의 존중	높음
결과	
수탁자: 미국의 장기적 이익에 대한 성공	높음
세계적: 타인에 대한 최소한의 피해	높음
교육적: 진실성, 폭넓은 도덕적 담론	중간

*****

큰 유혈사태 없이 냉전을 끝낸 것은 미국의 외교정책에서 중요한 업적이었다. 1945년 이후 미국은 양극이라는 세력균형을 수용했고, 40년 동안 소련의 이데올로기적 위협과 핵 위협이 미국외교정책의 중심 이슈였다. 1980년대 초반 '현존 위협 위원회'나 외교정책 명사들의 다른 모임들도 소련의 위협이 증가할 것이라고 경고했다. 그러나 1991년 말에 소련과의 냉전이 막을 내리면서 소련의 국력에 대한 인식이 잘못되었음이 드러났다.

어떻게 하나의 제국이 전쟁도 없이 몰락했는가? 운과 기술의 조합 때문이었다. 만약 강경한 안드로포프 KGB 의장이 신장병으로 죽지 않고 고르바초프가 1985년에 권력을 잡지 않았다면, 소련의 위협은 10년 정도 더 지속되었을 것이다. 비록 고르바초프가 의도한 것은 아니었지만,

페레스트로이카·글라스노스트정책에 대한 그의 노력이 소련의 하락을 가속화했다.

어떤 사람들은 레이건의 강경한 수사와 부시의 신중한 협상의 조합이 이런 성공적인 결과를 가져왔다고 말한다. 그러나 그런 요약은 너무 단순하다. 레이건이 초기에 했던 언사는 아마도 소련의 지도자들을 두렵게 했을 것이지만, 동시에 핵 위기를 확대했다. 돌이켜 보면 우리가 그 위기를 피한 것은 운 때문이다. 고르바초프가 취임했을 때 중요했던 것은 레이건의 수사가 아니라 그의 개인적인 능력과 협상 기술이었다. 그리고 레이건은 냉전을 종식시키고 핵무기의 위협을 제거한다는 도덕적 비전을 따랐다. 마찬가지로, 부시 행정부도 레이건의 예비 교섭을 걱정하면서 취임했지만, 결정적인 요인은 부시의 상황 지능과 신중함, 그리고 고르바초프에게 굴욕감을 주지 않는 것이 중요하다는 인식이었다. 어떤 사람들은 인생에서 실력보다는 운이 더 중요하다고 말한다. 다행히도 레이건과 부시가 모두 그러했다.

주

1) Stephen Sestanovich, "Gorbachev's Foreign Policy: A Diplomacy of Decline," *Problems of Communism* (January–February 1988), 2에서 인용함.
2) Paul Kennedy, *The Rise and Fall of the Great Powers: Economic Change and Military Conflict from 1500 to 2000* (New York: Random House, 1987), 515.
3) Greenstein, *The Presidential Difference*, 149.
4) "The Man Who Beat Communism" and "The Reagan Legacy," *The Economist*, June 24, 2004, 13, 24, 25.

5) Gergen, *Eyewitness to Power*, 153.
6) Henry Nau, "Ronald Reagan," in U.S. *Foreign Policy and Democracy Promotion*, ed. Cox, Lynch, and Bouchet, 140에서 인용함.
7) Gergen, *Eyewitness to Power*, 208.
8) "The Reagan Legacy."
9) Gergen, *Eyewitness to Power*, 187.
10) 그의 메모와 서신에서 볼 수 있듯이, 레이건은 외교정책에 대한 이해가 전무하지는 않았지만, 레이건 행정부의 다양한 구성원들은 레이건이 외교정책과 관련된 작전 함의를 제대로 이해하지 못한 경우가 많았다고 전했다. 이와 관련한 자세한 내용은 Kiron Skinner, Annelise Anders, and Martin Anderson, eds., *Reagan: A Life in Letters* (New York: Free Press, 2003)을 참고할 것.
11) David Abshire, *Saving the Reagan Presidency: Trust Is the Coin of the Realm* (College Station: Texas A&M Press, 2005).
12) Jack Matlock, *Reagan and Gorbachev: How the Cold War Ended* (New York: Random House, 2004), 5.
13) Gergen, *Eyewitness to Power*, 204-5.
14) Melvyn P. Leffler, "Ronald Reagan and the Cold War: What Mattered Most?" *Texas National Security Review*, May 2018, 85.
15) Leffler, "Ronald Reagan and the Cold War," 88.
16) Scott Sagan, *The Limits of Safety: Organizations, Accidents, and Nuclear Weapons* (Princeton, NJ: Princeton University Press, 1993).
17) Jon Meacham, *Destiny and Power: The American Odyssey of George Herbert Walker Bush* (New York: Random House, 2015), 392.
18) Mary E. Sarotte, "A Broken Promise?" *Foreign Affairs* 93(September/October 2014).
19) Mary E. Sarotte, "In Victory, Magnanimity: US Foreign Policy, 1989-91, and the Legacy of Prefabricated Multilateralism," *International Politics* 48, no. 4/5 (2011), 494. 또한, 그녀의 저서 *1989: The Struggle to Create Post-Cold War Europe* (Princeton, NJ: Princeton University Press, 2009)를 참고할 것.
20) Zbigniew Brzezinski, *Second Chance: Three Presidents and the Crisis of American Superpower* (New York: Basic Books, 2007).
21) Philip Zelikow and Condoleezza Rice, *Germany Unified and Europe Transformed: A Study in Statecraft* (Cambridge, MA: Harvard University Press, 1997), 21.
22) Nicholas Burns, "Our Best Foreign Policy President," *Boston Globe*, December 9, 2011.
23) George Bush and Brent Scowcroft, *A World Transformed* (New York: Vintage Books, 1998), xiii-xiv.
24) Zelikow and Rice, *Germany Unified and Europe Transformed*, 29.

25) Zelikow and Rice, *Germany Unified and Europe Transformed*, 95, 105.
26) Hal Brands, "Choosing Primacy: US Strategy and Global Order at the Dawn of the Post-Cold War Era," *Texas National Security Review* 1, no. 2 (March 2018), 8–33.
27) Meacham, *Destiny and Power*, 529.

7장

단극의 시대

• • • • 1991년 12월 소련이 해체되면서 마침내 미국은 세계 유일의 초강대국이 되었다. 46년의 냉전기 동안 국제정치가 양극체제하에 있었기 때문에 소련은 미국과 균형을 맞추고, 견제하는 역할을 했었다. 1952년 당시 미국 공화당은 주요강령을 발표하면서 공산주의 타파를 위해 노력할 것이라 언급한 바 있다. 하지만 1956년 소련군이 헝가리의 반공봉기를 진압하던 당시 아이젠하워는 아무런 대응을 하지 못했고, 1962년 케네디는 핵전쟁을 감수하기보다는 터키에서 NATO의 미사일을 철수하는 선택을 내렸으며, 1968년 존슨은 소련군이 프라하의 봄을 무참히 짓밟는 것을 지켜보기만 했다. 그리고 닉슨은 소련의 성장을 제어하고 힘의 균형을 맞추기 위해 기존 미국의 중국정책을 뒤집고 중국과 협력관계를 맺었다.

1990년대 들어서 이러한 견제들은 완화되기 시작했다. 부시(41대)가 이라크의 쿠웨이트 침공을 제한하기 위해 유엔 안전보장이사회 결의를 모색했을 때, 고르바초프의 소련은 이러한 결정에 대해 거부권을 행사했고 1950년 한국전쟁 이후 처음으로 유엔의 집단안보체제가 발동되었다. 1989년 베를린에서는 첨예한 군사 대치가 끝나고 장벽이 허물어졌으며, 독일은 통일 후 NATO의 울타리 안으로 들어오게 되었다. 러시아는 막대한 핵무기를 보유했음에도 불구하고 경제력과 군사력에서 미국에게 뒤쳐지기 시작했으며, 바르샤바 협정(Warsaw Pact)은 와해되었고, 구소련의 인구와 경제는 절반으로 감소했다. 외교정책에 있어 클린턴과 부시(43대)는 군사개입을 포함해 상당한 재량권을 가지고 있었다. 그리고 지난 40여 년 동안 미국의 지도자들에게 소련을 봉쇄하는 것은 외교정책을 수행하는 데 있어 북극성과 같은 존재였다. 냉전이 끝나면서 러시아의 미국-캐나다연구소 소장 아르바토프(Georgi Arbatov)는 모든 신경을 집중해서 경쟁해야 할 적을 잃었다는 것은 앞으로 미국에게도 큰 해가 될 것이라고 말했다. 또한 보수파 칼럼리스트 크라우트해머(Charles Krauthammer)는 이러한 미국의 시대를 '단극체제의 시기'로 명명했다.[1)]

현실주의자들은 이러한 아르바토프의 주장에 동의한다. 세력균형이 없었다면 국제사회에서 미국의 자만심은 끝도 없이 커졌을 것이다. 1989년 후쿠야마(Francis Fukuyama)가 쓴 『역사의 종말(*The End of History*)』은 이러한 분위기를 잘 담고 있다. 이 책의 내용에 따르면 자유주의는 20세기 전반에는 파시즘을, 후반기에는 공산주의를 물리쳤으며, 이제 자유민주주의을 대체할만한 사상은 존재하지 않는다. 또한 일부 비평가들은 "클린턴, 부시(43대), 오바마 행정부의 외교정책은 각 8년씩 '자유주의 패권'을 추구하는 데에 전념했다"고 말한다.[2)]

그렇지만 패권에 대한 유혹은 이러한 구도가 의미하는 것보다 훨씬 더 불확실하다. 2001년 9·11테러 이전까지의 미국 여론조사를 보면 미국 국민들은 미국이 적극적으로 해외에 외교적으로 개입하는 것을 바라지 않은 듯 보였다. 하지만 9·11테러라는 비극적인 사건 이후 국민들의 여론도 변하기 시작했다. 클린턴은 보스니아 위기에 인도주의적으로 개입하기까지 2년이나 머뭇거렸고, 부시(43대)는 2000년에 절제된 외교정책의 중요성에 대해 언급하기도 했다. 외교정책의 중요성을 강조했던 엘리트들 중 일부 현실주의자들은 해외 개입의 축소와 평화의 전파를 추구했다. 일부 진보주의자들은 보다 더 세분화된 다자주의를 원했으며, 신보수주의자들은 민주주의 가치를 확산시키기 위해 제약없이 적극적으로 개입하기를 원했다. 클린턴은 이러한 상황에서 자신만의 길을 찾아 나서야 했다.

윌리엄 클린턴

클린턴(William Jefferson Clinton)은 정치권에서 세대교체의 상징과도 같다. 당시 클린턴이 선거에서 승리했던 부시(41대)는 클린턴(Bill Clinton)이 태어나기도 전인 제2차 세계대전에 참전했던 인물이었다. 반면 클린턴은 베트남 파병을 회피했던 이력도 있었다. 게다가 그는 냉전 이후 연임한 첫 번째 대통령이었다.

클린턴은 1946년 아칸소(Arkansas)주의 호프(Hope)라는 작은 마을에서 태어났다. 어머니는 간호사였고 의붓아버지는 자동차 판매상이었다. 레이건과 마찬가지로 클린턴도 알코올중독자의 자식들이 전형적으로 갖고 있는 특징을 여러가지 가지고 있었다. 그는 스스로에 대해 "저는 다른 사람의 일에 보통 사람들보다 더 잘 공감할 수 있습니다. 문제를 피하고 싶어 하는 환경에서 자라다보면, 어떠한 방법을 써서라도 평화를 지키려고 노력하게 됩니다"라고 말했다.[3] 모든 사람들이 자신을 좋아해야한다는 클린턴의 강박적인 생각은 인상적인 정치적 노련함과 다른 사람들의 마음을 얻는 능력으로 이어졌다. 대통령 전문가 그린스타인(Fred Greenstein)은 "클린턴은 뼛속까지 정치적일 뿐만 아니라 지성과 에너지, 그리고 탁월한 언변을 갖춘 인물이다. 그는 자신의 실수로 스스로 곤경에 처하기도 했지만 어떠한 압박에서도 냉정하게 위기를 극복해 나아갈 줄 아는 사람이다"라고 묘사한다.[4]

닉슨 시절부터 대통령들의 정치고문을 지낸 게르겐(David Gergen)의 표현을 빌리자면 "클린턴은 아군에게도 적에게도 모순덩어리다. 그는 역대 대통령 중 가장 똑똑했지만 동시에 가장 멍청한 짓도 했던 인물이다. 그는 자신의 공약대로 역사상 가장 도덕적이고 윤리적인 행정부를 꾸리길 원했지만, 역사상 처음으로 탄핵된 대통령이 되었다."[5] 클린턴은 이후 상원에서 무죄를 받긴 했지만, 백악관 인턴 르윈스키(Monica Lewinsky)와의 불륜과 그 사건에 대한 거짓말 때문에 대통령 임기 중 1년을 공백기로 국민들의 불신이 가득한 정부를 만들어버렸다. 클린턴의 스캔들은 케네디의 행보를 연상시키지만, 이러한 불신의 분위기와 자극적인 언론 보도에 적응하지 못한 것은 클린턴의 크나큰 정치적 실수였다. 훗날 클린턴은 당시에 자신의 친구 브랜치(Taylor Branch)에게 "나는 끝났어. 정말 끝났어"라고 하소연했다고 한다.[6] 클린턴이 그의 각료들과 직원들에게 르윈스키와의 불륜에 대해 거짓말을 하긴 했지만 사실 이 사건이 그의 외교정책 수행과 직접적인 관련이 있었는지에 대해서는 증거가 없다.** 그럼에도 불구하고 이 사건과 그의 외교정책은 클린턴의

** 클린턴은 대중을 구획화하는 데 매우 능숙했다. 나(저자)는 르윈스키 스캔들이 언론에 보도된 직후 클린턴과 영국 블레어 수상의 회담에 참석한 적이 있었다.

임기동안 내내 비판적으로 언급되었고 그에 대한 신뢰를 떨어뜨렸다.

카터와 마찬가지로 클린턴도 남부 주지사로 재임하다가 대통령이 된 케이스였다. 그는 스스로를 '새로운 민주주의자'라고 칭했지만 카터만큼 워싱턴의 정치문화에서 소외되었던 인물은 아니었다. 클린턴은 조지타운대학교를 다녔고, 이후 옥스퍼드대학교의 로즈장학생(Rhodes scholar)이었으며, 예일대의 로스쿨을 졸업했다. 서른둘이란 나이에 주지사로 선출되기 전까지는 아칸소주 상원의원 풀브라이트(William Fulbright)의 참모로 있었다. 클린턴은 대외적으로 카터와 비슷해 보였을지 모르지만 정반대인 면도 많았다. 두 사람 모두 IQ가 굉장히 높았지만 성격이나 정서적인 면에서는 매우 달랐다. 카터가 엄격한 도덕주의자였다면 클린턴은 실용주의자였다. 클린턴이 정치적으로 노련하기도 했고, 주위의 영감을 이끌어내는 능력이 매우 뛰어났기 때문에 트루먼 이후 대통령 재선에 성공한 최초의 민주당 출신이었다. 일부 사람들은 카터가 여론에 무심했던 반면 클린턴은 그저 여론에 끌려 다녔을 뿐이라고 비판하지만, 그가 부정적인 여론에도 불구하고 북미자유무역협정(NAFTA: North America Free Trade Agreement)을 지지하고 결국 보스니아에도 개입한 것을 보면 이는 클린턴을 과소평가한 것이다.

클린턴은 취임 당시 유엔평화유지군의 강화를 주장하는 '적극적인 다자주의자'가 되고자 했다. 그의 첫 국가안보 보좌관인 레이크(Anthony Lake)는 클린턴을 '실용적인 신(新)윌슨주의자'라고 불렀다. 하지만 클

•••••••

휴식시간 동안 클린턴은 정치고문들과 한쪽에 모여 있었다. 그는 잠시 뒤에 회의 테이블로 돌아와서 마치 아무 일도 없던 듯이 주도적으로 대화를 이끌어갔다. 그런 그의 모습은 상당히 인상적이었다.

린턴의 이러한 의지는 소말리아에서 발생한 처참한 현실 앞에 짓밟히게 되었다. 당시 소말리아는 부시(41대) 행정부의 '굶주린 난민들에게 식량을 제공하는 인도주의적 개입'에서 '식량배급을 악용하려는 군벌들 간의 전투를 중단시키는 것'으로 작전이 변경될 시점이었다. 1993년 10월 모가디슈(Mogadishu)에서 임무##에 실패한 미군 18명이 사망하고, 1명이 부상을 입었을 때, 미국 내 여론은 이를 비난하며 군대의 철수를 강력하게 지지했다. 클린턴은 이에 관한 결정을 내리기까지 6개월이라는 시간이 있었지만 결국 여론에 동의했다. 클린턴은 유엔평화유지군의 활동 중 미국의 지원을 축소시키는 전략을 마련했으며, 명확한 목표와 철수날짜, 전쟁 당사자 간의 휴전동의 등 향후 평화유지활동에 대한 정책을 시행했다. 클린턴이 확고하게 가지고 있던 다자주의에 대한 의지는 임기 첫 해부터 국제사회의 위기들에 의해 점점 희미해졌다.

그러나 유엔 평화유지활동에 참여하기 위한 새로운 지침은 자유주의적 개입주의가 가지고 있는 딜레마를 해결하지 못했다. 몇 달 후인 1994년 4월, 아프리카에서는 또 다른 위기가 발생했다. 르완다에서 전투가 벌어져 소수민족인 투치(Tutsi)족 80여만 명이 살상되는 상황이 벌어졌다. 미국을 포함한 유엔 안전보장이사회는 2,500명으로 꾸려진 소규모 평화유지군 대부분을 키갈리(Kigali)에서 철수시키기로 했다. 미 국무부는 이 사건이 국제적인 개입을 촉진시키는 것을 피하기 위해

\## 역자 주) 소말리아 내전 중인 1993년 10월 3일, 소말리아 사태를 해결하고 시아드 바레 독재정권에 반발하여 쿠데타를 일으킨 소말리아 군벌연합의 지도자인 모하메드 파라 아이디드를 체포하기 위해 미국이 소말리아 수도 모가디슈에 파병한 것을 의미한다. 소말리아에 파견된 미군의 헬기 2대가 민병대의 공격을 받아 소말리아의 수도 모가디슈에 추락한 후 유해와 생존자를 수습하려는 미군과 탈취하려는 민병대 간 치열한 교전이 발생했다.

'집단학살'이라고 명명하지 않도록 조심했다. 당시 미국 의회가 미군 파병을 지지하지 않았을 것이 분명하지만 만약 르완다에 유엔평화유지군을 신속히 파병했다면 희생자는 줄어들었을 것이다. 그렇지만 이런 선택은 시도조차 되지 않았다. 르완다에 대한 비개입정책은 사실상 소말리아에서의 실패한 인도주의적 개입정책의 산물이었다. 언젠가 클린턴은 이 대학살을 외면한 것이 자신의 최악의 실수들 중 하나라고 말할 것이다.[7] 일반적인 통념과 달리 클린턴의 도덕적 실수는 단극체제 속에서 가장 큰 권력을 가진 국가가 겪는 자만심이 아니라 위기를 외면하는 것에서 비롯되었다.

설상가상 클린턴은 이 시기에 두 건의 다른 개입 사례로 또 다시 어려움을 겪고 있었다. 1993년 10월 아이티 난민들은 자국 내에서 벌어진 군사 쿠데타와 아리스티드(Jean-Bertrand Aristide) 대통령의 강제퇴진 등으로 인한 혼란을 피해 미국으로 밀려오고 있었다. 시민단체들은 미국이 아이티에 개입해 군사정권을 전복시키고, 민주적으로 정당하게 선출된 대통령을 다시 세워주기를 요구했다. 이에 클린턴은 공병들과 소수의 민간 전문가들을 파견했는데 포르토프랭스(Port-au-Prince) 항구에서 폭력집단들의 시위 때문에 하선도 못하고 돌아오는 굴욕을 겪었다. 1년 후 클린턴은 아이티 개입에 대해 공세적인 국내 여론에 대응하기 위해 더욱 강경한 노선을 취했다. 실제로 공군이 출동하여 공수부대 투입을 전제로 위협을 가하기도 했고, 이면에서 협상을 주도하기도 했으나 결국엔 군대가 아이티에 개입하게 되었다. 1915년 이후 모든 개입정책의 결과와 마찬가지로 미국의 개입은 비록 아이티의 장기적인 문제를 해결하는 것은 실패했지만 적어도 아리스티드는 다시 정권으로 복귀할 수 있었다.

클린턴은 보스니아 분쟁 당시 또 다른 문제에 직면했다. 부시(41대)는 유럽의 동맹국들이 해결해야만 하는 내전 상황을 남기고 임기를 끝냈다. 일부 정치단체들은 보스니아에 대한 미국의 개입을 요구했지만, 전반적인 여론은 미국의 개입에 회의적이었다. 임기의 첫 2년 동안 클린턴은 인도주의적 개입문제로 어려움을 겪었지만 그럼에도 매우 신중하게 행동했다. 클린턴은 크리스토퍼(Warren Christopher) 국무장관을 유럽으로 파견했으나 유럽의 동맹국들은 부시(41대) 행정부만큼의 역량을 보여주지 못한 크리스토퍼와 클린턴에게 실망했다. 미국은 유럽의 동맹국들에게 포위당한 이슬람 소수민족에게 내려진 유엔 무기반출 금수조치를 해제할 것과 더불어 사라예보에서 민간인을 폭격하던 세르비아군에 대한 NATO의 공습을 허용할 것을 촉구했다. 그러나 유럽인들은 세르비아인들이 평화유지군을 공격하고, 그들을 인질로 삼을까봐 두려워했다. 미국 여론이 여전히 분열되어 있던 상황에서 1995년 7월 세르비아인들이 스레브레니차(Srebrenica)에서 유엔의 보호를 받고 있던 8,000명의 이슬람 성인남성과 유소년들을 처형하고 나서야 클린턴은 세르비아군에 대한 NATO의 공습을 승인했다. 이러한 군사적 행위는 이후 데이튼(Dayton) 평화협상과 안보적으로 불안한 휴전상태를 유지하기 위해 NATO군을 주둔시키는 결정에 대한 토대가 되었다.

4년 후 코소보인들이 세르비아로부터 독립을 요구하며 혁명을 일으킨 후에 세르비아는 코소보에 대한 억압적인 조치와 인종청소를 감행했다. 평화적 협상을 진행하려던 올브라이트(Medeleine Albright) 국무장관의 외교적 노력은 실패로 돌아갔고, 러시아는 1990년의 미온적인 접근방식과는 다르게 유엔헌장 제7장에 따라 코소보 사태##에 대한 유엔 안전보장이사회의 무력사용을 승인하는 결의안을 부결시켰다. 이후 클린턴은 세르비아에 대해 NATO군을 중심으로 하는 항공작전에 동의했지만, 지상군 파병에 대해서는 거부 의사를 밝혔다. 그는 국제법상 인도주의적 개입이 모호함을 가지고 있긴 하지만 도덕적으로는 매우 정당한 선택이라고 주장했다. 옐친(Boris Yeltsin)은 동맹국인 세르비아의 밀로셰비치(Milosevic)에게 항복할 것을 촉구했지만, 이미 이전 3개월 동안 코소보전쟁은 교착상태에 빠졌고, 미국과 러시아는 경색된 관계를 유지했다.

레이건과 부시(41대) 행정부에 이어, 클린턴 행정부에서는 합참의장을 지낸 파월(Colin Powell)은 '파월독트린(Powell Doctrine)'을 선언하며 무력 사용에 대해 신중해야 한다는 것을 강조했다. 클린턴 행정부 초기, 당시 유엔대사였던 올브라이트는 파월 장관에게 위기상황에서 세계에서 가장 강력한 군대를 활용하지 않는다면 무슨 도움이 되겠느냐고 반문했다.[8] 레이건과 부시(41대)는 각각 카리브 해의 작은 섬 그레나다(Grenada)와 파나마에 군사적으로 개입했으나, 클린턴은 인도주의적 목적을 위해 불가피한 몇가지의 개입을 시도할 수밖에 없었고, 전임 두 대통령들보다 더 많은 군사력을 사용해야만 했다. 이 문제에 대해서는 국내외적으로 논란의 여지가 있다. 아이티와 보스니아에 대한 개입의 경우, 당시의 위기 상황을 비교적 효과적으로 해결했다는 평가가 다수이다. 반면 코소보에 대한 개입의 경우, 인도주의적인 목적을 가지고 있었음에도 불구하고, 이것이 러시아와의 관계를 경색시키고 외교적 부

역자 주) 코소보 사태는 1998년 2월부터 1999년 6월까지 코소보 해방군과 유고슬라비아 연방공화국 정부 간 벌어진 전쟁을 말한다. 미국과 NATO 공군의 참여까지 확대되었다.

담을 증가시켰다는 점에서 현실주의자들의 비판을 받고 있다. 소말리아 문제는 클린턴정부의 실패라고 평가하기에는 이전 정권에서 비롯된 문제였고, 르완다 내전에서의 실패는 개입을 하지 않고 문제를 방관했기 때문에 초래된 실패였다.

클린턴은 냉전 후의 세계에 대해 자신만의 명확한 전략을 공표하지 않았고, "결국 부시(41대) 행정부와 매우 유사한 전략을 수용"했다. 1993년 9월 레이크(Tony Lake) 국가안보보좌관은 "현 시대의 중요한 특징은 미국이 곧 절대적인 권력을 가지고 있다는 것"이기 때문에 "공격적인 독재자들이 냉전 이후의 질서를 위협하지 못하도록 막고 자유시장과 민주주의를 적극적으로 확산"시켜야 한다고 말했다.[9] 클린턴은 '개입과 확대(Engagement and Enlargement)'라는 슬로건을 전면에 내세웠다. 그리고 이를 통해 과거의 적국들에 개입하고, 자유시장과 민주주의의 영역을 넓히고자 했다. 한 분석가는 클린턴의 이러한 대전략에 대해 "클린턴 행정부는 민주주의의 확산을 목표로 삼았고, 군사력이 아닌 경제력을 통해 이를 달성하고자 한다"고 말했다.[10] 클린턴은 "미국이 전 세계의 경찰국가가 될 수는 없다"고 주장했다.[11]

클린턴은 경제적 변화에 대해 상당한 노력을 기울였다. 그의 신중한 재정정책과 국내경제 시책들은 세계경제 속에서 미국이 번영할 수 있는 발판이 되었다. 당시 클린턴에게는 우루과이 라운드(Uruguay Round)를 통한 관세의 인하, 세계무역기구(WTO: World Trade Organization)의 출범을 포함하여 부시(41대)로부터 물려받은 NAFTA 법안 통과와 같은 과제들이 주어졌고, 이 과정에서 많은 민주당 고문들을 비롯한 여론의 반대에 부딪히기도 했다. 당시 클린턴을 비판하던 일부 사람들은 그가 규제 완화를 추진하는 것에 좀 더 신중했어야 한다고 주장했지만, 클린턴 행정부는 적극적으로 국제자본시장의 자유화를 지지했다.

클린턴 행정부는 1997년 아시아 금융위기를 해결하기 위해 국제통화기금(IMF)과 긴밀하게 협력했다. 그의 대아시아정책은 무역과 투자 확대를 포함한 중국과의 연계, 중국의 WTO 가입 촉진 등의 내용을 담고 있었다. 클린턴은 부상하는 중국을 봉쇄하는 이른바 냉전정책을 추진하기보다는 중국을 자유주의 국제질서 속에 끌어들이는 방향을 선택했다. 이에 비판적인 세력들은 무역과 성장이 중국의 정치를 변화시킬 수 있다고 믿는 클린턴의 생각이 순진해 빠졌다고 비난했다. 중국의 경제성장이 자유화로 이어질 것이라는 클린턴의 관점이 지나치게 낙관적으로 보일 수도 있지만 실제로 그의 정책은 외부에서 보는 것처럼 그렇게 단순하지만은 않았다. 클린턴의 대중국정책은 중국이 WTO에 가입하기 훨씬 전 체결된 '미일안보조약(US-Japan security treaty)'을 기반으로 한 현실주의의 세력균형의 시각에서부터 출발한다. 1996년 도쿄에서 있었던 클린턴-하시모토선언(Clinton-Hashimoto declaration)은 일본과의 긴밀한 안보적 협력관계가 냉전 시대의 유물로 사라지는 것이 아니라 앞으로도 아시아 태평양 지역의 안정을 위한 기반을 제공할 것이며, 양국에게 큰 이익이 되고 있다는 내용을 담고 있다. 클린턴의 아시아정책은 중국을 향한 자유주의적인 개방포용정책과 더불어 중국이 아시아 지역을 지배하는 패권국이 되는 것을 막기 위해 일본과의 현실주의적 동맹을 병행하는 것이었다.[12] 클린턴 행정부의 국방장관이었던 페리(William Perry)는 이러한 정책기조가 결국에는 중국이 장기적으로 힘을 확대할 수 있는 "환경을 조성한 것"이라고 표현했다.

클린턴은 국제사회에서 평화 조성을 위해 많은 노력을 기울였다. 1993년 이스라엘 라빈(Yitzhak Rabin) 총리와 팔레스타인의 지도자 아라파트(Yasir Arafat)를 백악관으로 초청하기도 했고, 이후 요르단을 방문해 요르단과 이스라엘의 합의를 독려한 적도 있었다. 1995년 11월 라빈이 암살되지 않았다면 이스라엘과 시리아 간에도 원만한 합의가 이뤄졌을 것이다. 클린턴이 대통령 임기 중 마지막으로 노력을 기울였던 일들 중 하나는 캠프 데이비드회담(Camp David meeting)이었는데, 여기에서 클린턴은 아라파트와 이스라엘 바라크(Ehud Barak) 총리 사이의 갈등을 중재하는 데 실패했다. 당시 클린턴은 양국의 갈등을 중재하는 것이 성사되기 직전까지 이르렀다고 판단했지만, 아라파트는 이스라엘과의 타협은 팔레스타인의 과격주의 세력에게 권력을 넘겨주는 것이라며 우려를 표명했고 결과적으로 협상은 실패했다. 오히려 클린턴은 북아일랜드 문제를 평화적으로 해결하는 데 더 큰 공헌을 했다. 또한 1999년 카르길(Kargil) 국경사건##이 발생한 후, 클린턴은 파키스탄의 샤리프(Nawaz Shariff) 총리와의 평화적 대화를 통해 인도-파키스탄 간의 전쟁을 피하게 하였다. 1994년 북한이 핵확산금지조약(NPT: Nonproliferation Treaty)을 어겼을 때에도 클린턴은 플루토늄 생산을 동결하기 위해 북한에 대해 회유책과 위협책을 적절하게 활용했다.

클린턴의 외교 중에서 아직도 논란이 되는 것은 러시아를 상대로 내렸던 외교적 선택들이다. 훗날 브레진스키는 클린턴이 러시아 경제를 지원하고 러시아 내의 민주주의 제도를 발전시키는 데 큰 노력을 기울이지 않았다고 비난했지만, 실제로 러시아는 클린턴이 외교정책상 가장 우선

역자 주) 카르길 국경사건은 1999년 5월 파키스탄군이 국경을 넘어 인도 잠무 카슈미르 주 카르길 지역을 강제 점령하면서 일어난 전쟁이며 1999년 7월까지 지속되었다.

순위에 놓았던 국가였으며, 많은 노력을 기울였다. 그는 옐친과의 관계를 발전시키고, 원조를 보내거나 투자를 장려했으며 주요 7개국(G7)에 러시아를 포함하여 G8으로 확대하고자 상당히 노력했다.[13] 그러나 70년이 지난 시점에도 아직까지 공산주의에서 벗어나지 못한 러시아를 대상으로 경제적 또는 정치적으로 유럽의 전후 복구에 큰 역할을 했던 마샬플랜(Marshall Plan)과 같은 방식의 원조를 진행하는 것은 불가능했다. 게다가 부정부패가 심각해지면서 옐친의 정치적 입지는 좁아졌고 양자간 새로운 협력과 기반을 마련하기에는 어려움이 따랐다. 2000년까지 러시아는 체첸 반란 등의 문제로 국내정치적으로 혼란한 상황이었고, 옐친은 전 KGB 장교 출신 푸틴(Vladimir Putin)을 그의 후계자로 삼고 푸틴을 중심으로 한 체제를 만들어나가기 시작했다.

클린턴의 외교정책 중 비판받는 또 하나는 바르샤바조약에 참여했던 회원국들을 NATO에 포함시키려 했던 것이다. 미 국방부는 과거의 적대국들이 정식 회원국의 자격은 아니더라도 NATO와 긴밀하게 협력할 수 있도록 점진적인 평화를 위한 파트너십 프로그램(Partnership for Peace program)의 구축을 제안했다. 그러나 1995년 클린턴은 이보다 한 발 더 나아가기로 결정했고, 1999년 NATO는 결국 폴란드, 헝가리, 체코슬로바키아를 정식 회원국으로 받아들였다. 헌터(Robert Hunter) 전 NATO 대사를 포함한 일부 전문가들은 "클린턴의 이러한 선택은 대통령의 국내외적인 리더십이 자국의 이익보다 더 큰 목표를 달성하기 위해서 어떻게 활용되어야 하는지를 보여주는 아주 훌륭한 사례"라고 말했다.[14]

클린턴의 지지자들은 이 사건이 유럽의 안정적인 민주적 전환을 위한 제도를 만들어냈으며, 만약 이러한 제도를 만들지 않았다면 여전히 유럽은 안보적 불안과 혼란이 지속되는 지역이 되었을 것이라고 믿는다. 이들은 러시아는 고립되어 있지 않았고, NATO와의 협력을 위해 브뤼셀에 장교와 외교관을 파견했던 것을 지적한다. 반면 봉쇄정책의 창시자로 불리는 케넌(George Kennan)과 같은 비판자들은 NATO의 확장이 러시아의 반감을 불러올 것이며, 결국 냉전종식 후 새롭게 탄생한 러시아가 이에 대해 매우 적대적인 대응을 할 것이라고 주장했다. 이후 푸틴과 관료들은 NATO의 확장이 서구의 배신을 보여주는 증거라며 비난했다. 그러나 당시 백악관에서 근무했던 한 관계자에 따르면 "우리는 그 당시의 상황을 다르게 바라보았다. 유럽을 통합하고, 유럽의 서부뿐만 아니라 동부에서의 민주화를 도울 수 있는 기회라고 생각했다. NATO와 EU의 확장을 통해 우리는 1억 명 이상의 동유럽인들을 해방시키고 보호할 수 있었다"며 당시를 회상했다.[15)]

만약 NATO의 확장을 통해 중동부 유럽이 안보적으로 안정화되지 않았다면 오늘날의 세계는 어떻게 변했을지 상상하기 힘들다. 냉전 말기, 미어샤이머(John Mearsheimer)와 같은 일부 현실주의자들은 중동부 유럽이 '미래로의 회귀'로 지역내 힘의 공백이 생길 것이며, 다시 과거의 경쟁국이었던 러시아와 독일의 사이에서 다시 분쟁 지역이 될 것이라고 예측했었다.[16)] 그러나 실제로 이러한 사태는 발생하지 않았다. 그리고 국내정치적 또는 경제적 문제들을 감안했을 때, 러시아가 과거와 같이 이 지역에 대해 적극적으로 개입할 수 있었을까? 어찌됐든 결국은 같은 상황에 처하게 되었을까? 그것은 아무도 알 수 없는 일이다. 번즈(William Burns) 전 러시아 대사는 파탄난 러시아 경제는 "몇 년은 고사하고 단 한 세대만으로 회복될 수 있는 상황이 아니다. 그 어느 문제도 외부요인에 의해 해결될 수 없다"고 말했지만 "NATO의 확장은 결국 막을 수 없는 것이었다"며 '평화를 위한 파트너십'에 장기적으로 투자하는 것이 더 합리적인 선택이었을 것이라고 주장한다.[17)]

클린턴의 실패한 외교정책이라고 자주 비판되는 다른 부분은 테러에 대한 대응이다. 알카에다의 위협은 그들이 1993년 뉴욕 세계무역센터를 처음 공격하면서 수면 위로 떠올랐고, 이들은 10년 동안 세력을 확장하여 케냐와 탄자니아의 미국 대사관, 예멘의 미국 선박을 공격하는 등 그들의 테러활동의 기세는 최고조를 향하고 있었다. 1998년 8월 클린턴은 알카에다를 토벌하기 위해 아프가니스탄과 수단에서 미사일을 발사했고, 인도양에 위치한 소속부대에 두 척의 잠수함을 대기시켜 몇 시간 만에 아프가니스탄 내의 알카에다 세력에게 크루즈(순항) 미사일을 발사할 수 있는 준비를 마쳤다. 따라서 클린턴이 알카에다와 같은 테러세력의 활동에 대해 미온적인 태도를 보였다는 것은 사실이 아니다. 클린턴이 그의 후임자인 부시(43대)에게 경고했던 위협세력 목록의 최상위에는 알카에다가 있었다. 그럼에도 불구하고 클린턴의 비판자들은 그의 대응이 부적절했다고 주장한다. 한 전기 작가는 "지도자의 임무는 시대적 상황을 인지하고, 명확하게 마주하고 있는 어려움에 맞설 사람들을 모으는 것이다. 결과적으로 쌍둥이 빌딩이 불탔기 때문에 클린턴의 리더십은 이러한 측면에서 실패작이라고 평가할 수밖에 없다"고 주장한다.[18)] 동시에 언론은 클린턴의 1998년 대알카에다 크루즈 미사일 공격에 냉소적인 반응을 보였고, 그의 후임자 부시(43대)는 9·11테러 전까지 알카에다를 주요 위협세력으로 생각하지도 않았다.

클린턴의 외교정책의 도덕성을 어떻게 요약할 수 있을까? 의도나 도덕적인 관점에서 평가했을 때, 클린턴은 '개입과 확대'정책을 통해 냉전시기의 봉쇄상황을 시장경제의 확산과 민주화의 발전으로 이끌었다. 클린턴의 개인적인 동기로 보았을 때, 클린턴 행정부가 미국의 힘을 과대평가하고 있었던 것은 사실이지만, 그렇다고 냉전 후 단극체제의 상황에서 자만심에 빠져버렸다고 평가하는 것은 옳지 않다. 그는 군사력보다는 경제적 변화와 제도에 더 큰 비중을 두었고 신중하게 정책을 추진했다. 클린턴이 무력을 사용한 개입정책을 실시했을 때에는 인도주의적 목적을 최우선으로 삼았으며, 나아가 민주주의의 확산 역시도 염두에 두고 있었다. 클린턴에게 외교정책의 목표는 평화의 유지와 구축 둘 다였다.

수단을 사용하는 방식에 있어 클린턴의 무력 사용은 균형적이며, 상당한 분별력을 가지고 있었다. 비판자들은 그가 르완다 내전에서 사람들을 구출하기 위해 더욱 노력했어야 했고, 대규모 군사작전이 아니더라도 다른 다양한 선택을 할 수 있었을 것이라고 주장한다. 또 다른 비평가들은 성공 가능성에 대해서는 차치하더라도 알카에다 또는 북한에 대한 더 큰 무력을 사용했어야 한다고 말한다. 자유주의적 수단을 활용하는 측면에서 클린턴은 제도와 인권을 존중했다. 그는 소말리아 사건 이후 본인의 적극적 다자주의에 대한 신념을 빠르게 철회하고, 코소보에서의 행동을 정당화하기 위한 유엔결의안이 부결되었을 때도 유엔을 계속 지지했다. 그는 NAFTA와 WTO의 발전을 주도하고, 자유주의적 국제질서와 제도를 강화했다. 클린턴이 바르샤바조약에 가입했던 3개국을 NATO에 포함시키려 했을 때도 그는 동시에 러시아와의 새로운 제도적 유대관계를 발전시키기 위해 노력했고, G7에 추가로 러시아를 포함시키기 위해 힘썼다. 그는 일본과의 동맹을 재공고화하고, 그가 재임시절 선호했던 외교적 방식을 통해 북아일랜드, 인도-파키스탄, 중동 내의 분쟁을 비교적 성공적으로 조정해냈다.

결과적으로, 클린턴은 미국의 이익 증진에 있어서 훌륭한 수탁자였다. 클린턴 행정부 말기 미국과 세계경제는 성장을 거듭했고, 유럽, 일본과의 동맹은 강화되었으며 러시아, 중국과 같은 강대국들과의 관계는 합리적으로 유지되었고, 국제기구들의 권한은 증가하였다. 또한 기후변화와 미사일 확산에 대처하기 위한 노력 역시도 시작했다. 다만 한 가지 예외적으로 고려할 것은 클린턴이 알카에다의 성장에 충분히 신속하게 대응했는가의 문제이다.

클린턴은 해외지역에서 발생하는 피해를 우려하며 국제주의적 접근법을 택했다. 이로 인해 아이티와 보스니아에서의 제한적인 개입정책은 성공적인 결과를 가져왔지만 르완다 내전 당시에 벌어진 집단학살의 경우에는 지나치게 신중한 접근방식을 통해 실패를 맛봤다. 미국의 파병을 통한 개입이 문제를 완벽하게 해결하는 것은 불가능했을지 모르지만 클린턴은 1994년 유엔평화유지군을 철수하는 것이 아닌 지원하는 방식으로 문제해결에 기여했을 수 있었을 것이다. 결과적으로 클린턴에게

클린턴의 윤리적 성적표

의도와 동기	
도덕적 비전: 매력적 가치, 선한 동기	높음
신중함: 가치와 위험 사이의 균형	높음
수단	
군사적 수단: 균형, 차별, 필수	높음
자유민주주의 수단: 권리와 제도의 존중	높음
결과	
수탁자: 미국의 장기적 이익에 대한 성공	높음
세계적: 타인에 대한 최소한의 피해	중간
교육적: 진실성, 폭넓은 도덕적 담론	중간

모자랐던 것은 교육적 효과였다. 브레진스키가 말했듯 클린턴은 냉전이후에 대해 확실한 비전을 제시하는 데에 실패했을 뿐만 아니라, 자신의 사생활 문제에 대해 명확하게 반응하지 못했기 때문에 대통령으로서의 신뢰를 잃었고 도덕적 담론의 확대에 실패했다. 그럼에도 불구하고, 그에 대한 종합 평가는 상당히 높은 편이다.

조지 W. 부시

클린턴과 마찬가지로 부시(George W. Bush) 역시도 1946년생이며 미국 남부에서 주지사를 지낸 뒤 대통령에 당선되었다. 그리고 부시 또한 클린턴처럼 베트남전쟁에 참전하는 것을 회피했다. 하지만 클린턴과는 달리 부시는 부유한 집안 출신이며 앤도버, 예일, 하버드 경영대학원을 졸업했다. 부시는 1978년 하원선거에 출마했지만 낙선했고 1988년에는 아버지의 선거운동을 도왔다. 부시는 텍사스 특유의 서민적인 콧소리 비음섞인 억양과 버릇을 가지고 있었음에도 워싱턴의 정치문화에 잘 녹아들었다. 그리고 아버지와 아들 모두 대통령에 선출된 진귀한 경력을 가지고 있다. 그의 아버지는 공화정 초기 아담스(Adams) 가문의 선례를 언급하면서 때때로 아들 부시를 농담으로 '퀸시'(Quincy: 제6대 대통령 중간이름)라고 부르곤 했다.

부시는 정서적으로 아버지와 친밀한 관계를 유지했지만 유년시절에는 자신의 아버지를 포함한 동부해안 출신 가문과는 다른 삶을 살기를 원했다. 부시는 집권 초기에 하원 다수당인 공화당 지도자에게 "나는 아버지보다는 레이건과 더 닮았다"라고 말하기도 했다.[19] 어쩌면 이러한 태도는 부시가 미국 북동부 코네티컷이 아닌 텍사스의 미들랜드에서 유년시절을 보냈던 경험에서 영향을 받았을 수도 있다. 하지만 일전에 내가 스코크로프트(Brent Scowcroft)에게 왜 부시가 아버지의 충고를 귀담아 듣지 않느냐고 물었을 때, 그는 나에게 프로이트(Sigmund Freud)나 셰익스피어(William Shakespeare)에게서 답을 찾아보라고 했다. 부시는 자신의 아버지를 존경했지만 자신이 조금 더 나은 정치인이라고 생각했다. 그는 "소심하게 행동하는 것"보다는 이익을 위해 위험을 감수하는 도전적인 성격을 가지고 있었다. 아버지 부시(41대)의 전기 작가 미첨(Jon Meacham)은 "대부분의 아버지와 아들들처럼 부시 부자도 복잡한 감정들로 얽혀있었다. 그럼에도 부시(43대) 대통령은 아버지 조언을 듣지 않고 오히려 맞서는 편이었다"고 밝혔다.[20)]

학창시절 부시는 클린턴이나 오바마처럼 근면 성실한 학생이 아니었다. 오히려 그는 매우 게을렀다. 그린스타인(Fred Greenstein)은 "대학 졸업 후 20년 동안 부시는 잘나가는 아버지 밑에서 자란 조금은 모자란 아들 같아 보였다. 부시는 음주를 좋아하고, 앞날을 걱정하지 않는 사람이었기 때문에 술과 관련하여 많은 문제를 일으키곤 했다"고 회상했다.[21)] 그 후 1986년, 부시는 40세의 나이에 금주를 선언하고 기독교인으로 다시 태어났다. 부시의 아내는 "조지는 매우 충동적이고 모든 면에서 정도를 넘어서는 모습을 가지고 있었다. 과음은 그러한 그의 성격이 부정적으로 나타난 것들 중 하나였다. 그러나 두 아이의 아버지가 된 이후에 그는 지나친 과음을 자제했다"[22)]고 말했다. 이는 부시가 충동적인 성격임에도 불구하고 개인적으로 중요하다고 생각하는 문제나 도덕적인 선택을 해야 할 때는 놀라울 정도로 자기 조절이 가능한 인물이었다는 것을 증명해준다.

대통령 재임기간 동안 부시는 지적 능력이 부족하거나, 통제가 불가능한 인물로 희화화되곤 했는데 이는 정치적인 소문에 불과했다. 일반적인 통념과 달리 부시는 지적이지는 않았지만 자신이 무지한 분야에서 고집스러운 인물은 아니었다. 영국 블레어(Tony Blair) 수상은 "부시는 솔직하고 직설적이다. 그리고 매우 현명하다. 그의 직관력은 대단하다. 그러나 그의 직관은 정치적인 것을 고려하기보다는 자신이 스스로 옳고 그름을 판단하는 데 집중되어 있다. 이러한 성향을 바탕으로 그의 말은 분석적이거나 심사숙고한 후 나온 발언이 아니라 자신의 직관에 의해 나온 발언이다"라고 묘사했다.[23] 부시는 지적 호기심이 깊은 편은 아니었지만, 전쟁 중 사상자나 명령과 같은 문제에 굉장히 감정적인 태도를 보였다. 그는 대통령 재임 기간 동안 링컨 전기를 14권이나 읽기도 했다.[24] 부시는 이분법적인 흑백논리로 세계를 바라보았고, 자신의 핵심적인 도덕적 본능에 따라 판단한 선택에 대해서는 높은 위험도 감수할 수 있는 사람으로 묘사되어 왔다. 피버(Peter Feaver) 보좌관은 "그가 어떤 문제에 대해서 골똘히 생각해보고 자신이 옳은 일을 하고 있다고 판단하면, 다른 사람들이 뭐라고 하던 그것을 해내고야 마는 사람이다"라고 묘사했다. 이런 부시의 성격은 2006년 부시가 자신의 자문관들이나 의회의 일반적인 의견을 수용하지 않고 이라크에 병력을 증가시킨 선택에서 잘 드러난다.[25] 한 마디로 부시는 자신의 의지로 결정을 내리는 지도자였다.

부시가 지도자로서 실패한 이유 중 하나는 자신의 정부 안에서 정보의 효율적인 관리가 부재했기 때문이다. 부시는 하버드 경영대학원에서 MBA를 취득했음에도 불구하고 대규모의 조직경영 즉, 국가를 경영하는 데 실패를 겪었는데 이는 이후에 심각한 도덕적 문제를 초래하게 된다.

조직이론가 마치(James March)에 따르면, 관리 시스템을 구축하는 것은 마치 배우가 언제 무대에 입장하고 퇴장하는지 파악할 수 있도록 연극 작가가 연극의 방향을 제시하는 것과 같다. 이렇듯 지도자들은 체계적인 시스템을 만들고 유지해야만 한다. 이런 시스템이 부재한 탓에 이라크 점령 당시에 엄청난 혼란이 벌어졌다. 당시 군사적 개입을 통한 점령은 비교적 용이했지만, 점령 이후 이라크에 대한 관리체계는 엉망이었고, 심각한 결과를 초래했다. 또한, 소문과 달리 체니(Dick Cheney) 부통령의 도움 없이는 부시 자신이 효과적으로 문제를 관리하지 못하는 것처럼 느껴졌다. 부시는 "체니 부통령이 국무부에 자신의 사단을 들여오도록 한 것이 큰 실수였다. 그들에겐 지나치게 강경한 경향이 있었다고 생각한다. 그렇지만 이것은 체니의 잘못이 아니라 대통령인 나 자신의 잘못에서 비롯되었다"고 말했다.[26)]

부시는 텍사스 레인저스(Texas Rangers) 야구팀의 구단주로 텍사스 내에서 매우 성공한 인물 중 하나이다. 그는 1994년 텍사스주 주지사 선거에 후보로 출마했고, 아주 세밀한 부분까지 관심을 기울이는 사회성과 정치적 역량을 가지고 있었으며 정치적으로 성공을 거둘 수 있었다. 부시는 정계에서 정치력과 업무수행능력이 우수하기로 정평이 나 있었다. 그는 대규모의 청중들을 압도할 만큼의 정치적 능력을 갖추지는 못했지만, 소규모 인원들과 주위 사람들에게 매우 친절하고 인간적이었다. 부시는 '온정적 보수주의'라는 이념을 내걸고 2000년 대선에 출마했다. 그는 전 세계 국가들에 대한 개입을 확대하고 있는 미국의 외교정책에 반대하며, 해외국가들의 정권 수립 및 교체에 미국의 군대를 동원했다는 이유로 클린턴을 비난했다. 부시는 적극적인 행동주의가 가지고 있는 오만함에 대해 경고하면서 "만약 우리가 진정으로 겸손한 국가라면 그들은 우리를 환영할 것이다"라고 말했다. 부시는 일반투표에서 당시 고어(Gore) 부통령에게 1퍼센트 차이로 패배했지만, 선거인단 투표에서 4표 차이로 승리하면서 당선되었다. 이에 민주당은 재검표를 요구하였지만 2000년 12월 대법원이 플로리다주의 재검표를 위헌으로 판결하면서 부시는 최종적으로 대통령에 당선되었다.

부시는 대통령에 취임하고 8개월 동안 전반적으로 온건한 외교정책 기조를 펼쳤고, 패권국가로서의 오만함을 보이지 않았다. 임기 초반 부시는 전형적인 현실주의자였고, 체니(Richard Cheney) 부통령, 럼스펠드(Donald Rumsfeld) 국방장관, 파월(Colin Powell) 국무장관 등 경험이 풍부한 외교정책팀에게 많은 부분을 위임했었다. 그들은 전반적으로 이전 공화당 행정부의 정책 기조를 유지하려 했고, 당시 국가안보보좌관을 맡았던 라이스(Condoleezza Rice)의 입장에서는 이러한 정책 기조를 가진 자문단 및 전문가들과 협력하여 부시 행정부의 외교정책을 펼쳐나가야 하는 과제가 주어졌다. 그녀는 이후의 정책 과정들을 "불신과 기능장애의 순환"이라고 표현했다.[27] 체니 부통령은 자신의 밑에 상당히 많은 참모들을 두고 있었으며 대통령과 가장 가까운 관계를 유지했고, 럼스펠드 장관은 닉슨 행정부 당시 본인의 보좌관이었던 체니 부통령과 특별한 관계를 가지고 있었다. 클린턴이 부시에게 알카에다 문제에 대해 경고했었고, 클린턴의 대테러 조정관인 클라크(Richard Clarke)가 현직에 남아 지속적인 조언을 했음에도 불구하고, 부시는 임기 첫 8개월 동안 알카에다의 위협을 우선순위로 고려하지 않았다. 이 기간 동안 미국의 일방적인 외교정책들이 상당수 있긴 했지만, 당시 이라크와의 전쟁은 주요 안건에 포함되어 있지 않았다.

2001년 9월 11일에 발생한 테러는 부시와 미국의 외교정책을 완전히 변화시켰다. 역사학자 레플러(Melvyn Leffler)는 "부시 행정부의 외교정책을 설명할 때, 공포와 불안, 죄책감 및 책임감이 이른바 '테러와의 전쟁(Global War On Terror)'이라는 부시의 접근방식을 뒷받침하고 있다는 점을 절대로 과소평가해서는 안 된다"고 요약했다.[28] 부시 행정부는 9·11테러 이후 두 번째 공격이 언제든지 발생할 수 있다고 생각했다. 당시 이러한 소문은 국제사회에 만연했다. 탄저균이 검출된 편지가 발견되었을 때, 미국정부와 국민들 모두 생화학무기에 대한 공포가 가득했다.** 충격적인 테러사건이 발생한 이후 얼마 지나지 않은 9월 14일 부시는 격정적인 연설을 했다. 이러한 국가위기 상황에서 국민들이 단합하여 공동의 위기에 대응하는 것은 전형적인 현상인데, 당시 미국인들 역시도 합심해서 대통령의 결정을 지지하고 힘을 합쳤으며 갤럽(Gallup) 여론조사에 따르면 당시 부시의 지지율은 51퍼센트에서 90퍼센트까지 치솟았다.[29] 부시는 '테러와의 전쟁'을 선포했고, 텔레반 정권을 무찌르기 위해 아프가니스탄에 파병하였고, 국민들은 그의 단호한 선택을 열렬히 지지하였다. 그의 움직임들은 외교적 노력 끝에 유엔과 NATO의 지지를 얻어냄으로써 더욱 가속화 되었다.

부시는 2002년 1월 연두교서를 통해, 국제사회에 위협을 가하는 위험세력 및 정권들이 파괴 병기를 획득하는 것을 좌시하지 않을 것이라고 발표했고 이라크, 이란, 북한을 '악의 축'이라고 명명했다. 2002년 말, 부시는 선제공격을 정당화하기 위한 국가안보전략을 발표했다. 악의 축이라는 꼬리표가 붙은 국가들과 알카에다의 공격을 연관시킬만한

** 훗날 이 공격은 앙금을 품은 한 미국인 과학자의 소행임이 밝혀졌는데, 당시에는 이 사실을 알지 못했다.

뚜렷한 증거가 부족했음에도 당시 이라크가 대량살상무기를 보유하고 있다는 잘못된 정보가 널리 퍼져있었다. 이라크 침공에 대해 미 국무부와 국방부 사이에서 몇 가지 주요한 입장 차이가 발생하여 그 다음 해까지 결정이 유보되었지만 이라크 침공에 대한 준비는 2001년 말경부터 이미 진행된 것으로 보인다.

유엔이 이라크 침공에 대한 두 번의 안전보장이사회 결의안을 승인하지 않았음에도 불구하고 미국과 영국은 2003년 3월 20일 이라크 침공## 을 개시했다. 체니 부통령은 유엔의 결정을 일축하면서 "우리에게 진정으로 필요한 단 하나의 정당성은 미국의 주력전차 M1A1에 달려있다"고 강경하게 대응했다.[30] 초기 이라크에 대한 미국의 군사작전은 성공적이었고, 부시는 5월 1일 이라크 주요 지역에서의 전투 작전이 곧 종료될 것이라고 발표했지만, 이후 부시 행정부는 임기 내내 이라크 문제에 발목이 잡혔다. 베트남전쟁에서 나타나듯 미국이 외교정책 실행과정에서 보여준 자만심은 계속해서 문제를 일으켰고, 양극체제가 종식되면서 이러한 자만심이 불러오는 위험은 더욱 증가했으며 9·11테러 이후의 공포와 분노가 이를 촉발시키는 데 일조했다. 부시 행정부 내 많은 신보수주의 지지자들은 이라크전쟁이 "단기간에 종료될 것"이라고 말했다. 체니 부통령은 이라크전쟁이 장기간에 걸쳐 많은 비용을 발생시키고, 지속적인 전투로 인해 피해가 증가할 것이라는 우려를 일축하며 "우리는 해방자로 환영받을 것이다"라고 말했다.[31] 또한 2002년 부시는 "우리는

역자 주) 2003년 3월 20일 미영 연합군이 이라크를 침공한 사건으로, 2003년 4월 9일 이라크의 수도 바그다드를 함락하였다. 오바마 대통령은 2011년 12월 15일 공식적으로 종전을 선언하였다.

결코 모든 사람들에게 무력과 무력사용에 대해 동의하라고 강요하지 않을 것이다. 그러나 우리는 우리의 선택이 긍정적인 결과를 가져올 것임을 확신하고, 이를 비판하는 지도자들은 시대의 흐름에 뒤처지는 것이다"라고 말하기도 했다.[32] 후세인(Saddam Hussein)의 군대를 격퇴하고 그의 정권을 붕괴시키는 것은 비교적 쉬운 일이었지만, 그 결과가 가져올 후폭풍 대비는 부족했다. 이렇듯 이라크전쟁의 과정과 결과에 대한 경솔한 평가와 준비는 많은 비판을 받았고, 치명적인 실수가 되었다.

미국이 국제법상 유엔의 합법적인 승인을 거치지 않고 이라크를 침공하고, 이라크 점령 이후 과정에 대한 대비가 허술했던 점을 고려하면 이라크전쟁은 베트남전쟁과 더불어 팍스 아메리카나(Pax Americana) 시대의 외교정책 상 가장 큰 재앙으로 분류된다. 2016년 동맹국으로서 영국의 역할에 대해 서술한 칠콧 보고서(Chilcot Inquiry)는 2003년 이라크 침공에 대해 "정당성과 필요성 모두가 부재했다"며 "전쟁 이후 대비가 전혀 되어 있지 않았기 때문에 이를 대변할 어떠한 말도 떠오르지 않는다"고 결론내렸다.[33] 약 4,500명의 미군이 사망하고, 3만 2,000명의 미군이 부상을 입었으며 추정할 수 없을 만큼 많은 이라크인들이 부상을 입거나 사망했다. 이라크 내 장기적인 보건과 기타 부대비용을 고려하면 이라크 및 아프가니스탄에서의 전쟁에 소요된 비용은 총 5조 달러가 넘을 것으로 추정되는데, 그 중 상당 부분에 국가 부채가 투입되었다.[34] 후세인은 권력에서 밀려났지만, 그 뒤 이어진 혼란 속에서 알카에다, 이슬람국가(Islamic State)가 세력을 확장했고, 걸프만에서 이란의 입지가 강화되었으며 당시 포로와 죄수들을 고문하는 장면이 전 세계로 퍼지면서 도덕적으로 미국은 엄청난 비난을 받았다. 게다가 부시 행정부는 이라크에 모든 신경을 집중하느라 아프가니스탄의 상황이나 2006

년 첫 핵실험을 진행한 북한을 관리할 여력이 부족했다.

역사학자 레플러는 "권력에 대한 인식이 미국의 관료들을 움직였다. 미국의 힘은 압도적인 것처럼 보였다. 그들은 미국이 아프가니스탄 침공의 성공적인 결과를 통해 전 세계로 뻗어나가는 미국의 힘에 대해 어떠한 의구심도 가지지 않았다."고 서술했다. 자만심도 문제였지만, 애초부터 윌슨식 자유주의의 형태는 아니었다. "아프가니스탄과 이라크 침공때 부시 행정부의 목표는 민주주의의 증진이나 중동의 재정비보다는 국가안보 강화와 잠재적인 적이나 반대세력을 제거하는 것이었다. 관료들이 이라크의 대량살상무기에 대한 증거를 왜곡하고 과장한 면도 있지만, 그들은 진심으로 후세인이 그러한 무기를 보유하고 있다고 믿었던 것이다." 민주주의나 국가건설과 관련된 과장된 수사들은 이라크에서 대량살상무기가 발견되지 않고, 점령 이후의 상황이 악화된 후에야 이루어졌다.[35]

결국 부시 행정부가 침략을 감행한 복합적인 동기는 후세인이 핵무기를 개발하고 사용할지도 모른다는 현실주의적 우려와 중동에서의 미국 패권을 확장시키고자 하는 현실주의적 욕망, 그리고 후세인이 자행하는 인권침해에 대한 우려와 민주화가 중동지역 내 테러의 뿌리를 근절시킬 것이라는 신보수주의적인 믿음이 모두 결합된 결과물이었다. 전쟁의 결과가 동맹국들뿐만 아니라 미국 국민들 사이에서도 인기가 없게되자 부시는 임시방편으로 윌슨식의 도덕적 주장을 채택했다.

2005년 1월 부시는 재선 후 취임사에서 미국의 외교정책과 자유에 관한 의제를 언급하였고, 이는 많은 국가들에게 색깔혁명을 촉진했을 것으로 추정된다. 부시는 2006년 5월 웨스트포인트 졸업식에서 미국은 "자유를 향한 약속이 모든 국가의 국민들에게 지켜질 때까지 멈추지 않을 것"이라고 확언했다.[36] 이같은 야심찬 목표 앞에서 미국 국민들의 여론은 나뉘기 시작했고, 이후 공화당은 2006년 가을 의회선거와 2008년 대선에서 패배했다. 이러한 실패에도 불구하고 2007년 부시는 이라크와 아프가니스탄에 대한 병력증강을 제시하였고 현지의 미군 전력을 강화하거나 나아가 전쟁을 끝내려는 목표를 가지고 있었다. 이를 통해 의회와 언론의 지배적인 예측과는 반대로 부시는 훨씬 더 치명적인 실패로 이어질 수 있었던 전쟁 상황을 어느 정도 무마하는 데 성공했다. 퇴임 당시 부시는 매우 낮은 지지율을 기록했지만 트루먼의 정책이 이후 정당성을 얻었던 것처럼 자신의 정책 역시도 이후 역사의 평가를 받을 것이라고 확신했다 (그는 역사학자들을 대상으로 한 2017년 C-SPAN 조사에서 역대 대통령 순위에서 33위를 기록했다). 역사에 대한 평가는 시대에 따라 달라진다는 것과 대통령들에 대한 평가가 시간이 지남에 따라 높아지는 경향을 고려하면 부시에 대한 평가 역시도 미래에는 달라질 수 있을지도 모른다. 그러나 이라크에서의 치명적인 실패를 고려할 때, 부시가 스스로 주장한 것처럼 역대 대통령 순위 10위권 안에 들었던 트루먼과 동등한 평가를 받을 가능성은 거의 없다.

부시 외교정책의 도덕성을 판단하는 데 있어 자신의 비전을 숭고한 도덕적 가치로 치환한 점은 높은 점수를 줄만하다. 하지만 그의 외교정책에 대한 개인적인 동기는 그의 조급한 성격과 아버지와의 비교에서 발생하는 딜레마로 인해 복잡하게 나타난다. 정권 초기 부시는 자신만의 뚜렷한 비전을 가지고 있지 않았다. 하지만 그는 부시독트린(Bush Doctrine)으로 불리는 그의 2002년 국가안보전략에서 "테러리스트와 이들을 지탱하는 정권들은 그들이 어디에 있든 찾아내고 제거할 것"이라고 선언했다. 이는 미국이 선제적 공격을 당할 때까지 기다리지 않겠다는 것을 의미한다. 그는 재선 후에 자신이 선언한 소위 '자유에 관한 의제'를 전략에 추가함으로써 그만의 '독트린'을 수정하고 보완했다.[37] 테러의 근원을 뿌리 뽑기 위해 그가 선택한 해결책은 민주주의를 전 세계에 확산시키는 것이었다.

부시의 비전 문제는 가치관이 아니라 가치와 위험 사이에서 균형을 맞추지 못한데서 발생했다. 표면상으로 부시는 후세인 정권을 몰아내고 대량살상무기를 제거한다는 목적으로 이라크를 침공했다. 부시가 미국 정보기관의 보고에 대해 충분히 의문을 제기하거나 그러한 정보 수집 과정을 철저하게 관리하지 못한 면은 있지만 그가 보고 받은 정보의 오류에 대해서 그를 비난할 수 없다. 왜냐하면 이러한 잘못된 정보들은 이미 다른 국가들에도 널리 퍼져 있었기 때문이다. 비록 대량살상무기는 발견되지 않았지만, 미군은 후세인 정권을 신속하게 전복시켰다. 단 후세인을 제거하는 것만으로 이라크의 문제는 해결되는 것이 아니었고, 이후 상황에 대한 불충분한 이해와 잘못된 계획으로 인한 후속조치가 부시 행정부의 외교정책 실패를 야기했다.

부시는 클린턴처럼 현상을 유지하려는 관리자의 성격보다는 현상을 타파하는 대통령이 되고자 하는 생각을 가진 대통령이었다고 알려져 있다. 부시의 감성 지능 문제는 부적절한 상황 지능으로 이어졌다. 스코크로프트는 2003년 미국의 외교정책 결정과정에서의 주요 갈등은 진보와 보수 사이에서 발현된 것이 아니라 전통주의자들과 변혁주의자들 사이에서 발생한 것이라고 분석했다.[38] 부시는 아버지와 유전적으로는 공통점이 있을지 모르지만 외교정책을 추진하는 과정에서는 매우 달랐다. 앞서 살펴본 바와 같이 부시는 외교정책의 측면에서 아버지보다 윌슨과 훨씬 더 닮아있다.

윌슨과 부시는 모두 매우 종교적이고 도덕적이었으며, 일반투표에서 과반수 미만의 득표율로 대통령에 당선되었고, 당선 초기에는 외교정책에 대한 명확한 비전 없이 국내 문제에 집중했다. 두 사람 모두 세상을 회색보다는 흑백으로 보는 경향이 있었다. 또한 스스로에 대한 자신감이 있었고, 자신의 비전을 적극적으로 피력하여 위기에 대응했으며, 자신이 추진한 정책과 비전을 고수했다. 파월 국무장관은 부시가 "하고 싶은 것과 듣고 싶어 하는 것은 그것을 어떻게 해내느냐에 관한 것이다"라고 말했다.[39]

부시의 조급한 성격은 자기 학습과 대중들을 가르치는 능력을 그르쳤다. 그와 함께 많은 시간을 보낸 한 기자는 "부시는 변덕스러운 면이 있다. 그는 상황을 뒤흔드는 것을 좋아한다. 그것이 바로 그가 이라크 문제를 바라보는 시각이었다"[40]고 말했다. 이러한 그의 조급한 성격은 부시가 조직을 운영하고 정책을 시행할 때 기능적 문제를 일으켰다. 그럼에도 불구하고 부시는 임기 내내 자신의 정책에 대한 학습을 지속했고, 재선 후에는 첫 임기 때보다 훨씬 개선된 모습을 보였다. "부시가 외교적, 정치적으로 더욱 성숙해지면서 그는 재선 후에는 첫 임기 때처럼 이라크부터 북한까지의 문제들에 대해 과하게 흥분하거나 도덕적인 언변을 내뱉지 않았으며, 미국의 전통적 협력국가들과의 신뢰와 안정을 재구축하는 것에 더 많은 초점을 맞추었다. 부시는 이전의 실수로부터 교훈을 얻고, 경험을 쌓았으며 이후 그는 행정부 내에서 더 많은 규율과 책임을 요구하게 되었다"[41]

부시의 외교정책 수단을 살펴보면, 그는 아프가니스탄에서 균형적이고 나름의 식별력을 갖춘 판단 하에 무력을 사용했지만, 이라크전쟁에서는 두 가지 면에서 모두 실패했고 수많은 민간인 사망자를 발생시켰다. 그는 또한 자유주의 제도나 권리를 존중하지도 않았다. 그는 아프가니스탄에 대한 개입을 정당화하기 위해 유엔의 지원을 촉구할 만큼 제도와 권리를 존중하는 모습을 보였지만 이라크에 관해서는 그렇지 못했다.[42] 실제로 이후 아프가니스탄과 이라크 양국에서 선거가 열렸음에도 불구하고, 실질적으로 체계적인 민주주의 제도의 도입은 실패했고, 양국의 투표권과 국민투표라는 민주주의는 합법적인 자유주의적 기준을 충족하지 못했다.

9·11테러 이후 발생할 위협에 대한 불안 속에서 전쟁 포로들에 대한 물고문과 같은 가혹행위와 이를 즐기는 모습들은 제2장에서 설명한 더러운 손의 딜레마를 설명하기 위해 언급했던 시한폭탄의 예와 유사하다. 그러나 부시는 CIA가 의도했던 가혹한 방법이 가져올 부정적 효과에 주목하지 않았다는 점에서 많은 비난을 받고 있다. 부시는 이후 가혹한 전쟁포로 대우와 심문방법을 자제하면서 "최소한 두 번째 임기 동안은 그의 첫 임기 도중 발생한 가혹행위와 고문들이 지나치다는 비판을 암묵적으로 수용한 것으로 보인다"[43] 부시와 그의 관료들은 취합된 정보를 신중하게 평가하지 않았고, 전쟁에 찬성하는 여론을 동원하기 위해 정보를 과장했다.[44] 그들은 대중에게 "화약 냄새가 진동하는 총이 버섯구름(핵무기)으로 변해서는 안 될 것이다"라고 말하며 초기 대응의 중요성을 강조했다. 부시의 정적들은 부시가 전쟁에 대한 정보를 과장하고, 거짓말을 했다고 비난했지만 이 비난은 부정확할 뿐더러 요점을 놓치고 있다. 부시는 후세인이 대량살상무기를 가지고 있다는 정보를 실제로 믿고 있었다. 그의 도덕적 결함은 정보를 있는 그대로 받아들이지 않은 것이 아니라 그 정보를 과장했다는 것에 있으며 이는 그의 부적절한 상황 지능과 개인적인 동기로 인해 발생한 문제이다. 그의 결점은 거

짓말이 아니라 태만에서 비롯한 것이다.**

외교정책의 도덕적 결과를 판단함에 있어 이라크에서의 실패는 부시의 다른 외교정책의 모든 측면을 상쇄할 만큼 치명적이다. 이라크전쟁만을 고려하면 부시는 미국 국익을 위한 좋은 지도자가 아니었다. 인명 손실과 재정적 피해, 그리고 미국의 소프트파워의 파괴라는 측면에서 이라크전쟁의 비용은 엄청난 손실이었다. 아프가니스탄에서 부시가 신속하게 대응한 것이 미국에 대한 두 번째 테러를 막는 데 도움이 되었을지 모르지만, 이라크는 테러리즘을 끌어들이는 자석이자 온상이 되었다. 아부 그라이브(Abu Ghraib) 교도소에서의 고문 사진은 미국의 소프트파워에 큰 타격을 입혔다. 2006년 한 정보기관 관계자는 "이라크전쟁이 이슬람권에서 반미주의를 부추기고, 신세대들을 전쟁에 끌어들이면서 전반적으로 테러의 문제를 더욱 악화시켰다"고 평가했다.[45]

그러나 부시가 시행한 외교정책은 이라크전쟁에 관한 것만은 아니다. 다른 강대국들과의 관계를 어떻게 관리해 왔는지 또한 살펴봐야 한다. 부시 행정부에서 국무부 부장관을 지낸 졸릭(Robert Zoellick)이 중국을 '책임 있는 이해관계자'로 언급한 것처럼 부시는 클린턴 행정부가 이행했던 중국 포용정책의 전반적인 정책기조를 이어나갔다. 동시에 그는 아시아에서의 세력균형을 맞추기 위해 일본과의 동맹을 강화하고 인

** 한 번은 오랜 경력의 CIA 분석가 친구에게 어떻게 그들이 정보를 잘못 이해하게 되었는지 물었다. 그는 그것이 거짓에 관한 문제라기보다는 관심의 문제였다고 대답했다. 그는 내게 두 부류의 초기 정보 보고서들이 있다고 상상해보라고 말했다. 그는 그 중 상당수는 후세인이 대량살상무기를 가지고 있다고 말하는 것이었고, 또 다른 몇몇 보고서들은 그렇지 않다고 말했다. 상부에서는 대량살상무기가 존재한다는 정보를 담은 다수의 보고서를 토대로 조사를 지시했고, 그 결과 소수의 보고서들을 들여다보지 못했다.

도와의 관계를 개선해 나갔다. 이라크에 대한 견해차이로 유럽과의 관계가 약화되었지만 NATO를 통한 협력관계는 계속 유지되었고, 부시는 그의 두 번째 임기에 동맹국들과의 관계를 개선해 나갔다. 러시아에 대한 부시의 외교정책의 성과는 저조한 편이었다. 9·11테러 이후 초기에는 푸틴과 우호적인 관계를 유지했지만 이라크 개입 이후 양국 간 긴장상태는 지속되었다. 게다가 부시가 우크라이나와 조지아를 NATO에 포함시키기 위해 노력하고, 색깔혁명을 지지하면서 미러관계는 악화되었다. 2007년 뮌헨 안보회의(Munich Security Conference) 연설에서 푸틴은 미국의 외교정책에 대한 강경한 입장을 내비쳤고, 2008년 러시아의 조지아 침공에 대해 부시는 성공적으로 대응을 하지 못했다.

세계주의적 가치 측면에서 이라크에서의 인명피해와 손실은 부시에게 큰 실패로 남았지만 아프리카에서 발생하는 에이즈(AIDS)와 말라리아에 대한 부시의 보건계획은 인도주의적 목적뿐만 아니라 아프리카 내에서 미국의 소프트파워를 증진시키는 데 중요한 역할을 했다. 그는 라이베리아의 혼란스러운 무정부 상태를 안정시키는 데 기여했고, 수단에서 발생한 갈등을 중재하려고도 노력했다. 에이즈 퇴치를 위한 대통령 비상계획(PEPFAR)을 통해 150억 달러의 지원을 약속했고, 이를 통해 약 700만 명의 아프리카 사람들이 치료를 받았으며, 많은 생명을 구할 수 있었다. 나아가 부시는 해외원조 규모를 늘리고 원조의 질을 향상시키기 위해 밀레니엄 개발협력공사(Millennium Challenge Corporation)를 설립하기도 했다. 이러한 정책들은 실제로 많은 성과를 거두었다.

부시는 또한 9·11테러가 발생한지 6일 후, 미국 국민들을 향해 무고한 이슬람교도들에게 분노를 터뜨려서는 안 된다고 경고하며 만일 이와 같이 행동하는 사람은 "인류로서 최악의 모습을 보여주는 것"이라고 말한 바 있는데 이러한 점은 도덕적으로 인정받을 만한 모습이었다.[46] 교육적 결과의 측면에서 부시의 백악관에서 개인 생활은 국가를 위해 행동하는 국민으로서 모범이 되기 충분했지만, 이라크에서 벌어진 상황에 대한 거짓과 이로 인한 국민들의 배신감, 그리고 미국이 가지고 있는 힘에 대한 과장은 이제까지 부시가 의도했던 것과는 정반대로 이해될 수 있음을 의미했다.

부시(43대)의 윤리적 성적표

의도와 동기	
도덕적 비전: 매력적 가치, 선한 동기	높음
신중함: 가치와 위험 사이의 균형	높음
수단	
군사적 수단: 균형, 차별, 필수	중간
자유민주주의 수단: 권리와 제도의 존중	중간/낮음
결과	
수탁자: 미국의 장기적 이익에 대한 성공	높음
세계적: 타인에 대한 최소한의 피해	중간
교육적: 진실성, 폭넓은 도덕적 담론	중간

*****

냉전 시기 동안 양극체제는 미국의 외교정책에 다양한 제약을 가져왔고, 냉전종식 후 미국의 단극체제가 형성되면서 미국은 이러한 제약에서 벗어나게 되었다. 클린턴과 부시 행정부에서 근무했던 한 국무부 관료는 "미국은 단극체제의 시기 동안 넘치는 권력을 가지고 있었고, 이러한 점이 우리 스스로 자만심에 빠지도록 만들었다고 생각한다. 다른 국가들은 우리의 외교적 선택들을 제한하고 상쇄할 만한 힘을 가지고 있지 못했다. 즉, 미국의 권력을 견제하고 균형을 맞출 세력이 없었던 것이다. 그 결과 우리는 우리의 예측이나 전략, 전술에 대해 큰 의문을 품지 않게 되었고, 현실에 안주하게 되었다"라고 말했다.[47] 또한 랜드연구소(RAND Corporation)의 미 공군에 대한 보고서(RAND research report for the Air Force)에 따르면 미국은 1945년 이후 주로 현상유지에 초점을 맞춘 반면 "특히 1989년부터는 세계에서 가장 열정적인 수정주의 국가가 되었다. 이는 미국이 영토가 아닌 규범과 가치 영역에서 수정주의를 주장한 것으로 이해해야 한다. 많은 국가들은 자유주의 가치를 옹호하고 때로는 이를 강압적인 방식으로 전파하려는 미국의 모습을 통해 미국을 국제사회에서 가장 파괴적인 힘을 가진 세력으로 바라보고 있다"[48]고 설명했다. 이러한 관점은 특히 중국이나 러시아와 같이 권위주의 정치체제를 가진 국가들에서 잘 나타난다.

단극체제 시대는 자만심의 위험을 불러일으켰지만, 이는 일부 현실주의자들이 불평해 왔던 윌슨식 민주주의의 자유주의적 오만은 아니었다. 단극체제가 형성되기 훨씬 이전, 소련의 군비증강과 베트남전쟁 당시에도 이러한 미국의 자만심은 존재했다. 냉전 이후의 시대는 세력 불균형 문제와 이를 통해 발생하는 패권국 경쟁의 문제를 보여주는 좋은 예이다. 부시 행정부는 미국이 기술적, 군사적으로 국제사회에서 초강대국의 지위를 유지하는 동시에 다른 지역에서 새로운 패권국의 부상을 제어하겠다는 목표 아래 단극체제 시대를 위한 전략적 틀을 만들었다. 1992년 국방정책 지침 초안에는 이러한 미국 우선주의 전략이 명시되었고, 클린턴 등은 이에 대해 비판을 가했으며, 부시(41대)와 스코크로프트는 '오만한' 정책으로 보여지는 부담으로 한발 물러섰다. 그럼에도 불구하고 이 전략은 지속적으로 미국외교정책에 적용되었고 "클린턴 행정부는 부시 행정부가 상정한 틀에 정확히 일치하는 범위 안에서 외교정책들을 이행했다."[49] 그러나 9·11테러 이후 부시가 안보적 불안 속에서 개입과 무력사용에 대해 신중한 선택을 내리기 어려웠던 것과는 달리 이전 부시(41대) 행정부와 클린턴 행정부는 신중하게 이러한 전략을 이행할 수 있었다. 월포위츠(Paul Wolfowitz) 국방차관과 같은 일부 신보수주의자들에게 이러한 안보상황은 민주주의를 확산시킬 기회로 여겨졌지만, 체니 부통령과 럼스펠드 국방장관은 자유주의자와는 거리가 멀었고, 국제사회에서 경쟁자의 부상을 막기 위한 이들의 전략은 체니가 국방장관이던 부시의 첫 번째 임기 당시의 전략으로 회귀하는 것처럼 보였다.

코소보 사태를 제외하고 클린턴의 개입정책은 대부분 최후의 상황에서 불가피한 선택으로 이루어졌거나 르완다 사태처럼 상황을 방관하는 것이었다. 그의 개입과 확대 전략은 경제적 세계화 및 제도화에 더 중점을 두었다. 다시 말해, 양극체제 구조의 변화는 냉전이 끝난 후에 내려진 미국의 외교적 결정들을 충분히 설명하지 못한다. 알카에다와 같은 비국가 행위자들이 세계 유일의 초강대국을 파괴할 수 있는 역량을 갖추지는 못했지만 그들의 무모한 공격은 세계정치 분야에서 새로운 의제를 설정하고, 이에 대해 초강대국인 미국이 외교적 실패를 겪도록 만들었다. 그리고 대통령들의 기질과 기술들은 그러한 선택들을 악화시켰다. 부시는 군사력 증강이라는 측면에서 도덕적으로 용감했고, 아프리카에 대한 외교정책에 있어서는 세계주의적 모습을 보였으며, 인도와의 관계에서는 장기적 안목을 가진 현실주의자였지만, 결과적으로 이러한 모든 정책들은 이라크에서의 실패로 빛이 바랬다. 부시의 나약한 감성 지능과 상황 지능은 그가 세운 목표들이 무너지도록 만들었다. 부시가 스스로의 행동을 정당화하기 위해 윌슨식 자유주의를 자신이 선택하는 기반으로 삼았다고 발언한 것은 거의 한 세기 이전 윌슨이 했던 것과 유사하게 대중의 반응을 일으키는 데 도움이 되었다. 부시는 오바마와 트럼프를 위한 무대를 마련하고 떠났다.

주

1) Charles Krauthammer, "The Unipolar Moment," *Washington Post*, July 20, 1990.
2) Mearsheimer, *The Great Delusion*, 6.
3) Quoted in Greenstein, *The Presidential Difference*, 175.
4) Greenstein, *The Presidential Difference*, 174.
5) Gergen, *Eyewitness to Power*, 251.
6) Susan Page, "The Clinton Tapes: Revealing History," *USA Today*, September 21, 2009, 1.
7) Kellerman, *Bad Leadership*, chapter 9.
8) Colin Powell, *My American Journey* (New York: Ballantine Books, 1996), 576.
9) Hal Brands, "Choosing Primacy: US Strategy and Global Order at the Dawn of the Post-Cold War Era," *Texas National Security Review* 1 (March 2018), 29.
10) The White House, "A National Security Strategy of Engagement and Enlargement," Washington, DC, February 1995. 이 전략의 배후에 존재하는 특징과 정치적 상황에 대한 묘사는 George Packer, *Our Man: Richard Holbrooke and the End of the American Century* (New York: PenguinRandom House, 2019)에 잘 나타나 있다.
11) James D. Boys, *Clinton's Grand Strategy* (London: Bloomsbury, 2015), 252.

12) Michael Green, *By More than Providence: Grand Strategy and American Power in the Asia Pacific Since 1783* (New York: Columbia University Press, 2017), 468–73.
13) Brzezinski, *Second Chance*, chapter 4. 또한 James Goldgeier, "Bill and Boris: A Window Into a Most Important Post-Cold War Relationship," *Texas National Security Review*, 1, no. 4 (August 2018), 43–54를 참고할 것.
14) Robert Hunter, "Presidential Leadership: Bill Clinton and NATO Enlargement," in *Triumphs and Tragedies of the Modern Presidency: Seventy-Six Case Studies in Presidential Leadership*, ed. David Abshire (Westport, CT: Praeger, 2001).
15) 2019년 1월 전 백악관 관료와의 대화 내용을 참고함.
16) John Mearsheimer, "Back to the Future: Instability in Europe After the Cold War," *International Security* 15, no. 1 (Summer 1990), 5–56.
17) William Burns, *The Back Channel: A Memoir of American Diplomacy and the Case for Its Renewal* (New York: Random House, 2019), 110–11.
18) John Harris, *The Survivor: Bill Clinton in the White House* (New York: Random House, 2005), 402.
19) Robert Draper, *Dead Certain: The Presidency of George W. Bush* (New York: Free Press, 2007), 110.
20) Jon Meacham, *Destiny and Power: The American Odyssey of George Herbert Walker Bush* (New York: Random House, 2015), 567–68.
21) Greenstein, *The Presidential Difference,* 196.
22) Draper, *Dead Certain*, 39.
23) Blair가 Stephen F. Knott, *Rush to Judgment: George W. Bush, The War on Terror, and His Critics* (Lawrence: University of Kansas Press, 2012), 164에서 인용함.
24) George W. Bush, *Decision Points* (New York: Crown, 2010), 368.
25) Stephen Benedict Dyson, "George W. Bush, the Surge, and Presidential Leadership," *Political Science Quarterly* 125, no. 4 (2010–11), 559.
26) Meacham, *Destiny and Power*, 589.
27) Condoleezza Rice, *No Higher Honor: A Memoir of My Years in Washington* (New York: Crown, 2012), 22.
28) Melvyn P. Leffler, "The Foreign Policies of the George W. Bush Administration: Memoirs, History, Legacy," *Diplomatic History* 37 (June 2013), 24, 25.
29) Greenstein, *The Presidential Difference*, 203.
30) James Mann, "The Dick Cheney of 'Vice' Just Craves Power. The Reality Is Worse," *Washington Post*, January 2, 2019.
31) William Burns, *The Back Channel*, 172.
32) Bush가 Bob Woodward, *Bush at War* (New York: Simon & Schuster, 2002), 341에서 인용함.

33) "Iraq's Grim Lessons," *The Economist*, July 9, 2016, 48.
34) Linda Bilmes, "The Ghost Budget," *Boston Globe*, October 11, 2018, A10.
35) Leffler, "The Foreign Policies of the George W. Bush Administration," 24, 19.
36) Guy Dinmore, "US Right Questions Wisdom of Bush's Democracy Policy," *Financial Times*, May 30, 2006, 8.
37) Bush, *Decision Points*, 397.
38) 2003년 5월 스코크로프트(Brent Scowcroft)와의 대화 내용을 참고함.
39) David Rothkopf, *Running the World: The Inside Story of the National Security Council and the Architects of American Power* (New York: Public Affairs, 2005), 33.
40) 2005년 8월 우드워드(Bob Woodward)와의 대화 내용을 참고함.
41) Hal Brands and Peter Feaver, "The Case for Bush Revisionism: Reevaluating the Legacy of America's 43rd President," *Journal of Strategic Studies* (July 2017), 30.
42) Richard Haass, *War of Necessity, War of Choice: A Memoir of Two Iraq Wars* (New York: Simon & Schuster, 2009).
43) Brands and Feaver, "The Case for Bush Revisionism," 14.
44) Leffler, "The Foreign Policies of the George W. Bush Administration," 11, 14.
45) Brands and Feaver, "The Case for Bush Revisionism," 14.
46) Brands and Feaver, "The Case for Bush Revisionism," 13.
47) Personal communication, former Foreign Service officer, January 2019.
48) Michael Mazarr et al., *Understanding the Emerging Era of International Competition* (Santa Monica, CA: RAND Corporation, 2018), 18.
49) Brands, "Choosing Primacy," 30.

8장

21세기의 세력전이

● ● ● ● 21세기가 시작될 때 미국은 최강인 것처럼 보였다. 프랑스 외무장관 베드린(Hubert Védrine)은 미국을 '초강대국(hyperpower)'이라고 불렀고, 부시(43대)의 외교정책에는 단극 시기에 들어섰다는 오만함이 베여있었다. 그러나 국제정치의 수면 아래에서는 세계의 세력균형에서 두 개의 주요 변화가 일어나고 있었다. 하나는 국가들 간의 '수평적' 세력전이이고, 다른 하나는 기술의 발전으로 야기된 것으로, 국가에서 비국가 행위자로의 '수직적' 권력 확산이다.[1] 하나의 패권 국가에서 다른 국가로의 세력전이는 역사에서 익숙한 흐름이다. 하지만 미국의 외교정책을 보면, 21세기에 있었던 세 명의 대통령, 즉 부시, 오바마, 트럼프는 모두 중국과 인도와 같은 아시아 강대국들의 부상에 반응하면서도 '미국의 쇠퇴' 논란은 인정하지 않았다. 그들은 소련의 붕괴로 과거와 같은 힘을 가지고 있지는 못하지만 여전히 국제사회에서 상당한 영향력을 발휘하는 러시아와의 관계를 원만하게 유지하려 노력하였다.

21세기 초에 있었던 또 다른 세력전이는 권력의 분산이다. 권력의 분산은 새롭게 나타난 과정으로 관리하기가 더욱 어렵다. 세계의 정보통신기술이 발전하면서, 가장 강력한 국가들도 통제하기 어려운 일들이 발생하기 시작했다. 은행가, 사이버 범죄조직, 테러리스트 등과 같은 비국가 행위자들이 힘을 얻기 시작했고, 초국가적 네트워크와 이슈들이 정부의 통제를 벗어나 국경을 넘나들었다. 2001년 9월 11일 알 카에다의 공격이 미국의 힘에 경제적으로나 군사적으로 직접적 영향을 주지는 않았지만, 제7장에서 본 것과 같이 비국가 행위자의 공격은 미국의 외교정책에 간접적이면서 정신적으로 중대한 영향을 미쳤다.

부시 행정부는 이렇게 새롭게 등장한 비국가 행위자들의 공격을 전통적인 국제적 틀에 끼워 맞추려 했다. 그러나 결국 맞지 않는 것으로 드러났다. 테러리스트들은 조직화된 국민국가를 이길 수 없다. 하지만 마치 주짓수에서 약한 선수들이 하는 것처럼 상대방의 힘을 역이용해서 심각한 피해를 줄 수는 있다. 통계상 테러리스트에 의해 사망한 사람들의 수는 실제로 많지 않지만, 테러리스트에게 살해될 수도 있다는 대중들의 공포는 현실을 압도하고 있다. 테러는 비국가 행위자들이 폭력을 사용하는 일종의 심리 드라마이다. 그들은 사람들의 관심을 끌고 의제를 만들 뿐만 아니라, 더 강한 상대에게 충격을 줘서 역효과를 초래하도록 유도한다. 이 세 부분에서 알 카에다는 성공했다.

4주간의 이라크전쟁은 독재자를 제거하며 미국의 견고한 군사력을 멋지게 보여줬다. 그러나 테러에 대한 미국의 취약성을 해결하지는 못했다. 오히려 5천여 명에 달하는 미국인의 희생과 수조 달러의 비용을 치르면서 취약성을 증가시켰다.[2] 또한, 이 전쟁은 소프트파워에도 큰 타격을 입혔다. 여론조사에 따르면, 많은 나라들에서 미국의 매력이 급격히 떨어졌다. 부시 행정부가 군사력을 급파하면서 2007년 이라크 내전에서의 처참한 패배를 막을 수 있었지만, IS의 부상은 막지 못했다. 미국 국내외 여론은 부시의 이라크전쟁을 외교정책에서의 심각한 실수로 보았으며, 오바마와 트럼프도 이런 의견에 공감했다. 퇴임 후 오바마는 "당신들이 뭐라고 부르든지 간에, 워싱턴 컨센서스는 너무 안일해졌다. 특히, 냉전 이후에 미국과 미국 엘리트들은 이 모든 것을 잘 해내고 있다고 생각하면서 자기만족의 시기를 보냈다"라고 했다.[3] 부시에 대해서 오바마와 트럼프는 상당히 다른 방식으로 반응하며 미국의 외교정책에서 긴축의 시기를 시작했다. 그러나 이 긴축은 목적보다는 수단에 가까웠다. 오바마의 가장 가까운 조언자 중 한 명은 "우리는 미국이 쇠퇴하도록 하려는 것이 아니다. 우리가 하려는 것은 향후 50년 후에도 미국이 리더로 남아있게 하는 것이다"라고 말했다.[4] 그리고 트럼프는 "미국을 다시 위대하게!(Make America Great Again!)"라는 구호로 선거운동을 벌였다.

버락 오바마

오바마(Barack Hussein Obama)는 미국 최초의 아프리카계 미국인 대통령이다. 그는 1961년 하와이에서 태어났고, 48세의 나이에 대통령이 되었다. 케냐 출신의 대학원생이었던 아버지가 아프리카로 돌아간 후, 인류학자인 어머니가 오바마를 양육했다. 오바마는 유년 시절을 인도네시아에서 보내기도 했다. 그는 하와이의 푸나호우 사립학교, 캘리포니아의 옥시덴탈대학교, 뉴욕의 컬럼비아대학교, 그리고 매사추세츠주의 하버드대 로스쿨을 다녔는데, 로스쿨 재학 당시 그는 『로 리뷰(*Law Review*)』 저널의 편집장을 맡기도 했다. 그는 시카고에서 지역사회 운동가와 법률 교사로 활동했고, 일리노이주 상원의원 첫 임기 중에 대통령선거에 출마했다. 오바마는 미국 여러 곳을 전전하면서 워싱턴 내부 사정에 밝지 못했을 뿐만 아니라, 통상적인 정치 코스를 밟지 못했다. 그러나 이런 그가 입후보할 수 있었던 것은 이라크전쟁에 대한 반대 여론 때문이었다.

오바마가 취임했을 때, 미국과 세계경제는 대공황 이후 최악의 금융위기를 직면하고 있었다. 오바마의 경제 고문들은 긴급조치를 취하지 않으면 전면적인 경제 불황에 들어갈 가능성이 높다고 조언했다. 그래서 아프가니스탄과 이라크에서의 전쟁, 이란과 북한의 핵확산 위협, 알카에다의 테러 등의 문제에도 불구하고, 그는 집권 초기 수개월 동안 경제위기 대처에 몰두했다. 국제금융체제를 유지하기 위한 그의 조치는 세계적인 공황과 불황을 막은 결정적인 행동이었지만, 실업률이 증가하는 가운데에서 은행들을 살린 것은 대중들의 불만을 야기했다.

오바마는 선거운동에서 변혁적인 비전을 호소했다. 하지만 위기대응 과정에서 보여준 그의 방식은 실용주의적이었다. 오바마는 천성적으로 압박감 속에서도 냉정함을 유지했다. 이런 점은 '드라마 없는 오바마(no-drama Obama)'라는 단어로 요약된다. 예를 들어, 2011년 빈 라덴을 사살했던 파키스탄 헬리콥터 급습 사건(이 사건은 카터 때와 같이 그의 대통령직을 위협할 수도 있었다) 때에도 그는 극단적일 정도로 차분했다. "우리가 그를 잡았다"가 그가 말한 전부였다.[5] 참전용사이자 공화당원이었던 게이츠(Robert Gates) 국방장관은 오바마를 자신이 함께한 대통령 중 가장 신중한 대통령으로 기억했다.[6] 오바마는 거의 늘 자신의 감정을 통제할 줄 알았고, (부시처럼) 백악관에서 안정적인 가정생활의 귀감이 되었다.

2008년 선거운동과 대통령 임기 첫 달 동안 오바마는 굉장히 영감을 주는 수사를 사용했고, 케네디 때와 같이 큰 기대를 받았다. 그의 선거 운동에 대해서 전문가들은 "새로운 국내 아젠다, 새로운 세계 구조, 그리고 변화된 세계에 대한 이미지 때문에 그는 궁극적으로 후보자로서 성공했다"고 설명했다.[7] 오바마는 취임 이후 1년 동안 취임사를 시작으로 핵이 없는 세계로 향할 것을 선언했던 프라하 연설, 이슬람권에 대한 새로운 접근을 약속했던 카이로 연설, 간디와 마틴 루터 킹의 비폭력을 언급했던 오슬로에서의 노벨평화상 연설 등을 통해 영감을 주는 수사를 이어갔다. 그는 또한 "국가를 보호하고 지키겠다고 맹세한 국가원수로서 선례만을 따라갈 수 없다"고 언급했다.

오바마는 미국의 유명한 신학자 니부어(Reinhold Niebuhr)를 따랐는데, 그는 미국인의 도덕적 독선의 위험성과 완벽주의의 위험한 유혹을 경고했다.[8] 일부 비평가들은 오바마가 자유의 확산보다 국제법과 동맹을 중시했다면서 인권에 대한 오바마의 접근방식을 비판했다. 이에 오바마는 "압제적 정권들을 포용하는 것이 순수하게 분노하는 대중을 만족시키지 못한다는 것을 알고 있다. 그러나 문을 열 기회가 없다면 어떤 압제적 정권도 새로운 길을 갈 수 없다"고 언급했다.[9]

오바마의 목표는 세계에, 특히 이슬람권에 미국의 이미지를 새롭게 세우는 것, (미국이 오랫동안 유지해왔던) '두 개의 전쟁'을 포기하는 것, 적대국에게 손을 내미는 것, 세계에서 핵무기를 없애기 위해 러시아와의 관계를 새롭게 하는 것, 지역 및 글로벌 이슈들을 해결하기 위해 중국과 협력을 하는 것, 그리고 중동에 평화를 건설하는 것이었다.[10] 이러한 이슈들에 대한 그의 성과는 중간 정도이다. 전직 관료들은 "너무나 복잡한 상황들, 특히 세계경제위기 때문에 그는 새로운 세계질서의 설계자에서 관계회복과 위기대응에 집중하는 리더가 되었다"고 말한다.[11]

어떤 이들은 오바마의 외교정책에 주기가 있다고 말한다. 즉, 선거운동 중의 자유주의, 취임 후의 현실주의, 2011년 아랍의 봄 이후의 세계주의적 낙관주의, 그리고 다시 2013년 시리아 내전 개입 거부에서 보듯 현실주의로 회귀했다는 것이다. 만(James Mann)은 오바마의 "연설은 우아하게 표현되었고, 이상주의로 가득 차 있지만" 그는 민주주의에 대해서 너무 많이 말하는 도덕주의자처럼 들리고 싶어하지는 않았다. 이란에서 그는 인권문제가 이란 지도자들과의 협상을 방해하지 않게 했다.[12] 2011년 일부 고문들이 오바마에게 이집트의 독재자 무바라크(Hosni Mubarak)를 너무 빨리 몰아내지 말라고 경고했다. 독재자 축출 후 민주주의가 이뤄진다는 보장이 없기 때문이었다. 그들은 또 리비아에서의 개입도 경고했다. 그러나 오바마는 다른 고문들의 국제적인 경향을 따랐고, 결국 이 두 사건은 좋지 않게 끝났다. 나중에 오바마는 시리아 개입을 거절하면서, 그의 젊은 참모 중 한 명에게 "당신이 사람들이 서로 죽고 죽이는 것을 막을 수는 없다"고 말했다.[13]

오바마의 외교정책을 정확하게 판단하기에는 여전히 너무 이르다. 칼럼니스트 브룩스(David Brooks)는 오바마를 "유연하고 점진적이다. … 오바마는 외교정책이라는 고슴도치를 쫓는 매우 영리한 여우 같았다"라고 묘사했다.[14] 이루지 못한 목표 중에 어떤 것들은 난해한 사건들의 결과였고, 어떤 것들, 예를 들어 이스라엘과 중국에 대한 그의 초기 접근법은 초기 행정부의 순진함 결과였다. 그러나 오바마는 실용주의적인 방식으로 실수들을 빠르게 만회했다. 지미 카터의 연설문 작성자였던 팰로우스(James Fallows)는 오바마의 장점은 자기가 말한 것의 죄수가 되기보다 새로운 현실에 적응하는 것이라고 했다.[15] 오바마의 임기 말에 『이코노미스트(*The Economist*)』지는 "오바마의 모든 업적들, 지적능력, 그리고 우아함에도 불구하고, 그의 8년은 세상에서 가장 강력한 지도자 — 국가의 부름을 받은 드물게 능력이 많은 지도자 — 조차 무력해 보일 수 있다는 것을 보여줬다"고 요약했다.[16)]

비록 오바마가 기후변화나 핵무기와 관련된 변혁적 목표들을 그의 수사에 담았지만, 실제로 그의 실용주의는 아이젠하워나 아버지 부시와 같은 점진적 지도자들을 연상시켰다. 그들과 비교해서 오바마는 외교적 경험이 상대적으로 부족했지만, 그는 복잡한 외교정책 도전에 대응할 때 유사한 능력을 보여줬다. 그가 경험이 많은 고문들을 지명하고 상대적으로 질서있게 백악관 중심의 결정과정을 관리한 것에서 볼 수 있듯이, 그는 감성 지능과 상황 지능을 모두 갖추고 있었다. 아프리카인 아버지와 인류학자인 어머니, 그리고 아시아에서 보낸 유년 시절이 그의 날카로운 상황 지능에 어느 정도 영향을 주었다.[17)] 자연스럽게 그는 신중한 사람이 되었다.

이것은 오바마에게 변혁적 성과가 전혀 없었다는 의미는 아니다. 그는 지지를 얻지 못했던 기존의 외교정책의 방향을 바꾸었고, 특수부대, 드론, 사이버기술을 이용해 군사적 효율성을 강조하여 군사비용을 줄였다. 또한, 세계 곳곳에서 미국의 소프트파워를 강화하고, 중동에 집중된 관심을 빠르게 성장하는 아시아로 재조정했다. 그는 치밀한 준비와 용기로 지난 반세기 동안 실패했던 쿠바정책을 뒤집기도 했는데, 이것은 중남미에서 미국의 입지를 크게 강화했다.

생어(David Sanger) 기자는 오바마독트린(Obama Doctrine)이 첫째, 미국의 안보이익이 직접적으로 연관될 때 일방적으로 무력을 사용할 수 있다는 의지를 보여주었고, 둘째, 미국의 안보를 직접적으로 위협하지 않는 글로벌 이슈에 대해서는 국제사회와의 연합을 통해 해결하려는 모습을 보였고, 셋째, 아시아로의 회귀를 통해서 중동이라는 수렁에서 벗어나 새롭게 발전하는 아시아 지역에서의 균형을 맞추는 것으로 설명했다.[18] 그러나 골드가이어(James Goldgeier)와 수리(Jeremi Suri)는 오바마의 2015년 국가안보전략은 고비용의 장기적 군사충돌을 피하기 위해서 다른 우선순위들을 놓쳤다고 지적한다.[19] 비록 "대통령이 아무것도 하지 않는 것이 최선의 선택"일 수도 있지만, 실수를 피하려는 오바마의 목표는 전략이라고 볼 수 없다.[20] 키신저(Henry Kissinger)는 오바마가 "단기적인 결과들이 영구적인 장애물로 바뀌지 않을까 걱정했다. 경세지책의 또 다른 관점은 역사의 발전에 방해가 되는 것들을 피하기보다는 역사의 발전을 도모하는 데 집중하는 것이다."[21]라고 언급했다.

2011년 리비아에 개입했을 때 오바마는 미국이 또 이슬람국가를 공격하는 것으로 오해하지 않도록 아랍연맹과 유엔의 결의안을 모색했는데, 이는 소프트파워적 접근이었다. 당시 오바마는 항공작전, 즉 하드파워 성격의 작전 지휘권을 NATO 동맹국들과 공유했다. 하지만 그 동맹국들이 그 임무를 완전하게 담당할 정도는 아니었다. 백악관의 한 중간급 관리가 부주의하게도 리비아정책의 특징을 "막후에서 지휘하는 것"이라고 언급했고, 이 발언이 정치적 비난을 야기했다. 하지만 우리가 앞에서 보았듯이, 아이젠하워는 사람의 주목을 받지 않으면서 막후에서 지휘하는 것이 가끔은, 특히 그 이슈가 부수적인 이익과 관련되었을 때에는 가장 효과적이라는 것을 잘 알고 있었다.

대통령의 측근이었던 설리번(Jake Sullivan)에 따르면, 오바마는 미국의 리더십이 어떤 모습으로 보여야 하는지에 대해 심사숙고했다. 그는 근본적으로 미국의 리더십을 명령하는 리더십이 아니라 의제를 설정하는 촉매 형태로 보았다. 이런 점에서 그는 아이젠하워를 닮았다. 그가 생각한 이상향에서 미국은 다른 국가들에게 무엇을 하라고 말하지 않고 그저 현안들에 대한 해결법을 모색하기 위해서 (비국가 행위자들과) 다른 국가들을 끌어당길 뿐이었다. 오바마는 이것이 바로 권력의 수직·수평적 변화에 대응할 수 있는 지속가능한 형태의 리더십이라고 생각했다. 그런데 중동은 너무 전통적이고 구식적인 권력정치가 깊게 뿌리박혀 있기 때문에, 오바마가 구상한 모델에 맞지 않았고, 그래서 그에게 매우 복잡한 지역이었다.[22] 사실 리비아에서 오바마의 문제는 너무 앞서 나가면서 사태를 마무리 지었다는 것이다. 리비아에서 원래 목표는 카다피 군대에게 위협받는 벵가지 시위대를 보호하기 위해 공군력을 사용하는 것이었다. 하지만 그것은 시간이 지나면서 향후 발생할 일에 대한 구체적인 계획도 없이 정권교체로 변질되었다.

일부 비평가들은 오바마가 지나치게 신중해서 중동에서의 혁명을 제대로 이용하지 못했다고 주장한다. 오바마는 아프가니스탄에서의 병력 증강을 결정했고 (성공하지 못했다), 빈 라덴을 살해하기 위해서 파키스탄의 주권을 침해했으며 (성공했다), 이집트의 무바라크에 대한 지지를 철회했다 (상황을 개선시키지 못했다). 그러나 이 지역 혁명들의 불확실성을 고려할 때, 오바마의 전략적 선택들은 대부분 신중했고 위험을 회피하는 것이었다. 트루먼독트린이나 마샬플랜, 부시(41대)의 '자유 의제' 같은 것이 없다는 점에서 오바마는 신보수주의자들의 비난을 받았지만, 동시에 현실주의자들의 지지를 받았다. 한 편집인의 말을 빌리면, "그의 태도는 자신의 이상주의를 반영하고 있는데, 그것은 자유의 확산보다 국제법과 동맹의 가치를 중시하고 있다."[23] 오바마의 정책이 윌슨식 자유주의의 민주적·제도적 요소를 반영하지만, 오바마는 둘 중에서도 제도적 측면을 더 강조했다. 로즈(Ben Rhodes) 보좌관에 따르면, 오바마는 선을 넘는 것을 염려하였지만, 그는 "유능한 안정군(stabilizing force), 특정 테러 네트워크에 대한 군사행동의 필요성, 빈곤 탈피를 위한 세계화의 유익함, 국제질서에서 필수적인 미국의 존재를 믿었다. 그는 미국의 외교정책을 침몰시키려 한 것이 아니라 그 항해노선을 바꾸려고 했다."[24)]

오바마의 초대 국무장관 힐러리 클린턴(Hillary Clinton)은 오바마 행정부의 접근법을 하드파워와 소프트파워가 각각 다른 맥락에서 다른 방식으로 결합하는 '스마트파워(smart power)'로 설명했다. 2009년 취임사에서 오바마가 말했듯이, "우리의 힘은 신중하게 사용할 때 성장한다. 우리의 안보는 정당한 대의명분과 우리의 모범, 단련된 겸손, 그리고 인내에서 나온다." 또한, 그는 웨스트포인트 육군사관학교 생도들에게 미국 예외론을 언급하며, "미국은 없어서는 안 되는 유일한 나라이다. 이 사실은 지나간 세기에도 사실이었고 앞으로 올 세기에도 사실일 것이다"고 말했다.[25)] 그러나 오바마는 선을 넘는 것을 염려했고, 고문들에게 "우리가 중동을 변화시킬 수 있다고 생각하며 자신을 속여서는 안 된다"고 경고했다.[26)] 하지만 수리(Jeremi Suri)와 같이 오바마의 국제자유주의를 비판하는 이들은 오바마의 정책은 오히려 기준에 훨씬 못 미친다고 주장한다.[27)]

아프가니스탄에 추가 파병을 했을 때, 리비아에 비행금지구역을 조성하기 위해 공군력을 투입했을 때, 오사마 빈 라덴을 사살하기 위해 파키스탄에 특수부대를 파견했을 때, 이슬람국가에 대응하기 위해 특수부대와 드론을 투입했을 때, 오바마는 균형적이고 차별적으로 군사력을 사용하겠다는 의지를 보여줬다. 그는 공격 가이드라인을 정했다. 또한,

예멘, 파키스탄, 소말리아에서의 공격이 가이드라인을 넘을 수 있다는 위험성이 제기되었을 때, 개인적으로 그것을 승인했다. 보좌관들에 따르면, 오바마는 아우구스티누스와 아퀴나스가 전쟁에 대해 쓴 책을 공부하는 학생처럼, “그는 어떠한 행동에 대해서든 도덕적 책임을 져야 한다고 믿었다. 그리고 그는 잘못된 공격이 미국의 이미지를 흠집내고 외교를 탈선시킬 수 있다는 점을 알았다.”[28] 비록 어떤 사람들은 동의하지 않지만, 오바마는 자신이 사용하는 수단에 대해서 신중했다.

오바마가 중동이라는 끝없는 수렁에서 미국의 개입을 줄이고 부상하는 아시아에 관심을 집중하려고 노력했지만, 아이러니하게도 그의 외교정책에서 긴급 사안들이 때때로 중요 사안들을 밀어냈다. 회의 참가자들에 따르면, 아시아로의 재균형을 발표한 후에도 백악관 상황실에서의 외교정책 회의는 대부분 중동 문제에 관한 것이었다.[29] 오바마는 이스라엘이 요르단강 서안 지구를 포기하도록, 혹은 팔레스타인이 평화프로세스에 깊숙이 참여하도록 설득할 수 없었다. 선거공약에 따라 오바마는 2011년 미군의 이라크 주둔을 강력하게 밀어붙이지 않았고 완전철수에 동의했는데, 이 선택이 바그다드의 말리키(Maliki)정부의 정책과 맞물리면서 수니파 반군이 조성되었고 결국 이슬람국가(IS)가 형성됐다. 이후 IS가 점점 강해지면서 오바마는 그의 선택을 번복해야만 했다.

시리아는 오바마의 외교정책에서 논쟁거리였다. 시리아 내전 초기 오바마는 아사드(Assad)가 반드시 물러나야 한다고 말했고, 2012년 8월에는 아사드가 화학무기를 사용한다면 그것은 미국의 무력사용에 대한 레드라인이 될 것을 선언했다. 하지만 1년 후 아사드가 화학무기를 사용했을 때, 오바마는 공습에 대한 동맹국들과 의회의 지지를 얻지 못했고, 러시아와 함께 국제적으로 시리아의 화학무기를 제거하고 사찰한다는 절충안을 내놓았다. 이 선택은 오바마의 외교정책에서 계속 언급되며 유약함의 상징이 되었다. 그래서 오바마는 신뢰를 계속 유지하기 위해서 시리아를 폭격해야 한다는 주장에 짜증을 내기도 했다. 그의 표현을 빌리자면, "그것은 전쟁으로 가는 최악의 판단이다."[30] 일부 고문들은 폭격보다 외교적인 접근을 취했다면 보다 많은 화학무기를 제거할 수 있었을 것이라고 주장한다. 하지만 오바마가 치러야 했던 신뢰에 대한 비용은 시리아 문제를 훨씬 넘어서는 것이었다.

오바마가 아사드 정권에 반대하는 온건파들에 대한 무장지원을 제공했지만, 시리아에 안전지대나 비행금지구역을 설치하라는 압력에는 굴하지 않았다. 그 수혜자가 이슬람국가(IS)가 될 수도 있었기 때문이다. 어떤 현실주의 비평가들은 이러한 신중함에 박수를 보냈지만, 다른 비평가들은 그의 신중함이 IS의 부상, 수천 명에 이르는 시리아 난민들의 죽음, EU 내 미국 우방국들을 약화시킨 이주민 위기 등과 같은 끔찍한 결과를 초래했다고 주장한다. 오바마에게 더 나은 선택지가 있었을까? 행정부에 있었던 일부 전직 관료들은 만약 오바마가 아사드의 퇴출이라는 목표를 수정하거나, 미군을 적절하게 사용했다면, 그의 부작위 행위에 대한 도덕적 반향을 줄일 수 있었을지도 모른다고 말한다.[31] 또한, 번즈(William Burns)는 "우리의 실수는 주기적으로 최소한의 수단으로 최대한의 목표를 얻고자 하는 것"이라고 주장한다.[32] 르완다 사건 때 클린턴이 선택한 것처럼, '모 아니면 도' 식의 사고방식은 도덕적 선택을 배제한다. 하지만 도덕적 선택은 목표를 낮추거나 개입 정도를 조정하는 것에 따라 달라질 수 있는 것이다. 오바마는 임기 말 인터뷰에서 자신이 지나치게 신중하다는 점을 부인했지만, 케리(John Kerry) 국무장관이 "시리아로부터 야기된 유럽의 종말을 경고했음에도 불구하고, 오바마는 시리아의 내전을 최고 단계의 안보위협으로 분류하지 않았다."[33]

중동과 관련된 문제에도 불구하고, 글로벌 이슈에 대해서 오바마는 수많은 외교정책 성과를 냈다. 그 중 첫 번째는 '대공황'이라고 불리던 세계경제 위기에 성공적으로 대처한 것이다. 만약 오바마가 이 재난을 피하지 못했다면 다른 모든 것들이 무너졌을 것이다. 이를 위해서는 국내 경기부양책뿐만 아니라 국제공조도 필요했는데, 이에 따라 미국 연방준비제도이사회는 금융시스템에 대한 신뢰를 회복하는 수단으로 최종대출자라는 중요한 공공재의 역할을 맡았다. 오바마는 위기 초기에 G20을 효과적으로 활용했다. 그는 건설적인 전략으로 '환태평양경제동반자협정(TPP: Trans-Pacific Partnership)'과 같은 무역협정을 타결하고 비준하려고 노력했지만, 이것은 국내 포퓰리즘의 압박이 거세지자 의회의 반발에 부딪혔다. 그는 또한 세계 기후변화와 관련된 합의를 도출해 내기 위해 노력했고, 2015년 12월 파리협정이라는 성과를 창출했다.

그리고 오바마는 핵무기 없는 세계라는 장기적인 목표를 수용함으로써 (그는 이것이 자신의 생전에 이뤄질 것 같지 않다고 언급했다) 핵무기 문제를 재구성하려 했다. 그는 미국과 러시아의 전략무기를 감축하기 위해서 '전략무기감축협정(START: Strategic Arms Reduction Treaty)'의 대체 방안을 협상하기도 했고, 핵 안보와 관련해서 각국 정상들을 소집하기도 했다. 그리고 그는 유엔과 G20 의제에 핵 비확산 문제를 제안하거나, 이란이 핵확산금지조약의 국제적 의무를 이행하지 않았을 때 제재를 가하기 위해 다자간 지지를 이끌어 내기도 했다. 2015년 오바마는 인내와 진통을 거듭한 외교 끝에 이란의 핵 프로그램을 제한하는 6자 합의를 도출했다. 하지만 이것에 대해서 이스라엘과 국내 반대세력들은 이란의 역내 행동을 더 강하게 제한하지 않았다고 비난을 했고, 나중에 트럼프 대통령이 이것을 파기해버렸다. 북한 비핵화를 위한 노력도 성공적이지 못했다.

이러한 글로벌 이슈들은 중국과의 관계에 대한 오바마의 접근방식과 밀접한 관련이 있었다. 중국의 부상은 21세기 들어 가장 중요한 외교정책적 도전이었다. 오바마는 '회귀' 또는 '재균형'이라는 정책을 내세워 외교정책에 대한 관심을 중동에서 아시아로 전환하려 노력했다. 오바마는 중국 국가주석인 후진타오 및 시진핑과 여러 차례의 정상회담을 가졌고, 그동안 해결하기 어려웠던 기후변화와 사이버 규범에 대한 간극을 메웠다. 동시에 오바마는 일본, 한국, 호주와의 긴밀한 동맹을 유지했고, 부시 행정부 시기 형성된 인도와의 관계 발전을 기반으로 하드파워 능력을 유지하며 부상하는 중국을 견제하는 환경을 조성했다. 특히 동중국해와 남중국해에 대한 중국의 목표와 관련해서 그렇다. 어떤 비평가들은 오바마가 국유기업에 보조금을 제공하거나 강압적으로 기술을 이전하는 중국의 무역정책에 대해서 중국을 강하게 압박하지 않았다고 불만을 제기했다. 이 부분은 나중에 트럼프의 대중국정책의 중심이 되었다. 반면 오바마는 환태평양경제동반자협정을 중국을 배제하는 전반적인 무역 프레임으로 설정했지만, 나중에 트럼프 행정부는 출범하자마자 이것에서 탈퇴했다.[34)]

오바마는 러시아와의 관계도 다시 개선하려 했다. 미러관계는 부시 행정부가 조지아와 우크라이나의 NATO 가입을 지지한 후 틀어졌다. 오바마는 이러한 구상들에서 물러나서 메드베데프(Dmitri Medvedev) 대통령과의 관계를 발전시켰다. 하지만 2012년 푸틴(Vladimir Putin)이 대통령직에 복귀하면서 오바마는 더 큰 어려움에 직면하게 되었다. 푸틴은 구소련 당시의 색깔혁명, 2011년 중동혁명, 그리고 2014년 이웃

국가인 우크라이나 저항에서 보인 미국의 지원을 자신의 권위주의 정권에 대한 위협으로 보았다. 푸틴이 동부 우크라이나에서 하이브리드전쟁을 벌이고 크림반도를 점거하자 미러관계는 심각하게 악화되었고, 유엔과 NATO 동맹국들의 제재가 시행되었다. 우크라이나에 대한 푸틴의 사이버 공격과 2016년 미국 대통령선거에서의 개입은 오바마 행정부의 제재와 국내 시위를 초래했지만, 그것들은 러시아를 효과적으로 억제하기에는 역부족이었다.

그렇다면 이런 복잡성을 어떻게 정리하고 오바마 외교정책의 윤리적 기준을 판단할 수 있을까? 그 목표와 동기 측면에서 오바마는 야심 차고 매력적인 가치를 담은 의제를 선보였다. 한 역사학자가 말했듯이 오바마의 대전략은 "미국 우위와 자유주의 국제질서를 유지하는 것을 목표로 하고 있기 때문에 전후와 탈냉전 시기의 폭넓은 윤곽에 정확하게 들어맞는다."[35] 게다가 목표들을 추구하는 동기가 원칙에 기반을 두었고, 그것은 상충하는 개인적 또는 감정적인 필요에 의해서 희석되지도 않았다. 가치와 위험 사이의 균형에 대해서 말하자면, 오바마가 너무 신중해서 실패했다는 비판을 받기도 했지만, 이 점에서 오바마는 두 번째 부시보다는 첫 번째 부시와 비슷했다. 부시와 오바마 두 대통령 모두를 보필한 번즈에 의하면, 둘은 굉장히 비슷하지만, 첫 번째 부시와는 달리, 오바마는 "양극체제에서 부상하는 단극체제로 나아간 것이 아니라 작아지는 단극체제에서 더 엉망진창인 세계로 향해 갈 뿐이었다. … 그 시대의 창의력과 기민함에도 불구하고 41대 부시 때처럼 외교 카드를 사용할 자유가 없었다."[36]

혁명의 시대는 기회를 만들어내기도 하지만, (오바마가 리비아와 시리아에서 겪은 것처럼) 불쾌한 사건이나 의도치 않은 결과를 만들기도 한다. 다시 한번 강조하면, 결정하지 않는 것도 중요하다는 사실을 기억해야 한다. 한번은 오바마가 대통령 전용기에서 기자들에게 그들이 지나치게 갈등을 부추기는 데 초점을 맞추고 있다면서 베트남에서의 존슨, 이란 인질극 사건에서의 카터, 그리고 이라크에서의 부시는 그들의 재임 기간들이 실수에 의해 평가되는 것을 봤다고 언급했다. 오바마독트린은 "멍청한 짓을 하지 말라(don't do stupid shit)"로 요약될 수 있다.[37] 이것은 대전략은 아니지만, 신중함이라는 현실주의적 미덕을 나타내고 있다. 그러나 자유주의자들과 범세계주의적 비평가들은 지나친 신중함이 부도덕한 결과를 초래할 수 있다고 주장한다.

수단과 방법의 측면에서 오바마는 미국의 힘에 대해서 가벼운 발자취를 남기려고 노력하면서 균형적이고 차별적으로 군사력을 사용했다. 그리고 그는 드론이나 사이버 공격과 같은 새로운 기술을 투입할 때 도덕적인 세부 사항에도 주의를 기울였다. 그러나 비평가들은 그가 멀리에서 정밀 타격을 할 수 있는 이러한 첨단기술을 도입한 것은 그가 (미국 시민권을 가진 자들을 포함해서) 테러리스트들을 생포하기보다 죽이는 것을 선택했다고 비난한다. 이 정책들은 정기적으로 의회에 보고되었고 대중에게 인기도 있었지만, 비평가들은 이를 (레이건이 완화했음에도 불구하고) 포드가 중지했던 냉전 시대 암살정책의 부활로 여겼다.[38] 그러나 전반적으로 오바마는 자유주의 가치와 절차를 존중하는 모습을 보였고, 국제기구를 활용하고 발전시키기 위해서 노력했다.

오바마 외교정책에서의 윤리적 결과에 대해서는 아직까지 분명한 판단을 내리기 어렵다. 하지만 현 단계에서는 오바마는 미국의 이익에 좋은 수탁자였던 것으로 보인다. 일부 현실주의자들은 그가 중국과 러시아의 행위에 강경하게 대응하지 않았다고 불만을 제기한다. 또 다른 이들은 중동에서의 신중함과 NATO 및 일본과의 동맹을 지지한다. 어떤 사람들은 그의 지나친 신중함이 부도덕한 결과를 초래했다고 생각한다. 신보수주의자들은 중동에서의 혁명 기간에 오바마가 인권과 민주주의를 발전시키기 위해 더 강력한 조치를 취했어야 한다고 주장한다. 반면에 자유주의자들은 그가 1945년 이후 세워진 국제질서를 보존하기 위해 제도를 활용하였을 뿐만 아니라, 핵 합의와 파리기후협정을 통해 그 제도를 발전시킨 점을 높이 평가한다. 특히 2008년 금융위기가 또 다른 대공황으로 확대되는 것을 막기 위해 국제협력에 공을 들인 것이 매우 중대한 결과를 가져왔다. 범세계주의자들은 오바마가 인권에 조금 더 전향적인 자세를 취하길 원했지만, 그는 다른 사람들의 피해를 최소화하기 위해 노력했다. 서아프리카에서 에볼라가 유행하기 시작했을 때, 오바마는 미국이 이 문제해결에서 큰 역할을 담당하는 것을 원하지 않았다. 하지만 결국 미국의 개입이 이 전염병을 해결할 유일한 방법임을 알았을 때, 그는 수천 명의 병력을 배치하며 성공적으로 이 문제를 해결했다.

다음으로 교육적 결과를 생각해 보자. 어떤 비평가들은 오바마가 세계화에 대한 포퓰리즘적인 반응을 막는 데에 충분한 행동을 취하지 않았다고 주장한다. 하지만 교육적 결과 측면에서 오바마는 진리를 존중하고, 세계 주요 이슈에 대한 도덕적 담론을 국내외에 확대했다. 한 공화당 하원의원이 오바마가 자신의 의료제도에 대해 거짓말을 하고 있다고 공개적으로 비난하기도 했지만, 모든 대통령들은 자주 정치적 프로그램과 약속들을 과장한다. 오바마 대통령에게 주목해야 할 것은 진실성과 개인행동에서 거의 완전했다는 것이다. 비록 완벽하지는 않았지만, 오바마의 성적을 미리 살펴보면 대부분 좋은 점수를 받는다.

오바마의 윤리적 성적표	
의도와 동기	
도덕적 비전: 매력적 가치, 선한 동기	높음
신중함: 가치와 위험 사이의 균형	높음/중간
수단	
군사적 수단: 균형, 차별, 필수	높음
자유민주주의 수단: 권리와 제도의 존중	높음
결과	
수탁자: 미국의 장기적 이익에 대한 성공	높음/중간
세계적: 타인에 대한 최소한의 피해	높음/중간
교육적: 진실성, 폭넓은 도덕적 담론	높음

도널드 트럼프

트럼프(Donald J. Trump)는 다른 미국 대통령들과 여러 면에서 다르다. 트럼프는 워싱턴의 정치과정 속에서 검증된 사람이 아니었고, 대통령이라는 최고 지위가 그의 첫 정치활동이었다. 트럼프는 70세에 당선된 최고령 대통령이다. 게다가 가장 부유한 사람이기도 했다. 트럼프는 1946년에 뉴욕 퀸즈 자치구에서 태어났다. 1946년 당시에 트루먼이 대통령이었고, 케네디와 닉슨은 처음으로 의회에 출마했다. 또한, 하와이는 미국의 주로 편입되기 전이었고, 15년이 지난 후에 오바마가 하와이에서 태어났다.

트럼프의 부친은 부동산 개발업자로, 고압적인 아버지로 알려졌다. 트럼프는 이런 아버지 밑에서 뉴욕 군사학교를 졸업하고 포담대학교에 진학했다. 이후 그는 펜실베이니아대학교의 와튼스쿨에 편입했다. 그는 클린턴이나 부시처럼 베트남에서 군 복무를 하지 않았다. 1971년부터 트럼프는 가족의 부동산 사업을 맡았고, 사업을 맨해튼까지 확장했다. 트럼프의 사업은 마천루와 호텔, 카지노, 골프장으로 뻗어 나갔고, 트럼프라는 이름은 부동산과 소비재에 상표로 등록되었다. 2003년부터 2015년까지 리얼리티 텔레비전 쇼인 〈어프렌티스(*The Apprentice*)〉를 제작하고 직접 사회를 맡았다. 『포브스(*Forbes*)』는 트럼프의 순 자산을 31억 달러로 추정했다.

트럼프의 독특한 배경은 언론과 정치에 대한 새로운 시각뿐만 아니라 매우 파격적인 정치 스타일을 만들어냈다. 리얼리티 TV쇼에서 성공하기 위해서는 카메라에 초점을 맞춰 진실보다 터무니없는 발언, 혹은 관습과 규범을 위반하는 행동을 해야 했다. 트럼프는 트위터라는 새로운 소셜미디어 플랫폼을 이용해서 이슈를 장악하는 법을 배웠고, (출시 3년 만인) 2009년부터 트위터를 사용하기 시작했다. 이를 통해서 그는 언론을 우회할 수 있었다. 트럼프는 이것을 "본인만의 신문을 소유하는 것"이라고 말했다.[39] 트위터가 대통령답지 않아 보인다는 이유로 한 백악관 참모가 트윗을 줄이라고 하자 트럼프는 "이것은 나의 메가폰이다. 이것이 바로 내가 어떤 여과장치 없이 국민에게 직접 말하는 방식이다"라며 거부했다.[40] 트럼프의 혁신적인 정치 소통기술은 라디오 시대에 있었던 루스벨트의 노변환담이나 TV 시대에 했던 케네디의 공개 기자회견과 유사했다. 그는 일반적인 정치인들보다 매우 독특했다.

2016년 공화당 후보 경선에서 16명의 경쟁자들과 혼잡한 무대 위에서 토론을 벌일 때, 트럼프는 이런 통찰력을 유용하게 활용했다. 또한, 그는 저학력의 나이 많은 백인 남성들이 세계무역의 불공정한 경제효과, 이민, 그리고 변화하는 문화에 분노하고 있음을 직감하고 이것을 표퓰리즘적 불만으로 집결시켰다. 그의 포퓰리즘적이고 보호주의적이며 민족주의적 발언들은 경험 많은 경쟁자들이 돈을 주고 만든 전통적인 정치광고보다 더 많이 무료로 매스컴에 보도됐다. 어떤 의미로는, 선거운동에서 트럼프는 경쟁자들에게 숨 쉴 틈도 안 준 것이다. 이후 그는 선거인단 투표에서 깜짝 승리를 거두며 힐러리 클린턴 민주당 후보에게 승리했다. 그는 국민투표에서는 패배했음에도 대통령이 된 다섯 번째 당선자가 되었다.

정치 통념상 많은 분석가들은 2000년 부시가 소수당을 이끌고 승리한 뒤에 한 행동처럼, 트럼프도 그의 정치적 기반을 넓히기 위해서 주류로 옮겨갈 것으로 예상했다. 그러나 트럼프는 자신에게 충실한 지지기반을 계속 활용해서 예비선거에서 자신과 다른 성향의 사람들을 위협했다. 결국, 공화당 의회 인사들은 트럼프를 공개적으로 비판하는 것을 두려워했다. 공개적으로 트럼프를 반대한 사람들은 예비선거에서 패배하였고, 선거운동 기간 중 '트럼프 절대 불가(Never Trump)' 서한에 서명한 공화당의 주요 외교 전문가들은 새 행정부에서 배제되었다.

또한, 분석가들은 승리한 트럼프가 터무니없는 말들을 트위터에 올리는 스타일을 바꾸고 취임 이후 '대통령답게' 행동하기를 기대했다. 하지만 트럼프는 선거운동을 할 때와 같이 매우 파격적인 대통령이 되었다. 트위터를 통해서 정책이 발표되고, 고위관료가 해고되었다. 그 결과 행정부 내의 고위 인사가 자주 바뀌었고, 모순적인 정책들이 발표되면서 국무장관, 국방장관 및 다른 고위관료들이 약화되었다. 이런 행동 때문에 트럼프는 법원, 언론, 동맹국들과 문제가 있었지만, 트럼프는 의제를 완전히 장악함으로써 훼손된 유기적 일관성을 만회했다.

예측불허는 트럼프의 정치적 도구 중 하나였다. 초대 비서실장인 프리버스(Reince Priebus)는 트럼프의 관리 스타일에 대해서 "트럼프는 항상 언변에 관심이 있다. 그는 갈등을 좋아하고 상반되는 사람들을 모아놓고 서로 싸우게 한다. 그는 과정에 관심이 없고, 결정권을 장악하기를 원한다"고 말했다. 많은 부분에서 이것은 아이젠하워보다 루스벨트를 연상시킨다. 그리고 협상 기술에서 트럼프는 "협상과 타협을 할 때 먼저 기습적이고 극단적인 조건부터 던지고 시작했다."[41] 트럼프가 『거래의 기술(*The Art of the Deal*)』에서 설명한 것처럼, 이것은 뉴욕 부동산 사업에서 그가 사용했던 관리 및 협상 스타일이었다.[42]

트럼프는 비즈니스 거래 외에는 외교문제에 대한 경험이 거의 없었을 뿐만 아니라, 그의 정치적 견해는 전통적인 공화당원에 비해 범위가 매우 넓었다. 백악관의 한 고위관료가 트럼프의 초기 인사임명을 놓고 '세계주의자들과 민족주의자들'을 섞어 놓은 것이라고 지적한 것과 같이 트럼프는 예측불가능한 방식으로 이 둘 사이를 오갔다.[43] 트럼프의 이데올로기적 견해가 늘 일관적인 것은 아니었다. 하지만 그는 보호무역주의적인 관점과 동맹국들이 미국을 불공정하게 이용한다는 민족주의적인 감정을 오랫동안 드러냈다. 레이건 행정부 시기였던 1987년에 트럼프는 동맹국들이 미국이 제공하는 군사안보를 무임승차하면서 부유해지고 있는 것을 비난하는 한 페이지의 광고를 주요 신문들에 싣기도 했다. 그는 "더 이상 우리의 위대한 조국이 비웃음을 당하지 않게 하자"고 강력하게 촉구했다.[44] 그는 안보나 인권보다는 경제문제에 집중했고, 미국을 피해자로 묘사했다.

선거운동 기간 중에 트럼프는 최초로 1945년 이후 세워진 자유주의 국제질서에 도전하는 후보가 되었다. 그는 NATO가 쓸모없다고 선언했고, 일본과 한국은 미국 동맹을 대체할 핵무기를 개발할 수도 있다고 말했으며, NAFTA와 다른 무역협정들을 비난했다. 또한, 파리기후협정을 미국의 성장을 둔화시키기 위한 중국의 속임수로 묘사했고, 독재자들의 인권침해 비난을 거부했다. 레이건을 포함해서 이전 공화당 대통령들에 대한 질문을 받았을 때, 그는 "우리는 이런 식의 국가건설은 더 이상 해서는 안 된다고 생각한다. 이것은 효과가 없는 것으로 증명됐다"고 대답했다.[45] 이 모든 것은 '미국 우선주의'와 '미국을 다시 위대하게'라는 선거 슬로건 아래에서 행해졌다.

트럼프는 대통령이 된 뒤에 안보 파괴행위를 약간 누그러뜨리긴 했지만, 선거운동 중의 의제 상당수가 외교정책에 반영됐다. 그는 취임사에서 "우리는 다른 국가들의 국경을 방어하면서 우리 자신의 국경을 보호하지 않았다. 우리는 수조 달러를 해외에 지출하면서 황폐함과 부패에 허덕였다. … 오늘부터는 미국만이 우선시될 것이다. … 보호는 크나큰 번영과 힘으로 이어질 것이다. … 우리는 남들에게 우리 삶의 방식을 강요하지 않을 것이다. 우리의 삶이 하나의 모범으로 빛날 것"이라고 선언했다.[46] 그리고 트럼프의 정책은 실제로 그 약속을 따랐다. 취임 후 트럼프는 파리기후협정과 환태평양경제동반자협정에서 탈퇴했고, WTO를 약화시켰으며, NAFTA를 재협상했다. 또한, 동맹국들에게 철강과 알루미늄 수입에 대한 국가안보 관세를 부과했고, 중국에게 광범위한 관세를 부과했다. 오바마와 우방국들이 이란과 타결했던 핵 합의에서 탈퇴했고, NATO와 G7을 비난하거나 푸틴 등 인권침해를 자행하는 권위주의적 지도자들을 칭찬했다. 2019년 4월 두 명의 전직 미국대사가 발표한 NATO 창립 70주년 기념식에서의 동맹국 정상들과의 인터뷰 내용에 따르면, "거의 모두가 트럼프를 NATO의 가장 긴급하고 어려운 문제로 보고 있었다."[47] 유럽인들은 미국을 덜 신뢰하기 시작했고, 백악관이 유럽의 통합보다 유럽의 분열에 더 관심이 있다고 믿었다.

2017년 12월 발표된 트럼프의 첫 국가안보독트린은 다자기구와 세계무역의 한계에 대한 현실주의적 입장을 유지했다. 그것 때문에 중국 및 러시아와의 강대국 경쟁에 관심이 집중되었고, 2018년 1월 매티스(James Mattis) 국방장관은 "테러가 아닌 강대국 경쟁이 이제 미국의 주요 관심사"라고 선언했다.[48] 2006년 국가안보전략은 보호주의를 초월해 성장하고 있는 민주주의와 자유시장의 공동체를 강조했다. 오바마의 2015년 전략은 부시의 과잉대응을 비난하면서 미국은 미국의 국익이 위태로울 때만 단독으로 행동하고, 국내에서의 모범 사례를 통해서 선도할 것을 요구했다. 영국『이코노미스트』지의 관점에서 보면, "트럼프는 부시와 오바마의 독트린을 모두 거부하는 것처럼 보인다."[49] 게다가 일부 행정부 관료들은 대통령이 이 전략에 얼마만큼의 의지를 갖고 있는지를 확신하지 못했다. 트럼프가 비록 중국의 도전을 인식했지만, 전반적인 대중국 전략은 없고 대중국 무역정책만이 있을 뿐이었다.[50]

반면에 신보수주의 비평가들은 트럼프와 오바마의 전략은 차이점보다 유사점이 더 많다고 생각한다. 그들의 시각에서 보면, 트럼프와 오바마는 스타일은 다르지만 모두 긴축정책에 대한 국내 요구에 잘못 반응하고 있었다. 예를 들어, 도넬리(Thomas Donnelly)나 크리스톨(William Kristol)은 "오바마-트럼프 컨센서스가 더 위험한 세상을 초래하고 있다. 또한, 이것은 미국답다는 것이 무엇을 의미하는지를 재정의하고 있다. 우리는 확장이라는 개념 위에 세워진 국가이다. 그것은 영토와 지정학적 확장뿐만 아니라 자유와 번영의 확장을 말한다. 미국은 현재의 자신을 지키기 위해서가 아니라, 향후 될 수 있는 것이 되기 위해서 존재한다"고 주장했다.[51] 린드버그(Tod Lindberg)는 트럼프의 전략이 두 명의 전임자와 다른 점을 두 가지로 설명했다. "부시와 오바마에게 미국은 전체의 일부, 즉 자유주의 국제질서를 구성하는 다수의 자유주의 국가들 중 (매우 강력한) 하나였다." 두 번째 차이점은 트럼프가 보편적 자유주의로 나아가던 전임자들의 역사적 흐름을 거부했다는 점이다. "부시와 오바마는 여러 면에서 너무 다르지만, 역사를 보편적 자유주의를 향해 나아가는 과정으로 보는 영국 최초의 근대적 정당인 휘그당의 견해를 공유하고 있다."[52] 이와 대조적으로 트럼프에게는 홉스식 현실주의, 제로섬 게임, 그리고 협의의 국익이 적절한 기준들이었다고 린드버그는 주장한다. 그러나 신보수주의적 비판은 유사점들을 지나치게 단순화했다. 트럼프가 파리협정, 환태평양경제동반자협정 및 이란 핵 합의를 일방적으로 탈퇴하고 NATO와 동맹국들을 비난하는 것에서 그와 오바마의 접근방식이 크게 다르다는 것을 볼 수 있다.

트럼프 행정부는 소프트파워 개발에 대한 투자를 줄였고 별로 강조하지도 않았다. (런던에서 매년 발행되는 소프트파워 30지수뿐만 아니라) 여러 여론조사는 트럼프 행정부가 출범한 뒤 미국의 소프트파워가 상당히 위축되고 있다는 것을 보여줬다.[53] 트위터는 글로벌 어젠다 설정을 도울 수는 있지만, 그 어조와 내용이 외국의 대중들과 지도자들에게 불쾌감을 준다면 소프트파워를 창출하지 못한다. 트럼프의 트윗 상당수는 타국과 외국 지도자에 대한 개인적인 비판을 담고 있었고 그만큼 외교적이지 못했다. 트럼프의 옹호자들은 소프트파워가 중요하지 않다고 말한다. 트럼프 대통령의 예산관리국장 멀베이니(Mick Mulvaney)는 국무부와 국제개발청 예산의 30퍼센트를 삭감하면서 '하드파워 예산'을 확보할 것이라 선언했다.[54] 앞서 매티스 국방장관이 의회에서 국무부의 소프트파워 예산을 확보해 주지 않으면 총알을 더 사야 할 것이라고 경고하였지만, 이것은 대통령의 접근법이 아니었다. 트럼프는 국무부의 예산과 인력을 줄이고 대신에 국방예산을 확대했고, 나중에 정치적 영향력을 위해 중국과 경쟁해야 했을 때에 비로소 트럼프는 해외원조의 확대를 지원했다.

마찬가지로 트럼프는 미국 소프트파워의 전통적 근거인 인권에도 큰 관심을 두지 않았다. 비록 그가 시리아가 화학무기로 민간인을 공격했을 때 공군을 이용해 응징하기도 했고, 예멘전쟁에서는 사우디아라비아에 민간인 폭격을 그만하라고 요구하기도 했지만, 트럼프의 연설에는 카터와 레이건 이후 모든 대통령이 지지해온 민주주의와 인권이 빠져있었다. 그가 베네수엘라의 독재 정권을 비판하고 마두로정부를 제재하기도 했지만, 한 평론가에 의하면 "트럼프가 푸틴, 에르도안(Erdogan), 두테르테(Duterte), 시시(Sisi)와 같이 권위주의적인 '강한 리더십'을 추켜세우거나, 국내의 자유 언론을 공격하는 등의 행위는 시민사회를 탄압하고 자국 내 이견을 묵살하는 그들을 돋보이게 할 뿐이다."[55] 트럼프는 2018년 이스탄불 주재 사우디 영사관에서 언론인 카슈끄지(Jamal Khashoggi)가 살해당한 사건에 대해서도 모호한 반응을 보였다. 전임 대통령들은 국가안보를 인권보다 더 엄중하게 다뤄야 한다고 말했고 많은 미국인들도 이를 받아들였지만, 트럼프는 '지출이 일자리를 창출'하기 때문에 상거래를 더 중시하겠다고 선언했다.[56] 『파이낸셜타임즈(*Financial Times*)』의 칼럼니스트 라흐만(Gideon Rachman)에 의하면, "진실을 위해 외롭고 위험한 싸움을 하는 러시아, 중국 또는 다른 독재 정권하의 반체제 인사들은 더 나은 삶의 방식이 있다는 것을 보여주기 위해서 서구 세계를 말했지만, (하지만 오늘날) 미국의 대통령은 확실히 진실에 무관심하다."[57] 제2장에서 보았듯이 민주주의의 확산과 인권을 위해서 깊게 개입할 필요가 없다. 그저 올바른 단어와 '언덕 위의 도시' 효과로 가능하다.

트럼프 지지자들은 비평가들에게 다음과 같이 대답했다. 첫째, 정책 전문가, 외교관, 그리고 동맹국들은 그의 파격적인 변화와 스타일에 경악했지만, 트럼프의 지지세력 유권자들은 오히려 기뻐했다는 것이다. 그들은 그런 변화에 찬성표를 던졌고 그로 야기되는 혼란을 환영했다. "이 현실주의적 세계관은 정당할 뿐만 아니라, 냉전종식 이후 미국이 더 이상 단극세계에 있지 않다고 인식하고 있는 미국 유권자들에게 큰 반향을 불러일으켰다."[58] 둘째, 일부 전문가들은 이란의 온건파 정권, 북한의 비핵화, 중국의 행위 변화, 그리고 더욱 공정하게 균형잡힌 국제무역체제 등 그 결과가 미국에게 이익이 된다면 트럼프 스타일과 그로 인한 혼란이 정당화될 것이라고 주장했다.

물론 트럼프의 정책적 변화가 장기적으로 어떤 결과를 초래할 것인가를 평가하는 것은 시기상조이다. 그것은 마치 경기 중반에 최종 점수를 예측하는 것과 같다. 그럼에도 불구하고 2018년 스탠퍼드대학교의 역사학자 퍼거슨(Niall Ferguson) 교수는 "트럼프 대통령직의 비결은 미국이 중국의 우세를 멈추거나 최소한 늦출 수 있는 마지막 기회라는 것이다. 그리고 이것이 지적으로 만족스럽지는 않을 수 있지만, 예측불가하고 파괴적인 방법으로 미국의 힘을 보여주는 트럼프식의 문제 해결법이 사실 우리에게 남은 유일하고 실행 가능한 선택일 수도 있다. … 트럼피즘(Trumpism)의 논리는 단순히 양보를 끄집어내고 승리를 외치는 것이 목표이고, 다른 제국들이 모두 미국보다 약하다는 사실을 악용해 그들을 괴롭히는 것이다"라고 주장했다.[59] 이와 유사하게 43대 부시 행정부에 있었던 관료는 트럼프의 가장 큰 성공이 "수십 년 동안 미국의 대중국정책을 지배해 온 '책임 있는 이해관계자'라는 일치된 견해를 깨뜨리고, 그것을 '전략적 경쟁자'라는 새로운 패러다임으로 대체했다는 것이다. 이 이례적이고 중요한 미국 전략의 변화는 미국과 전세계에 정치적, 경제적, 안보적으로 중대한 영향을 미칠 것이 확실하다"고 주장했다.[60]

또 다른 공화당의 전직 관료는 "중국의 부상에 대한 안일하고 위험한 견해에 이의를 제기했다는 점에서 트럼프 행정부는 미국의 안보에 커다란 기여를 했다. … 반면에 기후변화에 대한 트럼프의 견해는 향후 수십 년간 그의 후임자들에게 심각한 도전을 안겨줄 것이다"라고 주장했다.[61] 경제에 대한 트럼프식 접근법을 지지하는 사람들은 "관세를 활용한 위협은 무역장벽을 낮추고 '평등한 경쟁의 장'을 열기 위한 협상전술"이라고 주장하며 그를 레이건과 비교했다.[62] 러시아와 관련해서, 트럼프는 상대적으로 온건하게 푸틴을 대했고 러시아의 미국 선거 개입에도 강하게 대응하지 못했다. 이런 이례적인 모습은 국내정치로 설명될 수 있는데, 트럼프는 2016년 선거의 정당성에 대한 의문이나 법적 문제에 대해서 민감하게 반응했었다.

비평가들은 트럼프의 파격적인 스타일이 어느 정도 성공을 거두었지만, 이익뿐만 아니라 비용까지 고려한 대차대조표로 판단해야 한다고 말한다. 그들은 동맹국과의 신뢰와 국제기구들에 손해를 끼쳤기 때문에 치러야 할 비용이 매우 클 것이라고 주장한다. 그들은 슐츠(George Shultz)가 외교정책을 '인내로 정원을 가꾸는 일'이라고 한 비유를 언급하는데, 중국과의 경쟁에서 중국이 수많은 영토 분쟁을 겪고 있고 동맹이 거의 없는 것에 비해서 미국은 주변국들과 분쟁이 거의 없고 60개의 동맹국이 있는 현실을 지적하면서, 트럼프가 중국의 행위에 대응할 때 동맹국들과 협력하지 않은 점을 비판한다. 규칙과 제도가 구속으로 작용할 수도 있지만, 미국은 이것들을 형성하는 데에서 압도적인 역할을 했고, 동시에 주요 수혜국이기도 하다. 게다가 미국은 중국보다 훨씬 큰 소프트파워를 지니고 있다. 그들은 트럼프의 성격과 스타일로 인해 이러한 장점들이 제대로 발휘되지 못했다고 주장한다.

예를 들어, 거짓말을 살펴보도록 하자. 대통령의 모든 진술을 분석하고 분류하고 추적하는 『워싱턴 포스트(*Washington Post*)』의 팩트 체커(Fact Checker) 데이터베이스에 의하면, 트럼프는 취임 후 18개월 동안 3,251건의 허위 주장 혹은 오해의 소지가 있는 주장을 발언했다. 이 수치는 하루 평균 6.5건이 넘는 것이다. 취임 100일 동안은 4.9건이었다가 2018년 5월에는 하루 8건으로 증가하면서 거짓말하는 횟수는 계속 늘어났다. 트럼프 지지자들은 "모든 정치인은 거짓말을 한다"면서, 트럼프가 관례를 깨고 "있는 그대로 말하기" 때문에 가장 정직한 대통령이라고 믿는다. 2018년 11월에는 트럼프가 기자들에게 "나는 할 수 있는 한 진실을 말한다. 때로는 일이 다른 식으로 흘러가거나 변화가 있기도 하지만, 나는 언제나 정직하려고 한다"고 말했다.[63] 그러나 제2장에서 보았듯이 거짓말의 양과 종류는 차이를 낳는다. 거짓말을 너무 많이 하면 신뢰지수가 떨어진다. 더구나 루스벨트의 경우처럼 어떤 거짓말은 자기 자신의 이익을 위한 것이고, 어떤 거짓말은 집단의 이익을 위한 것이다. 대통령은 자신의 행적을 숨기거나 곤란한 상황에서 벗어나기 위해서, 혹은 경쟁자에게 흠집을 내거나 편의를 위해서 거짓말을 한다. 아마도 트럼프의 거짓말 중 일부는 의도하지 않은 것일 수도 있고 일부는 의심의 여지없이 협상전략의 일부분이었을 수도 있지만, 상당 부분은 그의 개인 행위와 관련이 있었고 결국 자신의 이익을 위한 거짓말이었다.

이 문제가 대통령의 외교정책을 판단할 때 개인의 스타일 및 성격과 관련해서 여러 의문들을 제기한다. 2016년 8월 공화당 출신의 국가안보 관료 50명이 서명한 성명서에는 “대통령은 절제력이 있어야 하고, 감정을 다스리며, 심사숙고한 후에 행동해야 한다. … 트럼프는 이 중요한 자질 중 어떠한 것도 갖추지 못했다. 그는 상반되는 견해들을 받아들이지 않는다. 그는 자제력이 부족하고 충동적으로 행동한다. 그는 개인적인 비판을 용납하지 못한다. 우리의 가장 가까운 동맹국들조차 그의 변덕 때문에 불안에 떨었다”는 내용이 담겨 있다.[64] 이들을 비롯해서 많은 사람들이 트럼프는 그의 개인적 기질 때문에 대통령으로서 부적격하다고 주장했다.

지도자로서 트럼프는 확실히 똑똑했다. 하지만 루스벨트나 부시(41대)를 성공적인 대통령으로 이끌었던 감성 지능과 상황 지능을 고려하면, 그의 기질은 낮게 평가된다. 트럼프의 『거래의 기술』 집필을 도운 슈왈츠(Tony Schwartz)에 의하면, “처음부터 트럼프의 자부심이 아주 위험하다는 것을 알았다. 그는 억울함을 느낄 때 충동적이고 방어적으로 반응하면서 책임을 남에게 전가하거나 사실에 기반하지 않은 채 자신을 정당화하는 말을 했다.” 슈왈츠는 이런 트럼프의 방어 기질은 “요구가 많고, 까다롭고, 충동적인” 아버지의 지배에 대항하면서 형성되었다고 보았다. “당신은 지배당하거나 굴복할 수밖에 없다. … 당신은 공포를 느끼거나 그것에 무릎을 꿇을 수밖에 없다. 그의 형이 그랬던 것처럼, … 트럼프는 감정에 갇히거나 다른 사람에게 관심을 갖지 않았다. … 이 이야기의 핵심은 트럼프가 어떻게 여기느냐가 중요하다는 것이다.”[65] 트럼프는 그의 아버지를 “지옥처럼 강하고 거칠다”고 묘사했다. 그는 형은 아버지에게 맞설 수 없었다고 기록했지만, 스스로에 대해서는 “나는 절대 다른 사람들처럼 아버지 앞에서 주눅 들지 않았다. 나는 일어나 그에게 맞섰다. 심지어 초등학교에서도 나는 매우 적극적이고

공격적인 아이였다"라고 적었다.[66)]

슈왈츠가 말하는 것이 옳든지 그렇지 않든지 간에, 트럼프의 자존심과 정서적 욕구는 종종 다른 지도자들과의 관계는 물론, 어떤 사건에 대한 이해에도 영향을 미쳤다. 우드워드(Bob Woodward) 기자에 의하면, 트럼프가 여성에게 나쁜 짓을 했다고 인정하는 친구에게 "진짜 권력은 공포다. 당신은 이 사실을 부정하고, 부정하고, 부정해서 그 여자들을 몰아붙였어야 했다. 그 어떤 과실이든 그것을 인정하는 순간 당신은 죽는 것이다. 그것이 바로 당신이 저지른 큰 실수이다. 당신은 이의를 제기했을 뿐 전력을 다해 맞서지 않으면서 당신의 연약함을 드러냈다. 결코 실수를 인정하지 마라"라고 말했다.[67)] 트럼프의 감성 지능이 낮다는 것은 트럼프 개인의 욕구가 그의 동기에 영향을 끼치거나 정책목표를 변질시킬 수 있다는 것을 의미한다. 예를 들어, CIA 국장의 공개 증언과 달리, 트럼프는 "나는 그(김정은 – 역자 주)를 많이 좋아하고 그도 나를 많이 좋아한다"면서,[68)] 이 독재자와의 개인적 관계 덕분에 북핵 문제가 해결됐다고 발표했다. 정보국 관리들이 이란, 북한, 시리아 내의 이슬람국가에 대한 트럼프의 견해를 공개적으로 부인할 때 트럼프는 그들은 다시 학교로 돌아가 배워야 한다고 응수했다.[69)]

트럼프의 기질은 그의 상황 지능에도 영향을 미쳤다. 이전 대통령들과는 다르게 트럼프는 행정이나 외교에서의 경험이 부족했다. 놀라운 것은 트럼프가 이 지식의 공백을 메우기 위해서 어떤 노력도 하지 않았다는 것이다. 그를 가까이에서 관찰한 사람들에 의하면, 트럼프는 책을 거의 읽지 않았고, 매우 짧은 보고를 요구했으며, 텔레비전 뉴스에 크게 의존했다. 푸틴이나 김정은과 같은 독재자들과의 정상회담을 준비할 때에도 그는 참모진들의 준비사항에 거의 신경 쓰지 않은 것으로 알려졌다. 한 진보적 평론가는 "트럼프는 어떤 주제에 대해서든 말만 하면 광범위한 브리핑을 받을 수 있었지만, 그는 〈폭스 앤 프렌즈(*Fox & Friends*)〉 시청을 선호했다. 그의 머릿속에는 미국이 폭력적인 이민자들에 의해 삼켜지고 있다는 상상처럼 세계무역에 대해서도 현실과 동떨어진 이미지가 자리 잡고 있었다"고 말했다.[70] 또 보수 칼럼니스트인 스티븐스(Bret Stephens)는 "트럼프는 '가드레일이 없는' 대통령이다. 그가 법, 절차, 예의를 무시하는 것이 그의 추종자들에게 하나의 모범이 되고 있다"고 말하기도 했다.[71] 만약 트럼프가 파격적인 수단을 선택하는 것이 단순히 대통령의 전통적인 예의를 위반하는 것이라면, 트럼프를 비판하는 사람들이 너무 까다롭다거나 구태의연한 외교관에 갇혀 있다고 주장할 수도 있다. 그러나 어떤 수단을 선택하느냐는 단지 예의의 문제가 아니라 결과에도 영향을 미친다.

그렇다면 잠정적이기는 하지만, 트럼프의 외교정책의 도덕성을 어떻게 요약할 수 있을까? 의도와 목표, 동기 측면에서 트럼프는 자유주의 국제질서를 거부하고 편협하게 미국만의 이익만을 생각하는 제로섬 게임, 즉 홉스식의 현실주의에 기반한 협의의 비전을 갖고 있다. 그의 보좌관들이 설명하듯이, 미국 우선주의가 '미국 혼자'를 의미해야 하는 것은 아니다. 변화를 요구하면서도 트럼프는 마지못해서 동맹의 중요성을 어느 정도 인정하고 있다. 그리고 트럼프의 언사(혹은 수사)가 민주주의와 인권을 경시했지만 '언덕 위의 도시'가 되는 전통을 인용하기도 했다. 비록 비평가들이 국내에서의 그의 행동이 미국의 선명한 매력을 약화시켰다고 하지만 말이다. 편견이 없는 비평가라 할지라도 트럼프가 말한 가치들의 매력과 범위에 대해서는 의견이 다를 수 있지만, 공정한 분석가는 그의 개인적인 감정과 욕구가 그 가치들의 구현을 왜곡했다는 사실에 대해서 면죄부를 줄 수 없을 것이다. 개인적으로 인정을 받고 성공하고자 하는 트럼프의 욕구는 미국의 동맹을 약화시키는 잘못된 정책으로 이어졌다. 예를 들어, 2018년 푸틴 및 김정은과의 정상회담 후에, 한국의 핵 문제가 해결됐다고 선언하거나, 자신의 국가정보국 관료들보다 푸틴을 더 믿는다고 발언한 것은 좋은 정책이나 관리방식이 아니었다. 가치와 위험 사이의 균형을 잡아주는 신중함 측면에서 트럼프의 불간섭주의가 그가 저지를 수 있는 실수를 막을 수는 있었지만, 그의 상황지능과 인식도(mental map)가 21세기 권력의 분산 속에서 미국이 직면한 위험들을 이해하는 데에 적절했는가에 대해서는 의문스럽다. 현실이 달갑지 않더라도 그것에 맞서지 않는 것은 태만죄이다.

수단과 방법에 관해서 살펴보면, 트럼프가 IS나 시리아의 화학무기 사용에 군사력을 사용한 것은 균형적이면서도 차별적이었다. 그리고 그는 이란의 미국 드론 격추 후 군사적 보복조치를 철회할 당시 이러한 균형과 차별성을 그 근거로 언급하기도 했다. 반면에, 사우디아라비아의 예멘 민간인 폭격에 대한 지원은 인도주의적 비용과 관련된 의문을 제기한다. 트럼프의 초대 국방장관을 포함하여, 어떤 비평가들은 동맹국들과의 상의 없이 트럼프가 갑자기 시리아에서 모든 군대를 철수시키겠다고 발표한 것을 반대했다. 자유주의적 수단에 있어서 트럼프는 제도나 다른 사람들의 권리를 거의 존중하지 않았다.

더 많은 시간이 흐른 후에야 결과를 완전히 평가할 수 있을 것이다. 현 단계에서는 트럼프가 미국 국익을 잘 관리했는지가 분명하지 않다. 그러나 초기에 했던 어떤 결정들은 타인의 생명보다 개인의 정치적 편의를 중요시하는 부도덕한 접근법을 보여준다. 트럼프는 파리기후협정 탈퇴를 공약으로 내세웠다. 그의 참모들이 오바마의 탄소배출 목표를 뒤집으면 연간 4,500명의 목숨을 앗아갈 수도 있음을 지적하고, 더 강경한 조치를 시행하면서도 기술적으로 합의 안에 머무를 수 있는 방식을 보여줬지만, 트럼프는 완전한 탈퇴가 “내 지지세력에게 충실할 수 있는 유일한 방법”이라면서 그 자리에서 바로 참모들의 제안을 거절했다.[72]

앞에서 논의한 것처럼, 트럼프의 스타일과 그가 선택한 수단이 야기한 비용들은 이미 가시적이고 상당한 규모이다. 그러나 아직 그것의 이익을 가늠하고 균형 있게 평가하기에는 이르다. 세계적인 관심사와 교육적 용어들을 고려하면, 트럼프는 국내외 도덕적 담론을 넓히기보다 오히려 그것들을 좁혔다. 더구나 제도와 사실을 존중하지 않는 그의 태도는 미국의 소프트파워에 타격을 입혔다. 제도와 평판에 준 피해가 다시 회복될 것인지는 지켜봐야 할 것이다. 공화당 행정부의 전직 관료인 블랙윌(Robert Blackwill)은 2019년 중국과 중동에 대한 트럼프의 현실주의적 접근법은 그의 외교정책이 “보이는 것보다 더 낫다”는 것을 의미한다고 지적하면서도 트럼프에게 D+라는 처참한 점수를 줬다.[73]

트럼프의 윤리적 성적표

의도와 동기	
도덕적 비전: 매력적 가치, 선한 동기	낮음
신중함: 가치와 위험 사이의 균형	중간
수단	
군사적 수단: 균형, 차별, 필수	높음
자유민주주의 수단: 권리와 제도의 존중	낮음
결과	
수탁자: 미국의 장기적 이익에 대한 성공	중간
세계적: 타인에 대한 최소한의 피해	낮음
교육적: 진실성, 폭넓은 도덕적 담론	낮음

이와는 대조적으로 2018년 4월 폭스뉴스와의 인터뷰에서 트럼프는 "내 자신에게 A+를 주겠다"고 말했다.[74] 그러나 트럼프의 대통령 임기가 (2020년 현재) 끝나지 않았기 때문에 그에 대한 중간 성적은 아직 불완전하며 추가 연구가 필요하다.

*****

역사학자들은 대통령 임기를 적절하게 평가하려면 시간이 필요하다고 지적한다. 어떤 경우에는 수십 년이 필요하기도 하다. 그래서 오바마와 트럼프에 대한 평가는 잠정적일 수밖에 없다. 둘 다 이라크에 대한 부시 행정부의 지나친 개입에 대응하려고 했고, 세계에서 미국의 지위를 보존하고자 하는 희망을 공표했다. 고립주의자가 아니었지만, 모두 대중의 요구를 반영해 축소의 시기를 주도했다. 그러나 이 둘의 접근방식은 매우 달랐다. 오바마는 1945년 이후 수립된 자유주의 국제질서를 보존하려고 노력했다. 그는 핵, 무역, 기후에 대한 새로운 협정을 타결했고, 유럽과 아시아에서의 동맹을 유지하기 위해 노력했다. 또한, 그는 중국을 제도적 틀 안으로 데려오려고 했고, (성공적이지는 않았지만) 중동 분쟁에서 미국의 개입을 줄이려고 노력했다.

이와는 대조적으로 트럼프는 자유주의 국제질서를 거부하고, 동맹에 의문을 제기하며, 다자기구를 비판했다. 또한, 그는 오바마의 무역 및 기후협정에서 탈퇴하고, 중국과의 무역전쟁에 개입했으며, 미국의 대중동정책을 사우디아라비아와 이란으로 재조명했다. 그는 통념에 도전하는 파괴적인 외교와 제한적인 거래 방식으로 미국을 다시 위대하게 만들겠다고 약속했다.

현시점에서 분명한 판단을 내리는 것은 불가능하지만, 근본적으로 다른 이 두 가지 접근방식은 미국인들에게 중요한 도덕적 선택을 제기할 것이다. 마지막 장에서 우리는 제46대 대통령이 직면할 도전들을 살펴볼 것이다.

주

1) 자세한 내용은 J. S. Nye, *The Future of Power* (New York: Public Affairs, 2011)을 참고할 것.
2) Linda Bilmes and Joseph Stiglitz, *The Three Trillion Dollar War: The True Cost of the Iraq Conflict* (New York: Norton, 2008), ix.
3) Peter Baker, "From Two Formers, a Shared Lament for a Lost Consensus," *New York Times*, November 29, 2018.
4) Michiko Kakutani, "For the White House's New Generation, It's a Different World," *New York Times*, July 10, 2012.
5) David E. Sanger, *Confront and Conceal: Obama's Secret Wars and Surprising Use of American Power* (New York: Crown, 2012), 101.
6) Robert M. Gates, *Duty: Memoirs of a Secretary at War* (New York: Knopf, 2014), 298.
7) Martin S. Indyk, Kenneth G. Lieberthal, and Michael E. O'Hanlon, *Bending History: Barack Obama's Foreign Policy* (Washington: Brookings Institution Press, 2012), 6.
8) Rhodes, *The World as It Is*, 81.
9) Fred Hiatt, "Why Freedom Is Low on Obama's Agenda," *Washington Post*, April 9, 2012를 참고할 것. Jeremi Suri, "Liberal Internationalism, Law, and the First African American President," in *The Presidency of Barack Obama*, ed. Jullian E. Zelizner (Princeton, NJ: Princeton University Press, 2018), 196에서 인용함.
10) Indyk et at., *Bending History*, 1.

11) Indyk et al., *Bending History*, 21.
12) James Mann quoted in Kakutani, "For the White House's New Generation."
13) Joe Klein, "Deep Inside the White House," *New York Times Book Review*, June 24, 2018, 9.
14) "Gaffes and Choices," *The Economist*, August 4, 2012, 11; David Brooks, "Where Obama Shines," *New York Times,* July 29, 2012.
15) James Fallows, "Obama, Explained," *The Atlantic*, March 2012.
16) "Barack Obama," *The Economist*, December 24, 2016, 60.
17) 이 주장은 James Mann이 *The Obamians: The Struggle Inside the White House to Redefine American Power* (New York: Viking, 2012)에서 주장한 내용이다.
18) Sanger, *Confront and Conceal*, 421.
19) James Goldgeier and Jeremi Suri, "Revitalizing the National Security Strategy," *Washington Quarterly* (Winter 2016), 38.
20) Gideon Rachman, "Staying Out of Syria Is the Bolder Call for Obama," *Financial Times*, May 14, 2013.
21) Jeffrey Goldberg, "The Lessons of Henry Kissinger," *The Atlantic*, December 2016, 53.
22) 이 설명에 대해서 잭 설리반이 도움을 주었다.
23) Hiatt, "Why Freedom Is Low on Obama's Agenda."
24) Rhodes, *The World as It Is*, 49.
25) Carol E. Lee, "Obama Resets Military Policy," *Wall Street Journal*, May 29, 2014, 8.
26) Rhodes, *The World as It Is*, 200.
27) Suri, "Liberal Internationalism, Law, and the First African American President," 209.
28) Jo Becker and Scott Shane, "Secret 'Kill List' Proves a Test of President's Principles and Will," *New York Times International*, May 29, 2012, A11. 또한, 2019년 행정부 관료들과의 대화를 참고했다. 아프가니스탄과 오바마가 이를 베트남에 비유하는 것을 거부한 내용은 George Packer, *Our Man*을 참고할 것.
29) "A Dangerous Modesty," *The Economist*, June 6, 2015, 16. I am indebted to Susan Rice for help on this point.
30) Rhodes, *The World as It Is*, 339.
31) 2018년 가을 전직 백악관 관료와의 대화 내용을 참고함.
32) Burns, *The Back Channel,* 335.
33) Jeffrey Goldberg, "The Obama Doctrine," *The Atlantic*, April 2016, 89.
34) Kurt Campbell and Ely Ratner, "The China Reckoning: How Beijing Defied American Expectations," *Foreign Affairs* 97 (March/April 2018).
35) Hal Brands, "Barack Obama and the Dilemmas of American Grand Strategy," *Washington Quarterly* 39, no. 4 (Winter 2017), 101.
36) Burns, *The Back Channel*, 292.

37) Rhodes, *The World as It Is*, 277–78.
38) Kathryn Olmsted, "Terror Tuesdays: How Obama Refined Bush's Counter-terrorism Policies," in Julian Zelizer, ed., *The Presidency of Barack Obama: A First Historical Assessment* (Princeton, NJ: Princeton University Press, 2018), 212–26.
39) P. W. Singer and Emerson Brooking, *Like War: The Weaponization of Social Media* (New York: Houghton Mifflin Harcourt, 2018), 49.
40) Bob Woodward, *Fear: Trump in the White House* (New York: Simon & Schuster, 2018), 205.
41) 2018년 3월 24일 싱가포르에서의 대화 내용을 참고함.
42) Donald J. Trump with Tony Schwartz, *The Art of the Deal* (New York: Ballantine, 1987).
43) 2018년 11월 백악관 관료와의 대화 내용을 참고함.
44) *The Economist*, December 23, 2017, 12.
45) Dan Balz, "Trump's Foreign Policy Views: A Sharp Departure From GOP Orthodoxy," *Washington Post,* March 21, 2016.
46) Trump's Inaugural Address, *New York Times*, January 21, 2017, A16.
47) Douglas Lute and Nicholas Burns, "NATO's Biggest Problem Is President Trump," *Washington Post*, April 2, 2019.
48) David Sanger and William Broad, "A Russian Threat on Two Fronts Meets a US Strategic Void," *New York Times*, March 6, 2018, A10.
49) "Defending America, Donald Trump's Way," *The Economist*, December 23, 2017, 12.
50) 2019년 4월 워싱턴에서의 대화 내용을 참고함.
51) Thomas Donnelly and William Kristol, "The Obama-Trump Foreign Policy," *The Weekly Standard*, February 19, 2018, 24.
52) Tod Lindberg, "The Gap Between Tweet and Action," *Weekly Standard*, January 1, 2018, 17.
53) Portland Consultancy, *The Soft Power 30: A Global Ranking of Soft Power* (London: Portland Consultancy, 2018).
54) Glenn Thrush, "China's Weight Fuels Reversal by Trump on Foreign Aid," *New York Times*, October 15, 2018.
55) Stewart Patrick, quoted in Declan Walsh, "In US Embrace, Autocrats Steamroll Their Opposition," *New York Times,* February 2, 2018, A1.
56) Peter Baker, "Bottom Line Steers Trump With Saudis," *New York Times*, October 15, 2018에서 Tamara Cofman Wittes의 말을 인용함.
57) Gideon Rachman, "Truth, Lies and the Trump Administration," *Financial Times*, January 24, 2017.
58) Randall Schweller, "Three Cheers for Trump's Foreign Policy," *Foreign Affairs* 97 (September/October 2018), 135.

59) Niall Ferguson, "We'd Better Get Used to Emperor Donaldus Trump," *Sunday Times*, June 10, 2018, 23.
60) John Hannah, "Trump's Foreign Policy Is a Work in Progress," *Foreign Policy*, February 14, 2019.
61) Robert Blackwill, *Trump's Foreign Policies Are Better Than They Seem* (New York: Council on Foreign Relations Special Report No. 84, April 2019), 67.
62) Stephen Moore, Arthur B. Laffer, and Steve Forbes, "How Trump Could Be Like Reagan," *New York Times*, August 1, 2018.
63) "Trump Says He Tries to Tell the Truth Whenever Possible," *Boston Globe*, November 2, 2018, A6. 또한, Glenn Kessler , Salvador Rizzo and Meg Kelly, "President Trump has made more than 10,000 false or misleading claims," *Washington Post*, April 29, 2019를 참고할 것.
64) "Statement by Former National Security Officials," letter in the *Washington Post*, August 8, 2016.
65) Tony Schwartz, "I Wrote 'The Art of the Deal' With Trump. His Self-Sabotage Is Rooted in His Past," *Washington Post*, May 16, 2017.
66) Trump, *The Art of the Deal*, 70–71.
67) Bob Woodward, *Fear*, 175.
68) Peter Baker, "Was Obama Set to Bomb North Korea? Never, Allies Say," *New York Times*, February 17, 2019, A20.
69) Robert Blackwill, *Trump's Foreign Policies Are Better Than They Seem,* 65.
70) Paul Krugman, "A Ranting Old Guy With Nukes," *New York Times*, March 6, 2018, A25.
71) Bret Stephens, "The Trump Presidency: No Guardrails," *New York Times*, July 29, 2017, A25.
72) Woodward, *Fear*, 193.
73) Blackwill, *Trump's Foreign Policies*, 67.
74) Daalder and Lindsay, *Empty Throne*, 160.

9장

외교정책과 미래의 선택들

● ● ● ● 냉소주의자들의 비판에도 불구하고 외교정책에서 도덕적 선택은 필연적인 요소이다. 인류는 힘만으로 살아갈 수 없다. 언어(말)도 강력한 무기가 된다. 힘은 칼처럼 빠르고 날카롭지만 언어(말)는 힘을 사용하는 사람의 마음을 바꿀 수 있다. 키신저(Henry Kissinger)가 주장했듯이, 국제질서에서 세력균형뿐만 아니라 정당성에 대한 인식 역시도 매우 중요하다.[1] 그리고 이러한 정당성은 가치에 따라 결정된다.

1945년 이후의 윤리적 외교정책 평가

도덕성이 정말로 중요했었는가, 아니면 누군가 말했듯이 "인과적 중요성과 관련하여 어쩌고저쩌고 …." 이야기하면서 실제로 도덕적 논쟁들은 그저 대통령들이 그들의 개인적 또는 국익을 정당화하기 위한 수단으로 사용되었는가? 이익이 선택을 좌우한다. 도덕은 단지 몇몇 대통령들이 정책을 포장하기 위해 사용하는 수단이다.

우리의 사례들이 보여준 것은 그러한 급진적으로 회의적인 접근은 나

뿐 역사라는 것이다. 도덕성은 중요했다. 예를 들어, 제3장에서 보았듯이, 권력의 양극화 구조나 헤게모니의 제국주의적 강요라는 관점에서 전후 질서의 성립에 대한 순전히 현실주의적인 설명은 루스벨트(Franklin D. Roosevelt)의 윌슨적 사고나 1945년 이후 트루먼(Harry Truman)의 선택, 또는 1947년 이후 만들어진 자유주의 국제질서의 본질을 명확하게 설명할 수 없다. 케넌(George Kennan)은 현실주의적 봉쇄정책을 제안했지만, 트루먼은 그것을 더 넓은 자유주의적 관점에서 이해하고 실행했다. 마찬가지로, 애치슨(Dean Acheson) 국무장관이 한국은 우리의 방어선 밖에 있다고 선언했음에도 불구하고, 1950년 6월 미국이 한국에 개입한 것은 트루먼이 한국전쟁을 북한의 부도덕한 침략으로 보고 이에 대응하기로 한 자명한 결정이었다는 것을 이해해야 한다. 마찬가지로, 제5장에서 베트남 시대 이후 미국의 외교정책 우선순위에서 인권의 중요성이 높아진 이유를 설명하기 위해서는 카터(Jimmy Carter)의 도덕적인 관점을 포함해야 한다. 그리고 제6장에서 레이건(Ronald Reagan)이 자신의 정책자문가들의 조언을 받아들이지 않고, 과거 '악의 제국'에 대한 거친 수사를 보였던 것은 핵 위협을 종식시키기 위한 그의 개인적인 도덕적 책무와 결정에 비추어 이해되어야 한다.

70년 동안의 미국 우선주의를 되돌아보면, 윤리와 외교정책의 역할에 대한 특정한 패턴을 파악할 수 있다. 모든 대통령들은 미국 국민에게 매력적이고, 공식적인 목표와 가치를 제시했다. 그리고 결국 이것이 그들이 당선된 방법이다. 모두가 미국 우선주의를 유지하겠다는 목표를 선언했다. 그 목표는 미국 대중들에게 매력적이었지만, 그것의 도덕성은 실제 정책이 어떻게 구현되느냐에 달려 있었다. 제국의 허세와 자만심은 그 시험을 통과하지 못했지만, 강대국의 글로벌 공공재 제공은 어떤 식으로든 중요한 도덕적 결과를 낳았다.

대통령의 명시적인 의도에 비추어 보았을 때, 도덕적 문제는 대통령의 공식적인 목표보다는 개인적인 동기에서 더 많이 발생했다. 그들의 개인적인 생각들은 실제 공식적인 목표와는 매우 상이한 차이를 만들어 냈다. 존슨과 닉슨은 공산주의 및 전체주의로부터 남베트남인들을 보호하겠다는 공식적인 목표를 훌륭히 추구했을 수는 있지만, 그들은 또한 "베트남을 빼앗긴 대통령"이 되고 싶지 않았기 때문에 전쟁을 확대하고 연장시켰다. 만약 그 동기가 국내정치적 망신을 피하는 것이었다면 베트남에서 발생한 전쟁으로 인한 미군과 다른 사람들의 피해를 정당화할 수 있는가? 반면 트루먼은 한국전쟁 당시 교착상태를 해결하기 위해 맥아더(Douglas Macarthur)가 제시한 핵무기 사용에 대한 충고를 따르지 않음에 따라 국내정치적으로 자신의 기반이 약화되는 것을 받아들였다. 이 두 상황 모두에서 도덕성은 매우 중요한 역할을 했다.

제2장에서 정리한 3차원 도덕적 판단의 관점에서, 1945년 이후의 세계질서를 재편한 대통령들은 루스벨트, 트루먼, 그리고 아이젠하워이며 이들은 모두 가치관과 개인적 동기 모두에서 도덕적 의도를 가지고 있었고, 대체로 도덕적 결과들을 만들어냈다. 그들에게 부족했던 부분은 힘의 사용과 관련된 수단의 차원에 있었다. 대조적으로 베트남 시대의 대통령들 중에서 특히 존슨과 닉슨은 그들의 동기, 수단, 결과에 대해 낮은 평가를 받았다. 베트남 시대 이후의 두 대통령 포드와 카터는 3차원 도덕적 판단의 관점에서 도덕적인 외교정책을 펼쳤지만, 임기가 짧았고, 그들은 도덕적인 외교정책이 반드시 효과적인 정책으로 이어지는 것은 아니라는 것을 보여주었다. 냉전의 종식을 주도했던 두 대통령인 레이건과 부시(41대)도 3차원 도덕적 판단의 관점 모두에서 좋은 점수를 얻었

다. 21세기 단극체제의 시기와 이후 권력의 분산시기에서 클린턴과 오바마는 전체 평균보다 높은 점수를 얻었고, 부시(43대)와 트럼프는 평균보다 훨씬 낮은 점수를 얻었다. 개인적으로 1945년 이후 외교정책의 도덕성과 효율성을 가장 잘 결합했던 대통령으로는 루스벨트, 트루먼, 아이젠하워, 그리고 부시(41대)를 꼽을 수 있다. 레이건, 케네디, 포드, 카터, 클린턴, 오바마는 중간을 차지한다. 가장 좋지 않은 결과를 도출한 4명의 대통령은 존슨, 닉슨, 부시(43대), 그리고 트럼프이다. 물론, 이러한 판단에 대해 많은 이들이 이의를 제기할 수 있을 것이고, 시간이 지남에 따라 내 자신의 개인적인 견해도 바뀌었던 것이 사실이다. 앞으로 새로운 사실이 밝혀지고 각 세대가 새로운 상황과 변화를 직면하게 될 때, 과거를 재검토함에 따라 역사적 평가는 달라질 수 있을 것이다.

분명히 이러한 판단은 대통령들이 직면한 상황을 반영하고 있으며, 울퍼스(Arnold Wolfers)의 표현처럼, 도덕적 외교정책은 상황이 허락하는 선에서 최선의 선택을 하는 것을 의미한다. 전쟁은 특별한 상황을 수반한다. 전쟁은 미국인들과 다른 사람들에게 막대한 비용을 부과하기 때문에, 막대한 도덕적 문제가 제기된다. 제2차 세계대전과 같은 큰 전쟁을 치르는 것은 베트남이나 이라크전쟁과 같은 논쟁적인 전쟁에 개입하는 것과는 다르다. 제한된 전쟁조차도 실제로 종료되는 시점을 파악하기 매우 어렵다.

외교정책에서 도덕적인 미덕으로서 신중함의 중요성은 아이젠하워의 베트남 파병 거부와 케네디와 존슨의 파병결정을 비교할 때 더욱 확연하게 드러난다. 1983년 레바논 내전 당시 241명의 해병대를 테러공격으로 잃은 레이건은 이에 대응하기 위해 투입병력을 늘리지 않고 전면 철수시켰다. 마찬가지로, 오바마와 트럼프가 적은 수의 병력을 시리아에 투입하는 것에 대해 심사숙고했던 선택은 시간이 지난 후에는 다르게 보일 수 있다. 부시(41대)는 그의 목표를 제한하고, 걸프전을 나흘간의 전투 끝에 종식시켰으며, 1991년 바그다드에 미군을 보내지 않았다는 이유로 비난을 받았다. 그러나 그의 결정은 그의 아들인 부시(43대)가 이라크를 침공하여 성공적인 해방자의 지위를 획득하기를 원했으나 신중하지 못한 준비와 적절치 않은 점령정책을 통해 결국 실패했던 것을 감안하면 더 합리적인 선택처럼 보인다. 법률 분야에서와 마찬가지로 외교정책에서 일정 수준의 부주의와 태만은 과실을 발생시킨다.

현실주의자들은 때때로 신중함을 도덕적인 가치가 아닌 도구적 가치로 판단하는 경향이 있지만, 우리가 외교정책 결정의 도덕성을 판단하는 과정에서 의도하지 않은 결과의 복잡성과 이에 대한 높은 가능성을 고려하는 것을 볼 때, 도구적 가치와 직관적 가치의 구별이 무너지고 신중함이 중요한 미덕이 된다는 것을 살펴보았다. 3차원 도덕윤리는 대통령들이 베버(Marx Weber)의 신념윤리와 책임윤리 사이에서 균형을 맞춰야 한다는 것을 의미한다. 외교정책의 도덕적인 결정은 직관과 이성을 모두 포함한다. 의도적 무지와 경솔한 평가는 부도덕한 결과를 낳는다. 반대로 몇몇 사례에서 보여지는 것처럼 신념에 근거한 모든 결정이 신중한 선택으로 이어지는 것은 아니다. 예를 들어, 북한의 한국 침공에 대한 트루먼의 대응은 비록 그것이 도덕적으로 필요했을지라도 경솔한 면이 있었다. 이러한 합리적이고 직관적인 미덕은 서로 상충될 수 있다. 원칙과 신중함이 항상 일치하는 것은 아니다. 제2장에서 보았듯이, 더러운 손의 문제는 옳고 그름의 문제가 아니라 옳은 것 사이에서 발생하는 문제이다.

짖지 않는 개들과 관련한 우리의 많은 경험에서 신중함은 결정적인 미덕이었다. 핵무기와 관련된 사건들에서 무고한 시민들을 죽일 수 있다는 점에 대한 도덕적인 반감과 선택에 대한 신중함은 서로 결합되고 강화되었다. 트루먼은 제2차 세계대전을 빠르게 종식시키기 위해 새로운 무기였던 핵무기를 사용했지만 1948년 미국이 핵을 독점하고 있을 때, 핵 사용 제안을 거부했다. 그는 미국이 압도적인 핵 우위를 가지고 있음에도 불구하고 한국전쟁의 교착상태를 타개하기 위해 핵무기를 사용하는 것을 승인하지 않았다. 전쟁을 확대하고 동맹국들의 지지를 유지하는 것에 대한 신중함은 그가 그러한 결정을 내리게 된 일부 원인이었고, 그는 이전 핵무기 사용을 통해 발생했던 끔찍한 피해를 반복하는 것을 원하지 않았다.

아이젠하워는 냉전 상황에서 핵무기를 전쟁 억제 수단으로 사용하겠다고 위협했지만, 특정 상황에서 핵무기를 실제로 사용해야 한다는 군사적인 조언을 거부했다. 1949년 소련이 첫 원자 폭탄을 터트린 이후 신중함이 점점 더 중요한 미덕으로 자리 잡았음에도 1950년대에 아이젠하워는 그의 결정을 그의 고문들에게 설명하는 데 개인적인 도덕적 신념을 활용했었다. 쿠바 미사일 위기를 종식시키기 위한 타협을 모색했던 케네디의 신중함은 존슨이 위기상황에서 공습의 필요성에 대해 지지했던 것과 비교했을 때 극명한 도덕적 대조를 이룬다.** 그러나 존슨과 닉슨 둘 다 베트남에서의 복잡한 상황을 타개하기 위해 핵무기를 사용하는 것은 심각하게 고려하지는 않았다. 이러한 '불발 사건'의 도덕적 결과는

** 미국은 1962년 소련보다 더 많은 핵무기를 보유하고 있었고, 많은 정책고문들은 케네디와는 다르게 도덕적 위험과 이익을 평가했다. 한 정책고문은 이에 대해 "우리는 그들을 선택의 여지가 없는 상황에 몰아넣고서는 오히려 케이크 한 조각을 주었다"라고 말했다.

엄청났다. 만약 대통령들의 이러한 선택들이 다른 방식으로 진행되었다면, 오늘날의 세상은 매우 다르게 변했을 것이다.

물론 같은 시기의 대통령을 평가할 때도 판단이 다를 수 있다. 시험을 치르거나 올림픽 피겨 스케이팅, 또는 웨스트민스터 도그쇼(Westminster Dog Show)를 본 적이 있는 사람이라면 누구나 개인의 판단이 과학적으로 내려지는 것이 아니라는 것을 안다. 사실에 대한 폭넓은 합의가 있는 경우에도 개인에 따라 다른 평가가 이뤄질 수 있다. 예를 들어, 일부 현실주의자들은 닉슨의 외교정책에 대해 필자보다 더 높게 평가하는데 이는 닉슨이 시행한 중국과의 국교 개방정책에만 초점을 맞추고, 다른 정책적 실수를 눈감아주기 때문이다. 그들은 국제경제, 인플레이션, 또는 인권에 대한 닉슨의 초라한 성적표에는 관심이 없다. 필자는 개인적으로 국제경제, 인플레이션, 또는 인권정책을 더 중요하게 생각하며, 또한 그가 2만 1,000명의 미군의 목숨과 수많은 베트남 사람들의 목숨을 앗아간 선택을 내렸다는 것에 대해 좋은 평가를 내리기 어렵다. 마찬가지로 어떤 사람들은 존슨이 이전부터 짊어온 도덕적 딜레마를 감당해야 했으며, 링컨 이후 그 어떤 대통령보다도 더 많은 시민권 증진을 포함하는 혁신적인 국내정책을 시행했다는 점에서 더 높은 평가를 내릴수도 있다.** 그리고 여전히 어떤 사람들은 케네디가 베트남에서 발생한 딜레마에 원인을 제공한 것을 바탕으로 그의 외교정책을 부정적으로 평가를 하거나,

** 이 순위는 외교정책만을 평가한 것이다. 역사학자들을 대상으로 한 2017년 C-SPAN(미국의 비영리 케이블 TV의 공중 통신망) 여론조사에서 존슨은 역대 대통령 전체 순위 10위로 뽑혔다. 램(Brian Lamb), 스웨인(Susan Swain)의 C-SPAN.org 참조(The Presidents: Noted Historians Rank America's Best and Worst Chief Executives. New York, Public Affairs, 2019).

쿠바 미사일 위기 동안 핵전쟁의 위험을 방지했다는 점 때문에 그의 외교정책을 더 높게 평가할지 모른다.

나는 부시(43대) 행정부에서 일했던 경험이 있는 지인들에게 원고 초안을 보냈고, 그들은 초안을 검토한 뒤에 내가 부시 행정부의 성과를 지나치게 낮게 평가했다고 말했으며 나는 그들의 의견을 존중한다. 나는 카터와 클린턴 행정부의 정책에 참여했던 경험과 오바마 행정부의 국무장관과 국방장관의 정책고문으로 활동했던 경험이 그들을 평가할 때 무의식적으로 영향을 미칠 수 있었다는 점을 깨달았다. 나는 집필하는 과정에서 최대한 객관적으로 내용을 작성하려고 노력했지만, 독자들이 나의 잠재적인 편견을 인식하는 것 역시도 중요하다고 생각한다. 내가 평가한 역대 대통령들의 성적표를 직접적으로 받아들이는 것보다 독자들이 이 책을 바탕으로 스스로 알맞은 평가를 내리는 것이 중요하다. 역대 대통령들의 외교정책과 관련된 성적표는 확정적인 지표가 아니라 참고를 위한 것이다. 독자들은 내가 역대 대통령들의 외교정책에서의 도덕성을 평가할 때 소홀했던 부분을 발견하고 새로운 측면에서 그들을 평가할 수 있다. 왜냐하면 역사는 성적표의 점수를 통해 그들의 외교적 성과를 비교하는 것보다 그들이 가지고 있던 도덕성을 비교하는 것이 더욱 중요하다는 것을 증명하기 때문이다.

상황 지능과 도덕적 선택

상황이 허락하는 도덕적 선택이란 무엇인가? 대통령에 대한 긍정적 또는 부정적인 평가는 무정부적 세계질서에서 생존이라는 절대적 가치에 대한 현실적인 통찰에서부터 시작되어야 한다. 대통령의 첫 번째 도덕적 의무는 시민들로부터 권력을 위임받은 수탁자로서의 의무이며, 그것은 그를 선출한 민주주의의 생존과 안전을 보장하는 것에서 출발한다. 이러한 의무에 대한 평가는 점수가 아닌 합격 또는 불합격으로 결정되며, 역대 미국의 대통령들은 모두 이 시험을 통과했다. 그러나 대부분의 국제정치적 문제, 특히 강대국들과의 관계 또는 핵전쟁의 영역 밖의 문제에서 발생하는 문제들은 생존에 관한 것이 아니다. 현실주의자들은 갈등을 줄이기 위한 국제질서를 형성하는 것의 중요성을 인식하고, 키신저가 지적한 대로 정의가 질서를 전제로 한다는 도덕적 논점을 정확하게 제시한다. 소실된 것들 사이에는 아무런 권리도 주장할 수 없다. 그러므로 우리는 대통령들이 수탁자의 역할과 관련하여 취하는 위험과 신중함의 정도에 대한 현실적인 질문으로 평가를 시작해야 하며, 우리는 대다수의 대통령들이 이 조치를 잘 수행했다는 것을 알 수 있다.

대통령들 사이에서 발생하는 도덕적으로 중요한 결과적 차이는 그들의 의도와 가치보다는 상황 지능의 차이에서 크게 발생했다. 그들은 상황이 허락한 가장 도덕적인 결정이 무엇이었는지에 대한 울퍼스의 질문에 대답하기 위해 애썼다. 존슨, 부시(43대), 그리고 트럼프는 상황 지능의 차원에서 현저하게 부족한 면모를 보였고, 때로는 의도적인 무지와 경솔한 평가, 그리고 심각한 태만의 경계에서 갈피를 잡지 못하고 있었다. 그러나 예측하지 못한 결과에 대해 대통령에게 도덕적으로 어느 정도까지 책임을 물어야 하는가? 부시(41대)가 1992년 12월 소말리아에 인도주의적 원조를 지원했을 때, 그는 10개월 후에 발생한 비극적인 상황을 예상했었어야 했을까? 아마 아닐 것이다. 그의 아들인 부시(43대)는 2003년 이라크 침공을 통해 결국 미국이 수조 달러의 비용을 지불하게 될 것이라는 것을 예측했어야만 했을까? 아마 그럴 것이다. 아무도 미래를 예측할 수 없지만, 불균형적이고 의도하지 않은 결과가 초래될 합리적인 의심이 있을 때, 대통령은 도덕적인 외교정책을 시행하면서 최대한의 주의를 필요로 한다. 그리고 전쟁이라는 무력적 선택을 할 때, 의도하지 않은 결과가 발생할 확률은 항상 높다.

그러나 생존과 안보만이 세계정치의 중요한 측면은 아니며, 외교정책의 결과들 가운데는 대중이 원하는 다른 가치들이 포함되어 있다. 앞서 살펴보았듯이, 대부분의 미국인들은 또한 "국경 밖 사람들을 위한 정의를 이루는 데 상당한 중요성을 두고 있으며 미국이 국제적으로 이타적이고 인도주의적인 목표를 추구하기를 원한다."[2] 이러한 가치들을 위해서 현실주의를 넘어 세계적이고, 자유주의 사상들을 파악하는 것은 중요하다. 예를 들어, 많은 미국인들은 인간공동체에 대한 보편적인 인식을 가지고 있으며, 국제법적 의무뿐만 아니라 도덕적 고려에 근거한 난민정책을 지지한다. 일반적으로 해외원조는 국내적으로 인기 있는 정책은 아니지만 국제경제 및 공중보건 원조에 대한 대중의 지지는 대통령이 그러한 정책을 계속해서 일관되게 유지할 수 있을 만큼 충분히 강력했다. 예를 들어, 아프리카 지역에서 발생하는 에이즈와 말라리아 퇴치운동에 대한 부시(43대)의 정책은 도덕적으로 대중의 지지를 받기 충분했다. 선한 사마리아인에 대한 신념은 상황에 따라 제한적으로 정책화되지만, 회의론자들의 견해와는 달리 다른 사람들을 돕는 것은 미국 대통령들이 대중의 지지를 얻기 위한 외교정책 목표 중 하나이다.

진보적인 가치 역시도 대중으로부터 지지를 받고 있으며, 이는 대통령이 사용하는 수단에 영향을 미친다. 통념과 달리 도덕개혁운동은 폭넓은 지지를 받지 못하며, 윌슨은 민주주의를 위한 개혁운동을 이끌지 않았다. 민주주의를 위해 세상을 안전하게 만드는 것은 세계를 민주적으로 만드는 것만큼 야심찬 계획은 아니며, 공격적이기보다는 방어적인 것으로 해석될 수 있다.** 동시에 다른 사람들의 인권과 제도에 대한 존중은 롤스(John Rawls)가 말하는 "품위를 가진 사람들이 서로를 대하는 태도"의 일부이다. 기본적인 민주주의 가치가 공유되지 않는 곳에서도 만약 권위주의자들이 시민들에게 심각한 위협을 가하지 않는다면 이들과의 정상적인 협력관계가 가능할지도 모른다. 이러한 롤스주의 자유주의자들은 민주주의의 전파를 강력하게 주장하지는 않지만, 보스니아와 아이티에서 발생한 심각한 인권의 침해상황에 대한 클린턴의 개입정책에 대해서는 긍정적이다. 오바마는 리비아, 이집트, 시리아 같은 위기에 직면했다. 트럼프는 사우디의 반체제 언론인 살해 사건에 관한 그의 부적절한 대응에 대한 대중의 부정적인 반응에 대처해야 했다.

이러한 도덕적 선택의 문제를 다루는 데 있어 주요한 논쟁은 어떤 수단을 사용해야 하는가에 집중되어 왔다. 앞서 살펴보았듯이, 개입의 종류와 정도는 대통령 성명서에서 나타나는 선언적 수사에서부터 대규모 군사력 사용에 이르기까지 다양하다. 힘(무력)의 사용에 관해서는 주로 성공보다 실패의 경험이 더 많다. 1982년 레이건이 "총검에 의해 심어진 정권은 결코 깊게 뿌리 내리지 못한다"[3]라고 냉정하게 표현한 바

** 1980년대 정치학자 도일(Michale Doyle)에 의해 부활한 '민주평화론'은 냉전이 끝난 뒤 워싱턴에서 매우 인기를 끌었다. 민주평화론은 민주주의를 채택한 국가들끼리는 서로 전쟁을 할 가능성이 적다는 관점을 가진 이론으로써 민주주의를 안보와 연결시킨다. 그러나 이것이 사실이라 하더라도 전 세계의 모든 국가들이 민주주의를 채택하도록 하는 것은 매우 어려운 일이고, 상당한 폭력이 수반될 수 있다. 이러한 점에서 민주평화론에 대한 상당한 학문적 논쟁이 지속되고 있다.

와 같이, 독일과 일본의 성장은 장기간의 전쟁에서 그들이 완전히 패배한 후에 이루어졌다. 이와 관련하여 조심스러운 정책적 판단도 존재한다. 1993년 소말리아에 대한 인도주의적인 개입의 실패는 6개월 후 르완다의 대량학살에 클린턴이 개입하지 않은 것에 영향을 미쳤다. 리비아 공습의 실패 이후 오바마는 시리아 사태가 발생했을 때 같은 선택을 하지 않았다. 그러나 그의 보좌관 중 한 명이 언급한 것처럼 시리아에서 수십만 명의 민간인이 학살당했고, 수백만 명이 난민으로 전락하는 등 시리아 사태는 수단과 목적 사이의 간극이 비극적으로 나타난 사건이 되었다. 시리아의 독재자 아사드(Assad)가 과격주의 노선을 선택함으로써 미국은 위기 발생 초기에 설정했던 목표를 달성할 수 없었다. "우리는 더 적은 성과를 거두기 위해 더 많은 노력을 했어야 했습니다." 아사드에게 최악의 행동을 하지 않도록 압력을 가하는 것은 그의 횡포를 근본적으로 해결하지는 못했을 것이다. 그러나 국경을 넘어 이어진 난민들의 죽음과 비극의 흐름을 어느 정도 막을 수 있었을 것이다.[4] 도덕적 판단을 내릴 때, 목적과 수단은 상호작용한다. 선한 목적과 선한 수단은 상황에 따라 상호 조정되어야 한다. 가장 어려운 도덕적 결정들 중 대부분은 전부이거나 또는 전무가 아니다. 왈저(Michael Walzer)가 지적했듯이, 어려운 도덕적 선택은 중도를 지키는 것이다. 미끄러운 비탈길을 내려올 때 신중해야 하는 것처럼 도덕적 선택에 있어 목적과 수단을 서로 조절하는 것이 중요하다.

윌슨 자유주의 유산의 두 번째 측면인 제도적 협력을 기반으로 한 국제질서의 형성을 고려할 때, 미국의 대통령들은 결코 완벽한 제도적 자유주의자가 아니었다. 그들은 종종 제도적 한계에 따라 마찰이 있었고, 책임을 분담하는 것에 대해 불평했다. 트루먼은 대륙붕 선언을 통해 대륙붕의 영유권을 주장하는 국가들 사이의 갈등을 촉진시켰다. 아이젠하워의 이란과 과테말라에 대한 그리고 케네디의 쿠바에 대한 은밀한 지원은 엄격하게 말해 유엔헌장을 위반하는 것과 마찬가지였다. 닉슨은 1971년에 브레튼우즈의 규칙을 어기고 동맹국들에게 관세를 부과했다. 레이건은 니카라과에 불법적으로 개입한 군사행동에 대한 국제사법재판소의 판결을 무시했다. 부시(41대)는 파나마의 노리에가(Noriega)정부를 전복시켰고, 레이건은 그레나다를 침공했다. 그리고 클린턴은 유엔안전보장이사회의 지원 결의 없이 세르비아를 폭격했다.

그럼에도 불구하고 2016년 이전에 대부분의 미국 대통령들은 존슨의 비확산조약, 닉슨, 포드, 카터의 무기통제조약, 부시(41대)의 기후변화협약, 클린턴의 WTO와 미사일 기술통제 체제, 또는 오바마의 파리기후협정에서와같이 국제기구를 지지했다. 트럼프 행정부 이후에야 미국은 다자주의 국제기구 및 제도에 대한 정책을 광범위하게 비판하였다. 2018년 폼페이오(Mike Pompeo) 국무장관은 냉전종식 이후 국제질서가 미국을 실패의 길로 들어서게 했다고 주장하면서, “다자주의는 그 자체로 종말로 가는 길이다. 우리가 더 많은 조약에 서명할수록 우리는 더 안전하다고 여긴다. 관료조직이 많아질수록 문제는 잘 처리된다고 여긴다”[5]라고 말했다. 국제기구에 대한 대통령의 좌절은 오랫동안 지속되었지만, 트럼프 행정부는 이러한 기구들에 대한 새로운 협의의 거래 방식을 제시했다.

제2장에서 언급한 것과 같이 국제기구와 제도의 유지는 도덕적 리더십의 일부이다. 제도란 그저 일반적으로 가치 있는 사회적 행동 양식일 뿐이다. 그것들은 공식적인 국제기구 그 이상의 권한을 가지고 있고, 때때로 경직되기도 하며, 상황에 따라 개혁 또는 폐기될 필요도 있다. 제

도는 기구와 같은 조직을 포함하지만, 더 중요한 것은 도덕적 의무를 수반하며 사회적 역할을 창조하는 규칙, 규범, 네트워크 및 기대를 아우르는 전체 체제이다. 예를 들어, 가족은 조직이 아니라 부모가 아이들의 미래를 위해 도덕적 의무를 수반하는 사회적 제도이다. 미래의 긴 그림자를 개선함으로써, 국제제도와 기구들은 단일한 외교적 거래 이상의 도덕적 결과를 바탕으로한 협력을 장려한다. 그들은 종종 상호주의에 대한 성문화된 도덕적 논쟁을 불러일으킨다. 그들은 도덕적 선택을 위한 새로운 환경을 만들 수 있다. 동시에, 제도는 때때로 그들의 가치를 잃고 정당하지 않은 형태로 나타날 수 있다.[6)]

트럼프 행정부는 1945년 이후의 제도들이 국제사회를 '압도'해왔고, 이에 대해 타당한 논점을 가지고 있다고 말했다. 소국들은 다자간 제도적 틀을 통해 양자관계에서 미국이 가진 압도적인 협상력을 제한한다.** 트럼프 행정부는 이러한 접근법을 활용하여 WTO의 틀에서 벗어난 방식으로 다양한 무역협정을 재협상했다. 미국은 이러한 미세한 제도적 틀에 균열을 내고, 단기 협상력을 극대화하기 위해 미국이 가진 강력한 규모의 힘을 사용할 수 있으나 또한 세계에서 가장 큰 강대국으로서 다른 국가들을 속여 다른 국가들의 장기적 이익을 위해 공공의 이익을 지원하는 방안으로 제도를 활용할 수도 있다.

중국의 불공정 무역과 기술정책에 대한 트럼프의 외교적 공세는 WTO 개혁에 있어 동맹국들의 참여를 강요하지 않았다. 대신, 트럼프는 중국

** 이러한 생각은 트럼프 행정부에서 처음 나타나는 것은 아니다. 이는 1968년 호프만(Stanely Hoffmann)의 『걸리버의 고민: 또는 미국외교정책의 설정(*Gulliver's Troubles: Or the Setting of American Foreign Policy*)』에서도 제시되었다.

에 대한 강력한 관세정책을 통해 중국을 일방적으로 압박했다. 이로 인해 트럼프는 국제무역체제의 기존 관성이 깨지고, 다른 나라들이 중국에 대한 미국의 일방적인 압력을 희석시키는 것을 막을 수 있었다고 주장할 수 있게 되었다. 단기적 이익이 제도적 손실보다 더 클지에 대해서는 시간이 지난 후에야 평가할 수 있겠지만 그것은 장기간 끈기있는 정원사라기보다는 권력행사의 또 다른 이미지에 비유될 것이다.

마지막으로, 대통령의 외교정책에 중요한 장기적인 도덕적 결과 중에서 사람들은 진실, 신뢰, 그리고 국내외의 도덕적 담론을 넓히거나 좁히는 것에 대한 대통령의 영향력을 고려해야 한다. 18세기 건국의 아버지들은 대규모의 상비군이 미국의 민주주의 제도에 끼치는 영향에 대해 우려했고, 아이젠하워는 군산복합체 개발로 인한 정치적 왜곡에 대해 경고했었다. 특히 지나친 비밀유지는 그러한 행위가 수면 위로 드러났을 때 불신을 낳는다. 냉전 기간 동안 대통령들의 은밀한 개입과 이를 둘러싼 비밀들은 국내외에서 이루어진 담론들을 왜곡시켰다.

제2장에서 살펴보았듯이, 미국 국민의 정부에 대한 신뢰 상실은 존슨과 닉슨 행정부 이후 훨씬 더 심해졌다. 베트남전쟁의 결과와 워터게이트 사건의 여파, 또한 냉전 당시 CIA의 해외지역에서의 비밀작전들이 일부 폭로되면서 정부기관에 대한 신뢰도는 크게 하락했다. 행동과 그에 따른 반작용의 정치적 메커니즘에서 포드와 카터는 더 큰 개방성과 더 높은 신뢰도를 구축하려고 노력했지만 그들의 임기는 6년 내외 밖에 지속되지 않았다. 레이건의 낙관주의는 대중의 신뢰를 어느 정도 증가시켰지만, 레이건 행정부 당시 CIA 국장인 케이시(William Casey)의 중앙아메리카에서의 비밀작전과 노스(Oliver North)의 불법적인 이란-콘트라 작전(Iran-Contra Operations)이 밝혀진 후 대통령에 대한 여론조사 신

뢰도는 다시 하락했다. 이를 통해 한때 레이건의 탄핵설까지 제기되었고, 이후 시간이 지나 미 하원은 르윈스키(Monica Lewinsky)와의 관계에 대한 거짓말의 여파로 클린턴을 탄핵하기도 했다. 트럼프의 기록적인 거짓말과 그로 인한 장기적 효과는 두고 볼 일이다. 트럼프와 무관하게 가짜뉴스, 소셜미디어의 무기화, 인공지능(AI)의 이미지 조작 등이 초래하는 미래에 대해서는 매우 비관적이다.

국제사회에서 미국의 영향력 또는 소프트파워의 측면에서, 여론조사는 트럼프의 전례없는 수많은 거짓 진술로 인해 미국에 대한 국제사회의 신뢰가 상당히 감소했다는 사실을 보여준다. 권위주의 국가들과 달리 미국의 소프트파워는 정부 조치뿐만 아니라 미국의 시민사회(할리우드에서부터 대학, 재단, 비영리 단체, 자유 언론까지)에 의해 만들어진다. 베트남에 대한 미국정부의 정책에 항의하기 위해 전 세계 사람들이 거리 행진을 하던 시기에 시민들은 미국 내 공산주의 반대파의 노래인 "인터내셔널(Internationale)"을 부르지 않고 미국 시민권을 위한 노래인 "우리는 극복할 것이다(We Shall Overcome)"을 불렀다. 이후 10년 이내에 미국의 소프트파워는 회복되었다. 트럼프 이후 시대에 역사가 반복될 것인지는 아직 확신할 수 없지만, 그 사이에 미국에 대한 신뢰도의 하락은 외교정책에 대한 장기적으로 통달된 이기주의적 접근법보다는 행정부의 단기적인 업무처리 접근법에 의해 발생한다.

미국 도덕적 전통의 부침(浮沈)

앞서 살펴본 바와 같이, 미국인들은 자신들의 외교정책상에서 나타나는 도덕주의가 상당히 예외적이라는 것을 인식하고 있었다. 이것은 미국인들을 다른 사람들보다 더 도덕적인 인간으로 만들어주지는 않았지만, 자아를 인식하는 과정과 때때로 미국의 정책에 실질적인 영향을 끼쳤다. 이러한 예외주의는 청교도들의 종교적 신념, 건국의 아버지들의 계몽 자유주의, 그리고 미국이 가진 방대한 영토가 가지는 특징에서 비롯되었다. 미국은 20세기에 세계에서 가장 큰 경제대국이자 가장 강력한 국가로 발돋움하였고, 그만큼 국제사회에서 행사할 수 있는 영향력이 크게 증가했다. 윌슨은 민주주의를 위해 세계를 안전하게 만들고 낡은 힘의 균형을 대체할 자유주의적 세계질서를 만들기 위해 유럽에 2백만 명의 군대를 파견했다. 19세기 미국의 고립주의 전통으로 인해 20년 동안 후퇴한 모습을 보이기도 하였으나 미국은 이후 루스벨트, 트루먼, 아이젠하워 시대부터 2016년 선거까지 약 70년 동안 강력한 자유주의적 국제질서를 확립해왔다.

미국의 외교정책 기조는 항상 지역이나 정당에 따라 달라졌고, 그들은 또한 국내외 정치 상황과 방향에 따라 변동하였다. 이러한 정책의 확장과 긴축 주기는 전임 대통령들에 대한 시대의 평가와 반응을 반영했다.[7] 윌슨의 야심찬 도덕적 정책제안은 1917년 대중들에게 지지를 받았으나, 1930년대 고립주의자들의 확장을 야기하기도 하였다. 마찬가지로 1930년대 10년간 외교정책 실패의 역사는 반대로 제2차 세계대전 이후 자유주의 국제질서 형성에 상당한 영향을 미쳤다. 베트남 시대에 만연했던 도미노 이론을 바탕으로한 케네디의 고무적인 수사는 이후 포드와 카터 정권하에서 1970년대의 환멸과 문제점들을 야기했다. 냉전의 성공적인 종식과 단극체제가 형성된 이후에는 클린턴과 부시(43대) 정부에서 군사개입을 증가시키는 결과를 만들어냈다. 또한, 2003년 미국의 이라크 침공은 오바마와 트럼프정부의 외교정책 기조를 형성하는 데 기여했다.

미국인들은 주요한 군사개입에 대해 항상 양면적인 태도를 견지해왔다. 행동에 대한 초기의 열정은 종종 시간이 지남에 따라 서서히 시들해졌다. 1930년대 히틀러의 실존적 위협에도 루스벨트는 일본의 진주만 공격 이후까지 무력으로 대응할 수 없었다. 그리고 트루먼은 제2차 세계대전 이후 소련의 팽창 위협에 대응하기 위해 "미국인들이 공포에 떨도록" 의도해야만 했다. 그는 1950년 한국전쟁에서의 선전포고를 하는 대신 한국에 대한 북한의 침략행위에 대해 비난하며 유엔의 이름 아래 '경찰 활동'을 펼칠 것이라고 표현했다. 그러나 한국전쟁에서의 교착상태 이후 미국 국내 여론의 지지는 약해졌다.

케네디와 존슨은 양극 냉전체제의 경쟁 속에서 점차적으로 베트남에 대한 미국의 개입을 확대했지만, 이들을 포함하여 닉슨 역시도 전쟁에 대한 국제적인 지원을 얻어내는 데 성공하지 못했고, 1968년까지 국내 여론은 크게 분열되었다. 부시(41대)는 1991년 쿠웨이트에서 이라크를 축출하기 위해 유엔의 집단안보 행동을 기반으로 걸프전에 참전하였고, 이에 대해 고르바초프의 암묵적인 승인을 얻어낸 것은 행운이었다. 부시는 현명하게 목표를 제한하였고, 다국적군을 유지시켰으며, 군사작전을 짧게 끝냈다. 1999년과 2003년 유엔 안전보장이사회 결의안 부결로 합법성을 확보하지 못한 클린턴과 부시(43대)는 코소보와 이라크에서의 무력사용을 합법화하기 위해 NATO와의 '자발적 의지 연합(coalition of the willing)'을 발동시켰지만, 두 경우 모두 시간이 지나면서 국내외의 지지는 시들해졌다.

9·11 사태와 이슬람국가(IS)의 확장 이후, 테러에 대응하기 위해 미

국은 아프가니스탄과 중동에서 지속적으로 무력을 사용하여 대응했지만, 트럼프는 2017년 국가안보정책에서 테러 또는 불법적 국가건설이 아닌 대규모 패권경쟁에 초점을 맞출 것이라고 강조했다. 트럼프는 자유민주주의와 같은 가치를 증진시키기 위해 무력을 사용하기보다는 안보를 지키기 위해 무력을 사용하는 것이 국내에서 더 큰 여론의 지지를 받을 수 있다는 것을 직감했다. 미국인들은 자유주의적 가치를 증진하는 데 큰 관심을 가지지만, 이를 증진하기 위한 비용이 미국의 이익을 초과하는 수준이 되면 여론은 돌아서게 된다. 그럼에도 불구하고 미국 정치는 "국민이 경계하는 가운데서도 군사적 개입주의를 밀어붙인다." 오바마의 보좌관이었던 로즈(Ben Rhodes)는 "시리아 봉쇄정책과 레드라인 사태를 통해 여론이 전쟁에 회의적이라는 것을 보여주었지만, 안보 논쟁의 정치적 틀은 그대로 유지되었다. 그 이상 개입하기는 어려웠으며, 다른 행동들은 부족했다.[8]

많은 대통령들은 미국의 신뢰성 문제로 인해 까다로운 도덕적 딜레마를 안게 되었다. 단순히 미국의 강력함을 보여주기 위해 시리아 내전에 참가하는 것이 잘못된 것이라는 오바마의 결정은 옳았으나, 미국은 자신들의 힘에 대한 국제사회의 신뢰를 바탕으로 더 효과적으로 국제질서에 영향을 미칠 수 있었다. 돌이켜 생각해보면 비록 의회와 대중이 당시 오바마의 정책적 접근방식을 지지했고, 아마도 오바마가 폭격보다는 외교적 해결책으로 더 많은 화학무기들을 파괴할 수 있었을지라도, 시리아에 대한 폭격을 거부한 것은 그에게 있어 정치적으로 큰 비용을 발생시켰다. 베트남전쟁 패배의 여파로 포드는 다른 대안들이 있음에도 불구하고 마야궤스(Mayaguez) 사건 당시 더욱 강경하게 대처할 필요가 있다고 느꼈다. 반면 얼마나 긴밀하게 이슈들이 얽혀있는지 파악하는 것은 상당히 어렵고 불명확하다. 케네디가 쿠바와 베를린 사이에 밀접한 관련이 있다고 파악한 것은 옳았지만, 존슨과 닉슨은 이미 중소 간의 분열이 시작된 세계에서 베트남전쟁에서의 패배가 양극적 세력균형과 얼마나 밀접하게 연관되어 있는지를 과대평가했을 가능성이 높다. 다시 강조하지만 훌륭한 상황 지능은 도덕적 결과를 도출하는 과정에서 매우 중요한 역할을 한다.

미국의 주요 군사개입에 대한 대중의 지지가 제한되어 있음을 고려할 때, 중요한 문제는 미국이 자국의 가치를 증진하기 위해 비군사적 개입 수단을 얼마나 활용해야 하는지에 달려 있다. 냉전 시기 동안 아이젠하워, 케네디, 그리고 다른 대통령들은 종종 정보기관들의 비밀작전을 통한 해결책을 모색했는데, 이러한 활동들이 이후 외부에 공개되었을 때 미국의 신뢰성에 대한 국제사회의 의심과 함께 다양한 문제들을 야기했다. 한 연구에 따르면 "냉전 시기 동안 다른 국가들의 정권교체를 지원한 미국의 은밀하고 노골적인 비밀작전들은 대부분 실제로 그 기획자들의 의도대로 되지 않았다. 그들이 미국의 궁극적인 승리에 결정적인 역할을 했다고 믿을 이유는 거의 없다." 전 CIA 국장 울시(James Woolsey)는 냉전 시기 동안 가장 큰 영향을 미쳤다고 평가되는 두 가지 비밀작전으로 미국국제방송공사(BIB: Board of International Broadcasting)가 서독에서 동유럽으로 자유유럽방송(Radio Free Europe)을 송출한 것과 소련의 아프가니스탄 침공 이후 아프가니스탄 내 무장 저항세력인 무자헤딘(Mujahedeen)을 비밀 지원한 것을 꼽았다. 또 다른 전 CIA 국장인 헬름스(Richard Helms)는 냉전 시기의 비밀작전들을 '정치적 사슬 톱(political chain saw)'이라고 비판하고, "비밀작전은 잘 다듬어진 수술용 메스(scapel)처럼 사용되어야 하며 칼날이 무뎌지지 않도록 신중하게 사용해야 한다"고 말했다.[9] 케네디의 몽구스작전은 쿠바 미사일 위기를 보다 악화사켰다. 냉전 시기에 벌어진 비밀작전들을 통한 이득은 작전을 실행하는 데 발생한 도덕적 비용을 능가하지는 못했다.

명백한 개입이 발생했을 경우 언론 및 방송, 경제 및 보건 지원, 그리고 대학에서부터 비영리 단체에 이르는 시민사회 기관에 대한 지원과 같은 가장 낮은 수준의 개입을 통해 미국의 소프트파워는 촉진될 수 있다. 사우디아라비아 또는 필리핀과 같은 다른 국가에서 발생하는 인권 문제에 대한 구두경고나 경제제재 또는 무기판매의 축소 등은 권위주의적 지도자들을 불쾌하게 하며, 미국외교정책의 다른 측면들을 방해하는 상황을 초래하여 논쟁을 불러 일으키기도 한다. 가치에 관한 이러한 논쟁은 자연스러운 것이며, 민주주의 체제에서 당연히 예측 가능한 것이다. 미국인들은 범세계주의적 입장에서 중국이나 미얀마의 인권에 대해 높은 관심을 가지고 있지만, 인권과 민주주의 증진만이 유일한 목표가 될 수는 없다. 외교정책은 자유주의적 가치를 포함한 많은 목표들 사이의 절충을 필요로 한다. 그렇지 않으면, 우리는 외교정책이 아닌 인권정책만을 갖게 될 것이다.

도덕적 외교정책의 미래와 향후 과제

앞서 언급했듯이, 미래의 대통령들은 금세기 미국의 외교정책 맥락을 형성할 두 개의 세계적 권력이동인 수평적, 수직적 권력이동을 직면하게 될 것이다. 수평적 변화는 아시아 지역의 부상 또는 이를 보다 정확하게 표현하면 아시아 지역의 회복이다. 산업혁명이 19세기에 유럽과 북아메리카의 경제발전을 이끌기 전까지 아시아는 세계 인구의 절반 이상을 차지했고, 세계경제의 절반을 대표했었다. 1900년까지 아시아는 여전히 세계 인구의 절반을 차지하고 있었지만, 세계경제에서 아시아의 점유율은 20퍼센트로 줄어들었다. 제2차 세계대전 이후 일본의 두 자릿수 경제성장을 시작으로 동남아, 중국, 인도가 일본의 뒤를 따라 발전하면서 세계는 점점 더 과거와 같이 돌아가고 있다. 특히 중요한 것은 중국의 부상으로 인해 세계가 '투키디데스 함정'에 빠질 수 있다는 것으로, 이 함정 속에서 새로운 권력의 부상에 위협을 느낀 기존의 강대국은 공포로 인해 파괴적인 전쟁을 일으키게 된다.[10] 어떤 사람들은 지난 세기 영국이 독일의 부상으로 인해 권력이동의 위협을 직면한 것처럼 이와 유사하게 21세기 역시도 과도기적 패권전쟁으로 인해 황폐화될 것이라고 생각한다.

또 다른 권력이동은 수직적 권력이동으로 이는 기술발전에 의해 발생한다. 1960년대 무어의 법칙(Moore's Law)으로 시작된 정보혁명은 2년마다 컴퓨터 칩의 용량을 두 배로 늘린다는 점에서 역사상 그 어느 때보다도 많은 사람들에게 정보를 제공하고 있다. 이러한 수직적 권력이동은 때로 '신봉건주의'라고 불렸는데, 이 체제 속에서 지도자들은 다양한 사람들과 권력을 공유한다. 기술은 비정부 행위자들에게 힘을 제공한다. 그들은 주권국가를 대신하지 않는 대신 새로운 기구, 문제, 잠재적 연합을 통해 기존에 정부가 주도하는 활동영역에 진입하고 있다.** 또한, 기술은 경제적, 정치적, 생태적 상호의존성을 증가시켰고, 정부의

** 적어도 덴마크 외무부는 실리콘 밸리와 베이징에 각각 사무소와 기술 대사(Tech Ambassador)를 두고 있다. 페이스북은 미국과 중국의 인구를 합친 것보다 더 많은 초국가적 회원 수를 보유하고 있다.

통제 밖에 있지만 그들 사이의 관계에 영향을 미치는 더 많은 초국가적 연결과 이슈를 만들어냈다. 이러한 국제적 상호의존성은 사회 내에서 재분배 효과를 가져왔고, 이는 다시 국내정치를 변화시키고 외교정책에 영향을 끼치고 있다.

위의 두 가지 권력이동은 모두 지난 70년간의 자유주의 국제질서에 도전하는 변화이다. 『파이낸셜 타임즈(*Financial Times*)』의 울프(Martin Wolf)와 같은 저명한 논평가들은 "우리는 서방 주도 세계화의 경제 시기와 미국 주도 세계질서의 '단극의 순간'이라는 지정학적 시기의 종말을 맞이하고 있다. 문제는 제2차 세계대전 이후의 시대를 20세기 전반과 같이 탈세계화 및 갈등의 시대로 풀어가는 것이 될 것인가, 아니면 비 서방지역의 강대국들, 특히 중국과 인도가 협력적인 세계질서를 유지하는 데 더 큰 역할을 하는 새로운 시대로 도약할 것인가 하는 점이다"라고 주장해왔다.[11] 이러한 새롭게 형성될 세계는 도덕적 외교정책이 나아가야 할 새로운 방향성이 무엇인가에 대해 질문을 던지고 있다.

중국의 부상

중국의 부상에 성공적으로 대처하지 못하는 것은 미국과 전 세계에 재앙적인 결과를 가져올 수 있다. 블랙윌(Robert Blackwill)은 중국이 아시아에서 패권국이 되고자 하는 장기적인 목표에 대해서 미국의 대통령들이 가졌던 착오가 제2차 세계대전 종전 이후 미국외교정책의 3대 패착들 중 하나라고 주장한다.[12] (나머지 두 패착들은 베트남전쟁과 이라크전쟁이다.) 게다가 우리는 기존의 권력과 새롭게 부상한 권력 사이의 갈등의 결과가 1914년에 어떤 비극을 불러왔는지 잘 알고 있고, 이는 금세기에도 많은 혼란이 발생할 가능성이 높다는 우려를 초래할 수 있다. 많은 전문가들은 중국의 부상이 미국 패권시대의 종말을 가져올 것이라고 믿고 있지만, 중국의 힘을 과대평가하거나 과소평가하는 것은 위험하다. 상대에 대한 과소평가는 상황에 안주하기 만드는 반면, 과대평가는 상대에 대한 공포를 낳는다. 둘 다 결국 오판으로 이어질 수 있다. 역사는 세력균형의 변화에 대한 잘못된 인식으로 점철되어 있다.[13] 1945년 이후 닉슨과 키신저는 미국이 전후 시기의 국제정세로 인해 세계 물자생산을 압도적으로 점유했던 것이 시간이 지남에 따라 원래대로 돌아오자 이것을 미국 패권의 쇠퇴로 해석했다. 그들은 20년 뒤에 단극체제가 올 것을 예상하지 못한채 다극체제를 선언했다. 동시에, 1970년대 닉슨의 데탕트(Détente)를 반대했던 사람들은 소련의 권력을 지나치게 과장했었고, 결국 소련은 붕괴되었다. 그리고 그 후 부시(43대)는 미국의 단극체제 속에서 미국이 가진 권력의 사용 범위에 대해 과대평가했다. 미국이 항공, 해상, 우주라는 글로벌 공공재를 지배하는 것이 각국의 국내정치와 사회적 혁명을 통제하는 것보다 용이하다는 것이 증명되었다.[14]

현재 국제사회에 퍼져있는 일반적 통념과 달리 중국은 아직 미국을 대체할 세계 최대의 경제대국으로 성장하지는 못하고 있다. 2014년 중국경제의 구매력평가(PPP: Purchasing Power Parity) 수준은 미국경제보다 커졌지만, 이는 경제력을 측정하는 것이 아닌 복지 규모를 비교하는 데 유효한 경제학적 수치이다. 예를 들어, 중국은 현재 환율 기준으로 미국의 3분의 2 수준으로 석유와 제트엔진을 수입하고 있다.[15] 게다가 국내총생산(GDP: Gross Domestic Product)은 권력을 측정하는 매우 단순한 도구이다. 1839년 영국과의 아편전쟁으로 시작된 '굴욕의 세기' 전반에 중국은 세계 최대의 GDP와 군사력을 가지고 있었다.[16] 1인당 소득은 경제수준을 보다 정확하게 파악할 수 있는 도구로서 현재 미국의 1인당 소득은 중국의 몇 배나 더 크다.

많은 경제학자들은 언젠가 중국이 미국을 추월하여 세계 최대의 경제대국으로 자리 잡을 것이라고 예상하지만, 정확하게 언제쯤 중국이 미국을 추월할지에 대해서는 미국과 중국의 성장률에 따라 2030년부터 2050년대까지 다양하다. 그러나 어떤 면을 보더라도 중국의 경제력이 증가하고 있다는 사실은 분명하다. 클린턴정부 당시 재무장관을 역임한 서머스(Lawrence Summers)는 미래의 외교정책 문제에 대해 몇 가지 질문을 던진다. "2050년 미국의 경제규모가 세계경제의 절반을 차지할 수 있을 것인가? 정치 지도자는 그러한 세계가 어떻게 흘러갈지에 대해 현실을 인정하고 협상을 통해 문제를 해결하려고 할 것인가? 미국은 경제규모상에서 중국이 자신들을 앞지르는 것을 용납하거나 또는 그것을 막을 수단이 있는가? 갈등을 일으키지 않고 중국의 성장을 억제할 수 있는가?"[17]

투키디데스는 펠로폰네소스전쟁의 두 가지 원인을 새로운 권력의 부상과 이에 대해 기존 권력이 가지는 공포로 설명하였다. 대부분의 사람들은 새로운 권력의 부상이라는 측면에 초점을 맞추지만, 우리는 기존 권력이 가지고 있는 공포를 더 잘 통제할 수 있다. 서머스는 미국의 외교정책이 중국경제의 엄청난 성장을 막을 수 있을지 의심하지만, 만약 우리가 상황 지능을 잘 활용한다면 새로운 냉전이나 열전을 일으킬 수 있는 과장된 공포는 피할 수 있다고 말했다.

언젠가 중국의 총 경제규모가 미국을 추월한다고 할지라도 지정학적 권력의 척도는 그것뿐만이 아니다. 이는 20세기 전반의 미국 경험을 통해 알 수 있다. 경제력은 권력을 측정하는 방정식의 일부 요소에 불과하며, 중국은 군사력과 소프트파워 지수에서 미국보다 훨씬 뒤처져 있다. 미국의 군비 지출은 중국의 몇 배에 달한다. 최근 몇 년 동안 중국의 군사력은 증가하고 있지만, 주요 군사 전문가들은 아직까지 중국이 미국과 나란히 군사적 균형을 맞출 국가가 아니며, 미국이 일본과 동맹을 유지하는 한 서태평양에서 미국의 막대한 영향력을 쉽게 배제할 수 없을 것이라고 결론내렸다. 미국의 군사관련 최대 싱크탱크인 랜드연구소(Rand Corporation)는 핵무기를 사용하지 않은 재래식전쟁이 발발하면 미국과 중국 모두에게 엄청난 대가를 치르게 할 것인데, 중국의 피해가 더 클 것이라고 예측했다.[18] 또한, 소프트파워 측면에서 런던의 컨설팅회사 포틀랜드(Portland)가 최근 발표한 지표에 따르면 미국은 상위권에 근접했다고 평가한 반면 중국을 26위로 평가했다.[19] 1960년대 마오쩌둥의 공산주의는 현재 중국의 '시진핑 사상(시진핑 신시대 중국 특색 사회주의 사상 – 역자 주)'보다 전 세계적으로 더 파급력 있는 소프트파워 역할을 했다.

반면에 중국의 거대한 경제규모는 중요한 요소이다. 미국은 한때 세계에서 가장 큰 무역국가인 동시에 가장 큰 채권국이었다. 오늘날 거의 100여 개국이 중국을 최대 교역국으로 가지고 있는 반면, 57개국만이 미국을 최대 교역국으로 가지고 있다. 중국은 향후 10년 동안 '일대일로'정책을 통해 1조 달러 이상을 인프라 프로젝트 명목으로 타국에 차관을 지원할 계획이며, 미국은 계속해서 원조를 줄이고 있다. 중국의 경제 성공사례는 중국의 소프트파워를 강화시키고 있으며, 거대한 시장에 대한 중국정부의 접근과 통제는 강력한 영향력을 가지고 있다. 게다가 중국의 권위주의적 정치와 중상주의 관행은 정부가 국가의 경제력을 쉽게 관리하고 사용할 수 있도록 만든다. 중국은 해외투자와 개발지원뿐만 아니라 거대한 시장 규모만으로도 국제사회에서 강력한 경제적 영향력을 끼칠 수 있을 것이다. 인공지능 시대 속에서 가장 큰 영향력을 가진 7대 글로벌 기업들은 구글(Google), 페이스북(Facebook), 아마존(Amazon), 마이크로소프트(Microsoft), 바이두(Baidu), 알리바바(Alibaba), 그리고 텐센트(Tencent) 중 근 절반이 중국 기업이다.[20] 세계 최대의 인터넷 네트워크와 인구를 바탕으로한 데이터 자원이 세계정치의 '새로운 석유'가 되면서 중국은 빅 데이터계의 사우디아리비아가 될 준비가 되어있다. 전반적으로 미국에 비교하여 중국의 권력을 상당히 증가시킬 것으로 예상된다.

중국은 분명 강대국이지만 중대한 약점을 가지고 있는 국가이기도 하다. 미국은 현재 중국의 발전과는 별개로 가지고 있는 장기적인 전략적 이점들을 가지고 있다. 이들 중 하나는 미국의 지리적 특성이다. 미국은 지리적으로 우호적인 외교관계를 유지하고 있는 국가들과 인접해 있다. 반면 중국은 14개국과 국경을 접하고 있으며 인도, 일본, 베트남과 영토 분쟁을 벌이고 있다. 다음으로 미국이 가지는 이점은 에너지이다. 10년 전 미국은 수입 에너지에 매우 의존적이었다. 현재 미국은 셰일 혁명을 통해 에너지 수입국에서 수출국으로 전환되었으며, 국제에너지기구(IEA: International Energy Agency)는 북아메리카가 향후 10년 안에 에너지의 자급자족이 가능한 지역이 될 것이라고 예측한다. 동시에 중국은 에너지 수입에 점점 더 의존하고 있고, 수입되는 석유의 상당 부분이 인도양과 남중국해를 통해 운송되고 있는데, 이곳은 미국과 다른 국가들의 해군력이 상당히 크게 영향력을 미치는 지역이다. 이러한 안보적 취약성을 제거하는 것은 쉽지 않다.[21]

미국은 초국가적 국제금융기구들로부터 파생된 자금력과 기축통화인 달러를 바탕으로 세계경제를 이끌고 있다. 전 세계의 각국 정부들이 보유하고 있는 외화보유액 중 달러는 64퍼센트를 차지하고 있는 반면, 위안화는 1.1퍼센트에 불과하다. 중국은 국제사회에서 더 큰 역할을 담당하기를 열망하고 있지만, 중국은 통화 전환성, 강력한 자본시장, 정직한 정부, 그리고 법치주의를 바탕으로 한 신뢰할 수 있는 준비통화를 구축하는 데 어려움을 가지고 있다. 중국은 자신들이 보유하고 있는 막대한 달러를 매각할 수 있지만 그러한 조치는 미국만큼 자국 경제에 해를 끼칠 위험이 있다. 비록 미래에 달러화가 영원히 기축통화 역할을 할 것이라는 보장은 없으며 미국의 금융제재 남용으로 다른 나라들이 미국이 아닌 다른 대안을 찾기 위해 노력할 가능성도 있지만, 단기적으로 위안화가 달러를 대체하지는 못할 것으로 보인다.

미국은 또한 인구통계학적 강점을 가지고 있다. 현재 미국은 국가별 인구통계 순위에서 3위를 차지하는 유일한 주요 선진국이다. 최근 몇 년간 미국의 인구 증가율은 둔화되었지만 러시아, 유럽, 일본에서 발생한 극적인 인구 증가율 감소보다는 그 폭이 작다. 세계 15대 경제대국 중 7개국이 향후 10년 반 동안 인력감축에 직면하게 될 것으로 예상되는 상황에서 미국의 노동력은 5퍼센트 증가하는 반면, 중국은 9퍼센트 가까이 감소할 것으로 예상된다.[22] 또한, 중국은 곧 인구순위 1위를 인도에 빼앗길 위기에 처해있고, 2015년에는 중국의 노동연령 인구가 정점에 달했다. 중국인들은 때때로 "부를 쌓기 전에 나이를 먹는 것"에 대해 걱정한다고 말한다.

미국은 금세기 경제성장의 중심인 핵심기술(바이오, 나노, 정보)의 개발에 앞장서고 있으며, 미국의 주요 연구대학들과 연구소들이 이를 주도하고 있다. 2017년 상하이 교통대학의 발표에 따르면, 세계 상위 20

개 대학 중 16개 대학이 미국에 소재하며, 중국의 대학은 순위에 들지 못했다. 동시에 중국은 연구개발에 많은 투자를 하고 있고, 현재 일부 분야에서 미국과 치열한 경쟁을 하고 있으며, 2030년까지 인공지능 분야의 선두주자가 되는 것을 목표로 하고 있다. 일부 전문가들은 막대한 데이터 자원을 갖고 있다는 점과 데이터 사용방법에 대한 소유권이 없다는 점, 그리고 기계학습(Machine Learning)의 발전을 위해서는 첨단 과학자들보다 훈련된 기술자들이 더 필요하다는 점을 전제로 중국이 인공지능 목표를 달성할 수 있을 것으로 믿고 있다.[23] 기계학습이 많은 영역에서 영향을 미치는 범용 기술임을 감안하면 중국에게 있어 인공지능 분야에서의 발전은 매우 중요하다.

중국의 기술발전은 더 이상 모방에만 기반을 둔 것이 아니다. 트럼프 행정부는 중국의 지적재산권의 사이버 도용, 지적재산권의 강제적 양도, 불공정거래 행위 등을 금지하려는 노력을 하고 있지만, 중국의 기술적 도전에 대한 미국의 성공적인 대응을 위해서는 외부에 대한 제재보다 국내정책의 개선에 초점을 맞출 필요가 있다.[24] 그러나 팍스 시니카(Pax Sinica, 중국 중심의 세계질서)와 미국 시대의 종말을 선언하는 사람들은 권력이 가지고 있는 다양한 측면과 요인들을 고려하지 못하고 있다.** 미국의 무사안일한 태도는 항상 위험하고, 자신감 결여와 과잉반응으로 이어지는 과장된 두려움도 위험하다.

미국은 여러가지 좋은 카드를 손에 쥐고 있지만, 만약 평정심을 잃고

** 전 MIT 학장이자 전 CIA 국장인 도이취(John Deutch)는 만약 미국이 기술혁신 잠재력을 성공적으로 끌어올린다면 "중국의 위대한 도약은 기껏해야 현재 미국이 누리고 있는 기술혁신 리더십의 격차를 몇 단계 좁히는 수준에서 멈출 것이다"라고 말했다. 그러나 우리는 '만약'이라는 가정에 주목해야 한다.

과잉 반응하게 된다면 자신들이 가진 좋은 카드를 제대로 사용하지 못하게 될 수 있다. 동맹 또는 우호적인 국제기구와의 관계라는 좋은 카드를 잃어버리는 것이 그 예이다. 또 다른 발생 가능한 실수는 현재 미국이 국내로 유입하는 모든 이민을 차단하려고 하는 것이다. 리콴유(Lee kuan Yew) 전 싱가포르 총리는 왜 중국이 곧 미국을 추월하여 완전히 넘어설 것이라는 생각을 하지 않느냐는 질문에 미국은 전 세계의 인재를 끌어모아 중국의 한(漢) 민족주의가 포용할 수 없는 다양성과 창의성을 재결합할 수 있는 능력을 가지고 있기 때문이라고 말했다.[25] 만약 미국이 대외 동맹과 국내 개방이라는 좋은 카드를 버린다면, 리콴유가 주장했던 미국의 강점을 포기하는 것이다.

중국의 힘이 커지면서 많은 전문가들은 미국이 전쟁을 준비해야 할 운명에 처할 것이라고 우려했지만 반대의 위협을 고려하는 사람들은 거의 없다. 중국은 국제질서에서 혁명세력의 역할을 하기보다는 1930년대 미국처럼 무임승차국이 되기로 결정할지도 모른다. 중국은 너무 강경한 입장을 내세우기보다는 오히려 매우 소극적인 입장과 정책을 추진할 수도 있으며, 중국이 참여하지 않는 국제질서에 기여하기를 거부할 수도 있다. 이것은 또한 'NIH(Not Invented Here)' 문제를 극대화할 수도 있다 (NIH는 자신이 최고라는 생각으로 외부의 것들을 수용하지 못하는 상황을 일컫는다 – 역자 주). 중국정부는 자신들이 1945년 이후 국제질서의 혜택을 받았다는 것을 알고 있다. 유엔 안전보장이사회에서 중국은 거부권을 가진 5개국 중 하나이다. 중국은 현재 유엔평화유지군의 두 번째로 큰 후원자이며 에볼라 바이러스 및 기후변화와 관련된 다양한 유엔 프로그램에 참여하고 있다. 중국은 또한 WTO, IMF와 같은 국제경제기구들로부터 많은 혜택을 받았고, 2015년 파리 기후변화협약 내용에 동의했다.

반면 중국은 아시아인프라투자은행(AIIB: Asia Infrastructure Investment Bank)과 국제인프라 사업의 일환으로 계획된 '일대일로정책'을 시작했고, 일부는 이를 경제적 공세로 바라보고 있다. 중국은 시장경제체제의 특징인 완전한 상호주의를 실천하지 않고 있고, 2016년 헤이그 상설중재재판소의 남중국해에 대한 판결에 대해 반대하면서 앞으로도 중국이 미국과 마찬가지로 법적 의무를 개별 사안에 따라 다르게 이행할 것임을 우려하는 의견이 많다.

지금까지 중국은 기존의 국제질서를 전복하거나 개혁하려는 대신 그 안에서 혜택을 받으며 영향력을 키우려고 노력했지만, 중국의 힘이 커지면서 상황은 달라질 수 있다.[26] 힘을 가질수록 권력에 대한 욕망은 커진다. 트럼프 행정부는 중국을 수정주의 세력으로 규정했지만 지금까지는 온건한 수정주의에 가깝다. 히틀러의 독일과 같은 극단적 수정주의 세력과 달리, 중국은 현재 협상 테이블을 박차고 나가는 것보다는 테이블 위에서 더 많은 이익을 차지하는 것에 관심이 있다. 랜드연구소의 연구결과에 따르면 "중국이 기존의 국제질서와 상호작용한다고 말하는 것은 전적으로 적절치 않으며, 중국의 태도는 국제질서의 구성요소에 따라 매우 다르게 바뀐다."[27] 중국의 경제력이 커지면서 중국과 미국 또는 현재의 국제질서 간 갈등이 발생할 것이며, 특히 시장접근성, 강제적인 기술이전, 주요 국영기업을 지원하기 위한 국가 주도의 산업정책, 생산과잉, 지적재산권 도용 등의 문제를 놓고 마찰이 일어날 가능성이 매우 높다. 미국의 기술 및 국가안보 목표를 위협하는 중국의 무역 및 투자정책에 대응하기 위해 미국정부는 개방적인 국제경제에 대한 미국의 접근방식을 보다 유연하게 조정해야할 필요가 있다.

중국의 힘이 커지면서 미국의 자유주의 국제질서는 변화해야만 할 것이다. 중국은 자유주의나 미국에 의한 지배에는 거의 관심이 없다. 미국인들은 '진보적' 또는 '미국적'이라는 용어를 폐기하고, '개방적이고 규범에 근거한' 세계질서의 관점을 확립하는 것이 더 현명한 선택일 것이다. 이는 자유주의에 대한 롤스(John Rawls)의 접근방식이 민주주의 촉진보다는 제도적 협력이라는 측면에서 개방적인 국제질서를 형성한다는 것을 의미한다. 장기적으로 국제사회의 흐름에서 다원화가 이루어질 가능성이 국제질서 내 갈등의 발생 가능성보다 높기 때문에 윌슨의 자유주의 유산은 예상치 않았던 성과로 남을 수도 있다.

중국, 인도, 또는 다른 국가들의 경제가 성장함에 따라 세계경제에서 미국의 점유율은 점차 낮아질 것이고, 다른 국가들의 성장은 국제사회의 공공이익을 달성하기 위한 집단행동의 조직을 더욱 어렵게 만들 것이다. 그러나 중국을 포함한 그 어떤 나라도 향후 수십 년 동안 전 분야에서 미국을 대체할 가능성은 매우 낮다. 러시아의 인구는 계속해서 감소추세에 있고, 경제적으로 기술 수출보다는 에너지에 대한 의존도가 높다. 각각 약 2조 달러의 경제권을 형성하고 있는 인도와 브라질은 여전히 개발도상국이다. 미국에 대항하기 위한 그들의 일시적인 연합에도 불구하고, 러시아와 중국 간에 내재된 근본적인 불신과 경쟁적인 민족주의 이데올로기 조정의 어려움을 감안하면 1950년대의 중소 동맹과 유사한 권위주의 국가들의 진정한 동맹은 어려울 것이다.[28]

오늘날 권위주의자들의 축은 1950년대 코민테른(Comintern)이 가지고 있던 소프트파워의 측면이 결여되어 있지만, 그들의 민주적 가치에 대한 은밀하고 '예리한 권력' 위협에 대항하기 위한 조치들이 마련되어야 할 것이다.[29] 중국은 경제적 보상과 소셜미디어 상의 조작을 통해 권위주의적인 사회모델을 홍보함으로써 중국의 소프트파워를 증진시키기 위한 많은 노력을 기울이고 있다. 그러나 마오주의로 인해 시위대가 거리로 뛰쳐나왔던 역사적 경험과는 달리, '시진핑 신시대 중국 특색 사회주의 사상'이라는 용어가 현재 중국공산당 헌법에 포함되어 있음에도 불구하고, 많은 시위자들이 이러한 기치아래 거리로 뛰쳐나올 가능성은 낮다. 닉슨 이후 중국과 미국은 이념적 차이에도 불구하고 협력을 지속했다. 이제 중국은 국내 감시기술을 위한 인공지능 어플리케이션의 사용을 국내 뿐만 아니라 해외에서도 활용하려 하고 있으며, 이는 상호관계에 있어 새로운 부담이 되겠지만 모든 협력관계를 방해하지는 않을 것이다.

아시아 국가들의 급속한 경제성장은 아시아 지역으로의 수평적 권력이동을 촉진시켰지만, 아시아는 자체적인 세력균형을 가지고 있다. 중국의 세력에 대해 일본, 인도, 호주가 균형을 맞추고 있다. 미국은 아시아의 세력균형 상황에서 중요한 역할을 할 것이다.[30] 미국이 현재 아시아 국가들과 맺고 있는 동맹관계를 유지한다면 중국이 미국을 서태평양에서 몰아낼 수 있을 가능성은 희박하며, 세계를 지배하는 것은 더욱 어려울 것이다. 도덕적인 외교정책에 대한 보다 적절한 질문은 미국과 중국이 국제적으로 공공의 이익을 형성하는 데 협력할 수 있는 상황을 만들 수 있는가가 될 것이며, 이는 불확실하다. 중국의 현실주의 국제정치학자 옌쉐퉁(Yan Xuetong)은 단극체제와 미국의 패권이 종식되면 중국은 전쟁을 조심스럽게 피하며, "미중 양극체제에서 양국은 완전한 상호 대립보다는 이슈별로 유동적인 동맹관계를 형성할 것이다. 그리고 대부분의 국가들은 이슈별로 양국과 각각 협력관계를 유지하는 투트랙 방식을 채택할 것이다"라고 예상한다.[31] 미중관계는 '스마트 경쟁'의 성공적인 전략으로 하드파워와 소프트파워의 두 측면 모두에서 동일한 협력을 필요로 하는 협력적 관계이다.[32] 그러나 이러한 미래는 훌륭한 상황 지능, 양국의 신중한 관리체계, 그리고 주요한 정책적 판단 실수가 발생하지 않는 상황에서 가능하다.

기술, 초국적 행위자들, 무질서

대통령들은 수직적 권력이동에서 발생하는 복잡한 질문들에 직면할 것이며, 그것은 바로 정부로부터의 자유이다. 국가 간의 세력전이는 세계정치에서 비교적 익숙하지만 국가를 벗어나 정부로부터 비국가 행위자로 이어지는 기술 주도의 권력 이동은 새롭고 생소하며 복잡한 문제이다. 기술변화는 정부의 대응능력을 약화시키는 경향이 있는 동시에 재정 안정, 기후변화, 테러, 사이버 범죄, 그리고 전염병과 같은 많은 초국가적인 문제들을 세계적인 의제로 끌어올리고 있다. 정부의 통제 밖에서 국경을 넘나드는 초국가적 관계의 영역에는 자금을 이전하려는 은행가와 범죄자, 무기 및 계획을 전달하려는 테러리스트, 사이버 안보을 위협하거나 민주적 절차를 넘어 전염병이나 기후변화와 같은 생태학적 위협에 대한 분열을 야기하는 해커 등 다양한 행위자들이 포함된다.

국제사회에서 발생하는 문제들의 복잡성은 계속해서 증가하고 있다. 이에 대해 현실주의자들은 두 가지 모델을 제시하는데, 그것은 바로 19세기 유럽의 권력분쟁 모델 또는 강대국들 사이의 협력 모델이다. 그러나 세 번째이자 예상치 못한 모델은 엔트로피(무질서) 즉, 문제를 해결할 수 없는 상황을 말한다. 이러한 세계에서는 "다음은 누구인가?"라는 질문에 대해 "아무도 없다"라는 답변만이 존재한다.[33]

이 대답은 너무 간단해보일지 모르지만, 새로운 외교정책 과제의 방향성을 제시할 중요한 동향을 나타낸다. 급속한 기술 변화는 새로운 이슈들을 의제로 삼고 있으며, 대통령들은 보다 복잡한 도덕적 선택을 내려야한다. 우리는 트루먼, 아이젠하워, 케네디가 핵분열의 변형 기술에 관하여 어떠한 도덕적 선택을 내렸는지 알고 있지만, 핵발전소와 핵무기는 매우 거대하고, 가시적이며, 정부의 통제 하에 놓여 있었다. 정보통신기술과 생명공학 분야에서의 새로운 발전은 민간 부문에 의해 주도되고 있으며, 정부보다는 비정부 활동가들에게 더 큰 권한이 부여될 것이고, 이를 정부가 감시하거나 통제하기 어렵게 될 것이다.[34]

위키리크스에서부터 글로벌 기업, 비정부기구(NGOs), 테러리스트, 자발적인 사회운동에 이르기까지 개인과 조직은 모두 세계정치에서 직접적인 역할을 할 수 있는 권한을 가지고 있다. 정보의 확산은 권력을 더 널리 분배시키고, 비공식 네트워크는 전통적인 관료주의의 독점체제를 약화시킬 것이 분명하다. 인터넷상에서 신속한 정보의 전송 속도는 앞으로 정부가 그들의 의제를 통제하고, 관리하는 데 어려움이 발생할 것임을 의미한다.

고립은 더 이상 선택의 영역이 아니다. 안보적인 관점에서 미국을 둘러싸고 있는 두 대양은 과거만큼 미국에 대한 안전을 보장해줄 수 없다. 1990년대에 미국이 세르비아와 이라크를 폭격했을 때, 밀로세비치(Slobodan Milosovic)와 후세인(Saddam Hussein)은 미국 본토를 향해 대응할 수 없었다. 1998년 클린턴은 수단과 아프가니스탄에 존재하던 알카에다(Al Qaeda)를 향해 순항 미사일을 사용했지만, 2001년 미국에서는 한 비국가 행위자가 미국의 상업용 항공기를 거대한 순항 미사일화하여 3,000명의 목숨을 앗아갔다 (이는 일본의 진주만 공격으로 사망한 숫자보다 많다). 현재 우리가 가진 전력망, 항공 교통관제 시스템, 그리고 은행 시스템은 국경 안팎을 가리지 않고 외부의 위협에 취약한 상황이다. 더 이상 대양은 보호막이 되지 않는다. 사이버 공격과 이에 대한 대응은 10 마일 또는 1만 마일이 떨어진 거리와 관계없이 수 초안에 벌어진다.** 오바마정부에서 국방장관을 지낸 패네타(Leon Panetta)는 '사이버 진주만 습격'의 위험성에 대해 경고했지만, 가장 막기 어려운 공격들 중 일부는 무력충돌의 문턱 아래에 있는 '하이브리드전쟁'이라는 회색지대에서 발생한다고 말했다.

미국은 사회기반시설뿐만 아니라 민주주의적 자유도 사이버 공격에 취약하다. 2015년 북한은 자신들의 지도자인 김정은을 조롱하는 할리우드 코미디 영화의 개봉에 반대했을 때, 소니 영화사(Sony Films)에 대한 사이버 공격을 가했다. 그리고 2016년에 러시아는 미국 소셜미디어를 이용하여 미국 대통령선거에 개입할 수 있었다.[35] 많은 전문가들은 페이스북, 구글, 트위터와 같은 초국가적인 소셜미디어 기업들은 미국에서 만들어졌고, 미국은 이를 활용하여 미국의 힘을 보여주었지만 2016년에 러시아는 이러한 소셜미디어를 무기화하여 미국을 공격했다고 설명했다.

1990년대는 인터넷의 분권화와 민주화에 대한 자유주의적 낙관론이 두드러졌다. 클린턴은 중국공산당의 인터넷을 통제하려는 노력은 "젤리를 벽에 고정시키는 것과 같다"고 믿었다.[36] 부시(43대)와 오바마 행정부는 이러한 낙관론을 공유했으며, 권위주의 국가의 반체제 인사들이

** 이것은 사이버 공간의 모든 공격이 동일하게 발생한다는 것을 의미하지는 않는다. 일부 정교한 사이버 공격에 대비하기 위해서는 보다 장기적인 준비기간과 국가의 주요 정보기관과 관련된 대규모 자원이 필요하다.

인터넷을 적극적으로 활용할 수 있도록 보조금과 기술을 포함한 지원을 지속했다. 그러나 오늘날 이로 인한 결과는 예상했던 비대칭성과는 정반대로 작용했다. 독재국가들은 정보의 흐름을 통제함으로써 스스로를 보호할 수 있는 반면, 민주주의의 개방성은 독재국가들이 이를 자신들의 이익에 맞게 활용할 수 있는 취약성을 가지고 있다. 정보전쟁은 새로운 개념은 아니지만 언제 발각될지 모르는 전문 스파이를 교육하고 파견하는 것보다 훨씬 비용이 적게 들고, 광범위하며, 효율적이다. 인터넷과 함께 빅 데이터와 인공지능의 발달은 정보전쟁으로부터 민주주의를 지키는 문제를 훨씬 더 복잡하게 만들었다. 그리고 성공적인 전략에는 국내의 회복력, 억제력, 그리고 외교가 포함되어야 하지만, 실제로 이를 실행할 때는 외교정책의 도덕적 수단에 대한 새로운 의문을 제기할 것이다.** 가짜 뉴스와 참 언론을 가려내는 데는 민간기업이 정부보다 더 큰 역할을 한다. 법치주의, 신뢰, 진실, 개방성은 민주주의의 취약성을 드러내는 가치들이기도 하지만 동시에 우리들이 방어하고자 하는 중요한 가치이기도 하다.

사이버 정보전쟁에 대항하기 위한 모든 정책은 히포크라테스 선서의 원칙을 기반으로 시행되어야 한다. 대통령은 정보의 운영에 있어 은밀하고 조심스러운 정책방향을 설정하는 데 큰 유혹을 느낄 것이다. 한 현실주의 학자는 "전투 시 당신은 당신이 가진 어떤 무기라도 사용해야만 한다"고 말한다. 하이브리드전쟁 시대에 미국의 '정치전' 능력과 전략 수립은 합리적일 것이나 대통령들은 이러한 전략을 면밀히 감시해야 한

** 회복력, 억제력, 그리고 외교정책에 대한 전략은 "사이버 정보전쟁 시대의 민주주의 보호(Protecting Democracy in an Era of Cyber Information War)," (Hoover Institution Working Paper, December 2018)에서 서술하였다.

다.[37] 공공외교와 방송은 공적인 것이 되어야 한다. 우리가 냉전에서 그랬던 것처럼 권위주의자들을 모방하고 비밀 정보전의 주요 프로그램을 이용하는 것은 패착으로 이어질 수 있다. 1970년대에 CIA의 비밀문화 공작이 노출되었을 때 우리가 목도한 바와 같이, 그러한 행동들은 오래 숨겨둘 수 없을 것이며 밝혀지면 우리의 소프트파워를 약화시킬 것이다. 일부 사람들은 권위주의 체제에 대항하기 위한 정보전쟁에서는 민주국가들 역시도 이용 가능한 모든 무기를 사용해야 하며, 소프트파워와 하드파워를 사용하는 것과 관련한 차이에 대해 걱정하지 말아야 한다고 주장한다. 그러나 이 두 종류의 권력은 장기적으로 성공적으로 결합시키기 어렵고, 이후 정치전에서 부메랑이 되어 돌아 올수도 있다. 장기적으로 정부의 정보조작은 권위주의 국가를 취약하게 만들 수 있고, 모든 수단을 사용하는 개방성은 민주국가를 더욱 유연하게 만들 수 있지만, 이는 우리가 민주적으로 개방되어 있을 때에만 가능하다.

정부는 사이버 공간을 위한 규범 개발이라는 과제를 이제 막 수행하기 시작했다. 각국이 1945년 비극적인 전쟁에서 사용된 파괴적인 핵무기 신기술을 다루기 위한 국제사회의 공조를 마련하고 이를 위한 기구를 설립하는 데 약 20년 이상이 걸렸다. 케네디는 1963년 부분적 핵실험금지조약을, 존슨은 1968년 확산금지조약을, 닉슨은 1972년 제1차 전략무기제한조약을 협상했다. 그리고 사이버 안보도 비슷한 단계에 놓여있다. 클린턴이 1996년 자신의 첫 대통령 임기를 마무리할 당시, 전 세계의 인구 중 약 1퍼센트인 3,600만 명만이 인터넷을 사용했었다. 2017년 초 트럼프가 취임하면서 20년 만에 세계 인구의 절반에 가까운 37억 명이 인터넷을 사용했다. 1990년대 후반 이후 사용자 수가 증가하면서 인터넷은 경제적, 사회적, 정치적 상호작용의 중요한 요소가 되었다. 이러한 인터넷을 바탕으로 퍼진 세계화는 포퓰리즘 정치인들의 선호도와는 관계없이 대중적인 현상이 되었다.

상호의존성의 증가와 함께 경제적 기회뿐만 아니라 취약성과 불안감도 함께 나타났다. 일부 전문가들은 2030년까지 빅 데이터, 머신러닝, '사물 인터넷'을 포함한 인터넷 연결방식과 수가 1조 개로 증가할 것으로 예상한다. 이러한 사이버 공간에서의 잠재적인 공격은 급격하게 확장될 것이며, 산업 제어시스템에서부터 심장박동 조절기, 자율주행차량에 이르기까지 모든 분야에서 일어날 것이다. 사이버 영역에서는 개인 및 국가 간 충돌이 계속해서 발생할 것이다.[38] 미래의 대통령이 인터넷으로부터 미국을 단절시킬 수 있다고 생각하지 않는 한, 사이버 시대를 위한 도덕적인 외교정책은 단지 방어와 억지력이 아니라 규범과 제도 개발에 있어서 리더십을 요구할 것이다.[39] 이 문제는 인공지능 기술, 유전체학, 그리고 다른 생명공학 분야의 중요성이 증가함에 따라 더욱 커질 것이다.

머신러닝과 인공지능의 알고리즘은 정책입안자들이 이해하기 어려운 복잡성을 만들어낼 것이며 복잡한 새로운 도덕적 선택을 하게 할 것이다. 오늘날의 자율 무기시스템은 주로 위협에 대비한 방어적 성격을 띤 정적인 시스템이며, 드론과 같은 공격시스템은 원격으로 방아쇠를 당기는 '장치'를 가지고 있다. 그러나 인공지능에 의해 발사된 수많은 드론들이 넓은 지역에 걸쳐 다수의 목표물에 대한 정보를 즉각적으로 전달하기 때문에, 필요할 때 개입할 수 있을 만큼 이해도가 높은 '장치'를 개발하는 것은 쉽지 않을 것이다.

무인기 기술이 초기 개발단계였을 때, 오바마는 이러한 기술을 통한 무인기 공격에 대한 제한적 절차를 수립하는 데 있어 어려움을 겪었다.[40]

목표물에 대한 공격과 암살에 대한 문제가 크게 작용했다. 포드는 베트남과 워터게이트 사건 여파로 인해 1950년대와 1960년대의 해외 암살 모의가 의회 청문회에서 드러난 뒤, 암살을 외교정책의 수용 가능한 수단에서 배제하는 행정명령을 발표했다. 레이건은 이러한 행정명령을 다시 쟁점화시켰지만 1986년 카다피(Gaddafi)에 대한 보복 공격을 통해 문제를 더욱 모호하게 만들었다. 비록 '전쟁 상태'라는 용어가 모호한 개념이 되었음에도 불구하고, 지도자들은 전쟁의 원칙에 따라 상대 지도자에 대한 암살을 목표에서 배제하지 않았다. 2011년 오바마는 알카에다의 핵심인물인 예멘계 미국인 아울라키(Anwar Awlaki)를 예멘에서 무인기로 공격한 것에 대해 이러한 암살의 정당성을 이용했다. 그러나 자율적 체제가 오랜 기간 동안 넓은 지역에 걸쳐 있을 때 대통령들은 어떤 도덕적 선택을 직면하게 된다. 무인 시스템이 장기간에 걸쳐 광범위한 분야로 확산될 때 대통령들은 어떠한 도덕적 선택에 직면하게 될 것인가?

정보혁명과 세계화의 영향으로 세계정치에서 미국이 가장 큰 강대국으로 계속 남아 있더라도 앞으로 국제사회의 공공목표를 달성하기 위한 많은 부분을 미국이 혼자 담당할 수 없는 방향으로 흐름이 변화하고 있다. 예를 들면, 국제금융의 안정성은 미국인들의 번영에 필수적이지만, 미국이 이러한 안정성을 확보하기 위해서는 다른 국가들의 협력이 필요하다. 초국가적 상호의존성은 계속 증가하고 있다. 경제 세계화의 잠재적 쇠퇴와는 별개로 환경 분야에서의 세계화는 지속적으로 증가할 것이다. 기후변화와 해수면 상승은 모든 인류의 삶의 질에 영향을 줄 것이고, 이는 미국인들끼리 해결할 수 있는 문제가 아니다. 또한 마약에서부터 전염병, 테러리즘에 이르기까지 다양한 문제들로 인해 국경이 허물어지고 있는 상황에서 국가들은 소프트파워를 사용하여 네트워크를 개발하고, 공동의 위협과 도전에 대처하는 체제와 제도를 구축해야 한다.

이것이 왜 미국 예외주의의 세번째 측면으로서 영토의 규모가 도덕적 중요성에 영향을 미치는가이다. 우리가 살펴본 것처럼 모두가 공유할 수 있고, 삶의 모든 부분에서 배제될 수 없는 청정공기와 같은 공공재에 대한 고전적인 문제는 최대 소비자가 선두에 서지 않으면 다른 소비자는 무임승차하기 마련이고, 공공재는 제대로 생산되지 않는다는 것이다. 국제적인 공공의 이익과 공공재를 마련하기 위해 이를 주도적으로 이끌어 나가는 국가는 '신 봉건적주의적' 환경에서 가장 강력한 힘을 발휘한다. 트럼프의 국가안보전략은 국가들 간의 강력한 권력 경쟁에 초점을 맞추고 있지만, 국가안보에 점점 더 중요해지고 있는 이러한 초국가적 위협에 대해서는 거의 언급하지 않고 있다. 기술 전문가 댄지그(Richard Danzig)는 "21세기 기술은 전파뿐만 아니라 결과에 있어서 글로벌화하고 있다. 병원균, AI 시스템, 컴퓨터 바이러스, 그리고 다른 사람들이 실수로 방출할 수 있는 방사선은 타인의 문제인 동시에 우리의 문제가 될 수 있다. 합의된 보고 시스템, 공동의 통제, 공동의 긴급사태 대책, 규범 및 조약은 우리가 직면하는 수많은 위험에 공동으로 대응하기 위한 수단으로 추구되어야 한다"고 말했다.[41] 이러한 문제는 관세 또는 국경으로 해결할 수 없다.

군사적, 경제적 공공이익과 공공재 생산의 일부 영역에서, 일방적인 미국의 리더십은 해답을 제공할 수 있다. 예를 들어, 미국 해군은 해양법을 감시하고 항행의 자유를 수호하는 데 중요한 역할을 하고 있으며, 2008년 금융위기 때, 미국연방준비은행(FRB: Federal Reserve Bank)은 금융위기가 최악으로 치닫기 전에 중요한 역할을 했다.[42] 그러나 새로운 초국가적 문제에 대해서는 미국의 리더십뿐만 아니라 다른 국가들의 협력이 필요하다. 예를 들어, 미국 혼자서는 전 세계에서 벌어지는 기후변화 문제에 효과적으로 대처할 수 없다. 또한 지리경제학적 문제를 해결하는 데 있어 미국은 트럼프 행정부의 독단적인 방식보다는 유럽과 더 긴밀하게 협력해야 할 것이다.

이러한 관점에서 권력은 개별적으로 자신의 이득을 추구하는 합리적 행위자들 간에 상호적인 협력이 발생할 가능성이 높은 포지티브섬 게임(Positive-sum Game)이 된다. 미국이 다른 국가들에 대해 자신의 권력을 행사하는 것만 생각해서는 충분하지 않다. 다른 국가들과 협력하여 공동의 목표를 달성하기 위해서는 권력의 다른 측면 역시도 생각해야 한다. 전 세계에서 발생하는 다양한 초국가적 문제에서 미국이 가지고 있는 권력의 일부를 다른 국가들에 위임하는 것은 우리의 목표를 달성하는 데 도움이 될 수 있다. 미국은 중국이 에너지 효율을 개선하고 이산화탄소 배출을 줄이게 되면 이익을 얻게 된다. 국제사회에서 네트워크 구축과 유대감은 관련된 권력의 중요한 원천이 된다. 복잡성이 점차 높아지고 있는 세계에서는 네트워크를 통해 협력하는 것이 가장 강력한 문제 해결수단이 된다. 호주 로위연구소의 조사에 의하면 다행히 미국이 대사관, 영사관, 공관 수에서 1위를 차지하고 있다. 또한 미국정부는 협정으로 맺어진 60개의 동맹국들을 보유하고 있는 반면, 중국은 매우 적은 수를 가지고 있다.[43]

과거에는 미국의 개방성이 네트워크를 구축하고, 제도를 유지하며, 동맹을 지속할 수 있는 역량을 강화하는 데 도움이 되었다. 하지만 이러한 개방성을 바탕으로 전 세계국가들과 교류하려는 의지는 미국 국내정치에서 지속가능한 것으로 받아들여질 것인가? 아니면 1930년대 벌어진 현상들이 21세기에도 똑같이 나타날 것인가? 미국이 다른 어떤 국가들보다 더 많은 군사, 경제, 그리고 소프트파워 자원을 계속 보유한다 하더라도, 미국은 이러한 자원들을 국제사회에서 효과적인 정책으로 전환하는 방법을 선택하지 않을 수도 있다. 제1차 세계대전과 제2차 세계대전 사이의 시기 동안 미국은 그렇게 하지 않았다. 2018년 올브라이트(Madeleine Albright) 전 국무장관은 1920~1930년대 국제 환경으로 우리가 회귀하는 것이 아닌가 우려된다고 밝힌 바 있다.[44)]

미국의 미래 안보와 번영의 열쇠가 '권력을 가진 것'뿐만 아니라 '권력을 활용하는 것'의 중요성에 달려 있다고 가정할 때, 트럼프 행정부의 첫 해는 그리 성공적이지 않았다. '미국 우선주의'는 모든 국가들이 자국의 이익을 우선시한다는 점에서 정당성을 가지지만 중요한 문제는 이러한 이해관계가 얼마나 광범위하게 또는 협소하게 정의되느냐 하는 것이다. 트럼프는 단기 제로섬게임(Zero-sum Game) 방식의 접근을 통해 제도를 통한 문제 해결에는 크게 관심을 보이지 않았고, 그 결과 미국의 미래에 어두운 그늘이 드리우게 되었다. 미국은 장기간 상대적으로 계몽적이었던 자국 이익 추구 방식에서 변화가 발생했다. 어쩌면 미국의 개방질서에 대한 주요한 위협은 외부가 아닌 내부에서 발생하는 것이 아닐까?

힘(권력)의 전환과 내부의 위협

2016년 대통령선거에서는 두 정당에서 세계화와 무역협정에 대한 포퓰리즘적 반응이 두드러지게 나타났다. 일반적으로 포퓰리즘은 지난 70년 동안 자유주의적 국제질서를 지지했던 제도 및 기관 또는 전문가들을 포함한 엘리트들에 대한 저항을 의미한다. 제1장에서 보았던 것처럼 포퓰리즘은 새로운 개념이 아니라 미국 역사에서 지속적으로 존재해온 것이다. 일부 포퓰리즘 행위는 잭슨(Andrew Jackson)을 당선시키고, 20세기 혁신주의 시대를 열었으며, 민주주의의 확립과 발전에 도움이 되었지만 대부분은 19세기 반이민을 주장하는 부지당(不知黨, Know-Nothing Party, 아메리칸당이라고도 함 – 역자 주)이나 20세기 상원의원 매카시(Joe McCarthy), 월리스(George Wallace) 주지사와 같이 외국인 혐오증을 강조하고 분열을 조장했다. 최근 포퓰리즘의 물결은 이러한 두 가지 모습을 모두 포함하고 있다.

포퓰리즘 활동의 뿌리에 대한 논의는 경제와 문화, 그리고 중요한 사회과학 연구의 주제이다.[45] 외국인들과의 경쟁으로 일자리를 잃은 유권자들은 트럼프를 지지하는 경향이 있었지만, 이는 1970년대까지 거슬러 올라가 발생한 일종의 문화전쟁 당시에 인종, 성별, 그리고 성적 지향성과 같은 변화하는 가치에 대해 반대했던 나이 많은 백인 남성들과 같은 집단들에게서도 나타나는 현상이었다. 아브라모위츠(Alan Abramowitz)는 "공화당 경선 유권자들 사이에서 나타난 인종적 분노가 트럼프의 가장 강력한 예측 변수였다는 것"을 보여주지만, 이는 일방적인 지지가 아니라 트럼프 역시도 "불법 이민자들이 미국 시민들의 일자리를 빼앗고 있다고 주장함으로써 이러한 문제들을 포퓰리즘과 명시적으로 연결시켰다."[46] 경제적 세계화나 자유주의적 국제질서가 존재하지 않았더라도 이러한 국내의 문화적, 인구학적 변화는 1920~1930년대와 마찬가지로 일정 수준의 포퓰리즘을 만들어냈을 것이다. 포퓰리즘은 무역의 변화와 로봇공학의 발달로 인한 직업의 감소와 더불어 문화적 변화로 사회가 계속 분열을 거듭함에 따라 지속될 것으로 보인다.

세계화와 개방경제를 지지하는 정책 엘리트들은 국내외적으로 변화로 야기되는 혼란으로 어려움을 겪는 사람들을 위한 정책적 보완뿐만 아니라 경제적 불평등 문제에도 더 많은 관심을 기울여야 한다.[47] 이민에 대한 입장은 경제가 발전함에 따라 점차 개선되지만, 그것은 여전히 감정적인 문화적 문제로 남아 있다. 2015년 퓨 리서치센터(Pew Research Center)의 조사에 따르면 미국 성인의 51퍼센트가 이민자들이 미국을 번영시켰다고 답한 반면, 41퍼센트는 이민자들이 미국의 큰 부담이라고 믿었고, 경제위기의 불안이 최고조로 달했던 2010년 중반에는 응답자의 약 50퍼센트가 이민자들을 큰 부담으로 여겼다.[48] 장기적인 관점에서 이민은 미국이 비교우위를 가질 수 있도록 하는 원천이 되지만, 정치 지도자들은 특히 경제적 위기가 발생하는 시기나 지역의 주민들을 안심시키기 위해 이민을 통제할 수 있다는 점을 보여줄 필요가 있다.

그러나 2016년 대선에서 나타난 양측 후보의 열띤 토론과 수사 그리고 트럼프의 소셜미디어를 활용한 뉴스 아젠다 조작 등을 고려하면 장기적으로 미국 여론의 동향에 대해 지나친 신뢰는 지양해야 한다. 트럼프는 선거인단 선거에서 승리했지만 국민투표에서는 300만 명이 뒤쳐졌고, 외교정책은 주요 쟁점이 아니었다. 2016년 9월 시카고 국제문제협의회(Chicago Council on Global Affairs)의 여론 조사에 따르면, 미국인의 65퍼센트가 세계화로 인해 일자리 위협을 받고 있음에도 국제사회에서 미국의 역할이 중요하다고 답했다.[49] 여론조사는 항상 질문의 표현과 순서를 변경하여 자신들의 이익에 맞도록 문항을 만들지만 '고립주의'라는 딱지는 현재 미국인의 입장을 정확하게 대변하는 표현은 아니다.

일부 미국인들은 미국이 개방된 국제질서를 유지할 경제적 여유를 가지고 있는지 우려를 표명하는데, 현재 미국은 GDP의 약 3.5퍼센트만을 국방과 외교 문제에 지출하고 있다. 정보관리 또는 참전 용사에 대한 대우 및 보호 같은 부대적인 비용을 포함하더라도 미국은 냉전 시기에 지출했던 국가예산의 절반도 되지 않는 비용을 사용하고 있다. 아이젠하워 시대에는 국가예산의 10퍼센트 이상이 국방과 외교문제에 사용되었다. 동맹 유지비용은 비교적 저렴하다. 일본은 미군 주둔 비용의 대부분을 부담한다. 문제는 군사 대 민생이 아니라 세금 및 예산이다. 세입 증대를 통한 예산 확대가 이뤄지지 않는 한 국방비 지출예산은 국내의 교육, 기반시설 보수, 연구개발비 지출 등 중요한 투자에 밀려 계속해서 적은 예산을 확보하게 될 것이다. 많은 정치적인 수사에도 불구하고, 미국은 주요 선진국들 중에서 가장 낮은 세율을 가지고 있다. 2012년 OECD 평균 소득세율은 미국보다 10퍼센트가 높았다.

개방적인 국제질서를 유지하기 위한 또 다른 국내 과제는 과거부터 지속되어온 개입의 문제이다. 과연 미국은 얼마나 그리고 어떤 방법으로 다른 나라의 내정에 관여해야 하는가? 초국가적 테러리즘과 초국가적 난민 위기와 인도주의적 위기 시대에 어느 정도의 개입은 지속될 가능성이 높다. 그러나 중동은 17세기 30년 전쟁에서 독일이 겪은 것과 마찬가지로 수십 년 동안 정치적, 종교적 혁명을 경험할 가능성이 높다. 과거의 전통에 따라 미국은 이러한 위기상황에 개입하려는 의지를 가지게 될지 모르지만 앞으로 미국은 침략과 점령 혹은 강압적인 민주주의 확대라는 틀에서 벗어날 필요가 있을 것이다. 민족주의와 사회적으로 인구이동이 활발하게 일어나는 시대에서 미국의 해외개입은 비록 초기에는 환영을 받을지 몰라도, 클린턴과 부시(43대)가 각각 소말리아와 이라크에 개입했던 경험에서 알 수 있듯이 결과적으로는 분노를 낳을 뿐이다. 과격주의자들이 주장하는 지나친 개입은 개방된 자유주의 국제질서를 지원하는 데 필요한 국내적 합의를 축소시키는 것보다 더 많은 피해를 입혔다. 케네디와 존슨의 베트남전쟁 확대는 2003년 부시(43대)의 이라크 침공과 마찬가지로 1970년대 국내 지향적인 정책이 만연하도록 만들었다. 복잡하고 까다로운 도덕적 선택의 문제는 대규모 군사개입이 아닌 개입의 형태를 고민하는 것부터 시작될 것이다.

개방적인 자유주의적 국제질서를 위한 국내의 정치사회적 지지를 유지하기 위해 집중해야 할 중요한 부분은 정치적 양극화와 외교정책 문제에 대한 선동적 전술이 사용되는 것을 파악하고 경계하는 것이다. 이러한 전술들은 우리가 직면하는 새로운 초국가적 문제들에 대처할 수 있도록 제도를 강화하고, 네트워크를 만들고, 정책을 수립하려는 노력을 약화시킨다. 민족주의적 선동은 미국이 가진 소프트파워를 감소시킨다. 국제 여론조사에 따르면 2017년 이후 미국의 소프트파워는 감소하고 있다. 국내정치적 교착상태가 미국의 국제적 리더십을 가로막고 있는 상황이다. 트럼프가 대통령에 당선되기 훨씬 전부터 미 상원은 국무장관과 국방장관의 적극적인 제안에도 불구하고 유엔 해양법 비준을 거부했다. 또한 동맹국에 대해 일방적인 관세를 부과하고, 브레튼우즈체제의 규범을 어겼다는 이유로 국내투표의 심판을 받은 최초의 대통령은 트럼프가 아니라 바로 닉슨이었다.[50] 기후변화에 선도적으로 대응하기 위해서 시행되었던 탄소배출권 문제는 국내적으로 강한 저항에 시달렸다. 이러한 저항의 태도는 국제적 공공이익을 추구하는 과정에서 미국이 선도적인 역학을 맡도록 하는 명분을 약화시킨다.

미래의 대통령들을 위한 외교정책의 가치 증진에 있어 또 다른 중요한 측면은 국제질서와 제도를 유지하는 것과 관련이 있다. 제1장에서 살펴본 것처럼 윌슨의 두 가지 자유주의 유산은 자유민주주의의 증진과 더 나은 협력을 위한 제도 확립이다. 제도는 국제적 공공이익과 공공재 창출을 통해 가치를 촉진하는 간접적인 방법이다. 질서는 현실주의자들이 묘사하는 것처럼 상대적으로 안정된 힘의 분배에 달려있지만, 그것은 또한 안보, 경제적 우려, 그리고 생태적 상호의존성을 관리하기 위한 합법화된 제도적 체제로부터 이익을 얻는다. 제도와 기구들은 상호주의와 협력을 고무하는 미래의 그림자를 길게 하는 것을 돕는다.

NATO와 같은 실질적 동맹은 직접적으로 안보 강화에 도움이 되며 유엔, 핵확산금지조약, 국제원자력기구와 같은 기구들 역시도 안보를 강화하는 데 영향을 끼친다. 자유시장과 경제적 세계화는 한 측면에서는 파괴적인 결과를 불러일으킬 수 있지만 부를 창출하기도 한다. 재정적 안정을 유지하는 것은 수백만 미국인과 외국인 모두의 일상생활에 매우 중요하다. 그리고 어떤 민족주의자들의 정치적 반발이 경제적 세계화에 어떠한 영향을 미치든지 관계없이 생태학적 세계화는 여전히 계속해서 진행될 것이다. 온실가스와 유행전염병은 국경을 가리지 않는다. 과학을 부정하는 정책은 실질적으로 문제를 해결할 수 없다.

국가들은 해상, 우주, 기후변화, 그리고 유행전염병과 관련된 이슈들에 대처하기 위해 협력을 강화할 수 있도록 하는 체계가 필요할 것이다. 자유주의 국제질서라는 틀을 언급하는 것은 윌슨의 자유주의 유산의 두 가지 측면인 자유민주주의적 가치의 직접적 촉진과 국제적 공공이익의 촉진을 위한 제도적 틀의 확립을 융합시키는 것으로 선택에 어려움을 준다. 민주주의와 인권증진에 대해 대통령이 선택하는 정책개입의 정도는 안보, 경제, 생태적 상호의존에 대처하기 위해 고안된 제도들에 대한 지원과는 다를 수 있다. 윌슨의 자유주의 유산은 두 가지 측면에서 각각 독립적으로 추구될 수 있다.

트럼프 대통령 집권 2년 후인 2019년에는 이른바 자유주의 질서의 네 가지 주요 가치인 안보, 경제, 글로벌 공공재(Global Commons)로 대표되는 환경문제, 인권 및 민주주의의 요소들이 혼재되어 있었다. 트럼프 행정부는 미국의 동맹관계를 약화시켰지만, 위의 4가지 주요 가치들은 파괴하지 않았다. 또한 대량살상무기의 확산을 억제하기 위한 안보체제는 여러 위협에 시달렸음에도 비교적 안정적으로 유지되었다. 경제적으로 달러가 통화질서 상에서 여전히 우세하였기 때문에 피해가 적었던 반면 무역 분야에서 더 큰 피해를 입었다. 트럼프 행정부는 파리기후협약에 대해 미국의 참여는 없을 것이라 언급했지만 시장과 지역적 노력으로 인해 어느 정도의 영향력은 계속 유지되었다.

전임 대통령들과 달리 트럼프는 인권과 같은 가치에 대해 관심이 적었고 권위주의적인 해외 지도자들을 포용하기도 했다. 하지만 가치는 미국 소프트파워의 중요한 부분이다. "미국은 해외지역에서의 영향력을 유지하기 위해 경제적으로 중국보다 더 비용을 지불할 수는 없을지라도 동맹국들과 다른 국가들을 설득하고 고무시킬 수 있다."[51] 미국정부를 지지하는 일부 옹호자들은 트럼프의 비이성적인 성향과 제도를 깨려는 의지가 북핵 문제나 지적 재산권 강제 이전과 관련한 중국의 태도 변화에서 큰 이득을 가져올 것이라고 주장한다. 그러나 『이코노미스트(*The Economist*)』지가 주장했듯이, 이러한 파괴적인 접근법을 사용하는 데 소요되는 제도적 비용은 이 책에서 논의된 새로운 초국가적 문제를 다루는 미국의 역량을 감소시킬 수 있다.[52] 그것은 우리의 국가안보, 번영, 그리고 삶의 방식에서 많은 희생을 요구할 것이다.

결론

미국은 앞으로도 수십 년 동안 세계 최고의 군사 강국의 지위를 유지할 것이며, 군사력은 세계정치에서 권력을 유지하는 데 중요한 요소로 남을 것이다. 다시 말해 미국 예외주의의 세 번째 주요 원천인 영토의 규모는 여전히 중요한 부분이고 "국가 간 권력과 역량의 분배는 일반적으로 생각하는 것보다 더디게 이뤄진다."[53] 주요 강대국들과의 관계에서 특히 미국과 중국의 격차는 계속해서 줄어들겠지만 여전히 미국이 세계에서 가장 강력한 국가로 남아있을 확률이 높다.

그러나 미국이 보유하고 있는 권력을 통해 국제사회에서 어떤 역할을 해야 하는지에 대한 미국정부의 통념은 급격한 변화를 겪고 있다. 역외 균형전략, 긴축 또는 규제정책으로 대표되는 대전략 접근법은 냉전시기 이후 미국 여론의 변화를 반영하고 있으며, 새롭게 인기를 얻고 있다. 2017년 트럼프 행정부가 출범하기 전부터 일부 학자들과 전문가들은 1945년 이후의 국제질서에 대해 의문을 제기하고 있었다. 미국의 외교정책은 항상 지나치게 적극적이거나 소극적인 입장 사이에서 변동하는 패턴을 보여왔다.[54] 단극체제가 가져다준 환상은 미국정부가 소극적인 외교정책을 취하도록 만들었고, 이러한 흐름은 트럼프의 당선 이전부터 시작되었다.

동시에 부상하는 중국과 쇠퇴하는 러시아의 모습은 주변 국가들에게 공포를 심어주었고, 미국은 아시아와 유럽지역의 안보와 안전을 보장함으로써 지역 내 국가들이 발전과 번영의 토대를 마련할 수 있도록 도왔다. 그러나 군사력은 한계를 지니고 있다. 다른 국가들에서 발생하는 민족주의적, 종교적 국내정치 문제를 관리하고 통제하려는 노력은 비생산적인 방법이며, 오히려 역효과를 낳을 수 있다. 군사력은 기후변화나 재정 안정, 인터넷 규범과 같은 초국가적 문제를 해결하기 위한 현명한 수단이 아니다. 해군력의 향상은 사이버 권력의 향상으로 이어지지 않는다. 네트워크를 유지하고, 제도를 바탕으로 기구들과 협력하고, 사이버 문제나 기후변화와 같은 새로운 영역의 이슈에 대한 규범과 제도를 만드는 것은 미국의 하드파워를 보완하는 데 필요한 소프트파워를 창출한다. 그러나 트럼프의 일방주의 정책은 이러한 소프트파워를 약화시킨다.

제2차 세계대전 이후 시대를 대표하는 용어인 '자유주의 국제질서'나 '팍스 아메리카나(Pax Americana)'는 더 이상 국제사회에서 미국의 지위를 설명하는 데 부적합하다. 그럼에도 불구하고 국제사회의 주요 선진국들은 공공의 이익을 위한 노력에 앞장서야 할 필요가 있고 미국 역시도 리더십으로서 이를 이끌어야 할 필요가 있다. 개방적이고 규칙에 근거한 국제질서는 정치·군사 문제, 경제관계, 생태학적 관계, 인권 등을 포괄한다. 앞으로 국가들이 이러한 가치들을 어떻게 실행하고, 협력해 나갈지 지켜봐야 할 것이다.

분명한 것은 국제사회에서 발생하는 문제에서 눈을 돌리는 것은 불가능하며, 고립은 우리가 선택해야 할 사항에 포함되지 않는다는 점이다. 민족주의 대 세계화의 대결은 잘못된 선택이다. 우리가 살펴본 것처럼 인간은 다양한 정체성을 가질 수 있다. 문제는 국가정체성 '또는' 세계적 관심이 아니라 보다 더 강력한 국가정체성 '그리고' 세계적 관심에 관한 것이다. 한 역사학자가 말했듯이, "좋든 싫든 간에 인류는 국경을 넘어서는 세 가지 공통적인 문제들인 핵전쟁, 기후변화, 기술혁신에 직면해 있으며 이는 오직 국제협력을 통해서만 해결될 수 있다."[55]

미래의 대통령들을 위한 중요한 도덕적 선택은 어디에 그리고 어떻게 개입할 것인가에 관한 것이 될 것이다. 미국의 리더십은 패권이나 지배, 군사적 개입과는 다르다. 미국의 권력이 가장 강하게 영향을 미쳤던 시기에도 미국은 항상 다른 국가들의 도움을 필요로 했다. 1945년 이후 70년 동안 이어진 미국의 전성기 동안 항상 탁월한 리더십과 영향력을 보여주었다. 미국은 항상 다른 국가들과의 다층적 협력관계 네트워크에 초점을 맞추었고, 대통령들이 이를 받아들이고, 이해했을 때 가장 효과적으로 정책을 수행할 수 있었다. 1989년 이후 미국중심의 헤게모니와 단극체제는 우리에게 환상을 심어줬다. 이러한 환상이 깨지면서 리더십에 관련된 도덕적 선택은 보다 명확해졌다.

미국의 파트너 국가들은 강요가 아닌 그들이 진정으로 원할 때 협력할 것이고, 이는 미국이 가진 군사력이나 경제력뿐만 아니라 개방성에 근거한 소프트파워와 자유민주주의 가치를 통해 합법성을 갖춘 정책을 추진할 때 이뤄질 것이다. 인류에 대한 제퍼슨식 민주주의의 존중과 상호주의를 미덕으로 삼는 윌슨주의는 미국의 성공적인 외교정책의 결정적 요인으로 작용했다. 국제질서의 안정은 주요 국가들이 권력과 정당성을 결합할 수 있는 능력을 가지고 있느냐에 달려 있다. 3차원적 범주에서 살펴볼 때, 도덕은 매우 중요하며 이는 성공적인 국제질서를 확립할 수 있도록 돕는다.

이제 덜 우위에 있고 더 복잡한 세계 속에서, 우리의 제46대 대통령은 미국이 다른 국가들과 협력하여 세계의 공공이익을 달성하기 위해 노력하며, 그들의 협력을 끌어내기 위해 우리가 가진 하드파워뿐만 아니라 우리의 소프트파워를 이용하는 외교정책을 시행해야 할 것인데 이 과정에서 도덕적 도전에 직면하게 될 것이다. 우리는 이러한 공식에 따라 1945년 이후 미국 우선주의가 가져다 준 성공시대를 경험해 왔다. 미국은 다른 국가들에게 권력을 행사하는 것에 더해 스스로 영향력을 발휘할 수 있도록 해야 할 것이다. 이는 변하지 않는 가치이며, 오히려 21세기의 새로운 초국가적 문제로 부각될 것이다. 미국외교정책의 성공적인 미래는 해외에서 다른 강대국의 흥망성쇠보다는 국내에서 발생하는 민족주의적 정치의 부상으로 인해 우리의 도덕적 관점과 선택이 위협을 받을 때 더 위험할 것이다.

주

1) Henry Kissinger, *World Order* (New York: Penguin, 2014).
2) Page and Bouton, *The Foreign Policy Disconnect*.
3) Michael McFaul, *Advancing Democracy Abroad: Why We Should and How We Can* (Stanford, CA: Hoover Institution, 2010), 160.
4) Sullivan, "What Donald Trump and Dick Cheney Got Wrong About America."
5) Gardiner Harris, " Pompeo Questions the Value of International Groups Like UN and EU," *New York Times*, December 4, 2018.
6) Allen Buchanan and Robert O. Keohane, "The Legitimacy of Global Governance Institutions," 405.
7) Sestanovich, *Maximalist*.
8) Rhodes, *The World as It Is*, 276.
9) Lindsey A. O'Rourke, *Covert Regime Change: America's Secret Cold War* (Ithaca, NY: Cornell University Press, 2018), 225, 226, 236.
10) Graham Allison, *Destined for War*. Michael Beckley challenges this analysis and argues that power transition theory is littered with false positives and false negatives. "The Power of Nations: Measuring What Matters," *International Security* 43, no. 2 (Fall 2018), 42–43. Kori Schake argues that there has been only one successful peaceful transition. *Safe Passage: The Transition from British to American Hegemony*. Cambridge, MA: Harvard University Press, 2017.

11) Martin Wolfe, "The Long and Painful Journey to World Disorder," *Financial Times*, January 5, 2017. 또한 Fareed Zakaria, "The Self-Destruction of American Power," *Foreign Affairs* 92 (July/August) 2019, 10-16을 참고할 것.
12) Robert Blackwill, *Trump's Foreign Policies Are Better Than They Seem*, 9-10.
13) Joshua Shifrinson, *Rising Titans: Falling Giants* (Ithaca, NY: Cornell University Press, 2018)을 참고할 것.
14) Barry Posen, "Command of the Commons," *International Security* 28, no. 1 (Summer 2003), 5-46.
15) "World GDP Ranking 2016," *Knoema*, April 10, 2017에서 구매력평가(PPP) 기준 중국은 세계 1위를 기록했다.
16) Beckley, 22.
17) Lawrence H. Summers, "Can Anything Hold Back China's Economy?" *Financial Times*, December 3, 2018.
18) Terrence Kelly, David Gompert, and Duncan Long, *Smarter Power, Stronger Partners, Vol. I: Exploiting US Advantages to Prevent Aggression* (Santa Monica, CA: RAND Corporation, 2016).
19) Portland Consultancy, *The Soft Power 30*.
20) Kai-Fu Lee, *AI Superpowers: China, Silicon Valley, and the New World Order* (Boston: Houghton Mifflin, 2018), 83.
21) Meghan O'Sullivan, *Windfall: How the New Energy Abundance Upends Global Politics and Strengthens America's Power* (New York: Simon & Schuster, 2017).
22) Adele Hayutin, *Global Workforce Change: Demographics Behind the Headlines* (Stanford, CA: Hoover Institution, 2018). 또한 Nicholas Eberstadt, "With Great Demographics Comes Great Power," *Foreign Affairs* 98 (July/August) 2019, 149를 참고할 것.
23) Lee, *AI Superpowers*.
24) John Deutch, "Assessing and Responding to China's Innovation Initiative," in *Maintaining America's Edge*, ed. Leah Bitounis and Jonathon Price (Washington: Aspen Institute, 2019), 163.
25) 2012년 9월 22일 싱가포르에서 리콴유(Lee Kuan Yew)와의 대화 내용을 참고함. 또한, Nye, *Is the American Century Over?*, 77을 참고할 것.
26) Ceri Parker, "China's Xi Jinping Defends Globalization From the Davos Stage," *World Economic Forum*, January 27, 2017; "Statement by Wang Yi," filmed February 17, 2017, Munich Security Conference, 23:41. 또한, G. John Ikenberry and Shiping Tang, "Roundtable: Rising Powers and the International Order," *Ethics and International Affairs*, 32 (Spring 2018), 15-44를 참고할 것.
27) Michael Mazarr, Timothy Heath, and Astrid Cevallos, *China and the International Order* (Santa Monica, CA: RAND Corporation, 2018), 4.
28) Bobo Lo, *A Wary Embrace: What the Russia-China Relationship Means for*

the World (Docklands, VIC: Penguin Random House Australia, 2017)을 참고할 것.

29) Larry Diamond and Orville Schell, *Chinese Influence and American Interests: Promoting Constructive Vigilance* (Stanford, CA: Hoover Institution Press, 2018).

30) Bill Emmott, *Rivals: How the Power Struggle Between China, India and Japan Will Shape Our Next Decade* (New York: Houghton Mifflin Harcourt, 2008).

31) Yan Xuetong, "The Age of Uneasy Peace," *Foreign Affairs* 98 (January/February 2019), 46.

32) Orville Schell and Susan L. Shirk, chairs, *Course Correction: Toward an Effective and Sustainable China Policy* (New York, Asia Society Task Force, February 2019).

33) Randall Schweller, "Entropy and the Trajectory of World Politics: Why Polarity Has Become Less Meaningful," *Cambridge Review of International Affairs* 23, no. 1 (March 2010).

34) 보다 자세한 내용은 필자의 저서 "Nuclear Lessons for Cyber Security," *Strategic Studies Quarterly* 5 (Winter 2011), 18을 참고할 것.

35) David Sanger, *The Perfect Weapon: War, Sabotage and Fear in the Cyber Age* (New York: Penguin Random House, 2018), 그리고 P. W. Singer and Emerson Brooking, *Like War: The Weaponization of Social Media* (Boston: Houghton Mifflin, 2018)을 참고할 것.

36) William J. Clinton, "Remarks at the Paul H. Nitze School," The American Presidency Project, March 8, 2000, http://www.presidency.ucsb.edu/ws/index. php?pid=87714.

37) Charles Cleveland, Ryan Crocker, Daniel Egel, Andrew Liepman, and David Maxwell, "An American Way of Political Warfare: A Proposal," in *Perspective* (Santa Monica, CA: RAND Corporation, 2018)을 참고할 것.

38) Joseph Nye, "Normative Restraints on Cyber Conflict," *Cyber Security: A Peer-Reviewed Journal* 1, no. 4 (2018), 331–42.

39) Nye, "Normative Restraints on Cyber Conflict."를 참고할 것.

40) Peter Baker, "In Shift on Terror Policy, Obama Took a Long Path," *New York Times*, May 28, 2013, A1.

41) Richard Danzig, "Technology Roulette," in Bitounis and Price, *Maintaining America's Edge*, 2019.

42) Adam Tooze, "The Forgotten History of the Financial Crisis," *Foreign Affairs* 97 (September/October 2018), 208.

43) Nye, *Is the American Century Over?*.

44) Madeleine Albright, *Fascism: A Warning* (New York: HarperCollins, 2018), 223.

45) Ronald Inglehart and Pippa Norris, "Trump, Brexit, and the Rise of Populism:

Economic Have – Nots and Cultural Backlash," Harvard Kennedy School, Faculty Research Working Paper Series, 2016.
46) Alan I. Abramowitz, *The Great Alignment* (New Haven, CT: Yale University Press, 2018), 153.
47) Jeff Colgan and Robert Keohane, "The Liberal Order Is Rigged," *Foreign Affairs* 96 (May/June 2017); Dani Rodrik, *Straight Talk on Trade: Ideas for a Sane World Economy* (Princeton, NJ: Princeton University Press, 2018).
48) "U.S. Public Has Mixed Views of Immigrants and Immigration," Pew Research Center, September 28, 2015, chapter 4; "Most Say Illegal Immigrants Should Be Allowed to Stay, But Citizenship Is More Divisive," Pew Research Center, March 28, 2013.
49) Dina Smeltz, Craig Kafura, and Lily Wojtowicz, "Actually, Americans Like Free Trade," Chicago Council on Global Affairs, September 7, 2016.
50) Bowles, *Nixon's Business*, 179.
51) Sullivan, "What Donald Trump and Dick Cheney Got Wrong About America."
52) "Present at the Destruction," *The Economist*, June 9, 2018, 21.
53) Stephen Brooks and William Wohlforth, *America Abroad: The United States' Global Role in the 21st Century* (Oxford: Oxford University Press, 2016), ix.
54) Sestanovich, *Maximalist*.
55) Yuval Noah Harari, "Moving Beyond Nationalism," *The Economist*, The World in 2019, 92.

찾아보기

ㄴ

ㄷ

ㄹ

ㅁ

ㅂ

ㅅ

ㅇ

ㅈ

ㅊ

ㅋ

ㅌ

ㅍ

ㅎ

저자소개

Joseph S. Nye Jr.

프린스턴대학교 공공정책학 전공
옥스퍼드대학교 철학, 정치, 경제학(PPE) 전공
하버드대학교 정치학 박사

현 하버드대학교 특임 명예교수

하버드대학교 케네디스쿨 학장
국방부 국제안보담당 차관
국가정보위원회 의장
국무부 안보, 과학 및 기술 차관보 역임

주요 서적

Is the American Century Over? (Policy Press)
Presidential Leadership and the Creation of the American Era (Princeton University Press)
Soft Power: The Means to Success in World Politics (Public Affairs)
The Future of Power (Public Affairs)
The Power Game: A Washington Novel (Public Affairs)
The Power to Lead (Oxford University Press)
Understanding International Conflicts: An Introduction to Theory and History, 7th ed. (Longman) 외 다수

역자소개

황재호 (jaeho@hufs.ac.kr)

대만 중국문화대학교 동양어학과 졸업
영국 런던정경대(LSE) 비교정치학 석사, 국제관계학 박사

현 한국외국어대학교 국제학부 교수
  대통령 직속 정책기획위원회 위원, 행정자치부 정책자문위원
  글로벌전략협력연구원장, 한국국제정치학회 이사
  캐나다 글로벌문제연구소·중국 차하얼학회 펠로우

청와대 국가안보실 · 외교부 · 국방부 서울안보대화 자문위원,
  국회 한중정치경제포럼 자문교수, 국방연구원 선임연구원
미국 브루킹스연구소·중국 국제문제연구소, 베이징대·일본 방위연구소,
  게이오대·영국 리즈대·호주 멜번대·대만 정치대 방문 펠로우 역임

주요 논저
China Watcher: Seeking Common Grounds While Narrowing Differences (HUINE)
"The US Strategic Rebalance and South Korea's Dilemma: Uncertain Future and Forced Decisions," in *Asia Pacific Countries and the US Rebalancing Strategy* (Palgrave Macmillan)
大国新历程: 一位韩国学者的中国观察(人民日报出版社, forthcoming)
중국의 일대일로 전략과 신남방정책 추진방안 (국립외교원) 외 다수

지역정치 분야

동아시아 국제관계
McDougall 지음 / 박기덕 옮김

동북아 정치: 변화와 지속
Lim 지음 / 김계동 옮김

일본정치론
이가라시 아키오 지음 / 김두승 옮김

현대 중국의 이해, 제3판
Brown 지음 / 김흥규 옮김

현대 미국의 이해
Duncan, Goddard 지음 / 민병오 옮김

현대 러시아의 이해
Bacan 지음 / 김진영 외 옮김

현대 일본의 이해
McCargo 지음 / 이승주, 한의석 옮김

현대 유럽의 이해
Outhwaite 지음 / 김계동 옮김

현대 동남아의 이해, 제2판 윤진표 지음

현대 아프리카의 이해
Graham 지음 / 김성수 옮김

현대동아시아의 이해
Kaup 편 / 민병오, 김영신, 이상율, 차재권 옮김

미국정치와 정부
Bowles, McMahon 지음 / 김욱 옮김

한국정치와 정부
김계동, 김욱, 박명호, 박재욱 외 지음

미국외교정책: 강대국의 패러독스
Hook 지음 / 이상현 옮김

세계질서의 미래 Acharya지음/마상윤옮김

알자지라 효과 Seib 지음 / 서정민 옮김

일대일로의 국제정치 이승주 편

중일관계 Pugliese&Insisa지음/최은봉옮김

북한, 남북한 관계 분야

북한의 외교정책과 대외관계: 협상과 도전의 전략적 선택 김계동 지음

북한의 체제와 정책: 김정은시대의 변화와 지속
체제통합연구회 편

북한의 통치체제: 지배구조와 사회통제
안희창 지음

남북한 체제통합론: 이론 · 역사 · 경험 · 정책, 제2판
김계동 지음

한국전쟁, 불가피한 선택이었나
김계동 지음

한반도 분단, 누구의 책임인가?
김계동 지음

한류, 통일의 바람 강동완, 박정란 지음

안보, 정보 분야

국제안보의 이해: 이론과 실제
Hough, Malik, Moran, Pilbeam 지음 /
고봉준, 김지용 옮김

전쟁과 평화
Barash, Webel 지음 / 송승종, 유재현 옮김

국제안보: 쟁점과 해결
Morgan 지음 / 민병오 옮김

전쟁: 목적과 수단
Codevilla 외 지음 / 김양명 옮김

국가정보: 비밀에서 정책까지
Lowenthal 지음 / 김계동 옮김

국가정보의 이해: 소리없는 전쟁
Shulsky, Schmitt 지음/ 신유섭 옮김

테러리즘: 개념과 쟁점
Martin 지음 / 김계동 외 옮김